KB128843

임상 및 상담 장면에서

# 첫 면담의 실제

James Morrison 저 | 성소연 · 김민호 · 송영조 · 박민규 · 정성우 · 하보원 · 천성문 공역

THE FIRST INTERVIEW (4th ed.)

학지사

**The First Interview, Fourth Edition**

by James Morrison

Copyright ⓒ 2014 The Guilford Press
A Division of Guilford Publications, Inc.

Korean Translation Copyright ⓒ **2023** by Hakjisa Publisher, Inc.
The Korean translation rights published by arrangement with
The Guilford Press.

All rights reserved.

본 저작물의 한국어판 저작권은
Guilford Publications, Inc.와의 독점계약으로 (주)학지사가 소유합니다.
저작권법에 의해 한국 내에서 보호를 받는 저작물이므로
무단 전재와 무단 복제를 금합니다.

# 역자 서문

　첫 면담은 환자(혹은 내담자)와 라포를 형성하고, 내원하게 된 이유를 파악하며, 치료의 방향을 결정하는 중요한 단계입니다. 과거부터 현재까지 첫 면담의 중요성은 강조되고 있으며, 임상가에게 첫 면담은 많은 걱정과 염려가 동반되는 시간입니다.

　역자진 또한 수련을 받는 과정에서 첫 면담을 어떻게 하면 성공적으로 진행할 수 있을지에 대한 두려움이 가득하였고, 첫 면담 시 횡설수설하거나 핵심적인 질문을 하지 않게 되어 좌절감을 경험하였습니다. 이러한 실패는 역자진뿐만 아니라 대부분의 임상가, 이 책의 저자인 James Morrison 박사조차도 경험하였습니다.

　이 책은 초보 임상가들에게 첫 면담을 어떻게 진행해야 하는지를 알려 주는 선물과 같은 책입니다. 기존의 면담 책들과 달리 이 책에서는 첫 면담에 대한 내용만을 다루고 있으며, 첫 면담 상황을 시간의 순서대로 어떻게 진행해야 하고 어떤 내용을 질문해야 하는지를 구체적으로 담고 있습니다. 특히 저자인 James Morrison 박사는 자신의 임상 경험과 여러 연구를 통합하여 첫 면담에서 사용할 수 있는 주옥같은 표현과 질문을 독자들에게 알려 주고, 면담 상황에서 발생할 수 있는 문제점에 대한 해결 방법을 구체적으로 설명해 주고 있습니다. 또한 이 책은 초보 임상가(상담가)들이 첫 면담에서 관심을 가져야 하는 환자의 문제를 임상적 관심 영역이라 칭하고 어떻게 접근하면 되는지를 안내합니다. 아울러 기존의 책에서 다루지 않았던, MSE 실시 시점과 진행 방법도 명료하게 알려 주고 있습니다.

　James Morrison 박사는 이 책을 저술할 때 강의를 하는 것처럼 작성하였습니다. 그러므로 역자진은 평서형이 아닌 존칭형으로 작성하였고, James Morrison 박사의 주옥같은 표현을 한국의 임상 장면에서 실제로 적용할 수 있도록 노력하였습니다. 또한 원저자인 James Morrison 박사의 저서에서는 임상가를 정신건강의학과 의사로 지칭하고 있지만, 번역서인 『임상 및 상담 장면에서 첫 면담의 실제』에서는 환자를 치료하고 상담하며 재활하는 사람인 상담심리학자, 임상심리학자, 정신건강의학과 의사와 심리 재활을 하는 모든 전문가로 지칭하고 있음을 알립니다. 가독성을 높이기 위해 의역한 내용이 있으며, 오역된 부분이 있다면 그 모든 책임은 역자진에게 있습니다. 오역의 내용이 있다면 역자진에게 알려 주시기 바라며, 추후 반영하여 수정하도록 하겠습니다.

이 책이 출간되는 데 있어 많은 분의 도움이 있었고, 도움을 주신 모든 분께 감사를 전하고 싶습니다. 특히 책의 가독성과 정확성을 높이기 위해 밤낮을 가리지 않고 아낌없이 피드백을 해 주시고 격려해 주신 천성문 교수님, 삼육부산병원 장용석 부장님, 이대승 과장님께 깊은 감사의 마음을 전합니다. 학지사의 김은석 상무님, 소민지 과장님, 편집자인 박지영 대리님의 도움이 있어 이 책이 출간될 수 있었습니다. 감사합니다. 끝으로 이 책이 첫 면담을 수행하는 많은 전문가에게 길라잡이가 될 수 있기를 소망합니다.

역자진 일동

# 저자 서문

『The First Interview』는 객관적인 연구와 모범적인 사례를 기반으로 정신장애에 대한 면담 매뉴얼을 만들고자 하는 소망에서 작성하게 되었습니다. 물론 20년 전 초판이 출판되었을 때 굉장히 어려운 과정을 거쳤고, 지금까지도 많은 어려움이 있습니다. 그 이유는 현재까지도 정신장애를 평가하는 과정에서 임상가를 지도하기에 충분히 통제된 연구가 거의 없다는 점입니다. 그래서 이 책을 작성할 때, 저자가 수집할 수 있었던 새로운 정보들을 활용해 최신판을 출간하였습니다. 이 책은 환자와 면담하는 과정을 과학적인 방식과 기술적 방식의 두 가지 측면에서 최상의 기법을 선별하여 통합하였습니다.

이 책은 많은 사람의 노력으로 출판되었습니다. 지난 수년간 저를 도와주신 모든 분께 감사한 마음을 전합니다. 출판 과정을 도와주신 분들이 너무 많기에 모두의 이름을 열거할 수는 없지만, 몇몇 분께 특히 감사의 빚을 지고 있습니다.

Matt Blusewicz, PhD, Rebecca Dominy, LCSW, Nicholas Rosenlicht, MD, Mark Servis, MD 및 Kathleen Toms, RN 모두 초판에 기여하신 분들입니다. 의학 박사 James Boehnlein은 제3판을 읽고 아낌없는 비평을 해 주셨습니다. MD Dave Kinzie 는 에디션에 대한 필수적인 정보를 제공했습니다. Mary Morrison은 늘 그렇듯 원고 준비의 여러 단계에서 통찰력 있는 다양한 의견을 제공해 주셨습니다. 저는 길퍼드 출판사(The Guilford Press) 팀, 특히 나의 오랜 친구이자 편집자인 Kitty Moore 의 지속적인 지혜와 지원에 영원히 감사할 것입니다. 아마도 세계 최고의 편집자인 Marie Sprayberry는 세부 사항에 세심하게 주의를 기울여 이 책의 외관과 가독성을 헤아릴 수 없을 정도로 향상시켜 주었습니다. 그리고 저의 편집 프로젝트 관리자인 Anna Brackett에게, 수많은 저자의 변경 요청에도 인내하며 수정해 준 점에 대해 다시 한번 감사드립니다.

# 차례

**도입** 임상면담이란 무엇인가 • 15

**제1장** 임상면담의 시작과 소개 • 23

**제2장** 주 호소 문제와 자유발언 • 35

**제7장 감정에 대한 면담법 · 99**

**제8장 개인력 및 사회력 · 115**

**제9장 민감한 주제 · 145**

**제10장 면담의 후기 통제 · 173**

도입
------

# 임상면담이란 무엇인가

여러분은 아마 자신의 첫 면담 경험을 절대 잊지 못할 것입니다. 저 또한 첫 면담의 기억을 영원히 잊지 못합니다. 저의 첫 환자는 사고장애, 즉 조현병 초기로 진단받아 입원한 젊은 여성이었습니다. 면담 시 모호한 말을 하거나 종종 주제에 벗어난 이야기를 하였습니다. 순진하고 젊은 학생이었던 저에게 그녀는 가끔 생전 듣지 못한 성적인 이야기를 하였습니다. 당시 어떻게 대화를 나누어야 할지 확신이 서지 않았고, 대화의 의미가 무엇인지를 고민하기보다는 다음에 무엇을 물어볼지 생각하는 데 더 많은 시간을 보냈습니다. 그런데도 이 환자는 저를 좋아하는 것 같았고, 저는 그녀의 전체 병력을 파악하기 위해 주말에 세 번이나 병동을 방문하였습니다.

지금 저의 첫 면담을 돌이켜 보면, 여러 번 방문한 것은 당연한 결과였던 것 같습니다. 아무도 저에게 대부분의 초보 임상가는 질문을 생각하는 데 어려움을 겪는다거나, 처음 몇 명의 환자에게서 불편함을 겪을 것이라고 말해 주지 않았습니다. 그때 누군가가 지금 제가 알고 있는 것을 알려 주었더라면 좋았을 것으로 생각합니다. 대부분의 정신건강 면담은 쉽고 아주 재미있다는 것을 말입니다.

결국 임상면담은 환자가 자신의 문제를 효율적으로 말할 수 있게 돕는 것이고, 환자 대부분은 자신의 문제를 이야기하는 것을 좋아합니다. 임상가들은 환자에게 그들의 감정과 삶에 대해 이야기해 달라고 요청합니다. 임상가들은 환자를 돕기 위해 환자에게 어떤 질문을 해야 하는지, 어떻게 대화를 이끌어 가야 하는지를 훈련을 통해 배우게 됩니다. 이 능력을 개발하는 것이 중요합니다. 임상가의 훈련을 위한 설문 조사에서, 종합적인 면담 능력은 정신건강 전문가에게 필요한 32가지 기술 중 가장 높은 순위로 꼽혔습니다.

임상면담이 환자가 질문에 응답하는 형식으로만 구성되었다면, 임상가는 면담을 컴퓨터에게 맡기고 여유롭게 커피를 마실 수 있을 겁니다. 그러나 컴퓨터와 종이 설문지로는 환자 말의 뉘앙스, 주저하는 모습, 눈에 눈물이 맺힌 것과 같은 징후를 파악하지 못하기 때문에 임상적으로 유익한 자료를 얻을 수가 없습니다. 좋은 임상가는 첫 면담 시 다양한 성격과 문제를 다루는 방법을 알고 있어야 합니다. 정보를 주는 환자에게는 자유를 줘야 하고, 횡설수설하는 환자는 이끌어야 하며, 침묵하는 환자에게는 격려하고, 적대적인 환자는 진정시킬 수 있어야 합니다. 모든 임상가는 이 기술들을 익힐 수 있습니다. 한 종류의 면담 방식은 성공할 수 없으며 다양한 면담 방식을 가져야만 성공적인 면담을 할 수 있습니다. 그래서 자신에게 잘 맞는 방식을 개발하려면 지도와 훈련이 필요합니다.

임상면담은 다양한 분야의 전문가가 각각의 목표를 달성하기 위해 각기 다른 계획(지침)으로 수행합니다. 그러나 면담을 진행하는 전문가(정신건강의학과 의사, 심리학자, 가족 주치의, 사회복지사, 간호사, 작업치료사, 보조 의사, 목회 상담사, 약물 재활 전문가 등)는 먼저 환자의 기초정보를 파악해야 합니다. 다양한 분야의 전문가가 파악한 공통된 기초정보는 다른 훈련 방법과 각각의 분야에서 추구하는 관점을 통해 파악할 수 있는 정보보다 훨씬 더 유용합니다.

훌륭한 전문가들은 세 가지 특징을 가지고 있습니다.

① 진단 및 의학적 처치에 대한 많은 내용과 정확한 정보를 얻습니다.
② 짧은 시간 동안 정보를 획득합니다.
③ 환자와 좋은 라포(rapport)를 형성하고 유지합니다.

시간제한이 없다면 좋은 치료를 제공할 수도 있겠지만, 제한된 시간에 여러 명의 환자를 치료하기는 어렵습니다. 그러므로 앞의 세 가지 구성요소 중 ① 진단 및 의학적 처치와 관련된 정보와 ③ 라포 형성 및 유지는 중요하며 이를 통해 효과적으로 면담하는 것이 중요합니다.

어떤 환자든 첫 번째 면담은 간단한 선별 검사 혹은 외래, 응급실 방문, 타과의 연계, 약물 혹은 심리치료를 위한 상담 등 다양한 이유로 임상면담이 이루어질 수 있습니다. 간호사는 몇 가지 행동을 분석하여 간호 계획을 수립할 것입니다. 법의학 보고서와 조사 면담은 목적이 매우 다르지만, 면담의 방법과 내용은 앞서 언급한 여러 유형의 면담과 많은 공통점이 있습니다. 즉, 각 유형의 면담은 기본적이면서 포괄적인 첫 면담의 전문화된 활용입니다. 여러분의 면담 목적이 무엇이든, 이 책의 목표는 임상가가 어떤 정보를 얻기 위해 노력해야 하고, 면담의 여러 단계에서 여러분에게 도움이 될 기술을 추천하는 것입니다.

지난 수십 년 동안, 우리는 다양한 면담 방법을 배웠습니다. 그러나 초보 임상가들은 환자를 평가하는 과정에서 면담에 대한 지식을 거의 활용하고 있지 않다는 점이 당황스러웠습니다. 종종 임상가들은 할당된 시간보다 훨씬 적은 시간 동안 면담하고, 자살 사고에 관해 묻지 않으며, 정신장애인들이 약물 사용 문제를 가지고 있다는 것을 잊어버립니다. 요컨대, 면담과 평가 과정에서 우리가 알고 있는 많은 부분이 무시되고 있습니다. 이 책은 이러한 문제를 해결하고자 합니다. 그래서 주로 초보 임상가를 대상으로, 모든 정신건강 분야의 임상가들이 알아야 할 기본내용을 강조합니다. 경험 많은 임상가들에게도 이 책이 유용하게 사용되길 희망합니다.

## 종합적인 정보의 필요성

임상가들은 다양한 관점으로 환자를 볼 수 있습니다. 실제로 1명의 환자에게 여러 이론적 관점 중 하나 혹은 모든 관점이 필요할 수 있으므로, 임상가는 생물학적·역동적·사회 및 행동적 관점에서 각 환자를 볼 수 있어야 합니다. 예를 들어, 술을 너무 많이 마시는 젊은 기혼 여성의 문제는 여러 요인에 의해 결정될 수 있습니다.

• **역동**: 고압적인 태도를 보이는 그녀의 남편은 술을 마셨던 아버지와 닮았습니다.

- **행동**: 그녀는 남편과의 관계로부터 야기되는 불안감을 해소하기 위해 음주를 합니다.
- **사회적**: 몇몇 여자 친구도 술을 마시며, 그녀의 사회적 환경에서는 음주가 허용되고 심지어 권장되기까지 합니다.
- **생물학적**: 그녀의 아버지가 알코올 남용에 기여한 유전적 요인을 고려해야 합니다.

이러한 각각의 관점은 종합적인 평가를 할 수 있도록 돕습니다. 이후 이러한 관점을 종합하여 치료 계획을 세워야 합니다.

저는 책 전체에서 종합적인 면담을 진행할 때 모든 관점을 고려해야 한다고 강조합니다. 완벽하게 면담하지 않으면 필수 정보를 놓치게 됩니다. 예를 들어, '생활 문제'에 대한 도움을 구하는 환자가 실제로는 정신병을 기저 질환으로 가지고 있거나 우울증을 경험한다거나 물질을 남용한다는 사실을 놓칠 수도 있습니다. 환자에게 실제 정신장애가 없는 것으로 판명되더라도 과거 경험이 현재 문제에 어떻게 영향을 끼치는지를 이해할 필요가 있습니다. 이러한 정보는 완벽한 면담을 통해서만 충분하게 얻을 수 있습니다.

치료가 진행됨에 따라 훨씬 더 많은 정보를 얻을 수 있습니다. 추후 여러분은 첫 면담에서 형성한 사례 개념화 중 일부를 수정해야 한다는 것을 알게 될지도 모릅니다. 그렇지만 첫 면담에서 관련된 문제를 신중하게 이끌어 내면 합리적인 치료 계획을 세울 수 있을 것입니다.

정신건강 전문가로서 성공적인 면담은 다양한 기술에 달려 있습니다. 전체 이야기를 얼마나 잘 이끌어 낼 수 있습니까? 치료에 필요한 정보를 얼마나 깊이 있게 탐색할 수 있습니까? 얼마나 빨리 응답의 방식을 정확하면서도 적절한 사실을 말할 수 있도록 가르칠 수 있겠습니까? 환자의 감정을 얼마나 적절하게 평가하고 민감하게 반응할 수 있습니까? 필요한 경우 환자의 고통스러운 경험을 어떻게 드러내도록 동기를 부여할 수 있습니까? 이러한 모든 기술은 임상가에게 필수적입니다. 비효율적이거나 부적절한 면담 습관이 여러분의 면담 방식으로 고착되기 전, 우리는 이러한 기술을 훈련 초기 때부터 배워야 하고 초기 훈련을 통해 얻은 이 기술을 평생 사용해야 할 것입니다.

반세기 전, 두 권의 책(Gill, Newman과 Redlich의 『The Initial Interview in Psychiatric Practice』와 Harry Stack Sullivan의 『The Psychiatric Interview』)은 면담 방식의 논조에 매우 큰 영향을 끼쳤습니다. 면담에 관한 많은 책이 수년에 걸쳐 등장했지만, 대부분은 이 두 권에서 확립된 모델을 따랐습니다. 그러나 수십 년에 걸쳐 여러 면담 모델의 필요성이 변화해 왔고, 이와 같은 고전적인 도서들은 더 이상 정신건강 영역의 임상가들에게는 도움이 되지 않게 되었습니다. 지난 수십 년 동안 다수의 연구 논문, 특히 Cox와 동료들의 연구는 현대의 면담 실습을 위한 과학적 기반을 제공했고 첫 면담의 많은 부분은 이러한 출처를 기반으로 만들어졌습니다. 또한 저는 지난 60년 동안 출판된 면담에 관한 대부분의 논문 및 연구를 참조했습니다. 이들 중 중요한 참고문헌은 부록 F에 있습니다.

Cannell과 Kahn(1968)은 그들의 논문에서 "임상가를 위한 지침서나 책을 쓰는 사람들은 정작 면담을 많이 하지 않는다."라고 말했습니다. 적어도 이 책은 그들의 주장과 전혀 다릅니다. 이 책에 수록된 중요한 부분은 1만 5,000명 이상의 정신건강 환자를 대상으로 한 제 경험에서 비롯된 것입니다. 제가 추천하는 면담의 접근 방식은 임상 연구, 다른 사람들의 경험 그리고 무엇이 효과가 있는지에 대한 저만의 관점을 하나로 녹여 낸 것입니다. 만약 때에 따라 이 면담 방식이 정형화된 것처럼 결과가 나오게 되면, 그건 면담이 잘 이루어졌다는 뜻입니다. 일단 여러분이 기본을 배우기만 하면, 배운 것을 적용하고 확장하여 여러분만의 면담 방식을 만들어 낼 수 있습니다.

## 실천의 중요성

제가 수련 중일 때 교수님들은 학생에게 있어 가장 좋은 교과서는 환자라고 자주 말씀하셨습니다. 정신건강 면담을 배우는 데 있어 이보다 더 올바른 말이 없습니다. 실제로, 어떤 교과서도 실제 현장을 뛰어넘을 수 없습니다. 경험을 통해 얻은 지식이야말로 진정한 학습의 길잡이가 될 수 있습니다. 그러므로 저는 여러분이 면담을 공부하는 초기 시점부터 많은 연습이 필요하다고 생각합니다.

먼저 제1장부터 제5장까지 빠르게 읽으십시오. 이 자료를 외우려고 하지 마십시오. 그 분량이 부담스러울 수 있지만 '임상면담이란 무엇인가'에 대해 순서대로 제시하고 있으므로 한 번에 조금씩 배울 수 있을 것입니다(부록 A는 여러분이 파악해야 할 정보와 첫 면담의 각 단계에서 사용할 수 있는 전략에 대한 간략한 개요를 제공합니다). 그 후 여러분은 이 책을 통해 학습한 내용을 적용할 수 있는 환자를 찾아보시길 바랍니다.

초보 임상가에게 정신건강의학과에 입원한 환자는 훌륭한 자원입니다. 환자 중 다수는 이전에 면담한 적이 있어서(일부는 경험이 풍부합니다) 여러분이 자신들에게서 무엇을 파악하고 싶은지를 잘 알고 있습니다. 현대의 정신건강의학과 병원은 빡빡한 치료 일정으로 이루어져 있지만 환자들은 대체로 여유가 있습니다. 정신건강 전문가의 훈련 과정에 참여한 환자들은 자신의 생각을 말할 기회를 가지는 것에 감사해하고, 희망적인 결과를 듣는 것에 대한 느낌을 즐기는 것 같습니다. 1998년의 한 연구에서는 대부분의 환자가 병원 치료팀에 참여한 학생들에 대해 매우 만족감을 보인다는 것을 알아냈습니다. 또 다른 연구에서는 학생들은 환자가 '타고난 성질과 분별력'을 보고하였음을 경험하였고, 대부분의 환자는 기꺼이 학생들과 만나는 경험을 반복하고 싶다고 하였습니다. 그리고 때로는 새로운 관찰자, 심지어 수련생의 면담을 통해 치료 방향을 바꿀 수 있는 새로운 통찰이 발생하기도 합니다.

따라서 협조적인 환자의 도움을 받아 면담을 시작하십시오. '좋은 가르침을 주는 환자'를 찾으려고 애쓰거나 걱정하지 마십시오. 여러분의 목적을 위해 협조적인 환자들은 무엇이든 할 것이며, 본질적으로 환자들의 삶은 흥미롭습니다. 특히 면담의 초반에는 개요를 너무 열심히 따르려고 하지 마십시오. 긴장을 풀고 자신과 환자 모두에게 즐거운 경험을 제공하십시오.

면담 시간이 한 시간 혹은 더 길어진 경우, 여러분과 환자는 모두 피곤할 수 있으니 나중에 다시 오겠다는 약속을 한 후 면담을 중단하시길 바랍니다. 면담 과정 중 문제가 생긴 영역을 이 책을 읽으며 점검해 보십시오. 환자를 통해 획득한 개인력과 사회력을 제8장의 권장 사항과 주의 깊게 비교 검토해 보십시오. 여러분의 정신 상태 검사(MSE)는 얼마나 완벽하게 이루어졌습니까? 관찰한 내용을 제11장과 제12장의 내용과 비교해 보십시오.

학생들은 "제가 잘 알지 못하는데 정신장애를 어떻게 면담할 수 있습니까?"라고 합리적인 질문을 할 수 있습니다. 성공적인 면담을 한다는 것은 다양한 정신장애의 전형적인 증상, 징후 및 과정을 아는 것을 의미하지만, 면담을 진행하면서 이를 공부할 수도 있습니다. 실제로 환자로부터 장애를 배우면 이러한 진단의 특성은 영원히 마음속에 남을 수 있습니다. 제13장에서는 환자의 임상적 특성에 따라 세분화된 면담을 할 경우 다루어야 할 내용을 확인할 수 있습니다.

첫 면담 동안 깜빡하고 묻지 않았던 내용을 확인한 후 다음 회기에는 꼭 질문하십시오. 제가 의대 초년생일 때 주말마다 병동에 가서 다시 파악한 것처럼, 자신의 실수를 바로잡기 위해 처음으로 돌아가는 것은 무엇을 물어봐야 하는지를 배울 수 있는 가장 좋은 방법입니다. 여러분이 더 많은 환자를 면담할수록 덜 잊어버릴 것입니다. 면담을 마친 후 몇 가지 표준 교과서(부록 F의 여섯 번째 인터뷰 주석이 달린 목록 참조)를 참고하면 환자의 질환을 감별·진단하는 데에 도움을 받을 것입니다.

경험이 풍부한 임상가로부터 자문을 받으면 더 빨리 숙련될 수 있습니다. 다음의 방법은 직접적인 방법일 수 있는데, 여러분이 환자를 면담하는 동안 수련 감독자가 함께 있는 것입니다. 오디오 녹음 또는 비디오 녹화의 효과성은 수많은 연구에서 입증되었습니다. 이러한 방법을 활용해 여러분과 수련 감독자는 여러분이 빠뜨린 내용을 다시 듣고, 더 나은 면담 기술을 사용할 수 있도록 논의할 수 있을 것입니다. 여러분은 아마도 녹음된 자신의 첫 면담을 혼자 들어 보는 것만으로도 많은 것을 배울 수 있을 것입니다. 면담의 내용과 과정의 쟁점을 평가하는 데 도움을 주기 위해 부록 E에 점수표를 참조할 수 있습니다.

제1장

# 임상면담의 시작과 소개

정신장애에 대한 첫 면담에서 임상가는 ① 환자와 긍정적으로 관계를 맺고, ② 환자의 정신건강 문제와 현재의 삶에 영향을 미치는 다양한 정보를 수집해야 합니다. 이 정보에는 환자의 현재 증상, 과거력, 복용하고 있는 약물, 가족과의 관계 및 대인관계, 건강 상태 등이 포함됩니다. 또한 환자의 현재 사고와 행동을 평가하기 위한 **정신 상태 검사**(Mental Status Exam: MSE)도 실시하게 됩니다.

이 책은 환자와 면담할 때 어떻게 정보를 얻고, MSE를 실시할지에 대해 체계적으로 안내하고 있습니다. 임상가가 얻어야 할 정보의 내용과 그 내용에 적합한 면담 기법에 대해서도 설명하였으며, 적절한 시점에서 라포에 대한 문제도 함께 논의하고 있습니다.

## 시간 요인

첫 면담의 처음 몇 분 동안은 몇 가지의 작업을 수행해야 합니다.

- 면담이 어떻게 진행되는지, 얼마나 시간이 걸리는지, 어떤 질문을 할 것인지를 안내해야 합니다.
- 환자(또는 다른 정보 제공자)가 여러분에게 말해야 하는 정보가 어떤 것인지를 안내해야 합니다.
- 환자가 편안하고 안전하다는 느낌을 받을 수 있도록 환경을 조성해야 합니다.

〈표 1-1〉에는 면담을 마칠 때 다루어야 할 기본적인 내용이 나열되어 있습니다. 경험이 풍부한 임상가들은 환자를 면담하는 데 평균 45분이 걸립니다. 그러나 초보 임상가는 관련 정보들을 모두 얻는 데에 몇 시간이 필요할 수 있으며 첫 면담에서는 진단을 찾기 위해 몰두하기보다는 가능한 한 많은 정보를 수집하는 것이 중요합니다.

**표 1-1** 첫 면담 개요

| 주 호소 | 성인으로서의 삶 | 자살 시도 |
|---|---|---|
| **현 병력의 역사** | 레저 활동 | 심각함 |
| 스트레스 요인 | 클럽, 조직 | 정신적인 |
| 발병 | 관심사, 취미 | 신체적인 |
| 증상 | 병력 | **MSE** |
| 이전 에피소드 | 어디에서 근무, 계급 | 외모 |
| 치료 | 근속 연수 | 외관상 나이 |
| 결과 | 규율상의 문제? | 인종(백인/흑인/황인종) |
| 병의 진행 과정 | 전쟁 경험? | 자세 |
| 지금까지의 치료 | 법적 문제 | 영양 |
| 입원 | 전과 기록은? | 위생 |
| 기타 환자에 미친 영향 | 소송 | 헤어스타일 |
| **개인력 및 사회력** | 종교 | 옷 |
| 유년기 및 성장기 | 교파 | 단정한? |
| 어디서 태어났는가? | 관심 수준 | 청결? |
| 형제자매 수 및 출생순위 | **병력** | 유형/패션? |
| 한 부모에게 양육되었는가, | 주요한 병력 | 행동 |
| 아니면 두 부모에게 양육되었 | 수술 | 활동 수준 |
| 는가? | 비정신성 약물 | 떨림? |

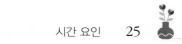

환자와의 관계

입양된 경우

　어떤 상황?

　기타 가족

어릴 적 건강

사춘기 학대와 관련된 문제 (신체적 문제 또는 성적 문제)

교육

　최종 학력

　학교생활 문제

　과잉 활동

　등교 거부

　행동 문제

　정학 또는 퇴학?

어렸을 때 사교적인가?

취미, 관심사

**성인으로서의 삶**

현재의 삶의 상황

누구와 살고 있는가?

어디에서 살고 있는가?

노숙을 해 본 적이 있는가?

지지 자원

사회적 유동성

재정(금융)

결혼 이력

　결혼 연령

　결혼 횟수

　이혼 시 연령 및 이혼 사유

　자녀의 수, 나이, 성별, 의붓자녀?

　결혼 문제

성적 취향, 성적 문제 해결 (조정)

　성관계 문제

　피임 방법

알레르기

　환경

　음식

　약

비정신건강의학과 관련 입원

신체 손상

HIV/AIDS에 대한 위험 요소?

성인의 신체적 또는 성적 학대?

**체계적 문진**

식욕의 변화

두부 손상

기절

만성 통증

무의식

월경전증후군

신체화 장애 검토

**가족력**

친척에 대한 묘사

친척의 정신장애?

**물질 오남용**

물질의 종류

사용 기간

양

결과들

　의학적 문제

　통제력 상실

　개인 및 대인관계 문제

　직장 문제

　법적 결과

　재정 문제

약물 오용

　처방전

　처방전 없이 살 수 있는

습관과 상동증

미소?

시선 접촉

말하는 것이 명료한가?

기분

　유형

　불안정성

　적절성

**사고의 흐름**

언어의 연상

억양 및 음률

**사고의 내용**

공포증

불안

강박, 충동

자살 사고

망상

환각

**언어**

이해력

유창성

명명

반복

읽기

쓰기

**인지**

지남력

　사람

　장소

　시간

기억

　즉시

　최신

　장기

주의, 집중

| 외도? | **성격 특성** | 순차적으로 7 빼기 |
|---|---|---|
| 신체적 · 성적 학대? | 삶에서 보이는 행동 패턴 | 거꾸로 세기 |
| 직업 이력 | 폭력 | 문화 정보 |
| 현재 직업 | 체포 | 5명의 대통령 |
| 직업 수 | **자살 시도** | 추상적 사고 |
| 해고된 이유 | 방법들 | 유사성 |
| | 결과들 | 차이점 |
| | 마약이나 알코올 관련? | 통찰력과 판단력 |

　　노련한 임상가조차 초기 평가를 위해 한 번 이상의 면담이 필요한 때도 있습니다. 특히 비정상적으로 말을 하거나, 막연하거나, 적대적이거나, 의심스럽거나, 미심쩍어하거나, 이해하기 어렵거나, 복잡한 이야기를 하는 환자에게는 누구나 더 많은 시간이 필요할 것입니다. 일부 환자는 장시간의 면담을 힘들어하며, 심지어 병원에 입원한 환자들조차도 다른 진료 및 검사로 장시간의 면담이 힘들 수 있습니다. 여러 번의 면담은 누락된 정보를 추가하는 데 도움이 되며, 친척이나 다른 정보 제공자와 면담할 경우 모든 정보를 통합할 시간이 필요할 것입니다.

　　저는 현대 의료 서비스의 수요 급증으로 면담의 시간이 지속적으로 줄고 있음을 실감하고 있습니다. 그래서 여러분이 첫 면담을 진행할 때 다양한 영역에 따라 할애해야 할 시간을 백분율로 나타냈습니다.

- 15%: 주 호소 문제를 결정하고 자유롭게 이야기할 수 있도록 장려
- 30%: 진단 파악; 자살, 폭력, 약물 오남용에 대해 탐색
- 15%: 병력, 체계적 문진, 가족력 획득
- 25%: 기타 개인 및 사회력 획득, 성격 병리 평가
- 10%: MSE 실시
- 5%: 환자와 진단 및 치료에 대해 논의하고 다음 면담 계획

　　여러분 각각은 자신의 전문 분야에 따라 면담의 초점이 달라질 수도 있습니다. 예를 들어, 사회복지사들은 개인력과 사회력을 파악하는 데 시간을 더 할애할 것입니

다(한때 몇몇 협회와 기관은 사회복지사들에게 전반적인 사회력을 수집할 책임을 부여했습니다). 오늘날, 우리는 개인력 및 사회력을 임상적 측면에서 일관성 있게 종합하기 위해 1명의 임상가가 정보를 수집해야 한다고 주장합니다.

직종과 상관없이 초기에는 환자와 관련된 모든 내용을 파악하는 것이 중요합니다. 경험이 풍부한 임상가들조차도 초기 몇 번의 면담 후 환자를 잘 안다고 생각하여 눈에 띄지 않는 환자의 필수적인 정보를 무시하고 지나칠 때가 있습니다.

어느 사람에게도 시간이 무한하지 않듯이, 어떤 평가도 제한된 시간 내 완벽하게 진행할 수 없습니다. 치료를 진행하는 과정에서 기존의 파악한 내용에 새로운 사실과 관찰 내용이 계속 추가될 것입니다. 그러나 첫 면담에서 충분히 정보를 잘 수집한다면, 이후 대부분의 추가적인 정보들은 진단과 치료에는 큰 영향을 끼치지 않을 것입니다.

환자들은 두려움, 압도적인 상황, 생명을 위협하는 심각한 문제로 도움을 받고 싶어 합니다. 따라서 여러분은 환자들이 완벽하고 온정적이며 전문적인 평가를 받는다고 느낄 수 있게 면담을 이끌어야 합니다. 만약 환자가 비정상적으로 극적이고, 느리거나, 혹은 산만하다면 누구나 경험할 수 있는 수준의 스트레스와 불안에 비추어 환자의 행동을 이해하고 기다려 줄 수 있도록 노력해야 합니다.

## 환경

새로운 환자와 보내는 첫 면담의 순간은 이후의 모든 면담 분위기를 조성하는 데 영향을 줍니다. 환자에게 면담을 소개할 때 편안함과 통제감을 느낄 수 있도록 세심하게 주의를 기울이는 것은 존중과 협력을 바탕으로 둔 관계 형성에 큰 도움이 됩니다. 만약 개인 치료실이 있는 경우 여러분이 원하는 대로 멋지게 꾸밀 수 있겠지만, 기관의 치료실은 멋지게 꾸미지 못할 것입니다. 다행히도 면담의 효과는 주변 환경을 우아하게 만드는 것과는 관련이 없습니다. 사생활이 보호되는 환경에서 중요한 정보들을 쉽게 얻을 수 있지만, 저는 침대 옆 또는 분주한 병실의 한구석에서도 훌륭한 면담이 이루어질 수 있는 것을 봤습니다. 따라서 가장 중요한 것은 환자에게 편안함을 제공하고 사생활을 보장하는 여러분의 관심일 것입니다.

여러분은 자원을 최대한 활용하시길 바랍니다. 대부분의 치료실에서 볼 수 있듯, 여러분과 환자가 책상을 사이에 두고 앉게 된다면 두 사람 사이에서는 단단한 마음의 벽이 생길 것입니다. 이 환경은 의심하는 환자에게 더 많은 자유로운 공간을 주지 못하게 되고, 친밀한 위로가 필요한 우울증 환자에게는 가까이 갈 수 있는 재량이 제한될 것입니다. 그러므로 책상 혹은 테이블의 모서리를 가로질러 환자를 마주볼 수 있도록 의자를 배치해 보시길 바랍니다. 그렇게 한다면 여러분은 필요에 따라 환자와의 거리를 다양하게 조절할 수 있을 것입니다. 임상가가 오른손잡이인 경우 환자가 왼편에 앉으면 더욱 편안하게 메모를 할 수 있을 것입니다. 물론 책상 없이 2개의 의자만 두고 서로 마주 앉는 것도 좋은 방법일 것입니다. 덧붙이자면, 각 티슈 또는 일회용 티슈가 면담 중 필요할지도 모르니 준비하시길 바랍니다.

동시에 임상가에게는 또 다른 중요한 의무가 있는데, 그것은 임상가 자신의 안전을 지키는 것입니다. 대다수의 정신건강 면담에서 그럴 일이 없지만, 드물게 임상가나 환자 혹은 둘 다에게 해가 되는 뜻밖의 일이 발생하기도 합니다(2006년 메릴랜드주 베데스다의 국립정신건강연구소에서 조현병 환자를 전문적으로 치료하는 정신건강의학과 의사 Wayne Fenton은 환자에게 구타를 당해 사망했습니다. 이 사건은 전국적으로 뉴스 헤드라인을 장식했습니다).

환자와 면담을 시작할 때마다 자신과 타인의 안전을 지키기 위해 세 가지 원칙을 확인하는 습관이 필요합니다. ① 근처에 다른 사람이 있는 곳에서 면담할 것, ② 알람 벨과 같이 쉽게 작동되는 비상 경보 시스템을 사용할 수 있어야 할 것, ③ 폐쇄된 사무실에서 면담할 때에는 환자보다 문에 더 가까이 앉아야 하며, 문제 상황에서 신속하게 퇴장하는 데 방해될 수 있는 책상이나 다른 가구는 없어야 합니다.

면담의 장소와 상관없이, 임상가의 복장과 외모는 환자와의 관계에 상당한 영향을 미칠 수 있습니다. 전문가로서 여러분은 일하는 지역과 특정 진료소 또는 병원 관습에 따라 추구하는 복장과 외모가 달라질 수 있습니다. 복장과 외모의 중요성을 언급하는 것은 반복해서 언급할 만큼 매우 중요합니다. 옷차림, 몸치장, 매너에 신경을 쓰면 더욱 전문적으로 인식될 것입니다.

지난 2년 또는 10년 동안 기준이 약간 바뀌었을지도 모르지만, 복장의 기준은 여전히 차이가 없습니다. 일반적으로 환자들은 보수적인 의상과 헤어스타일을 쉽게 받아들입니다. 지나치게 캐주얼한 옷차림이나 태도는 여러분이 환자와의 만남을 중요하게 생각하지 않는다는 인상을 줄 수 있습니다. 실제로 2005년의 한 조사에서는 환자들이 정장 차림을 선호하였고, 캐주얼한 옷을 입은 사람들보다 흰 가운을 입은 임상가들에게 더 많은 개인정보를 노출하려는 경향이 있다는 것이 연구되었습니다. 대부분의 환자는 전문적인 옷을 입은 사람의 조언을 따를 가능성이 더 크다고 조사되었습니다. 조사에 참여한 환자들은 평균적으로 중년층이었기 때문에 아동과 10대들은 이 결과에서 제외될 수 있지만, 이 결과는 신중하게 고려할 필요성이 있습니다(아마도 다른 영역의 전문가들 또한 마찬가지일 것입니다).

비록 대부분의 임상가는 흰 가운을 입지 않지만, 단정하고 깨끗하며, 너무 캐주얼하지 않은 옷을 입으면 여러분이 전문가임을 알릴 수 있습니다. 장신구는 종류와 상관없이 수수한 수준으로 제한하는 것이 좋습니다. 환자가 결코 획득할 수 없는 부나 지위를 암시하는 장신구를 착용해서 협조가 필요한 환자들에게 반감을 사지 마십시오. 만약 여러분이 종교적인 관계를 나타내는 핀, 펜던트 또는 액세서리를 착용한다면, 환자 및 정보 제공자와 효과적인 관계를 형성하는 데 방해가 될 수 있습니다. 여러분의 주변에 있는 다른 전문가들이 어떤 옷을 입었는지를 관찰하십시오. 다른 전문가들이 착용한 옷을 살펴보면 어떤 옷이 적절한지를 판단하는 데 도움이 될 것입니다.

## 관계의 시작

환자에게 자신을 소개하고, 악수한 후 앉을 자리를 안내합니다. 환자의 침대 옆에서 단지 몇 분만 머무를 계획일지라도 항상 앉으시길 바랍니다. 심지어 여러분이 급하게 비행기를 타야 하는 상황일지라도 너무 서두르는 것처럼 보이고 싶지는 않을 것입니다. 여러분이 침대에 누워 있는 환자라면, 누군가가 여러분을 내려다보는 것이 불편할 것입니다. 만약 여러분이 면담에 늦었다면, 사과한 후 자신의 실수를 인정하십시오. 환자 이름이 흔하지 않습니까? 그렇다면 정확하게 발음했는지 확인하십시오. 환자를 처음 만나는 경우, 자신의 신분(학생 또는 인턴, 상담사 등)을 소개하고 면담의 목적을 설명하십시오. 환자에 대해 무엇을 알고 싶습니까? 이미 알고 있는 정보는 무엇입니까? 환자에게 여러분과 얼마나 많은 시간을 보내게 될지와 예상

시간은 어떻게 될지를 안내하십시오.

때때로 여러분은 이전에 다른 치료자가 진행했던 사례 노트, 병원 차트 또는 진료 의뢰서를 통해 이미 환자에 대한 정보를 알고 있을지도 모릅니다. 면담을 시작하기 전 이 자료를 검토한다면 시간을 절약하고 평가의 정확도를 높일 수 있을 것입니다. 하지만 이 책에서는 앞서 제시한 것과 같은 정보에 접근할 수 없다는 가정하에 면담을 진행하게 됩니다.

일부 임상가는 잡담으로 라포를 형성하려고 하지만 저는 이러한 접근 방식에 동의하지 않습니다. 대부분의 경우 환자는 골치 아픈 문제로 치료를 받으러 왔습니다. 날씨, 야구, TV 쇼를 언급하는 것은 여러분의 주의를 산만하게 하거나, 더 나쁘게는 환자가 무관심의 표현으로 받아들일 수 있습니다. 그러므로 문제의 핵심을 바로 짚는 것이 좋다고 생각합니다.

잡담으로 시작해야 한다고 생각한다면 예-아니요로 대답할 수 있는 것보다 더 많은 반응을 이끌어 내는 질문 형식(개방형 질문)을 사용하십시오. 예를 들면 다음과 같습니다.

> "여기까지 오는 데 교통은 어땠나요?"
> "여름은 어떻게 보내셨나요?"

이런 질문 형식은 면담에서 환자의 적극적인 참여를 기대한다는 것을 알려 줍니다. 특히 첫 면담에서는 환자가 "예." 또는 "아니요."라고 단답으로 반응하는 것이 아니라, 자세히 설명할 수 있도록 격려하는 것이 중요합니다(우리는 제4장과 제10장에서 면담 통제에 관한 측면과 또 다른 측면들을 더 자세히 다루도록 하겠습니다).

때때로 환자는 친척이나 가까운 친구를 치료실로 데리고 오고 싶어 합니다. 이럴 경우 저는 두 가지 방법 중 하나를 선택하여 대응하고 있습니다. 저는 환자와 정보 제공자를 따로 보는 것을 선호합니다. 왜냐하면 이 방법은 제가 얻는 정보의 양을 극대화할 수 있기 때문입니다. 환자의 자율성을 강화하기 위해 항상 환자와 먼저 면담을 시작하고, 정보 제공자에게는 "환자와 면담을 하고 당신과 면담하겠습니다." 라고 안내합니다. 그러나 때로는 다른 방침으로 환자와 정보 제공자를 함께 볼 필요

가 있습니다. 치매가 진행된 경우 혹은 심각한 손상을 입었을 때는 환자와 정보 제
공자를 함께 면담할 수 있습니다. 이후 환자와 둘이 면담을 진행해야 할 경우, 정보
제공자에게 대기실에서 기다리도록 요청하여 시간을 절약할 수 있습니다. 동반 면
담의 형식이 필요한 또 다른 경우는 심각한 불안이나 우울을 가진 환자가 이를 강력
히 요청할 때입니다.

## 메모하기

대부분의 경우 여러분은 메모하고 싶을 것입니다. 우리 중에서 우리가 들은 모든
정보를 간단하게 기억할 수 있는 사람은 거의 없고, 면담 중 메모할 기회가 없을지
도 모릅니다. 따라서 메모를 할 것이라고 말하고 이것이 환자에게 괜찮은지를 물어
보시길 바랍니다.

그러나 여러분은 최소한으로 메모하고, 감정에 대한 단서를 찾기 위해 환자의 행
동과 얼굴을 관찰하는 데 더 많은 시간을 사용해야 합니다. 여러분은 모든 것을 종
이에 적거나 완전한 문장을 쓸 수 없을 것입니다. 대신 나중에 탐색해야 할 문제와
보고서를 작성할 때 내용을 상기시킬 수 있도록 주요 단어는 기록하시길 바랍니다.
펜을 계속 손에 쥐고 있으면 반복적으로 펜을 집는 산만함을 피할 수 있게 됩니다.
환자가 기록되기를 꺼릴 수 있는 민감한 주제를 이야기할 때 여러분은 펜을 치워 둘
수 있습니다.

메모하기는 전산화 기록이라는 귀찮은 문제를 만들었습니다. 우리의 기록 시스
템이 점점 온라인화(심지어 클라우드)되고 있으며, 우리는 환자들과 대화할 때도 정
보를 키보드로 쳐야 한다는 압박감을 느낍니다. 새로운 환자와 면담을 하면서 좋은
라포 형성을 희망한다면, 타이핑을 치는 것은 면담에서 효과적이지 않다고 생각합
니다. 따라서 저는 연필로 메모하고, 나중에 요약 내용을 작성하는 것이 최선의 방
법이라고 생각하였습니다. 이러한 견해는 일부 동료에게 큰 반향을 일으켜 정확하
게 받아쓸 수 있는 프로그램이 개발되어 일일이 타이핑을 쳤던 우리도 이제는 효율
적으로 디지털 기계를 활용하여 입력할 수 있게 되었습니다.

여기에는 또 다른 문제가 있습니다. 때로는 환자가 특정 내용을 차트에 넣지 말라

고 요구할 수도 있습니다. 만약 여러분이 학생이라면 문제가 없습니다. 그러나 이러한 요청이 환자에 대한 책임을 지닌 임상가와의 초기 관계에서 발생하게 되는 경우, 특히 면담 중 일부의 내용에만 적용되는 경우에는 일반적으로 환자의 부탁을 수용하는 것이 좋습니다. 만약 환자가 어떤 메모를 하는 것이 극도로 불편해 보인다면, 여러분은 나중에 모든 것을 이해하는 데 도움이 될 몇 가지만 메모할 것이라고 설명할 수 있습니다. 지속해서 메모하기를 거부하는 몇몇 환자에게는 메모하기를 포기하고, 나중에 기억할 수 있게 모든 내용을 기록하셔야 합니다. 여러분이 원하는 것은 유익하게 면담을 끝내는 것이지 의견을 조율하는 과정에서 이기는 것이 아닙니다. 그러나 아마 지금 혹은 지금 당장은 아닐 수도 있지만, 어느 시점에서는 여러분에게 다시 그 점에 대해 문제를 제기할지도 모릅니다. 기초자료에 심각한 누락이 있는 경우 문제가 될 수 있으며, 특히 이 환자를 나중에 다른 임상가가 보게 된다면 더욱더 큰 문제가 될 수 있습니다.

면담의 내용을 녹음한 후 검토하면 면담의 문제를 쉽게 발견할 수 있고, 여러분이 대화 중 놓쳤거나 혹은 탐색을 적절하게 하지 못한 부분을 찾을 수 있습니다. 그러나 이러한 수행에는 단점이 있습니다. 녹음을 검토하는 데는 많은 시간이 걸리며, 일부 환자는 메모보다 녹음에 대해 훨씬 더 불편함을 느낄 수 있습니다. 여러분이 녹음하기로 한다면, 녹음의 교육적 목적을 설명하고 허락을 받은 후에 시작하셔야 합니다.

여러분은 법과 직업 윤리에 따라 사람들의 안전과 관련된 내용이 있을 경우 특정 정보를 보고할 수도 있다는 것을 설명할 필요가 있습니다. Tarasoff 결정에 따라 1974년 캘리포니아에서 공식화된 이 법은 의료진이 위협의 대상이 된 사람을 보호할 의무가 있음을 명시하였습니다. 비록 모든 주가 그러한 법령을 제정하지는 않았지만, 모든 임상가는 법령이 제정된 것처럼 행동해야 합니다. 물론 학생이라면 절대 자의적으로 판단하여 행동해서는 안 됩니다. 어떤 위협이나 다른 우려에 대해 즉시 수련 감독자와 상의한다면, 수련 감독자는 보호의 의무를 다하는 데 앞장설 것입니다.

# 시작의 예시

효과적으로 서두를 떼는 방식은 여러 변형이 가능합니다. 여기에 그 방법들을 소개합니다.

> **임상가**: 안녕하세요, Dean 씨. 저는 의대 3학년 Emily Watts입니다. 당신과 한 시간 정도 이야기하면서 당신과 같은 문제를 가진 사람들에 대해 최대한 많이 배우고 싶은데, 지금 시간은 괜찮으신가요?
>
> **환　자**: 네, 좋습니다.
>
> **임상가**: 여기 앉으시겠어요? (의자를 향해 움직인다.) 메모를 해도 괜찮겠습니까?
>
> **환　자**: 네, 괜찮습니다. 다른 사람들도 그렇게 하는걸요.

이 예시는 임상가의 이름과 지위, 면담의 목적, 필요한 시간 등 환자에게 중요한 정보를 효과적으로 전달하고 있습니다. 임상가는 어떤 의자에 앉아야 하는지를 제안하고 메모를 해도 되는지를 허락받아야 합니다. 그러나 어떤 환자들은 문제가 있다는 생각에 고개를 갸우뚱거릴 수도 있습니다. Watts 씨는 과거에도 치료를 받았던 환자와 면담했기 때문에 그녀의 질문은 문제되지 않았습니다. 새로운 환자는 "여러분이 여기에 무엇 때문에 왔는지 알려 주세요."라는 간단한 질문에 더 잘 대답할 수 있습니다.

여기 또 다른 유용한 서두의 예입니다.

> **환　자**: 당신은 그들이 말한 그 학생입니까?
>
> **임상가**: 아니요, 저는 심리학 인턴인 Holden 박사입니다. 오늘 오후에 당신의 치료사와 얘기했는데, 제가 당신을 도울 수 있는 방법을 알아보기 위해 당신과 시간을 좀 보내고 싶습니다.
>
> **환　자**: (고개를 끄덕인다.)
>
> **임상가**: 당신을 가장 잘 돕기 위해서, 저는 제가 얻을 수 있는 모든 정보가 필요합니다. 괜찮으시다면 제가 몇 자 적어 두고 싶은데 괜찮을까요?

**환   자**: 괜찮아요.

때때로 정보 수집 단계는 한 회기의 면담보다 더 많은 시간이 소요될 수 있습니다. 여러분은 "이전 면담에 대한 내용에 추가적으로 하고 싶은 말은 없으신가요?" 또는 "지난번 만남에 대해 [남편, 딸 등]에게 뭐라고 말씀하셨습니까?"라는 말로 후속 면담을 시작할 수도 있습니다. 아니면 지난 면담에서 시간이 다 되어 다루지 못했던 부분부터 이야기를 시작할 수도 있습니다.

제**2**장

# 주 호소 문제와 자유발언

주 호소 문제는 환자가 치료를 원하는 이유를 파악하기 위함이고, 자유발언은 환자의 이야기를 즉각적으로 따라가면서 그 이유에 대해 표현할 수 있도록 격려하는 것입니다. 여러분의 대화 방식은 정보를 풍부하게 이끌어 내는 데 큰 영향을 미칠 수 있으며, 이는 지시적 면담 방식과 비지시적 면담 방식 중 하나로 분류됩니다.

## 지시적 질문과 비지시적 질문

지시적인 임상가는 수많은 질문을 통해 환자에게서 어떤 유형의 정보가 필요한지 명확하게 구조화하여 제시합니다. 비지시적인 임상가는 환자가 선택적으로 제공하는 정보를 수동적으로 받아들이게 됩니다. 비지시적인 스타일은 대개 강한 유대감과 신뢰할 수 있는 관계를 형성할 수 있습니다. 그러나 비지시적인 스타일만 사용하는 면담은 더 적은 정보를 알아냅니다. 예를 들어, 면담에서 지시적인 부분이 없다면 환자는 가족력에서 중요한 정보를 탐색하지 못하거나, 매우 개인적인 정보를 자발적으로 표현하는 게 너무 어색할 수 있습니다. 가장 효과적인 첫 면담은 비지시적인 질문과 지시적인 질문을 모두 사용하는 것입니다.

첫 면담 과정에서는 대부분 비지시적인 방식으로 진행하는 것이 좋습니다. 이를 통해 라포 형성에 도움을 받을 수 있고 환자의 마음속에서 어떤 종류의 문제와 감정이 가장 중요한지를 알아낼 수 있습니다. 그러나 정보를 파악하기 위해서는 첫 번째로, 여러분이 환자에게 무엇을 기대하는지를 명확하게 표현해야 합니다.

## 면담의 시작 질문

첫 질문을 할 때 여러분은 환자에게 듣고 싶은 내용을 구체적으로 말하시길 바랍니다. 만약 여러분이 어떤 비지시적인 면담을 할 때처럼 모든 문제를 환자가 표현할 수 있게 한다면("무슨 이야기를 하고 싶습니까?"), 지난 일요일의 축구 경기 내용이나 환자의 새 스포츠카에 대한 정보만 한참 듣게 될 것입니다. 추후 면담의 진행 방향을 재수정하여 정상적인 궤도로 되돌릴 수 있겠지만, 많은 시간을 들여야 환자와의 라포가 형성될 수 있을 것이고, 환자는 임상가가 자신이 원하는 것을 정말로 알고 있는지를 의문스럽게 생각할지도 모릅니다.

여러분은 우선 올바른 질문을 함으로써 이러한 어려움을 피할 수 있습니다.

> "어떤 문제로 치료를 받으러 오셨나요?"

대부분의 환자는 이 질문에 매우 유용하게 반응할 것입니다. 하지만 가끔은 자신에게 문제가 있다고 여기는 것 같아 분개하는 사람과도 만나게 될 것입니다. 물론 "왜 여기에 왔는지 말해 주세요." 또는 "왜 치료를 받으러 오셨습니까?"라고 질문하여 문제 상황을 회피할 수 있습니다. 일부 사람은 불만을 가지고 있습니다. 흔히 10대들은 자신의 의지로 오지 않으며, 가끔 삶에 의미를 찾는 것이 목적인 환자를 만나게 될 것입니다. 결국 완벽한 시작은 없는 것 같습니다. 만일 여러분이 설정한 시작 방식에 대해 환자가 저항한다면("나한테는 문제가 없어요!"), 여러분은 "당신이 왜 여기에 있는지에 대한 당신의 생각을 저에게 말해 줄 수 있을 것입니다."라는 반응으로 상황을 해결할 수 있습니다.

어떤 질문이든 도입부에서 실시하는 질문은 두 가지 특징이 있다는 점에 주목해야 합니다. 다음에 제시한 이 두 가지 특징에 따라 여러분이 얻을 수 있는 정보가 달라질 수도 있습니다.

- 환자에게 여러분(임상가)이 어떤 정보를 원하는지 알려 준다는 특징이 있습니다.
- 개방형 형태의 질문이라는 특징이 있습니다. 개방형 질문은 한두 마디로 쉽게 대답할 수 없는 질문 또는 진술의 형태를 의미합니다. 개방형 질문은 환자들이 중요하다고 느끼는 것에 대해 잠시 이야기를 나눌 수 있도록 돕고, 첫 면담에서는 편안함을 제공하며 라포 형성에 도움이 되고 있어 이 방식이 장려되고 있습니다.

개방형 질문과 개방형 진술은 두 가지 기능이 있는데, 일부는 단순하게 특정 지점에 대한 추가 정보를 얻기 위함입니다.

> "그것에 대해 좀 더 듣고 싶습니다."
> "조금 더 자세히 설명해 주실 수 있겠습니까?"
> "그 밖에 무슨 일이 일어났나요?"

몇몇 질문은 상황이 어떻게 진행되는가를 파악하고 싶을 때 사용됩니다.

> "그 후에 무슨 일이 있었나요?"
> "그런 다음에는 어떻게 되었나요?(그다음에는요?)"
> "그런 다음에는 뭘 했습니까?(그다음에는 무엇을 했나요?)"

개방형 질문은 여러분이 얻을 수 있는 정보의 범위를 넓혀 줍니다. 개방형 질문은 환자가 더 자유롭게 응답할 수 있게 만들기 때문에 자신과 여러분에게 중요한 것이 무엇인지를 알려 줍니다. 또한 여러분이 말하는 시간을 줄이고 관찰에 더 많은 시간을 사용할 수 있게 돕습니다. 개방형 질문의 가치는 제11장에서 MSE에 대해 이야기할 때 더욱 중요성이 강조될 것입니다.

폐쇄형 질문은 원하는 대답의 종류를 좁게 지시하며 몇 단어(마디)로 답변하게 만드는 것을 의미합니다. 그렇기 때문에 '예-아니요'라고 반응하게 하거나, 제한된 정보를 선택하여 반응하게 만드는 질문의 형태로 구성됩니다("어린 시절에 대해 말해 주세요."가 아니라 "어디에서 태어났습니까?"). 이 질문은 때때로 제한된 시간에 가장 많은 정보를 얻기 위해서 유용하게 사용됩니다. 그러나 첫 면담에서는 환자의 개인력을 여러 측면에서 들을 수 있도록 유도하는 개방형 질문을 사용하는 것이 좋습니다.

# 주 호소 문제

주 호소 문제는 환자가 보고한, 자신이 도움을 요청하는 이유입니다. 주 호소 문제는 일반적으로 여러분의 개방형 질문에 첫 번째 혹은 두 번째 문장일 것입니다.

> "당신이 여기에 오게 된 문제를 저에게 말해 주시겠어요?"

## 중요성

주 호소 문제는 두 가지 중 하나의 이유로 중요성이 시사됩니다.

① 주 호소 문제는 일반적으로 환자의 마음속에서 가장 중요한 문제이기 때문에 먼저 탐색해야 하는 영역이며 대부분의 환자는 특정한 문제나 도움을 원하는 내용이 담겨 있습니다. 다음은 몇 가지 예시입니다.

   "나는 내 목표에 도달할 수 없습니다."
   "나는 여자들과 관계를 맺는 데 어려움이 있습니다."

"나는 목소리가 들립니다."

"너무 우울해서 계속 살 수 없을 것 같다고 느낍니다."

이 각각의 전형적인 예는 환자가 도움을 원하는 불편함, 삶의 문제 또는 두려움을 나타내고 있습니다.

② 이와는 대조적으로, 때때로 주 호소 문제는 모든 것이 잘못되었다는 것을 단호히 부정하는 형태로 나타날 수 있습니다. 이러한 모습은 환자의 통찰력, 지능 또는 협력 수준에 대해 짐작할 수 있게 합니다. 대표적인 예는 다음과 같습니다.

"난 아무 문제가 없어요. 판사가 가라고 해서 온 것뿐이에요."

"나는 그것에 대해 아무것도 기억나지 않습니다."

"절대 영도가 다가오고 있고, 그래서 그것이 여기 오게 되면 저의 뇌는 빵으로 변할 거예요."

이와 같은 주 호소 문제는 특별한 방법이 필요한 심각한 병리 또는 저항 상태를 시사하는 것입니다. 우리는 제16장에서 면담에 저항하는 환자에 대해 자세히 논의할 예정입니다.

## 응답

몇몇 주 호소 문제는 환자가 면담의 목적을 제대로 이해하지 못함을 암시하기도 합니다. 때때로 이런 부류의 사람들은 모호하거나 약간 논쟁적이기 때문에 이와 같은 환자를 만날 경우 좋은 답변을 준비하여 대비하시는 것이 좋습니다.

**임상가**: 어떻게 해서 이곳에 치료받으러 오셨나요?

**환　자**: 당신은 제 기록을 다 읽을 수 있을 것입니다.

**임상가**: 그럴 수도 있지만, 당신이 직접 말해 준다면 제가 당신을 이해하는 데 더 많은 도움이 될 거예요.

다음은 임상가에게 주 호소 문제를 얘기하는 대신, 처방을 요구하는 환자에게 대응하는 방법입니다.

> 환  자: 비타민이 필요한 것 같아요.
> 임상가: 아마 그럴 겁니다. 하지만 그 전에 무슨 일이 있었는지 저에게 말씀하시고 나서 결정합시다.

다른 환자는 면담 시작부터 도와달라고 요청하였습니다.

> 환  자: 전 정말 어디서부터 시작해야 할지 모르겠어요.
> 임상가: 가장 최근 괴로움이 시작된 때부터 이야기를 해 보는 게 어떠신가요?

## 여기에 온 진짜 이유를 알아보라

환자의 첫 마디가 항상 도움을 구하는 진정한 이유를 나타내는 것은 아닙니다. 일부 환자는 자신이 방문하게 된 실제 이유를 인식하지 못합니다. 환자들은 그들이 듣게 될 내용을 부끄럽다고 느끼거나 두려워할 수도 있습니다. 앞서 언급된 주 호소 문제의 경우는, 단지 임상가가 도움을 제공할 수 있는 '입장권'을 제공한 것에 불과할 뿐이었습니다.

> "저는 많은 골칫거리를 겪었어요." (하지만 진짜 문제는 감정입니다.)
> "저는 깨어 있을 때마다 거의 불안합니다." (과음 문제를 피하고 있습니다.)
> "저의 성관계에 대해 몇 가지 의논하고 싶어요." (이 환자는 에이즈에 대해 말하는 것을 두려워합니다.)
> "어머니에 대한 조언이 필요해요. 어머니가 노망이 들어 가고 있는지 궁금합니다." (환자가 진짜 궁금한 것은 "제가 미쳐 가고 있지는 않나요?"입니다.)

이러한 각각의 초기 주 호소 문제는, 도움을 받고 싶은 문제를 명백하게 표현하지 못하였고 진짜 이유를 숨기고 있습니다. 때때로 다음과 같은 질문을 통해 실제 문제를 찾아낼 수 있을 것입니다.

"그 밖에 또 다른 고민은 없나요?"

때로는 초기 평가가 완료되었을 때에만 환자의 근본적인 동기를 알아낼 수도 있습니다.

어떤 주 호소 문제가 제시되든 간에, 여러분은 환자의 말을 정확하게 기록해 둬야 합니다. 나중에 환자가 도움을 요청했다고 생각되는 것과 비교하기를 원할지도 모르기 때문입니다.

# 자유발언

주 호소 문제를 말한 후 몇 분 동안은 환자가 치료받고 싶은 이유를 자유롭게 표현할 수 있도록 시간을 제공해야 합니다. 이때는 세부 내용을 광범위하게 파악하기 위해 탐색적인 질문을 하고 자유롭게 말을 하는 경우에는 여러분이 환자를 방해하지 않도록 하시길 바랍니다. 우리는 이러한 비지시적인 정보의 흐름을 자유발언이라고 부를 것이고, 그렇게 부르는 이유는 임상면담에서 제한된 질문과 응답 형식으로 이루어진 형태를 구별하기 위함입니다.

## 자유발언이란 무엇인가

간단히 말해, 자유발언은 환자들이 자신의 생각을 제약 없이 표현하는 것을 의미합니다. 일부 임상가는 '최소한으로 구조화하여 자유롭게 이야기하게 만드는 것'이라고 표현합니다. 경험이 풍부한 임상가들은 여러 가지 이유로 1시간의 면담 중 최대 8~10분 동안은 자유롭게 표현할 수 있도록 권장합니다. 이렇게 자유발언을 권하는 이유 중 일부는 다음과 같이 개방형 질문을 하는 이유이기도 합니다.

- 자유발언은 여러분이 환자에게 충분한 관심을 가지는 사람으로 인식되게 합니다.
- 환자가 치료를 원하는 이유를 조직화하고 탐색할 수 있는 기회를 제공합니다.
- 환자의 마음속에서 가장 중요한 것이 무엇인지를 파악할 수 있는 기회가 됩니다.
- 환자의 성격을 알 수 있게 됩니다.
- 대화를 지시할 필요가 없으며, 분위기, 행동, 사고방식을 자연스럽게 관찰할 수 있습니다.
- 성격은 질문에 수동적으로 반응하는 사람들보다 자발적으로 말하는 사람에게서 더 잘 나타납니다.
- 대화에서 발언권을 공유할 때, 초기 치료 과정에서 적극적인 협력자로 참여할 것이라는 기대를 수립할 수 있습니다.
- 여러분은 환자의 대화 내용에 세심한 주의를 기울일 수 있습니다. 한 연구에서는 환자가 보고한 전체 증상 중 절반에 가까운 수가 면담의 초기 3분 동안 보고되었다는 것을 알아냈습니다.
- 주 호소 문제에서 언급되지 않은 다른 문제를 이야기할 수 있는 기회를 제공합니다.

대부분의 환자는 자신의 현 문제를 이야기해 달라는 임상가의 요청에 신속하고 적절하게 반응할 수 있을 것입니다. 여러분이 파악하고 싶은 정보를 말할 수 있도록 하기 위해서는 약간의 방향 전환도 거의 필요하지 않을 것입니다. 어떤 이들은 자신의 이야기를 들려준 경험이 너무 많아서 자신의 질병을 완벽한 연대기로 설명할 수 있을 것입니다.

앞서 설명한 방식과는 반대로 어떤 환자들은 폐쇄형 질문을 통해 구체적 대답만 요구하는 임상가를 경험하였을지도 모릅니다. 그런 경우 여러분은 이 환자에게 자신의 감정과 경험을 확장시켜 이야기할 수 있는 방법을 가르쳐야 합니다. 환자가 지속적으로 간단하게만 이야기하고 임상가에게 더 많은 질문을 요구하는 태도를 보인다면 환자에게 여러분이 기대하는 바를 정확하게 표현해야 하는데, 예를 들면 다음과 같습니다.

"제가 정말 원하는 것은 당신이 당신의 문제를 직접 말해 주었으면 하는 겁니다. 나중에 간단히 대답할 수 있는 몇 가지 구체적인 질문을 하겠습니다."

사실, 정신건강 문제는 전통적인 교과서에서 설명하는 전개처럼 진행되는 경우는 거의 없습니다. 명백한 정보의 가치와는 상관없이, 환자는 자신의 인생에서 무엇이 중요한지를 알고 있고 그것을 자유롭게 이야기할 수 있도록 하는 것이 중요합니다. 가끔 지능이 낮거나 심한 정신장애를 앓는 환자는 만족스럽게 설명하지 못할 것입니다. 그러면 여러분은 개인력을 얻기 위해 훨씬 더 구조화된 질문과 응답 전략을 사용해야 합니다. 그러나 이러한 환자들은 드물 것이고, 말을 할 수 있는 모든 환자는 정신 상태를 관찰한 토대로 정보를 파악할 수 있을 것입니다.

지금 이 순간에는 그 어느 때보다 환자에게 자유롭게 표현할 수 있도록 시간을 제공하는 것이 중요할 것입니다. 그러나 현 시대는 의료 보험이 지원되고 있어 임상가는 진료 시간을 계속 압박받습니다. 이에 가장 기본적인 임상적 상호작용을 제외한 모든 것을 질문하지 않게 되는 유혹적인 상황을 경험하게 되고, 임상가는 환자의 첫 마디에 몰두하게 됩니다. 저는 이러한 유혹적인 상황을 경험해 봤고 가끔은 자유롭게 오랜 시간 동안 면담하는 것이 중요함을 알려 드리고 싶습니다. 만약 여러분이 처음 면담에서 자유롭게 표현하는 것에 너무 적은 시간만 허용했음을 추후 알게 된다면, 나중에는 자유롭게 표현할 수 있는 시간을 제공하도록 노력해야 할 것입니다.

## 임상적 관심 영역

자유롭게 면담하는 동안 환자는 하나 이상의 문제를 언급할 수 있습니다. 이 문제에 대한 걱정은 감정적 · 신체적 또는 사회적인 요소일 수 있습니다. 대부분의 문제는 임상적 관심 영역의 여러 가지 영역 중 하나에 속할 것입니다. 일반적으로 정신장애가 발병하면 다음의 일곱 가지 영역에서의 문제를 살펴봐야 합니다.

- 인지장애(인식 문제, 특히 DSM−5가 현재 신경인지 장애라고 부르는 것)
- 물질(약물) 사용
- 정신증
- 기분 장애(우울증 또는 조증)
- 지나친 불안, 회피 행동, 각성
- 신체적 고통
- 사회 및 성격 문제

각각의 임상적 관심 영역은 공통의 증상을 가진 여러 진단으로 구성되어 있습니다. 물론 이러한 진단 중 일부는 둘 이상의 영역에서 나타나기도 합니다. 나중에 현병력을 알게 되면 여러분이 확인한 이들 각각의 영역과 관련된 증상을 체계적으로 질문하게 될 것입니다. 이 정보를 통해 환자에게 적합한 것으로 추정되는 관련 진단을 결정할 수 있을 것입니다. 그러나 지금은 자유롭게 면담하고 있으므로 나중에 탐색할 가치가 있어 보이는 주제만 메모(기억 또는 종이에 기록)하시면 됩니다.

## 임상적 관심을 시사하는 영역

임상적 관심 영역에서 특정되는 여러 증상과 개인력 문제는 추가 탐색의 필요성을 나타냅니다. 면담하던 중 다음의 영역에 해당하는 사람을 만나게 된다면, 그 영역에 대한 집중적인 검토가 필요합니다(제13장에서 논의할 예정). 이러한 '위험 신호' 증상은 〈표 2−1〉에 요약되어 있습니다.

표 2−1  임상적 관심 영역이 나타내는 문제

| 인지 문제 | 기분문제: 조증 |
|---|---|
| 정동 변동 | 팽창된 자기 |
| 이상행동 | 판단력 저하 |
| 혼란 | 행복하거나 불안정한 기분 |
| 판단력의 결여 | 많은 계획과 활동 |
| 망상 | 수면 감소(수면 욕구 감소) |
| 환각 | 중단시키기 힘든 빠른 말의 속도, 큰 소리 |

기억 결함

독소 섭취

**물질 오남용**

하루에 한두 잔보다 술을 더 많이 마신다.

체포 또는 기타 법적 문제

재정: 기타 항목에 필요한 비용 지출

건강: 의식 상실, 간경화, 복통, 구토

불법 약물 사용

직업 손실, 지각, 좌천

기억 손상

사회 문제: 싸움, 친구 잃음

**정신증**

단조로운 정동 또는 부적절한 이상행동

혼란

망상

공상 또는 비논리적 사고

환각(어떤 감각 중)

통찰력 또는 판단력의 손상

함구

지각 왜곡(착각, 오해)

사회적 철회

이해하기 어렵거나 앞뒤가 맞지 않는 말

**기분 장애: 우울**

활동 수준이 현저하게 증가하거나 감소

불안 증상

식욕의 변화

주의집중력의 결함

자살 사고

무가치함

평상시 활동(성 포함)에 대한 관심 감소

불면증 또는 과도한 졸음

최근 증가된 물질 오남용

자살 사고

눈물이 남

체중 감소 또는 증가

최근 증가된 물질 오남용

사고의 비약

**불안 및 관련 장애**

불안

가슴 통증

충동적 행동

어지러움

미쳐 버릴 것 같은 공포

죽거나 임박한 파멸에 대한 두려움

사물이나 상황에 대한 공포

흉통

불규칙한 심장 박동

신경성

강박 관념

심계항진

극심한 공포

호흡 부족

발한(몸에 땀이 남)

외상: 심각한 수준의 정서 또는 신체적 병력

떨림

걱정

**신체적인 통증**

식욕장애

경련

우울증, 만성

두통

복잡한 개인력

다양한 통증

신경계 통증

반복적인 치료 실패

아동기 성적 또는 신체적 학대

물질 오남용

모호한 개인력

쇠약함

체중 변화(증가 또는 감소)

| 기분 문제: 조증 | 사회적·성격적 문제 |
|---|---|
| 증가된 활동 수준 | 불안 |
| 주의 산만 | 이상하거나 기괴한 행동 |
| | 극적인 표현 |
| | 약물 또는 알코올 오남용 |
| | 실직, 지각, 강등(계급이 낮아짐) |
| | 법률상의 어려움 |
| | 결혼 분쟁 |

## 얼마나 많은 시간을 사용해야 하는가

환자의 말이 유난히 모호하거나 횡설수설하지 않는 한, 주 호소 문제를 파악하는 것은 보통 몇 초밖에 걸리지 않습니다. 그러나 여러분이 자유발언을 허용하는 시간은 다양할 수 있습니다. 환자가 일관성이 없거나 거의 말을 하지 못하는 경우라면, 여러분은 조금 더 지시적인 면담 방식을 채택할 것입니다. 그러나 경험이 풍부하고, 체계적이며, 모든 것을 말하고 싶어 하는 욕구가 강한 환자라면, 여러분은 아마도 면담 전체를 자유롭게 표현할 수 있도록 격려하면서, 교과서에서 배운 방식을 그대로 제시하면 환자의 전반적인 이야기를 들을 수 있을 것입니다.

대부분의 환자는 앞의 두 가지 환자 유형에 해당하지 않을 것입니다. 대체로 여러분은 처음 5분이나 10분 동안은 환자의 말을 끊지 않고 들을 수 있을 것입니다. 하지만 이 권고를 너무 엄격하게 지키려고 하지 마십시오. 자유롭게 이야기하는 시간을 배분하는 것은 여러분이 면담에 소요할 수 있는 총 시간과 환자에 대한 사전 정보 수준에 달려 있습니다. 원칙적으로 여러분이 얻은 정보가 중요하고 관련 있다고 생각될 때는 환자가 자유롭게 이야기할 수 있도록 도와야 합니다.

# 진행

　　면담에서 환자의 자유발언이 종결되는 시기는 여러분이 환자의 마음속에서 가장 중요한 문제에 대한 대략적인 개요를 얻었다고 느끼는 시점입니다. 면담을 다음 회기로 진행하기 전 이미 언급된 문제 외에 다른 어려움이 있는지를 물어봐야 합니다. 이렇게 되면 중요한 문제 영역을 놓치는 위험이 줄어들 것입니다(큰 것을 놓친 경우에도 나중에는 다시 나타날 것입니다. 그러나 첫 면담에서 가장 중요한 것은 최대한 많이 관련 정보를 확보하는 것입니다).

　　지금은 모든 문제에 대해 여러분의 이해도를 점검받기에 가장 좋은 시간입니다. 환자와 면담한 내용을 간략히 요약한 후 분석한 내용을 환자에게 확인받으시길 바랍니다.

　　**임상가:** 제 말이 맞는지 확인해 주세요. 당신은 약 2주 전에 여자 친구에게 프로포즈를 하였고, 그녀가 당신을 받아들였을 때까지만 해도 괜찮다고 느꼈습니다. 하지만 그 이후로 점점 더 많은 불안감을 가지게 되었고, 우울감을 느꼈으며 공부에 집중할 수 없게 되었습니다. 그리고 요즘 당신은 맥박이 과도하게 뛰기 때문에 심장병에 걸릴까 봐 두려워하고 있다고 말씀하셨는데, 맞나요?

　　**환　자:** 거의 다 맞아요.

　　**임상가:** 저는 좀 더 알고 싶습니다. 하지만 먼저, 당신을 괴롭히는 또 다른 문제는 없습니까?

　　그리고 여러 가지 고통을 제기하는 환자에게는 **"이 문제들 중 어느 것이 가장 당신을 힘들게 합니까?"**라고 묻는 것이 유용할 수 있습니다. 최소한 이러한 질문은 이후의 요약과 치료에 대한 논의 과정에서 초점을 맞추는 데 사용될 수 있기 때문입니다.

제**3**장
--------

# 라포의 발전

라포(rapport)는 환자와 임상가 사이에 존재해야 하는 신뢰와 친밀감에 대한 느낌이고, 라포 형성은 면담의 목표 중 하나입니다. 라포 형성은 치료에 중요한 요소로 작용하며, 이는 긍정적인 결과로 이어지게 됩니다. 첫 번째 면담의 시작에서 신뢰와 친밀감을 발전시킨다면 치료 과정을 관리하는 여러분의 능력이 크게 향상될 것입니다. 사실, 여러분이 환자에게 얼마나 많은 관심을 잘 전달하느냐가 치료의 유지 가능성을 높이는 데 가장 큰 요인으로 작용합니다.

또한 라포 형성은 정보를 탐색하는 데 매우 중요한 영향을 끼칩니다. 긍정적인 라포 형성은 환자가 자발적으로 말할 수 있도록 도우며, 중요한 개인정보를 표현할 수 있도록 동기를 부여하는 데 도움이 됩니다.

대부분의 환자는 임상가에게 도움을 받을 수 있다고 기대하기 때문에 라포를 형성할 수 있는 토대는 준비되어 있습니다. 여러분은 환자에게 진심 어린 관심을 말과 몸짓으로 표현함으로써 환자의 기대를 충족시킬 수 있을 것입니다. 물론, 누구나 타인이 무심코 내뱉는 말에 기분이 상할 수 있습니다. 만약 여러분이 환자의 언행에 대해 지속적인 관심을 가지고 민감하게 반응한다면, 여러분은 환자에게 부적절한 언행을 할 가능성이 적어질 것입니다.

# 라포의 기본

대부분의 환자는 처음부터 여러분을 좋아할 것입니다. 그러나 두 사람 사이에 진정한 수준의 라포는 보통 빨리 형성되지 않고 오랜 시간 동안 상호 협력적인 관계를 형성하면서 점진적으로 발전합니다. 그래도 특정 행동으로 라포 형성의 속도를 높일 수 있습니다.

그 방법의 핵심은 여러분의 태도입니다. 전문성은 딱딱한 격식을 요구하지 않는다는 것을 기억하시길 바랍니다. 예를 들어, 여러분은 영화, 만화, 소설에서 인기가 있었던 냉철한 표정의 치료사 이미지를 피해야 할 것입니다. 여러분이 환자들에게 위안을 주고 관심이 많으며 동정심이 많은 것처럼 보인다면, 환자들은 여러분을 더욱 편안하고 안전하다고 느낍니다. 여러분의 얼굴표정을 주의 깊게 관찰하십시오. 미간을 좁히거나 얼굴을 찌푸리거나 혹은 수용받지 못한다고 해석될 수 있는 기타 부정적인 신호를 보이지 마십시오. 차갑고 비판적으로 보일 수 있는 고정된 시선은 피해야 하고, 메모하고 있더라도 눈을 자주 마주치십시오. 물론 여러분은 불성실하다는 평가를 받고 싶지 않겠지만, 적절한 미소와 고개를 끄덕이는 모습은 여러분이 환자에게 주의를 기울이고 공감하고 있다는 것을 보여 줄 것입니다.

하지만 처음에는 칭찬을 조금 아껴야 할 것입니다. 칭찬의 사용은 어떠한 행동을 강력하게 만드는 강화 요인으로 사용될 수도 있는데, 초기의 관계에서 여러분은 어떤 행동을 강화하는지를 명백하게 알지 못합니다. 예를 들어, 만약 환자가 여러분에게 모든 것을 진실하게 말하지 않는다면 여러분은 분명히 환자의 개방성을 칭찬하고 싶지 않을 것입니다.

환자의 행동은 다른 어떤 요인보다도 여러분과의 상호작용을 통해 형성되기 때문에 행동을 관찰하시길 바랍니다. 어깨를 떨거나, 다리를 떨거나, 눈물을 흘리고 주먹을 움켜쥐는 것과 같은 보디랭귀지는 종종 환자의 기분을 분명하게 보여 줍니다. 또 다른 방법으로는 목소리 톤을 관찰하여 감정에 대한 다른 단서를 찾길 바랍니다. 여러분이 환자인 Kimble 씨에게 그와 그의 아내가 어떻게 지내고 있는지를 물어보고, 그가 "그냥 괜찮아요."라고 대답했다고 가정해 봅시다. 그의 어조가 따뜻하고 경쾌하다면 그 부부는 아마도 비교적 부부 관계에 문제가 거의 없을 것입니다.

만약 그가 "그냥 괜찮아요."라고 말하면서 이를 악물고, 무미건조하면서 단조롭게 표현하거나 한숨 쉬는 것이 관찰된다면, Kimble 씨는 아직 말로 표현할 수 없는 절망감이나 분노를 품고 있을지도 모릅니다.

아울러 여러분과 환자 사이에 장벽이 없도록 자리를 배치했기 때문에 사소한 정서의 변화에도 쉽고 자연스럽게 거리를 조절하여 라포를 증진시킬 수 있을 것입니다. 만약 환자가 우울해한다면, 여러분이 걱정하고 있다는 것을 보여 주기 위해 환자에게 조금 더 가까이 다가가고 싶을 것입니다. 이것은 여러분의 본성적인 성향에 따라 행동이 달라질 것입니다. 만약 여러분이 환자에게 반감을 느낀다면, 몇 인치밖에 되지 않는 거리이지만 조금 더 벗어나고 싶다는 느낌을 받을 것입니다. 이때 여러분은 여유 공간을 만듦으로써 긴장을 완화하는 데 도움을 받을 수 있습니다. 마찬가지로, 여러분은 환자가 농담할 때 웃을 수 있고, 공황 발작 중에는 걱정과 지지의 표현을 할 수도 있을 것입니다. 여러분이 12명 정도의 환자와 면담하였을 때쯤에는, 환자들이 무의식적으로 제공하는 단서에 이와 같이 자동적으로 반응할 수 있게 될 것입니다.

동시에, 면담 과정에서 환자에게 들었던 것에 대해서는 중립적인 태도를 유지해야 합니다. 만약 환자가 친척을 비난한다면, 여러분은 환자의 말에 옹호하지 않을 것입니다. 그러나 환자가 표현하는 비판에 여러분이 동참하게 되면, 상반되는 감정이 공존하는 누군가를 매우 불쾌하게 만들 수 있습니다. 그러므로 안전한 대응법으로 누구의 편도 들지 않는 공감형의 발언을 하는 것이 중요합니다.

환　자: 우리 엄마는 정말 나쁜 사람이에요! 나와 내 남편 사이를 자꾸 간섭하려 해요.
임상가: (약간 앞으로 기울이며) 그 일은 당신에게 정말 큰 문제임이 틀림없군요.

임상가가 환자와 친척에게 연민적이고, 비판단적이며, 존중하는 태도를 보인다면, 좋은 라포를 형성할 가능성이 높습니다.

# 자신의 감정 평가하기

여러분이 환자에게 어떠한 감정을 느꼈는가는 중요한 결과를 불러옵니다. 예를 들어, 친구가 여기에 있다고 가정해 봅시다. 여러분의 감정이 긍정적이라면 아마도 따뜻하고 자상한 사람의 모습으로 대할 것입니다. 이와 같이 여러분의 태도는 민감한 정보를 추가적으로 탐색할 수 있는 핵심적인 역할을 할 수 있습니다.

여러분 자신의 감정을 정확하게 평가할 수 있는 능력은 분명 여러분의 과거사와 가정교육에 의해 크게 영향을 받았을 것입니다. 면담 내내, 특히 환자의 어떤 무엇인가가 여러분을 괴롭힌다면 여러분은 자기 감정의 본질과 근원을 알아내야 합니다. 이것은 개인위생, 거친 말 또는 인종차별에 대한 표현처럼 간단한 내용일 수도 있습니다. 아니면 이 환자는 여러분이 친척들과 겪었던 어려움을 떠올리게 하는 요소로 작용하여 여러분의 어려움을 강화시킬 수도 있습니다. 어떤 경우라도 여러분은 스스로 이 상황을 어떻게 대응하는지를 주의 깊게 주시해야 합니다. 만약 여러분이 환자에게 눈살을 찌푸리거나 불편한 모습을 보인다면, 환자는 여러분에게 수용받지 못한다고 느껴 정확한 정보를 모으려는 여러분의 노력을 좌절시킬 것입니다.

여러분의 목표는 공감을 표현하는 것으로, 여러분 스스로가 환자의 입장이 되어 환자가 느꼈던 것을 느끼는 것입니다. 공감한다는 것은 비록 그것이 옳은 일이 아닐지라도 환자의 행동 동기를 이해하는 것을 의미하는 것입니다. 여러분이 공감을 보여 주는 것은 면담 과정에 대한 신뢰를 증진하고, 여러분에게 필요한 진단적 정보를 제공할 수 있도록 격려하는 것입니다(조사에 따르면 정신건강 임상가는 다른 사람의 관점을 채택할 수 있는 능력에서 다른 의료 전문가들보다 훨씬 높은 점수를 받음이 시사되었습니다). **"지금 나와 함께 대화하는 이 환자 입장은 어떠할까?"**라는 생각을 유념한다면, 여러분은 아마 공감을 잘하여 가장 감정을 잘 전달할 수 있게 될 것입니다.

환자가 많은 분노, 불안 또는 정신증적 증상을 보일 때 이 직업이 벅차다고 느낄 수 있습니다. 여러분은 이 직업을 유지하는 동안 다양한 환자를 치료할 것입니다. 그들 중 일부는 여러분이 공감할 수 있는 특성을 덜 가지고 있겠지만, 대부분의 환자는 여러분이 충분히 공감할 수 있을 것입니다. 만약 여러분이 환자에게 들은 내용에 긍정적으로 반응할 수 없다면, 아마도 여러분은 그 이면에 있는 몇몇 감정에는 공감할 수 있을 것입니다. 예를 들어, 어느 정도 반사회적인 환자가 자신의 전 임상가에 대해 다음과 같이 말했습니다.

> **환  자**: 나는 그 사람이 필요 없어요. 한두 번은 그를 때려 버릴까도 생각했어요!
> **임상가**: 정말 화가 난 것처럼 들리네요.

이 환자의 대화 내용을 직접 다루었다면 잠재적으로 폭력적인 환자의 언행에 동의하는 것과 적대하는 것 사이의 반응에서 여러분은 선택을 강요받게 되었을 것입니다. 임상가는 환자의 말 속에서 분노를 가려내어 양측이 편안하게 느낄 수 있게 표현하였습니다.

임상가들은 감정과 태도, 경험에 영향을 받아 어떤 상황을 투사합니다. 우리 모두는 이러한 개인의 문제가 환자를 효과적으로 치료하는 데 영향을 받지 않도록 항상 경계해야 합니다. 이혼과 같은 평범한 사건의 영향을 고려해 보도록 하겠습니다.

> 한 임상가는 남편과 별거를 하는 동안 너무 화가 나서 자신과 비슷한 문제를 겪고 있
> 는 환자에게 효과적으로 대처하지 못하였다는 것을 알게 되었습니다.
> 또 다른 임상가는 전처로부터 마음에 상처를 주는 이야기를 통화로 들은 후에, 환자
> 의 문제에 충분히 집중할 수 있고 냉정해질 수 있는 상태에 도달할 때까지 면담을 연기
> 하기로 하였습니다.

많은 초보 임상가는 환자에게 자신을 학생이라고 소개하면 심리적 압박감을 줄일 수 있다는 것을 배웠을 것입니다. 그러나 여러분은 훈련이나 연습 과정에 있는 것과는 상관없이, 기질과 경험으로부터 얻은 지식으로 개인적인 아킬레스건을 다루는 방법을 결정해야 합니다. 그것이 무엇이든 간에 자신의 한계를 계속 인식한다면 환자에 대한 치료 효과는 높아질 것입니다.

# 대화 방식에 대한 고려사항

환자가 여러분이 이해하고 있다는 것을 인지해야 좋은 라포는 형성될 것입니다. "당신이 ……를 어떻게 느끼는지 저는 잘 알고 있습니다."라고 직접 말하는 것은 매우 구미가 당기는 접근입니다. 그러나 불행하게도 이 말은 공허하게 들립니다. 진료실에 방문하기 전까지 많은 환자는 전혀 이해받지 못하거나, 환자를 완벽하게 이해하지만 도움을 주지 않는 사람들로부터 이러한 공감적인 어조를 너무 자주 들었습니다. 심각한 문제를 가진 일부의 환자는 실제적이든 인지적이든 아무도 자신이 겪고 있는 일을 이해할 수 없다고 생각합니다. 여러분의 연민과 관심을 표현하기 위해 다른 표현을 사용하는 것이 더 나을 수 있습니다.

> "당신이 몹시 불행하다고 느꼈겠네요."
> "저는 당신의 상황을 경험한 적이 없어서 당신이 그 상황에서 어떤 기분을 들었는지 상상만 할 수 있을 것 같아요."
> "그것은 끔찍한 경험이었겠군요. 나는 그것이 당신을 크게 화나게 했다는 것을 알 수 있을 것 같아요."

가끔 임상가는 자신의 표현(목소리, 얼굴표정)을 과도하게 강조할 필요가 있습니다. 이 말은 임상가의 진실성을 훼손시키는 것처럼 보일 수 있지만, 그러한 의미를 뜻하지 않습니다. 예를 들어, 배우는 목소리만 녹음할 경우 단조로워지는 경향이 있으므로 감정을 전달하기 위해 과잉행동을 해야 한다는 것을 알고 있습니다. 비슷한 방식으로, 일부 환자에게 얼마나 깊은 공감을 하는지를 보여 주기 위해 여러분의 감정표현을 증폭시킬 필요가 있다는 이야기입니다. 이는 얼굴표정을 이용하거나 음량, 속도 및 강조를 변경하는 등의 목소리를 표현하는 방법으로 달성될 수 있습니다. 아울러 간단한 감탄사만으로도 이러한 작업을 수행할 수 있습니다. "오." "와!" 와 같은 감탄사를 적절한 시간과 어조로 사용한다면 우아한 말들보다 더 효과적으로 이해와 연민을 전달할 수 있습니다. 종종 초보 임상가는 이 방법을 잊고 사용하지 않습니다. 여러분의 감정을 상징적으로 나타낼 수 있는 표현은 환자와의 관계에서 중요할 수 있고, 이를 적극적으로 사용하는 것은 라포 형성에 중요한 기여 요인으로 작용합니다.

반면, 과도하게 흥분하는 것은 문제가 됩니다. 만약 사랑하는 사람의 배신, 군 생활에서의 부상, 재난사고에 대한 문제로 환자가 방문하게 되었다고 가정해 보십시오. 정서적 지지를 제공하고 싶어 여러분이 느낀 충격이나 공포를 너무 극명하게 표현한다면, 여러분이 제거해야 할 정신적 충격이 오히려 강화될 위험성이 있습니다. 물론 여러분은 계속해서 위로의 말을 할 수 있고 환자에게 티슈를 건넬 수도 있겠지만, 환자를 지나치게 피해자로 묘사하지 않도록 주의하시길 바랍니다.

이제 환자와의 상호작용에서 유머를 사용하는 것에 대해 생각해 봅시다. 유머는 의사소통의 훌륭한 촉진제가 될 수 있습니다. 유머는 긴장을 풀어 주며 정서적으로는 친밀성을 느낄 수 있도록 만들어 줍니다. 그러나 임상가는 유머를 사용하는 상황을 신중하게 판단해야 합니다. 최근에 알게 된 사람에게 유머를 사용한다면, 오히려 오해를 받기 쉽습니다. 정신장애인들은 특히 이런 종류의 농담에 취약합니다. 여러분을 잘 알고 있는 환자조차도 오해석할 수도 있습니다. 항상 그렇듯, 환자의 입장에 서서 이야기하시길 바랍니다. 만약 임상가가 여러분을 비웃고 있다는 생각이 든다면 어떤 기분이 들지 생각해 보시길 바랍니다.

일반적으로 환자와 함께 웃는 것이 문제가 되지는 않지만, 항상 그런 것은 아닙니다. 이 의미는 일반적으로 환자가 웃기 시작할 때 웃어야 한다는 것을 뜻합니다. 처음 몇 번의 면담 동안 부드럽게 유머를 사용해야 하고 환자가 유머를 받아들일 수 있을 때만 사용해야 합니다. 적대적 혹은 비하적인 것으로 오해할 수도 있는 농담은 피하시길 바랍니다. 환자가 농담할 때, 이것이 중요한 내용을 회피하려는 무의식적인 시도인지 반드시 고려하시길 바랍니다. 이때 일반적으로 적절한 대처는 미소를 지으며 환자와 시선을 맞추는 것입니다.

경험이 풍부한 임상가들은 각각의 환자를 볼 때마다 다른 성격의 소유자처럼 행동한다는 보고가 있습니다. 그들은 어떤 환자에게는 격식을 갖춘 형식을 사용할 수도 있고, 다른 환자와는 소탈한 방식의 언어를 장착한 모습으로 대화할 수도 있을 것입니다. 한 임상가는 시골 출신의 환자와 이야기할 때 무의식적으로 자신의 품격을 떨어뜨려 이야기하였습니다. 이러한 흉내 내는 행동은 과용하지 않도록 주의해야 하고, 이와 같은 제한점을 잘 지킨다면 환자는 임상가의 행동을 수용할 수 있을 것입니다.

여러분의 경험 수준과 상관없이, 어떤 시점에서 여러분은 몇몇 환자에게 실수하게 될 것입니다. 면담의 전체 계획에서 이러한 실수들은 다소 중요하지 않을 수 있습니다. 예를 들어, 여러분은 같은 질문을 두 번 할 수 있습니다. 환자의 배우자 직업을 잊어버릴 수 있습니다. 또는 갑자기 여러분이 딴 데 정신을 팔다가 주제에서 벗어났다는 것을 깨닫고 환자가 방금 물었던 질문(또는 여러분이 질문하려고 한 내용)을 기억하지 못할 수도 있습니다. 그러나 두 상황 모두에서 여러분이 잘못했다는 것을 알고 있을 것입니다. 그럴 때 여러분은 그것을 바로잡기 위해 즉각적인 조치를 취해야 합니다. "아, 깜빡했어요."라고 슬픈 미소를 지으며 말할지도 모릅니다. 나이를 핑계로 삼을 수 있을 만큼 운이 좋지 않다면 잠시 다른 일에 집중했다는 것을 인정하고 오류를 수정하는 데 모든 조치를 취하십시오(예: 환자에게 질문을 다시 말하도록 요청). 그렇게 한다면 아무 문제 없이 면담이 계속 진행될 것입니다. 중요한 것은 여러분이 실수에 대한 책임이 있고, 실수가 여러분에게 문제가 된다는 것을 환자가 알도록 하는 것입니다.

## 환자의 언어로 말하기(환자와의 언어적 눈높이)

환자가 이해할 수 있는 용어로 말하십시오. 환자의 언어를 듣고, 가능한 한 편안함을 느낄 수 있는 언어를 사용하시면 됩니다. 10대와 청년들은 종종 어른들을 불신하기 때문에, 여러분이 그들 세대의 언어를 사용한다면 더 긍정적으로 반응할 수 있습니다. 단, 여러분의 '멋진(cool)' 표현이 여전히 '유행하는' 표현인지 반드시 확인하십시오. 그렇지 않으면 그저 '고지식한' 표현으로 간주될 수 있다는 위험이 있습니다(이 문제에 대한 또 다른 관점이 있습니다. 일부 청소년 환자는 여러분이 그들의 말투를 따라 하려고 애쓰는 모습을 오히려 불쾌하게 여기고 더욱더 불신하게 될 수도 있습니다). 환자에게 말하는 방법은 명확하면서 공감대가 있어야 하므로 환자의 반응을 관찰하고 그에 따라 말하는 방식을 수정해야 할 필요가 있습니다.

특정 용어는 몇몇 환자를 화나게 할 수 있습니다. 이러한 단어들은 병이나 실패 혹은 성격적 결함 등 좋지 않은 메시지를 담고 있으므로 이러한 단어 사용을 피해야 합니다. 여기 간단한 예시 단어가 있습니다. 낙태, 나쁜, 뇌 손상, 암, 미친, 결함, 환상, 피로, 히스테리, 발기부전, 외설, 변태성, 피해자. 여러분은 치료 경력을 이어 가는 동안 이러한 사람들을 많이 만나게 되고, 그러한 단어들에 대해 중립적인 유의어를 준비해서 사용하거나 더 나아가서는 환자가 이미 사용하였던 용어들을 골라서 사용하는 것이 더 좋습니다.

전문적인 심리학 용어를 피하시길 바랍니다. 정신병 같은 간단한 용어조차도 오해받을 수 있고, 환자는 여러분보다 교육을 덜 받은 사람이며, 누군가에게는 여러분이 무관심해 보인다고 생각될 수도 있습니다. 또한 환자가 사용하는 언어를 이해해야 합니다. 그들이 사용하는 언어가 여러분의 것과 같다고 생각하지 마십시오. 예를 들어, 여러분에게 '간헐적으로 마시는 술'은 한 달에 한 번을 의미할 수도 있지만, 환자에게는 '하루 종일 혹은 때때로'라는 의미일 수 있습니다. 여러분의 10대 환자는 콜라(Coke)를 마시나요? 아니면 코카인(coke)을 흡입하나요? 속된 말로, "나는 정말 편집증적이었어(I was really paranoid)."라고 말하는 환자는 정신병적으로 피해받고 있다고 느꼈다는 것을 의미하는 것이 아니라, 단지 겁을 먹었다는 것을 의미할 수도 있습니다.

교육을 제대로 받지 못한 환자는 '고상한(polite)'을 성 기능이나 배설 기능에 대한 용어로 인식할 수 있으므로, 여러분이 알고 있는 쉬운 단어를 사용한다면 좋은 관계 형성을 할 수 있습니다. 저는 은어를 사용하는 것에 대해 상반된 생각을 하고 있습니다. 한편으로는(일부 연구에서 보여 주었듯이) 은어를 사용함으로써 파악할 수 있는 정보의 양이 증가할 수 있습니다. 반면, 이와 같은 전략은 부정확한 정보가 파악될 위험성이 증가할 수도 있습니다. 최종 분석에서는 여러분 자신의 조력 수준과 환자에 대한 평가를 기반으로 결정해야 합니다.

만약 환자가 외국에서 태어났거나 자국의 다른 지역에서 성장하였다면 서로 이해하기 어려울 수 있습니다. 여러분의 태도가 환자에게 '웃긴 말을 하는 사람'이라고 은연중에 표현되지 않도록 조심하셔야 합니다. 오히려 여러분이 다른 억양을 가지고 있으며, 때로는 서로에게 재질문을 할 수 있음을 인정하고 이해해야 합니다. 환자가 망설이거나 어떻게 대답해야 할지 확신하지 못한다면, 여러분은 "당신의 페이스에 맞춰서 진행해도 좋습니다. 그렇게 되면 저는 당신이 경험하고 있는 일에 대해 이해할 수 있을 것 같아요."라고 말하면 됩니다. 이를 통해 환자는 안도감을 느끼고 일부 압박감이 제거되어 자신의 생각을 적절하게 표현할 수 있을 것입니다. 다른 한편, 여러분은 환자의 말을 확실히 이해하기 위해 가끔 환자의 표현을 더 이해하기 쉬운 말로 바꾸고 싶을 것입니다. 때때로 환자는 화려한 용어로 자신의 생각을 이야기하는데 이러한 표현 방식은 모호성이 증가되어 그들을 이해하는 데 어려워지기도 합니다. 어쩌면 환자는 임상가가 심리학 전문 용어들을 듣고 싶어 한다고 생각하는지도 모릅니다.

> **환    자**: 전 항상 고양이 공포증이 있었지만, 지금은 고양이 4마리를 길러요.
> **임상가**: 그래서 당신은 정말 고양이를 좋아하는군요!

추후 서로를 더 잘 알게 되면 환자가 말하는 용어의 정확한 뜻을 파악할 수 있을 것입니다.

## 거리 유지하기

지난 수십 년간 임상가는 환자와 어떠한 방식으로 관계를 맺어야 하는지에 대한 입장이 바뀌고 있습니다. 즉, 과거에는 환자를 판결하는 권위주의적인 입법자로서의 전통적인 이미지였지만, 현재는 환자와 함께 문제를 탐색하고 해결책을 마련하는 협력자의 이미지로 대체되었습니다. 저는 후자의 스타일을 강력하게 선호합니다. 저에게 있어 그것이 더 편안하며, 환자가 치료 결정에 참여하도록 장려할 수 있기 때문입니다. 사실상 이것은 임상가에게 모든 책임을 전가하는 것이 아니며, 오히려 임상가와 환자가 함께 치료에 집중하도록 만듭니다. 환자가 자신의 관리 계획에 대해 논의하고 기여할 때 치료에 응할 가능성이 더 크며, 개선되는 중에 부딪히는 문제를 불평할 가능성이 적습니다.

하지만 우호적인 협력 관계를 주장하는 임상가들조차도 경계를 유지할 필요가 있습니다. 제가 캘리포니아에서 수련할 때는 환자를 이름으로 부르는 것이 일반적인 방식이었습니다. 청소년들에게도 이 방식은 괜찮아 보였습니다. 그러나 저는 젊은 정신건강 전문가들이 노인들에게도 지나치게 친숙한 방식으로 호칭을 부르는 것을 들었는데 이러한 태도는 이미 상당한 자율성을 상실한 입원 환자를 퇴행시키는 경향이 있어 우려스러웠습니다. 이는 또한 전문가가 부모가 되는 경향, 즉 환자가 스스로 결정 내려야 하는 건강관리를 대신해서 결정해 주는 경향을 증가시키게 만듭니다.

하지만 제가 이것을 크게 다루기 전에 시대는 변했고 많은 치료사가 그들의 환자들과 이름으로 서로를 대하면서 성공적인 치료를 유지해 왔던 점은 주목해야 합니다. 저는 현재까지도 입원 환자의 이름을 부르는 것에 대해서는 여전히 부정적인 관점을 가지고 있으므로 성인 환자들에게는 성과 직함[Green 양(Miss), 씨(Ms.), 부인(Mrs.), 씨(Mr.), 또는 박사(Dr.)]으로 계속 부르고 있습니다. 이러한 실천은 개인의 존엄성을 극대화할 수 있고 자율성의 상실이 있을 수 있는 시기에서도 성인으로서의 책임감을 강화시킬 수 있습니다. 또한 환자들에게는 저의 호칭과 성을 부르게 함으로써 일정한 정서적 거리를 유지하도록 유도합니다. 이 거리는 때때로 성관계를 원하고 직업의식에서 벗어난 관계로 이어지는 것을 방지하는 데 큰 도움이 될 수 있습니다.

제가 환자의 이름을 부르지 않아서 환자의 기분이 상하게 되면, 저는 항상 성과 직함으로 표현하는 습관이 있으므로 변경하기 어렵다고 답합니다(아직 학생이라면 기관에서 수련생에게 요구하는 것이라고 변명할 수 있습니다). 드물게 저에게 이름을 불러 달라고 고집스럽게 주장하는 환자를 만날 때가 있습니다. 만약 제가 직함을 부르는 습관을 지나치게 고수하는 것이 치료 관계에 해가 될 수 있다고 판단이 되면, 저는 이름과 성까지 붙여서 부르거나 혹은 직함까지 더하여 부를 것입니다. 예를 들어, 대기실에서 그런 환자를 부를 때 "Joanne Cremier 부인."이라고 크게 말하면서 다정한 미소를 짓습니다. 지금까지 이러한 타협안은 또 다른 문제를 만들지 않았습니다. 그러나 다른 임상가와 환자는 다르게 느낄 수 있으므로 이름을 부르는 것에 대해서는 엄격하고 완전한 규칙은 없는 것 같습니다.

일반적으로 환자에게는 임상가 자신에 관한 내용을 너무 많이 밝히지 않는 것이 좋습니다. 이것은 여러분이 환자와 서로 잘 모르는 첫 면담에서는 특히 그렇습니다.

한 초보 정신건강의학과 레지던트생은 새로운 환자에게 자신이 예비역 경찰관이라고 이야기하였습니다. 그는 나중에 그 환자가 심각한 성격 장애와 경찰에 대한 지속적인 증오심을 가지고 있다는 것을 알고 자신이 실수하였다는 것을 알게 되었습니다.

　　만약 여러분이 정보를 얻기 어렵다면, 여러분과 환자가 공통으로 공유하고 있는 정보를 발견함으로써 환자와 더 큰 협력 관계를 형성할 수 있습니다. 예를 들어, 환자처럼 보트 타기를 즐기거나 인디애나에서 태어났다고 말할 수도 있을 것입니다. 보트 타는 걸 즐긴다거나 인디애나주 출신이라는 말은 여러분이 추구하는 관계로 조금 더 가까이 다가갈 수 있게 만들 수도 있습니다. 여러분은 너무 친숙하게 보이지 않도록 이 기술을 아껴서 사용해야 할 것입니다. 또한 어떤 반응으로 인해 면담의 실제 목적에서 벗어나지 않도록 주의해야 합니다.

　　환자가 개인적인 질문을 하는 이유는 무엇일까요? 일부는 단순한 호기심에서 비롯됩니다. 다른 요인으로는 임상가의 훈련 배경이나 혹은 임상가의 능력이 자신에게 도움을 줄 수 있을지 걱정되는 마음을 숨기려는 것일지도 모릅니다. 실제로 임상가들이 졸업장, 면허 및 기타 자격증들로 가득 찬 벽을 보여 주는 이유 중의 하나는 훈련과 역량에 대한 안도감을 제공하기 위함입니다. 그러나 수련생들은 자격증이 없으므로 이런 효과를 누리지 못합니다. 그럼에도 불구하고 이 정보를 요청할 때에는 구두로 제공해야 할 것입니다. 특히 불안한 환자를 안심시키기 위해 필요한 경우에는 여러분의 수련 감독자 이름과 직위를 말하는 것을 주저하지 마시길 바랍니다.

　　임상가의 개인정보에 대한 일부 요청은 때때로 임상가와 환자 사이에서 동등함을 획득하고자 하는 무의식적인 욕구 때문에 촉발된 것일 수도 있습니다. 다른 측면은 민감한 내용을 피하려는 시도일 수 있으며, 이러한 상황은 단호하게 다루되, 다음과 같은 요령으로 재치 있게 다루는 것을 추천합니다.

> 환　자: 어쨌든 선생님은 몇 살인가요?
> 임상가: 어떤 이유로 알고 싶은가요?
> 환　자: 선생님이 이런 일을 하기에는 너무 젊어 보이는 것 같아요.
> 임상가: 홈, 칭찬해 줘서 고맙지만, 제 나이가 우리의 면담 주제와 특별히 관련이 있을 것 같지는 않습니다. 당신의 일에만 집중해 봅시다. 자, 이제 제가 물어본 질문으로 돌아가 보면…….

때에 따라 개인정보가 면담의 내용과 관련이 있는 것처럼 보일 수 있습니다. 이것이 사실이라고 판단되면 일반적으로 자신에 관한 내용을 공개할 수 있습니다.

> 환　자: 이 도시에서 자랐나요?
>
> 임상가: 왜 그런 질문을 하는 거죠?
>
> 환　자: 제 어머니가 여기서 자란 임상가를 꼭 구하라고 하셨거든요. 어머니는 소수 민족이 모여 사는 지역(유대인 거주 지역)에서 자란 임상가들이 정말로 저를 이해할 수 있다고 말씀하셨거든요.
>
> 임상가: 그렇군요. 사실 전 여기서 자라지 않았지만 여기서 대부분의 훈련을 받았습니다. 저는 거의 8년 동안 이 도시에 살았기 때문에, 제가 당신의 경험 중 몇 가지는 무엇이었을지 꽤 잘 알 수 있을 것으로 생각합니다. 그래서 제가 당신에게 훨씬 더 많은 것을 말해 줄 수 있을 것 같은 느낌이 들어요.

저는 그것이 라포 형성에 도움이 된다고 믿기 때문에 나중에 관계를 복잡하게 만들 것 같지 않은 한 악의 없는 질문에는 솔직하게 대답하는 경향이 있습니다.

## 전문성 보이기

환자에게 나타나는 증상과 그 의미가 무엇인지에 대해 알고 있음을 알려 줌으로써 또 다른 라포 형성의 길을 만들 수 있습니다. 여러분은 첫 면담이 끝난 시점에 충분한 정보를 수집하였기 때문에 이와 같은 평가를 자연스럽게 할 수 있을 것입니다. 그런 다음 아마도 다음과 같이 말할 것입니다.

> "당신의 현재 증상은 실제로 꽤 흔하게 나타나는 경우입니다. 환자들이 임상가들에게 오게 되는 가장 빈번한 문제 중 하나입니다. 저는 지난 몇 달 동안 비슷한 경우를 여러 번 보았습니다. 우리는 몇 가지 좋은 치료 방법을 사용할 수 있으므로 당신의 경우에는 좋은 결과를 얻을 수 있을 것입니다."

비록 희귀 질환을 직면하게 되더라도, 여러분은 환자를 어떤 방향으로 전환하여 안내해야 할지를 알고 있고 이를 통해 환자를 안심시킬 수 있을 것입니다.

> "우리는 이 문제를 함께 해결할 수 있을 것입니다."

만약 여러분이 학생이라면 환자에 대한 임상적 경험이 많지 않을 것입니다. 그렇지만 여러분은 유사한 사례와 많은 환자를 다룬 선생님이 진행하는 훈련 프로그램에 참여하고 있을 것입니다.

저는 전문지식을 보이는 상황에서는 몇 가지 주의사항이 있음을 경고하고 싶습니다. 첫째, 전문지식을 사용할 때에는 공감을 이용해 자연스럽게 존중으로 이어져야 하며 여러분은 권위적으로 보이지 않도록 노력해야 합니다. 만약 권위적인 태도가 환자에게 잘 맞았다면 별다른 문제가 없겠지만, 21세기에서 권위적인 태도는 무례하게 보이는 강압적인 임상 방식에 해당합니다. 그러므로 권위적인 태도는 치료 관계에서 좋은 효과를 보이지 않습니다. 둘째, 환자를 편안하게 해 주고 싶은 마음 때문에 환자에게 너무 섣부른 정보나 조언을 하지 마시길 바랍니다. 여러분의 제안이 타당한 것이라는 것을 입증할 수 있는 자료를 획득할 때까지 기다리는 것이 중요합니다. 진단이나 치료를 위한 제안을 너무 빨리하는 것은 환자로 하여금 당황스럽게 만들어 한발 물러나게 만드는 경우가 있습니다. 셋째, 여러분의 학식에 대해 부담감을 가지지 않도록 하십시오. 여러분의 의견을 '내 생각에' 또는 '내 경험상'으로 말문을 여시길 바랍니다. 환자에게 이렇게 표현하면 환자는 잘 이해할 것이고, 여러분은 환자들의 절대적이면서 지나친 확신에 찬 기대를 미연에 방지할 수 있습니다.

필연적으로 여러분은 가끔 치료할 수 없게 되는 환자를 만나게 될 것입니다. 때때로 이것은 범죄 행위에 대한 여러분의 완고한 감정일 수도 있고, 여러분의 전 배우자를 상기시키는 문제일지도 모릅니다. 다른 경우에는 환자가 말하는 '기독교 상담사'에 대한 선호도 또는 몇몇 사람에게는 여러분이 제공하려는 치료 방향이 자신들과는 맞지 않다는 말을 듣게 될 수도 있습니다.

그런 환자는 거의 없을 것이지만, 여러분은 그들을 정직하게 대할 의무가 있습니다. 물론 여러분의 첫인상이 정확한지 확인하려면 치료를 진행할 수 있는지에 대해 결정하기 전 평가가 완료되어야 합니다. 그 후 다음과 같이 말할 수 있습니다.

> "솔직하게 말해, 제가 여러분의 문제를 다룰 적임자인지 잘 모르겠습니다."

계속해서 이 결론에 도달한 이유를 설명하고(불쾌한 부분은 제외하고) 환자가 이용할 수 있는 치료기관을 추천하십시오.

> "당신의 어려움은 제가 경험한 적이 별로 없는 문제입니다. 그러나 저는 같은 건물에 당신과 같은 어려움을 가진 사람들을 치료하는 사람을 알고 있습니다. 원하시면 제가 당신의 사례에서 발견한 어려움에 대해 의뢰서를 작성해 드릴 수 있습니다."

제**4**장

# 첫 면담에서의 환자관리

형적으로 첫 면담이 시작된 지 몇 분 지난 후에는 환자의 긴장은 풀리게 되고, 환자는 여러분에게 필요한 정보를 이야기할 것입니다. 지금 여러분이 해야 할 일은 환자가 계속 이야기하도록 만드는 것입니다. 대부분의 환자는 정보 제공에 대한 동기가 높으므로 여러분은 정보 제공을 가장 잘 할 수 있도록 격려하는 방법을 선택하면 됩니다(만약 이것이 면담에 해당하지 않는 경우라면, 제16장과 제17장의 자료를 검토하여 도움을 받을 수 있습니다).

환자가 자유롭게 말하는 것을 유지하고 싶다면 가능한 한 개입을 최소화하시길 바랍니다. 여러분의 환자가 치료를 받으러 온 이유를 알고자 한다면 질문, 의견, 심지어 목청을 가다듬는 모든 것이 주의를 산만하게 만들 수 있으므로 여러분은 방해가 되지 않도록 해야 합니다. 일반적으로 현실적인 측면에서 처음 몇 분 정도는 경청하는 것이 좋습니다. 그러다 보면 정보의 흐름이 느려지거나 잘못된 방향으로 전환될 수도 있는데 그때는 개입해야 합니다. 개입에 대한 여러분의 선택은 향후 전반적으로 성공적인 면담이 이루어지는 데 도움이 될 수 있을 것입니다.

# 비언어적 격려

가장 흔히 나타나는 난제는 침묵을 다루는 것입니다. 초보 임상가는 종종 침묵을 참기 어려워합니다. 초보 임상가들은 면담 과정에서 대화에 틈이 생기면 그 틈이 짧을지라도 어떻게든 그 틈을 채워야 한다고 느끼게 됩니다. 물론 10초 또는 15초 이상의 침묵은 임상가를 냉담하게 보이게 하고 이러한 침묵은 일부 환자를 낙담시키는 것이 사실이기도 합니다. 반면, 환자의 짧은 침묵은 환자가 추가적인 대화를 위해 생각을 정리하려고 한다는 것을 의미합니다. 여러분의 불안으로 인해 증기를 축적 중인 생각의 기차를 탈선시키게 만드는 실수를 하지 마시기 바랍니다.

여러분은 환자에게 잠시 생각할 수 있도록 시간을 제공하는 것과 여러분을 무정하고 무관심한 것처럼 보이게 만드는 긴 시간 간격 사이의 경계선을 아슬아슬하게 걷는 법을 배워야 합니다. 그 이야기가 아직 진행 중인지는 환자를 한번 훑어보면 알 수 있을 것입니다. 환자가 한 번 더 숨을 들이쉬거나 입술을 축이는 등의 다른 행동을 보이는지 관찰하십시오.

여러분은 비언어적인 자극을 사용하여 더 많은 이야기를 할 수 있도록 촉진할 수 있습니다. 시선 접촉이 깨지지 않도록 주의하십시오. 미소나 고개 끄덕임은 환자에게 "잘하고 있습니다. 자신의 페이스대로 계속하세요."라는 의미를 전달하는 것과 같습니다. 때때로 경험이 풍부한 임상가들이 무의식적으로 사용하는 또 다른 기술은 환자가 말하는 것에 관심을 보이기 위해 조금 더 몸을 가까이 기울이는 것입니다. 이런 종류의 비언어적 방법은 간단하고 종종 매우 유용한 촉진법입니다. 몸을 환자에게 기울이는 행동은 환자의 이야기를 방해하지 않고, 여러분이 환자에게 주의를 기울이고 관심이 있음을 분명히 나타냅니다. 이 행동은 환자에게 계속 이야기하게 만드는 보편적인 보디랭귀지의 일부입니다. 그러나 이러한 제스처를 과도하게 하지 마십시오. 고개를 너무 세게 끄덕이거나 너무 크게 웃는 임상가는 환자의 주의를 산만하게 만들 수 있습니다.

# 언어적 격려

보디랭귀지는 면담 과정에 도움을 주지만, 여러분은 계속 대화를 통해 면담을 진행해야 할 것입니다. 그러므로 단어 선택이 중요합니다. 여러분은 주의를 분산시키는 것이 아니라 대화를 촉진하길 원할 것입니다. 그러므로 의미를 전달할 때 가능한 한 짧게 말하십시오.

보통은 한두 음절이면 충분합니다. "**예.**" 또는 "**음-흠.**"과 같은 표현은 여러분의 의견을 명확하게 표명하는 것을 나타냅니다. 지시적이지 않으며 짧은 감탄사와 문구는 환자에게 계속해서 이야기하도록 격려하게 됩니다. 이와 같은 표현과 비언어적 격려를 함께 무작위로 자주 사용하시기 바랍니다. 1~2분마다 한 번씩 격려하면 환자가 계속 이야기하는 데 도움이 됩니다.

추가 정보를 요청할 때 사용할 수 있는 또 다른 몇 가지 언어적 기술이 있습니다. 이것들은 방금 언급한 것보다 더 방해가 될 수 있으므로 될 수 있으면 적게 사용해야 합니다. 간단한 예를 들어 몇 가지를 설명하겠습니다. 그중 일부는 반영이라고 부릅니다.

• 환자가 말한 마지막 단어 또는 두 단어를 따라 말하며 목소리를 높여 질문합니다.

> 환　자: 몇 시간 동안 목소리가 들리는 것 같아서 너무 화가 나요. (멈춤)
>
> 임상가: 목소리요?
>
> 환　자: 제 머릿속에서 제 이름을 부르는 어머니의 목소리를 들은 것 같아요.

• 환자가 이전에 사용하였던 단어를 상세하게 설명하는 것입니다. 이 기술은 마지막으로 언급되지 않은 생각에 대해 기억을 더듬어서 돌이켜 볼 수 있게 합니다.

> 환　자: 제가 과민반응을 보인 것은 알지만, 저는 절박함을 느끼고 있었어요. 잠도 못 자고 밥도 못 먹고 애들한테 소리를 질렀죠.
>
> 임상가: 절박하다고 말하셨어요. (멈춤)

환　자: 네, 저는 자살까지 생각했어요.

- 더 많은 정보를 직접적으로 요청하십시오.

> "그것에 대해 더 말해 주세요."
> "어떤 의미인가요?"

- 환자가 원래 질문을 잘못 해석한 것 같을 때는 다시 질문하십시오.

임상가: 어떤 종류의 일을 하고 계시나요?
환　자: 엘름가에 있는 주조 공장에서 일해요.
임상가: 그리고 거기서 어떤 일을 하시나요?

- 간단한 요약을 제공합니다. 이것들은 종종 **"그래서 여러분은 ……라고 느끼고 있군요."** 또는 **"당신의 의미는…….",**로 시작합니다. 요약은 전환에 도움이 될 뿐만 아니라 환자가 이해받고 있다는 구체적인 증거로 제시됩니다.

임상가: 그래서 지금 약 6개월 동안 당신은 우울하고 불안해하고 있군요.
환　자: 맞아요. 최근에는 끔찍한 생각, 그러니까 자살 생각까지 하기 시작했어요.

때때로 여러분은 정말로 원하지 않는 정보를 얻게 될 것입니다. 최근 휴가에서 있었던 일, 아이들의 재담, 연인과의 다툼 등과 같은 내용이 흥미롭지 않다는 것은 아니지만, 여러분은 중요한 문제를 탐색하는 데 더 많은 시간을 사용해야 합니다. 단순히 이런 종류의 부질없는 이야기를 격려하지 않음으로써 막을 수 있을지도 모르지만, 때로는 여러분이 환자에게 솔직히 말하는 것이 더 좋습니다.

> "그것은 흥미롭고 나중에 다시 이야기할 수도 있겠지만, 지금은 제가 듣고 싶은 이야기가 있습니다."

또는 더 직접적일 수도 있습니다.

> "아니요, 제가 여러분을 도울 수 있는 정보에 계속 집중합시다."

## 안심시키기

환자를 안심시키는 것은 환자의 자신감이나 행복을 높이기 위해 여러분이 하는 모든 것이며, 여러분이 환자에게 관심이 있다는 것을 보여 주기 때문에 라포를 촉진할 수 있습니다. 첫 면담에서 드물게 사용되는 안심시키기 표현에는 "저는 당신 편입니다. 우리는 이 일을 잘 해결할 수 있을 것입니다."라고 말하는 것이 있습니다.

어떤 면담이든 치료에 도움이 될 수 있습니다. 연구에 따르면 다른 사람(어떤 경우에는 컴퓨터로도!)과 문제를 공유하는 단순한 행위가 문제 사건에 대한 새로운 시각을 갖거나 새로운 방식으로 생각을 모으는 데 도움이 될 수 있다는 보고가 있습니다. 그러나 여러분은 새로운 환자를 만나게 되면, 무작정 뛰어들어 조언하거나 해석하거나 아니면 다른 방법으로 '치료'를 시작하지 않을 것입니다. 정확하게 말해, 첫 면담의 목적은 치료 계획에 필요한 정보를 얻는 것입니다. 다른 한편 면담의 주요 목표 중 하나는 방해되지 않는 한, 환자에게 안심시키는 말을 제공할 기회를 놓치지 않는 것입니다. 일부 환자에게는 다른 방법을 통해 얻을 수 없었던 민감한 자료를 안심시키기와 라포 형성을 통해 획득할 수 있습니다.

보디랭귀지(미소와 고개 끄덕임)로도 안심을 시킬 수 있지만, 대부분은 대화하는 과정을 통해 안심시킬 수 있습니다. 진정으로 안심을 시키기 위해서는 여러분이 말하는 것이 사실에 근거해야 합니다. 예를 들어, 45년 동안 은퇴할 때까지 한 푼의 돈도 저축하지 않은 환자에게 "재정관리를 잘하고 있네요."라고 말하지는 않을 것입니다. 그러니 말을 신중하게 선택하시길 바랍니다. 마치 진솔한 마음으로 표현한 것이 아닌 암기한 것처럼 들리는 진부한 표현과 기타 고정관념적인 표현은 피하시길 바랍니다.

요컨대, 지지적인 안심시키는 말/행동은 사실에 기반을 둬야 하고, 진심 어리며 상황에 따라 구체적이어야 합니다. 다음은 두 가지 예입니다.

> **환　자**: 저는 작년에 두 번의 승진을 해냈어요.
> **임상가**: 그러니까 당신은 그 일을 정말 잘 해내셨군요!

> **환　자**: 그가 칼을 들고 나에게 왔을 때, 나는 2층 창문을 통해 차고 지붕으로 바로 뛰어내렸습니다. 그것은 나를 바보처럼 느끼게 했어요. 날 갈기갈기 찢기는 일에서 구해 줄 거라고 생각했어요.
> **임상가**: 당신의 생명을 구했을 수도 있습니다! 아마도 그것은 당신이 할 수 있는 유일한 일이었을 것입니다.

　면담을 너무 일찍 끝내거나, 너무 적은 정보에 기반하여 잘못된 일반화를 하지 않길 바랍니다. "저는 모든 것이 잘 될 것이라고 확신합니다." 또는 "그 두려움은 근거가 없는 것처럼 보입니다."라고 말하는 것은 대부분의 환자, 특히 편집증이나 심한 우울증이 있는 환자에게 공허하게 들립니다. 그들은 일이 잘 풀리지 않을 것이라는 것을 알고 있습니다! 만약 여러분이 충분히 고려하지 않고 빠르게 개입한다면, 덜 심각한 병에 걸린 누군가는 여러분의 지식을 의심할지도 모릅니다.

　때때로 환자는 정신적 또는 신체적 현상에 대해 잘못된 인식을 바탕으로 우려를 표할 때가 있습니다. 그러면 여러분은 개인력 청취를 할 때 자신의 전문지식을 활용하여 환자의 잘못된 설명을 바로잡아 줘야 합니다.

> **환　자**: 캘리포니아에 가 본 적도 없는데 문득 샌프란시스코 거리에 와 본 적이 있다는 생각이 들었어요. 저는 제가 정신을 잃고 있는 것이 아닌가 하는 생각이 들었어요.
> **임상가**: 그 느낌은 데자뷰라고 불립니다. 그것은 매우 흔하며, 전혀 잘못된 것이 아닙니다. 이제 다음에 무슨 일이 일어났는지 말해 주세요.

　그러나 이 임상가는 환자의 말에 무조건적인 안심을 제공하는 실수를 저질렀다는 것을 주목하십시오. 데자뷰는 대부분의 사람에게도 일어날 수 있는 가벼운 현상이지만 때로는 측두엽 간질과 같은 신경학적 상태와 연관되기도 합니다. 그러나 더 입증할 수 있는 증거 없이 어떤 병리학의 의의가 있을 수 있다고 넌지시 말하는 것 또한 심각한 실수입니다. 여기에는 합리적인 절충 방법이 있습니다. **"그게 일반적으로 무언가 잘못되었다는 것을 의미하지는 않습니다."**

불쾌감을 줄 수 있는 노골적인 발언은 피하도록 주의하십시오. 한 환자는 사촌과의 성적 접촉을 묘사하고 그것이 성추행으로 간주될지 여부를 모른다고 말했습니다. 젊은 임상가는 "저한테는 성추행처럼 들리는군요."라고 대답했습니다. 이 반응은 환자가 대처할 준비가 되어 있지 않은 상태에서 나온 말이기에 불안감을 불러일으킬 수 있습니다("당신은 이것에 대해 어떻게 생각하십니까?"가 더 안전한 반응이었을 것입니다).

대부분, 여러분이 안심과 격려를 제공하는 노력을 통해 면담은 성공적으로 이어질 것입니다. 그럼에도 불구하고 이러한 기술은 때때로 역효과를 낼 수도 있습니다. 피해망상을 가진 환자는 우호적인 고개 끄덕임 혹은 미소를 짓는 것을 조롱으로 해석할 수 있습니다. 여러분이 화가 난 사람에게 몸을 가까이 기울인다면 더 많은 정보를 주는 것이 아니라 적대감이나 깊어지는 침묵으로 되돌아올 수도 있습니다. 환자가 선뜻 받아들이지 않을 때는 판단하는 것이 까다로울 수 있습니다. 가장 좋은 방법은 천천히 시작하는 것입니다. 친절하고 유쾌하지만, 적극적으로는 하지 마십시오.

단서에 주의하십시오. 만약 여러분이 적극적으로 앞으로의 면담을 진행한다면, 환자는 다음과 같은 행동들을 보일 수 있습니다.

- 시선 접촉 결여
- 냉담한 표현
- 목소리 크기 감소
- 불안정한 자세 전환

이와 같은 숨길 수 없는 증상들이 발견된다면, 좀 더 조심스러운 태도로 신속히 변경하시길 바랍니다.

제**5**장
--------
# 현 병력의 역사

환자가 자유롭게 이야기하는 동안 추가적인 주요 문제를 발견할 수 없다는 생각이 든다면, 자유롭게 이야기하는 것을 멈추게 한 후 자신감을 가지고 현 병력에 대해 자연스럽게 질문하시길 바랍니다 (하지만 여러분이 개인력을 탐색하는 동안 탐색의 필요성이 있는 단서가 있을 수 있으니 주의 깊게 들어 보십시오).

이제 여러분은 환자가 치료를 받게 된 이유를 철저하게 탐색할 필요성을 느꼈을 것입니다. 즉, 첫 면담의 핵심인 증상의 종류, 시기 그리고 여러분이 확인한 각 문제의 스트레스 요인들을 파악해야 합니다. 이 과정을 잘하기 위해서는 환자가 자유롭게 표현하는 동안, 여러분이 확인한 임상적 관심 영역을 모두 고려해야 합니다. 이 점에 대해서는 제2장에서 처음 언급하였고, 이 부분은 MSE의 모든 내용이 포함되어 있기 때문에 제13장이 끝날 때까지는 언급하지 않을 것입니다.

비록 일부 환자에게서는 진단할 수 있는 장애가 없겠지만, 평가를 위해 방문을 하게 되면 그것이 무엇이든지 '장애'로 분류하는 것이 관례입니다. 따라서 넓은 의미에서는 부부간의 불화, 삶의 문제, 심지어 자신을 잘 이해하려는 욕구조차도 현 질병의 요소로 구성될 수 있지만, 대부분의 환자에게는 질병으로 인식되지 않습니다. 하지만 이러한 모든 문제에는 여러분이 효과적으로 자문할 수 있도록 하는 촉진 요인, 증상, 과정 및 기타 특징이 있습니다.

## 현재 에피소드

여러분은 환자의 모든 에피소드를 알고 싶겠지만, 먼저 현 질병의 에피소드에 초점을 맞추셔야 합니다. 환자는 그것에 대해 가장 염려할 것이며, 현재 질병의 구체적 내용은 모든 정보 제공자의 마음속에 가장 생생하게 기억되고 있습니다. 여러분은 병의 에피소드 기간 중에서 어떤 증상을 발견할 것이라고 미리 예상할 수 있어야만 합니다. 이를 위해 이 내용을 다루는 교과서 및 기타 자료를 참조하셔야 합니다 (이 중 1~2개는 제가 직접 작성했습니다). 이 책의 부록 D는 반구조화된 면담으로 일반적으로 정신장애 환자에서 발견되는 증상을 질문하는 내용이 수록되어 있습니다. 그리고 부록 B는 임상가가 흔히 접하게 되는 몇 가지 정신장애에 대한 기본적인 정보가 수록되어 있습니다. 여러분의 첫 면담 경험이 저의 첫 면담 경험과 비슷하다면(이 책 도입의 맨 처음 참조), 환자에게 돌아가 처음 또는 두 번째 시간에 잊어버린 질문을 하는 것이 도움이 될 것입니다.

## 증상 기술

환자가 보고하는 각 증상을 최대한 많이 파악하십시오(증상은 환자가 보고하는 주관적인 감각이라는 것을 기억하십시오. 불쾌해할 필요도 없습니다. 통증, 환각 및 불안은 모두 증상이지만 조증에서의 황홀감이나 에너지의 증가에 대한 느낌일 수도 있습니다). 사용되는 용어를 명확하게 하시길 바랍니다. 예를 들어, 환자에게 있어 긴장은 어떤 의미입니까?

최대한 각 증상의 특성을 충분히 파악하시길 바랍니다. 이 증상이 항상 존재합니까, 일시적입니까, 혹은 변동성이 있습니까? 만약 불안 발작이 대부분의 우울증 사례와 같이 일시적인 증상이라면, 얼마나 자주 발생합니까? 얼마나 강렬하게 일어납니까? 항상 똑같습니까, 아니면 다르게 나타납니까? 증상은 시간이 지남에 따라 또는 환경의 변화에 따라 점점 줄어들거나 증가할 수 있음을 기억하시길 바랍니다. 환자는 자신의 증상과 관련 있어 보이는 요인(활동 또는 시간 등)을 인지하고 있습니까? 그때 증상의 강도 또는 빈도가 증가했거나, 동일하게 유지되거나, 감소했습니까? 환자에게 증상이 나타나면 얼마나 오래 지속됩니까? 어떤 맥락에서 발생합니까? (밤에만? 혼자 있을 때만? 아니면 아무 때나?)

환자는 증상을 어떻게 묘사합니까? 고통은 베인 듯한, 타는 듯한, 으스러지는 듯한, 날카롭거나, 둔탁한 느낌으로 느껴질 수 있습니다. 환청은 환청의 내용(소음, 중얼거림, 고립시키는 말, 완전한 문장)과 위치(환자의 머리 안, 공중, 복도 바깥) 및 강도(큰 비명 소리부터 멀리서부터의 속삭임까지)로 설명될 수 있습니다. 다른 종류의 환각(시각, 촉각, 후각, 미각)도 환청과 비슷한 방식으로 설명할 수 있습니다. 이 점에 대해서는 제12장에서 다룰 것입니다.

## 자율신경계 증상

불안 발작, 우울증, 정신병과 같은 심각한 문제를 가진 많은 환자는 **자율신경계 증상**이 동반됩니다. 오래전부터 사용된 이 자율신경계란 용어는 건강과 활력 유지와 관련된 신체 기능의 상태를 나타내는 말입니다. 자율신경계 증상으로는 수면, 식욕, 체중 변화, 에너지 수준 및 성적 관심 등의 문제가 포함됩니다.

모든 환자가 자발적으로 이러한 자율신경계 증상을 보고하는 것은 아니지만, 보다 심각한 정신장애에서 발견될 때가 있고 이것은 유용한 진단의 지표로 사용되기도 합니다. 그렇기 때문에 여러분은 일상적으로 환자들에게 자율신경계 증상에 대해 질문할 필요가 있습니다. 특히 이전에는 정상적으로 기능하였던 영역에서 이전과 달라진 기능 수준을 보이는 것을 증거로 찾으시길 바랍니다. 여러분은 다음의 응답 중 하나 이상을 발견할 수도 있습니다.

- 수면: 환자는 과도한 졸음(과다 수면) 또는 불면증을 호소할 수 있습니다. 후자의 경우 정상적인 수면 기간 중 초기(입면장애), 중기(간헐적 불면증) 또는 후기(수면종료 불면증) 중 어떤 부분이 영향을 받는지를 파악해야 합니다. 수면종료 불

면증은 보통 우울증과 같은 심각한 정신 문제와 관련이 있습니다. 훨씬 더 흔한 것은 초기 불면증으로, 정상적인 성인에게도 때때로 생활상의 부정적인 영향을 미칩니다. 간헐적 불면증을 경험하는 사람들은 악몽을 경험하여 각성하는 형태를 보입니다. 또한 음주를 많이 하거나 외상 후 스트레스 장애(PTSD)가 환자에게서 발견될 수 있습니다. 수면 문제를 탐색하는 방법은 다음과 같습니다.

**임상가**: 잠을 자는 데 무슨 문제라도 있나요?

**환 자**: 네, 그것 때문에 죽을 지경입니다.

**임상가**: 어떤 종류의 문제가 있었습니까?

**환 자**: 그게 무슨 말이죠?

**임상가**: 음, 밤중에 어느 정도 잠을 자지 못하나요?

**환 자**: 아, 대부분 잠을 잘 수가 없어요.

**임상가**: 잠에서 깨면 다시 잠에 들지 못한 적이 있나요?

**환 자**: 네, 그것도 자주 그래요.

**임상가**: 당신은 보통 얼마나 자나요?

**환 자**: 요즘에는…… 아마 4~5시간 정도밖에 안 될 것 같아요.

**임상가**: 그리고 당신은 일어날 때 충분히 휴식을 취했다고 느끼나요?

**환 자**: 네, 밤새도록 벽돌을 들고 다니는 것처럼 쉬었던 것 같아요!(반어법)

**임상가**: 이 사건으로 당신의 삶에 얼마나 큰 변화가 생겼나요?

- **식욕과 체중**: 이것들도 질병이 발생하는 동안 증가하거나 감소할 수 있습니다. 또한 변화가 얼마나 심각한지 알아야 합니다(환자의 체중이 어느 정도 증가했거나 감소했습니까, 어느 정도의 기간에 걸쳐 증가했습니까?). 또한 이 체중 변화가 의도적인 것인지 물어보십시오. 어떤 환자들은 최근에 몸무게를 확인하지 않았다고 말할 것입니다. 옷이 너무 헐거워졌는지 혹은 너무 꽉 조이는지를 묻는 것은 여러분의 판단에 도움을 줄 수 있을 것입니다.

- **에너지 수준**: 환자가 끊임없이 피곤하다고 호소합니까? 이 사람이 평소 하던 것과 다른 모습을 보입니까? 직장이나 학교에서의 수행이나 집안일을 하는 데 있어 어떤 식으로든 방해가 된 부분이 있습니까? 배변 활동과 같은 다른 신체 기

능의 변화에 대한 문제가 나타날 수 있습니다. 예를 들어, 일부 심한 우울증 환자는 변비를 경험합니다.

- **잦은 기분 변화**: 이 말은 일부 환자가 하루 중 특정 시간 동안 기분이 좋아지는 경향을 나타냅니다. 심한 우울증을 앓는 환자는 일어나면 종종 기분이 더 나빠지고 시간이 지날수록 더 나아집니다. 취침 시간에는 거의 정상이라고 느낄 수 있습니다. 우울증이 덜한 사람들은 이른 아침에 기분이 나아졌다고 보고할 가능성이 더 높지만, 해질 무렵에는 우울하고 둔하거나, 피곤함을 보고할 가능성이 더 높습니다.
- **성적 흥미와 성행위**: 성 기능은 대개 개인의 행복감에 크게 좌우됩니다. 그러므로 성관계에서의 흥미 상실은 흔히 정신적 고통의 초기임을 시사합니다. 또한 환자의 성생활에 이러한 측면, 즉 빈도, 능력, 즐거움 등이 어떻게 변화했는지를 알아봐야 합니다. 변화의 방향은 특정한 정신건강 문제에 따라 오르락내리락할 수도 있습니다. 판단력이 손상될 경우에는 파트너의 수와 선택도 영향을 받을 수 있습니다. 성적인 증상과 패턴에 대한 보다 자세한 설명은 제9장에 제시될 것입니다.

## 질병의 결과

정신장애는 인간의 삶 전체에 부정적인 영향을 끼칠 수 있습니다. 여러 가지 이유로, 사회적, 교육/직업적 영역 그리고 가정생활까지 포함해 환자가 영위하는 모든 영역에서 장애가 환자의 기능에 어떤 영향을 끼쳤는지를 알아내는 것이 중요합니다.

① 질병의 결과는 여러분에게 가장 신뢰할 수 있는 심각도의 지표를 제공합니다. 지금까지 여러분은 대부분의 환자에게서 매우 주관적인 보고만 들었을 것이고, 여러분은 환자의 이야기로부터 주관적인 사실을 가려내어 판단하였을 것입니다. 부분적으로는 정보 제공자와 면담함으로써 검증될 수 있기 때문에 객관적으로 환자가 일주일 동안 출근하지 않은 점은, 주관적으로 이 사람이 얼마나 많은 보드카를 마셨는가에 비해 왜곡이 적을 것입니다.

② 현재 미국과 해외에서 사용되는 최고의 진단 매뉴얼인 『정신질환의 진단 및 통계 편람 제5판(Diagnostic and Statistical Manual of Mental Disorders, fifth edition: DSM-5)』에서 나오는 대다수 장애의 정의는 환자가 장애의 결과로 얻게 되는 사회적 문제에 의해 크게 좌우됩니다. 환자에게 미치는 영향이 무엇입니까? 다른 사람에게 미치는 영향은 무엇입니까? 물질 관련 및 중독장애와 반사회적 성격 장애는 법적, 재정적, 건강 및 대인관계 문제를 동반할 수 있다는 상태를 제시한 예입니다. 또한 대부분의 정신장애 증상이 환자의 기능에 어떠한 영향을 미치는가를 알고 있어야 합니다.

③ 여러분은 환자의 친척들이 환자가 해고되거나 이혼 또는 가족과 헤어진 상황을 환자의 탓으로 돌린다는 것을 알게 될 것입니다. 실제로 이처럼 다양한 대인관계에서의 손상은 환자의 정신장애의 **영향**일 수 있습니다. 이와 같은 견해는 환자와 친척 모두에게도 유용할 수 있습니다. 가족과 친구들에게 장애에 의한 결과를 알려 주면 환자가 곤경에서 벗어나는 데 도움을 줄 수 있습니다.

환자의 장애가 어떤 사회적 문제를 일으켰는지 알아보려면, 정보를 제한하지 않는 개방형 질문으로 시작하길 바랍니다. 환자가 질문의 의미를 물어보면, 여러분이 관심이 있는 일상생활에서의 몇 가지 예를 사용하여 답하면 됩니다.

**임상가**: 이 문제가 당신에게 어떤 종류의 어려움을 불러일으켰나요?

**환  자**: 어려움이라니 무슨 뜻이죠?

**임상가**: 당신의 문제가 가족과 친구들과 어울리는 방식을 바꾸었는지, 당신이 하고 있는 일에서 어떤 변화가 있었는지, 당신의 취미 생활에서 변화한 부분이 있었는지를 제가 아는 것이 도움이 될 것 같습니다.

긍정적인 답변에 대한 자세한 내용을 반드시 확인하시길 바랍니다. 탐색할 내용은 다음과 같습니다.

• **결혼/커플**: 흔히 중등도 수준의 질병을 지닌 환자들은 결혼 생활과 다른 사랑하는 사람과의 관계에서 불화를 경험합니다. 정신장애는 이혼이나 이별을 초래

할 수도 있습니다.

- **대인관계**: 환자는 친척들과 소원함을 느끼거나 친구들로부터 외면당한 적이 있습니까? 여러분은 이것이 단지 지각된 문제인지, 아니면 다른 사람들이 정말로 환자를 피할 만큼 충분히 오랫동안 문제가 되었던 행동인지 답할 수 있습니까? 다음과 같이 질문하십시오.

> "당신이 한 일이 당신이나 친구, 가족들에게 어떤 문제를 일으켰습니까?"

- **법적**: 법적 문제가 있었습니까? 이 문제는 특히 알코올이나 기타 약물 사용으로 병력이 복잡할 때 발생할 수 있습니다. 다음과 같이 질문하십시오.

> "법률 혹은 경찰관과의 문제사항은 없었습니까?"
> "당신은 체포된 적이 있습니까? 몇 번이나 있었습니까? 무엇 때문입니까?"
> "감옥에 들어간 적이 있습니까? 총 얼마의 기간 동안 감옥에 있었습니까?"
> "당신은 범죄를 저질러 기관에 있었거나 어떤 기관, 수탁, 감독자에게 관리받은 적은 없습니까?"

정신장애 증상이 있는 동안 그러한 법적 조치가 발생하면 심각한 질병이 암시됩니다. 세부 사항을 확인하십시오. 법적 조치로 이어지는 사건, 기간, 법적 책임자의 이름과 직함, 행동이 장애의 진행에 미친 영향을 반드시 파악해야 합니다.

- **직업/교육**: 정서적 문제의 결과로 환자가 직장을 그만두거나 해고된 적이 있습니까? 이러한 일이 얼마나 자주 발생했습니까? 업무 수행에 대한 어려움은 가족들이 알아차리기 전에 감독관이나 동료들에 의해 파악되는 경우가 있습니다. 어린 환자의 경우 학교 출석 및 성적에 관한 유사 질문을 통해 문제를 파악하시길 바랍니다.
- **장애수당**: 보훈처(VA), 사회 보장청, 국가 보상 위원회 또는 민간 보험에서 혜택을 받은 적이 있습니까? 어떤 장애 때문입니까? 장애 등급은 몇 등급입니까? 금

액은 얼마였습니까? 혜택이 얼마나 오래 지속되었습니까?

- **관심사:** 취미, 독서, TV 시청에 대한 환자의 관심이 달라졌습니까? 성에 대한 관심이 증가했거나 감소했습니까? 성행위가 달라졌습니까? 발기부전, 고통스러운 성관계 혹은 절정을 가질 수 없다는 불만이 있었습니까? 이 점에 대해서는 제9장에서 자세히 다루고 있습니다.
- **증상:** 그 증상은 당신을 얼마나 불편하게 하였습니까? 여러분의 환자는 그 증상의 의미에 대해 어떤 두려움을 가지고 있습니까? 그들이 죽음이나 영구적인 장애를 암시하는 것처럼 보입니까? 정신병처럼 보입니까? 이 정보는 제12장에서 논의할, 통찰력과 판단의 적절성 평가에 도움이 됩니다.

## 증상의 발병 및 경과

증상을 완벽하게 파악하는 것 외에도, 증상의 발병 시기와 경과를 정확하게 파악해야 합니다. 첫째, 이러한 문제는 언제 시작되었습니까? 일부 환자는 "지난해 12월 31일부터 다시 술을 마시기 시작했습니다." 또는 "일주일 전 목요일부터 우울한 느낌을 받으며 잠에서 깼습니다."라고 매우 정확하게 보고할 수 있습니다. 그러나 대부분의 환자는 모호하거나 에피소드가 너무 서서히 시작되어 발병의 시기를 정확히 파악할 수 없을 것입니다.

특히 눈에 띄는 증상의 발병은 정확하게 평가하십시오(때때로 첫 번째 공황 발작이나 PTSD를 촉진하는 끔찍한 사건의 경우 세부 사항을 파악하는 것이 특히 중요합니다). 때때로 환자는 죽음에 대한 소망이나 성에 대한 관심의 상실과 같이 중요한 문제를 처음 경험한 때를 정확하게 기억할 수 있습니다. 그러나 발병 시점을 정확하게 보고하지 못할 경우 의미 있는 날짜 또는 사건과 관련시킬 수 있습니다.

**임상가:** 작년 7월 4일부터 우울해지기 시작하셨나요?

**환　자:** 아니요. 그렇지 않아요.

**임상가:** 작년 가을, 생일 즈음에는 어땠나요?

어떤 환자들의 경우는 아무리 물어보아도 사건에 대한 날짜나 날짜의 근사치를 알아낼 수 없을 것입니다. "오랜 기간이 흘렀다는 것만 알 뿐입니다. 아주 오랜 시간 전부터예요." 이럴 경우 환자에게 더 정확한 대답을 요구하는 것은 아마도 임상가와 환자 모두를 힘들게 할 것입니다. 대신 환자가 여러 번 생각했을 수도 있는 것에 집중해 보십시오.

> "마지막으로 기분이 좋았던 때는 언제였습니까?"

이러한 노력조차 실패한다면, 적어도 환자의 몇 가지 문제 중 어느 것이 먼저 시작되었는지 알아보도록 하십시오. 예를 들어, 우울증에 대한 에피소드가 더 일찍 시작되었는지, 아니면 음주에 대한 에피소드가 더 일찍 시작되었는지를 파악한 뒤 진단과 치료를 하는 것이 중요합니다. 그러니 다음과 같이 물어보십시오.

> "술과 우울 중 어느 쪽이 먼저 시작되었습니까?"
> "다른 문제가 생기기까지 얼마나 걸렸습니까?"

증상이 변했다면 다음과 같이 질문하십시오.

> "이러한 증상은 불안정하게 변하나요?"

## 스트레스 요인

당연히 정신적인 증상이 있다는 것은 그 자체만으로도 엄청난 스트레스입니다. 하지만 여기에서는 다른 의미로서의 스트레스 요인인, 즉 환자의 정신건강 문제를 유발하고 촉진하거나 악화시키는 것으로 보이는 모든 상태와 사건을 고려해 봐야 합니다. 우리는 이것은 **촉진 요인**이라고 부릅니다.

> "남편이 비서를 데리고 달아났어요."
> "학교에서 낙제했어요."
> "내 고양이가 죽었어요."

발생할 수 있는 스트레스 요인은 너무나도 다양하고 방대하며, 한 사람에게는 약간 스트레스라고 생각되는 것이 다른 한 사람에게는 재앙처럼 느껴질 수도 있습니다. 수년 동안(DSM-5가 발표될 때까지), 진단 매뉴얼은 다양한 잠재적인 심리사회적 및 환경적 문제를 9개 그룹으로 분류하였습니다. 〈표 5-1〉에서 저는 스트레스 요인을 이해하기 쉽게 만들기 위해 다른 말로 바꾸어 표현하였습니다. 스트레스 요인들은 임상적 평가를 하기 1년 전부터 발생해야 합니다. 진단 평가의 일부로 스트레스 요인을 나열할 때(제18장 참조) 가능한 한 구체적으로 작성하시길 바랍니다.

**표 5-1** 심리사회적 및 환경적 문제

다음 스트레스 요인들은 정신장애에 의해 발생했거나 독립적인 사건일 수도 있습니다.

- 의료 서비스에 대한 접근: 불충분한 보험 또는 의료 서비스, 의료 서비스를 이용하기 위한 교통편 부족
- 경제: 현저한 빈곤, 불충분한 재정 또는 복지 지원
- 교육: 학업 문제, 급우나 교사와의 논쟁, 문맹, 부적절한 학교 환경
- 주택: 노숙자, 열악한 주거 환경, 위험한 이웃, 집주인 또는 이웃과의 분쟁
- 법체계/범죄: 체포, 수감, 소송, 범죄의 피해자가 되는 것
- 직업: 스트레스 받는 근무 조건 또는 일정, 직업 변화 또는 불만족, 상사 또는 동료들과의 논쟁, 은퇴, 실업, 실직 위협
- 사회 환경: 친구의 사망 또는 상실, 문화적 적응의 어려움, 차별, 혼자 사는 것, 사회적 고립
- 지지 집단: 친척의 죽음이나 질병, 이혼이나 별거에 의한 가정파탄, 부모의 재혼, 신체적 또는 성적 학대, 친척과의 불화
- 기타: 비가족 보호자(심리사, 사회복지사, 의사)와의 논쟁, 이용할 수 없는 사회 서비스 기관, 재해, 전쟁 또는 기타 적대 행위에 대한 노출

환자들은 종종 자유롭게 말하는 동안이나 주 호소 문제를 이야기할 때에도 스트레스 요인을 보고하는 경우가 있습니다. 환자들이 스트레스 요인을 말하지 않는다면 질문해야 합니다. 스트레스 요인을 물어보기 좋은 시점은 발병 에피소드의 시작 지점을 정확히 파악한 직후입니다. 스트레스 요인을 찾았다면 그것이 환자의 심리적 문제가 발생하는 과정에서 어떤 영향을 미쳤는지 알아보십시오. 다음과 같이 질문하십시오.

> "그때 무슨 일이 있었기에 증상이 시작되었을까요?"
> "그것이 당신에게 어떤 영향을 미쳤습니까?"

　환자가 스트레스 요인을 알지 못한다면, 잠시 멈춘 후 다음과 같은 가능성이 있는 목록을 살펴보며 생각해 봐야 합니다.

> "집에서 무슨 일이 있었을까? 직장에서는? 친구와는? 법적 문제는? 질병은? 자녀와의 관계 문제는? 배우자와는?"

　질병의 일부 에피소드에서는 스트레스 요인이 전혀 발견되지 않지만, 어떤 환자에게서는 대부분의 스트레스 요인이 정서 장애에 의한 것처럼 보일 수 있습니다. 따라서 스트레스 요인으로 보고된 사건에는 출생, 사망, 결혼, 이혼, 실직, 실연, 건강 문제 그리고 일상생활에서 반복적으로 발생하는 다른 감정적인 트라우마도 포함될 수 있습니다.

　물론 환자가 인식한 어떤 스트레스 사건이 정신장애를 발병시켰다는 뜻이 아닙니다. 종종 두 가지 사건은 단순히 우연에 의해 발생하지만, 우리 인간은 어떤 문제가 발생하기 전의 선행 사건에 그 탓을 돌리는 경향이 있습니다. 예를 들어, 여러분이 Albertson 부인의 우울증 경과를 주의 깊게 확인한다면, 남편이 떠나기 전부터 그녀에게는 몇 가지 증상(아마도 불면증, 울음)이 있었다는 것을 발견할 수 있습니다.

　또 다른 환자의 '스트레스 요인'은 조카가 임신하였다는 사실을 알았을 때 극도의 우울증이 시작된 여성의 경우처럼, 질병이 원인인 것 같지 않아 보일 수도 있습니다. 장애와 관련 있는지와 상관없이 스트레스 요인을 기록해 보시길 바랍니다. 나중에는 추가 탐색으로 획득된 정보를 모두 고려한 후 다시 평가할 수 있을 것입니다.

비록 정신장애를 촉발시킬 수 있는 어떠한 것을 발견하지 못할지라도 여러분은 다음 질문에 답해 보도록 노력하는 것이 중요합니다. 환자가 지금 평가를 받기 위해 이곳에 온 이유는 무엇일까? 어떤 경우에는 환자의 선택이 아니라 총기 구매(우리나라의 경우 총포류 소지자격 유지를 위한 평가) 및 가족 구성원의 해체 또는 급성 중독으로 도움이 필요하다고 다른 사람이 인식한 경우일 수도 있습니다. 대답이 그렇게 명확하지 않은 경우 가장 좋은 방법은 다음과 같이 묻는 것입니다.

> "이 문제는 오랫동안 당신을 괴롭혀 왔습니다. 무엇 때문에 지금 도움을 구하러 오셨습니까?"

환자가 자발적으로 평가를 받으러 왔을 때에는 관련 친척들의 재촉이나 소중한 직장을 잃을 것에 대한 두려움, 증상이 악화되는 것에 대한 환자 자신의 불안감을 듣게 될 것입니다.

## 이전 에피소드

동일하거나 유사한 정신장애의 이전 에피소드를 파악하는 것은 진단 및 예후를 결정하는 데 도움이 됩니다. 이쯤 되면 여러분은 이미 이전의 어떤 에피소드에 대한 세부 사항을 들었을 것입니다. 그렇지 않은 경우 다음과 같이 질문하십시오.

> "언제 처음으로 그런 느낌을 받으셨나요?"
> "그때 처음으로 치료를 받으셨나요? 아니면 나중에 받으셨나요?"
> "왜 치료가 지연되었을까요?"
> "진단명이 무엇이었나요?" (1개 이상 있었는지도 모릅니다.)

첫 번째 에피소드 이후 완벽하게 회복되었습니까, 아니면 환자가 계속해서 몇 가지의 잔류 증상이나 뚜렷한 성격 변화를 겪었습니까? 완벽한 회복은 이 문제에서 매우 중요할 수 있습니다. 예를 들어, 완벽한 회복은 조현병(대부분의 환자가 완전히 회복되지 않음)과 정신증을 동반한 정서 장애(보통 완전히 해결됨)를 구별하는 데 도움이 될 수 있습니다.

환자는 이전의 증상이나 질병의 예후에 어떠한 반응을 보였습니까? 어떤 환자들은 단순히 증상들을 무시했을지도 모릅니다. 다른 환자들은 일을 그만두거나, 가출하거나, 자살을 시도하거나, 술이나 다른 약물을 남용함으로써 회피하려고 했을지도 모릅니다. 환청을 경험하는 사람들은 때때로 소리를 듣지 않기 위해 라디오를 크게 틀어놓을 수도 있으며, 몇몇은 친구나 종교인과 이야기를 나누었을 것입니다. 어떤 대처 행동이든, 이 정보는 이전의 에피소드와 비교함으로써 현재 에피소드의 심각성을 평가하는 데 도움이 될 수 있습니다. 이것은 또한 만약 질병이 치료되지 않는다면 여러분의 환자가 어떻게 행동할지를 예측하는 데 도움을 줄 수 있습니다.

## 이전 치료 내력

환자가 이전에 치료를 받은 적이 있습니까? 그렇다면 여러분은 향후 치료 계획을 세우기 위해 이전에는 어떤 치료를 받았고, 어떤 것들을 시도했는지를 자세히 파악하고 싶을 것입니다.

만약 환자가 심리치료를 받았다면 어떤 유형의 치료를 받았습니까? 요즘은 인지행동치료가 유행하고 있지만, 다른 치료일 가능성도 많습니다. 그 치료의 형태는 개인치료였습니까, 집단치료였습니까, 아니면 커플치료였습니까? 이전 치료사의 직업과 이름을 확인해야 하며, 그 치료를 얼마나 지속했고 왜 중단했는지를 알아야 합니다.

약물이 처방되었습니까? 그렇다면 어떤 약이 어느 정도의 용량으로 처방되었습니까? 약물치료에 부작용이 있었습니까? 환자가 이전 약물의 이름을 모르는 경우, 약제나 캡슐에 대한 물리적인 설명이 여러분과 약사에게 단서를 제공할 수도 있습니다. 부작용 목록은 약물 식별에 도움이 될 수도 있습니다. 주사 가능한 약물, 특히 플루페나진(fluphenazine, Prolixin), 할로페리돌(haloperidol, Haldol), 리스페리돈 (risperidone, Risperdal), 올란자핀(olanzapine, Zyprexa) 및 폴리페리돈(paliperidone, Invega)과 같은 장시간 지속되며 주사로 투약되는 항정신병 약이 사용되었는지 알아보시길 바랍니다.

또한 환자가 치료를 얼마나 잘 준수했는지 평가하시길 바랍니다. 이에 대해 강하게 질문한다면 자존심이나 죄책감으로 일부 환자는 질문에 솔직하게 대답하지 않을 수 있습니다. 그 대신에 다음과 같이 시도해 보십시오.

> "평소 치료사의 지시를 잘 따를 수 있었나요?"

해당 질문에 대한 대답이 "아니요."인 경우 다음과 같이 질문하십시오.

> "어떤 종류의 문제가 있었습니까?"

이전 치료의 효과는 무엇이었습니까? 도움이 된 것이 무엇이었습니까? 그렇다면 어떤 치료가 가장 도움이 되었는지에 대한 의견을 얻으십시오(치료사의 상담? 행동치료? 전기경련 치료? 약물?). 항정신병 약물이 현재 환자가 복용 중인 약일 수도 있지만, 환자가 리튬이 가장 도움이 되었다고 대답하여 여러분은 놀랄 수 있고, 환자는 그 약을 처방해 줄 것을 다시 요청할 수 있습니다.

환자가 입원한 적이 있었습니까? 그렇다면 몇 번입니까? 어디서, 얼마나 오래 입원 생활을 하였습니까? 만약 여러분이 환자와 면담할 시간이 부족하고, 환자가 협조적이며, 지식이 풍부할 경우, 다음 면담 때 이전 병원에서의 입원 및 치료 소견서를 받아 올 것을 요청할 수도 있습니다.

제**6**장
--------
# 현 병력에 대한 사실 확인

첫 면담에서 현 병력을 확인하는 과정은 유의미한 정보를 탐색할 수 있고, 진단의 근거를 제공하는 가설을 검증할 수 있으므로 중요성이 강조되고 있지만, 실제로는 간과되고 있는 영역이기도 합니다. 현 병력을 파악하는 과정에서는 사실에 기반하여 높은 수준의 타당한 정보를 얻어야 하고, 정보의 타당성을 높이기 위해서는 몇 가지의 단계를 진행해야 합니다.

## 면담의 목적을 명확히 하기

임상가는 환자가 정확하게 보고하길 기대합니다. 환자가 이러한 여러분의 기대를 첫 면담부터 잘 알고 있는 것이 이상적일 것입니다. 그러나 겉보기에 솔직해 보이는 환자가 면담 도중에 여러분에게 무언가 숨기고 있는 것처럼 보일 수도 있습니다. 여러분은 환자가 말을 망설이거나 시선을 회피하려는 태도를 보고 쉽게 알 수 있을 것입니다. 여러분의 첫 번째 목표는 환자의 행동을 이해하는 것이고, 저항에 대한 이유는 제16장에서 자세히 다룰 것입니다. 환자가 사소한 회피 반응을 보이거나 보고를 하지 않으려고 한다면, 면담의 목표를 간단히 다시 설명하는 것으로 충분히 다룰 수 있을 것입니다.

> "저는 이 주제 중 일부에 대해 말하는 것이 어렵다는 것을 알고 있지만, 당신을 가장 잘 돕기 위해서는 가능한 모든 정보가 필요합니다."

만약 여러분이 수련생이라면, 협조를 요구할 수 있는 권한이 적기 때문에 다음과 같은 방법을 시도해 볼 수 있을 것입니다.

> "이런 질문으로 폐를 끼쳐 죄송합니다만, 제 공부에 정말 많은 도움을 주셨습니다. 말하기가 고통스럽다는 건 알지만, 어쩌면 제가 당신이 경험한 기억과 감정 중 몇 가지를 접하게 된다면 당신의 문제를 이해하는 데 도움이 될 수도 있습니다."

특히 10대들에게는 질 좋은 정보를 얻기가 어렵습니다. 어떤 10대들은 여러분이 부모에게 어떤 말을 할지 많은 걱정을 합니다. 또 어떤 10대들은 자신보다 5살 이상 많은 사람을 불신할 수 있습니다. 원인이 무엇이든, 일부 청소년은 진실을 말하는 데 어려움을 겪습니다. 이럴 경우 비밀을 유지할 것이라는 말을 되풀이하는 것이 도움이 됩니다. 그래서 저는 다음과 같이 말합니다.

> "당신도 예상하겠지만, 우리의 상담이 끝나면 당신의 부모님과 이야기를 할 것입니다. 하지만 제가 부모님에게 말할 내용은 먼저 당신과 상의한 후에 이야기할 것입니다. 그리고 당신의 안전을 위해 당신이 전달하지 않았으면 하는 내용을 저에게 이야기해 주시면, 저는 당신의 비밀을 존중할 것입니다."

일부 지역에서는 청소년의 중요한 건강 문제에 적절하게 대처하기 위해, 부모에게 알리지 않더라도 성병 및 임신과 관련된 문제를 전문가와 상담하고 치료할 수 있도록 허용하고 있습니다. 이런 경우, 환자와 협력하여 부모에게 알리는 것이 가장 좋은 방법이겠지만, 이 사건을 임상가가 자청해서 알려 주면 안 됩니다. 만약 10대

청소년이 부모에 의해서 비자발적으로 방문하였다면, 여러분은 부모에게 전달할 정보가 무엇인지를 10대 청소년에게 알린 후에 부모와 상의해야 합니다.

특히 첫 면담에서는 타당성이 떨어지는 정보로 혼란이 발생할 수도 있으므로, 일부 임상가는 10대들과 면담을 하기 전 잘못된 정보를 얻기보다는 차라리 거부하는 것("그것에 대해서는 말하고 싶지 않아요.")이 더 좋다는 것을 환자에게 다음과 같이 말합니다.

> "제가 묻고 싶은 대부분 질문은 사적인 내용들입니다. 그것 중 일부는 매우 당황스럽거나 심지어 무섭기도 합니다. 하지만 제가 당신을 도우려면 잘못된 정보로 인해 혼란을 경험하지 않는 것이 중요합니다. 그러니 제가 묻는 것에 관해 이야기할 수 없다면, 대답을 지어내지 말고 '지금 그것에 대해 이야기하고 싶지 않아요.'라고 말하면 됩니다. 그럼 다른 이야기로 넘어갈 것입니다. 알겠죠?"

## 여러분의 주의를 방해하는 것 파악하기

어떤 임상가도 다른 주제로 넘어가기 전에 한 주제를 매끄럽고 논리적이면서 완벽하게 다루기가 어렵습니다. 사실, 경험 많은 임상가조차도 예상치 못한 일로 주의가 산만해질 수 있습니다. 새로운 내용이 파악되어 면담이 산만해질 경우, 즉시 새로운 주제를 다루거나 원래 주제가 더 중요하다고 생각되면 나중에 다시 확인할 수 있도록 메모하시길 바랍니다. 후자의 방법을 선택할 경우, 환자가 중요한 말을 했다는 사실을 언급하고 추후 이 내용을 다시 다루겠다고 약속해야 합니다.

환　자: 어제 저는 단지 내가 어떤 기분이 드는지 느껴 보기 위해서 짐을 싸서 나가려고 하는 제 자신이 너무 역겹다고 느꼈어요.

임상가: 집을 떠나는 것에 대해 생각하기에는 꽤 기분이 좋지 않았던 것 같습니다. 술에 대해 이야기를 마친 후에 그 생각을 더 듣고 싶습니다.

임상면담에서는 두 가지 상반되는 원칙인 ① 필요한 정보를 충분히 수집하는 것과 ② 과도한 정보의 늪에 빠지지 않도록 적절히 조율하는 것이 필요합니다. 예를 들어, 여러분은 환자의 우울 에피소드 기간에 발생한 지난달의 가족 문제를 정확하게 알고 싶을 것입니다. 그러다 보면 우울증에 대한 정확한 진단을 내리지 못할 위험성이 있습니다. 일단 이 난제를 해결하고 싶어 이야기를 더 듣고 싶을지라도, 여러분은 더 쟁점이 되는 문제에 집중하기 위해 난제를 잠시 뒤로 미루어 둬야 합니다. 이 상황은 나중에 참고할 수 있도록 메모하는 것이 이상적일 것입니다.

## 개방형 질문 사용

여러분은 무엇보다도 타당한 정보를 원할 것입니다. 연구에 따르면 환자는 자신이 원하는 대로 자유롭게 대답할 수 있을 때 가장 타당한 정보를 제공하기 때문에 "예." 또는 "아니요."로 대답할 수 없는 개방형 질문을 사용하여 특정 정보(예: 다른 사람의 나이, 위치, 신체적 속성)를 획득할 필요성이 있습니다. 가능한 한 폭넓게 응답할 수 있도록 하는 개방형 질문을 사용하길 바랍니다. 여기에 예시들이 있습니다.

"가장 우울했을 때 불면증이 있었나요?"라고 말하는 대신 "그때 수면은 어땠나요?" (환자가 너무 적게 자거나 너무 많이 잘 수도 있습니다.)

"입원을 몇 번이나 하셨나요?"라고 말하는 대신 "이전에 입원하셨던 기간에 대해 알려 주세요." (자살 시도나 음주에 대한 상세한 내용이 밝혀질 수 있습니다.)

"식욕을 잃었습니까?"라고 말하는 대신 "식욕이 얼마나 변했습니까?" ('얼마나'라는 문구는 거의 모든 폐쇄형 질문을 개방형 질문으로 바꿀 수 있습니다.)

## 환자의 언어로 말하기

경험이 풍부한 임상가일지라도 환자가 이해할 수 없는 전문적인 용어를 사용하지 않도록 주의해야 합니다.

　　　정신건강의학과의 한 교수는 병동 회진 중 고등학교를 중퇴한 한 환자에게 "리비도
　　(libido)가 건강하게 유지되었습니까?"라고 물었고, 환자는 그 말을 이해하지 못해 당황
　　해했습니다.

　여러분이 비일상적인 단어를 사용하여 환자에게 그 단어의 뜻을 질문받을지라
도, 여러분에게는 약간의 시간 소요 외에 아무런 피해가 없을 것입니다. 그러나 일
부 환자는 자신의 무지를 인정하지 않기 때문에 아무 말도 하지 않을 수 있습니다.
또 어떤 환자들은 때때로 이해하지 못하였지만, 자신은 이해했다고 생각합니다. 그
러므로 여러분이 한 질문에 환자가 대답했을지라도 여러분이 얻는 정보가 정확하
지 않을 수도 있습니다.

　따라서 환자가 이해할 수 있는 수준의 내용으로 질문한다면 정보의 타당성이 향
상될 것입니다. 그러나 여러분이 일상적인 단어를 잘 선택하여 환자에게 질문했을
지라도, 환자는 다른 의미로 이해하고 있다는 것을 발견할지도 모릅니다. 예를 들
어, 어떤 사람은 불안이라는 단어를 듣고 '열정'이라고 생각할 수도 있습니다. 다른
사람들은 '두려움'의 의미를 편집증이라고 이해할 수도 있습니다.

　그럴 경우, 환자를 깔보는 투로 말하지 않도록 조심하시길 바랍니다.

　　　한 임상가는 심리학 석사학위를 가진 한 환자에게 "당신의 사고방식에 대해 어떻게
　　생각하세요?"라고 물었습니다. 환자는 처음에는 그 말의 뜻을 이해하지 못했습니다. 후
　　에는 임상가가 그 의미를 설명하자 환자는 너무 모욕감을 느껴 면담이 끝나기도 전에
　　방을 나갔습니다.

　환자 대부분이 그렇게 극도로 반응하지는 않겠지만, 그들의 지적 능력과 감정을
충분히 고려하여 모든 환자에게 접근해야 함을 기억하시길 바랍니다.

　현대사회에서 대부분 사람은 한 번쯤 우회적으로 표현합니다. 예를 들어, '잠자리
를 같이하다'는 일반적으로 '성관계를 갖는다'라는 의미로 사용됩니다. 실제 잠을 자
는 것은 나중에 고려되는 사항입니다. 물론 예의 바른 언행을 유지하기 위해 노력하

는 것은 중요하겠지만, 여러분의 첫 번째 임무는 정확하게 질문하는 것입니다. 환자에게 "결혼하기 전 성행위를 해 봤습니까?"라고 묻는 것은 신중할 수 있지만 부정확한 방법입니다. 비록 자위행위일지라도 대부분의 사람이 성행위에 대한 경험이 있습니다. 여러분이 정말로 환자의 성행위 이력에 대해 알고 싶다면 다양한 단어로 질문해 보시기를 바랍니다. 제9장에서는 성, 자살, 약물 사용의 민감한 주제에 접근하는 것에 도움이 되는 몇 가지 방법을 소개합니다.

여러분은 환자의 말을 이해하기 위해서 열심히 노력해야 합니다. 예를 들어, "내가 제정신이 아닌 듯한 느낌을 받았어요."는 무엇을 의미하는 것일까요? 이를 확인하려면 다음 두 가지 중 하나를 물어봐야 합니다.

① 여러분이 이해한 내용으로 표현하시길 바랍니다. "너무 화가 났다는 말인가요?"
② 어떤 의미인지를 간단히 물어보십시오. "당신이 말했던 내용이 우리가 그동안 이야기했던 것과 어떤 관련성이 있는지를 이해할 수 없습니다."

실제로 두 사람이 서로 다른 관용구로 말하고 있을 때조차도 임상가는 환자가 의미하는 바를 스스로 알고 있다고 지레짐작하는 경우가 너무 흔하므로 원활한 의사소통을 위해서는 끊임없이 주의를 기울여야 합니다.

같은 맥락에서 다른 사람의 행동을 자의적으로 판단하지 않도록 주의하시길 바랍니다. 일반적인 예로는 수면 시간이 있습니다. 매일 밤 6시간 수면을 취하는 환자를 불면증이라고 가정할 수도 있습니다. 그러나 일부 사람에게는 충분한 수면을 취하는 것처럼 느껴질 수도 있습니다(Thomas Edison은 4시간만 잤습니다). 인간은 대부분 다양한 선호도와 습관을 지니고 있고 자신의 기준을 다른 사람에게 강요한다는 것을 명심해야 하며, 이를 경계해야 합니다.

## 올바른 탐색 질문 선택

여러분이 무엇인가를 파악하고 싶을 때는 단순한 질문과 같은 최소한의 노력으로 필요한 정보를 얻게 될 것입니다. 여러분이 개방형 질문을 사용하여 세부 정보를 얻게 되면, 환자는 여러분의 적절한 질문에 감사함을 표현할 것입니다.

　환자가 제시하는 문제를 더 깊이 파악할 경우, 두 가지 원칙을 염두에 두고 탐색 질문을 선택하시길 바랍니다.

① 미해결 문제를 파악할 수 있는 탐색 질문을 선택하시길 바랍니다. 아직 다루지 않은 영역에 집중하는 것이 더 효율적일 수 있습니다.
② 만약 여러분의 질문이 질병에 대해 잘 아는 것으로 보인다면, 여러분은 환자에게 박식한 사람으로 인식될 것입니다. 그 결과는 라포와 신뢰의 향상으로 이루어져 더 많은 정보 공유가 이루어질 것입니다.

　면담을 진행할 때 여러분은 사실에 관심이 있으므로 "왜……?"라는 말로 시작할 수 있는데, 이러한 단어를 사용하는 것은 피하시는 편이 낫습니다. 특히 이 질문이 환자의 의견이나 다른 사람의 행동을 언급하는 것이라면 특히나 그럴 것입니다. 게다가 "왜……?"라는 표현은 통찰력이 부족한 환자에게 좌절감과 같은 감정을 경험하게 하여 라포 형성의 방해물로 작용할 수 있습니다.

> "왜 이런 증상이 지금 나타나고 있다고 생각하십니까?"
> "당신 상사는 왜 그런 말을 했을까요??"
> "아들은 왜 집을 떠났을까요?"

　이러한 각각의 질문은 사실보다는 추측을 불러일으킵니다. 여러분은 환자에게 여러 설명을 듣고 싶겠지만, 처음에는 추측하지 말고 자료를 모은 뒤 자신만의 결론을 내릴 수 있도록 더 자세한 내용이나 몇 가지 일반적인 예를 활용하여 자료 탐색에 집중하십시오(타당한 경고: 나중에는 저만의 규칙을 어기고 여러분이 "왜……?"라는 질문을 효과적으로 사용할 수 있는 두 가지의 구체적인 상황을 제시하겠습니다).

　부분적으로 환자의 과거 정보를 파악하는 것은 증상 혹은 문제의 원인을 어떤 질문을 통해 잘 파악할 수 있는지를 알고 있냐에 달려 있습니다. 각 증상에는 탐색해야 할 고유의 다섯 가지 세부 사항이 있고, 이를 통해 모든 행동이나 사건, 증상을 완전하면서도 풍부하게 파악할 수 있습니다. 세부 사항은 다음과 같습니다.

- 유형
- 심각도
- 빈도수
- 기간
- 그것들이 발생하는 맥락

여러분은 이제 구체적이면서 세부적인 정보를 탐색할 수 있게 하며, 환자의 추가적인 의견을 묻지 않고 몇 마디의 단어로 응답을 들을 수 있는 폐쇄형 질문을 사용하게 될 것입니다. 구체적인 세부 정보를 파악하고자 할 때도, 여전히 부분적으로는 개방형 질문을 사용하여 환자가 미처 생각하지 못한 추가적인 정보를 이야기할 수 있도록 해야 합니다. 다음은 임상가가 환자의 불안발작을 탐색하는 데 폐쇄형 및 개방형 질문을 혼합하여 사용하는 예시입니다.

임상가: 언제 이런 불안감을 처음 알아차리셨나요? [폐쇄형]

환　자: 아마 두 달 전쯤이었을 거예요. 도시에서 막 새 일을 시작한 참이었어요.

임상가: 거기에 대한 이야기를 해 주시겠습니까? [개방형]

환　자: 매번 거의 똑같아요. 이유 없이 나는 초조해지기 시작했고, 그러면 숨을 쉴 수 없을 것 같다는 생각에 끔찍하게 무서워요.

임상가: 얼마나 자주 그런 일이 일어났나요? [폐쇄형]

환　자: 점점 횟수가 증가하고 있어요. 잘 모르겠어요.

임상가: 음, 하루에도 여러 번, 하루에 한 번, 혹은 일주일에 한 번 발생했나요? [폐쇄형, 선다형]

환　자: 지금은 하루에 한두 번 정도일 겁니다.

임상가: 그것에 대해 어떻게 생각하세요? [개방형]

환　자: 저는 원래 서 있으면 너무 떨려서 보통은 그냥 앉아요. 그러면 15분 정도 지나 사라지기 시작해요.

임상가: 전에 어떤 도움을 구하셨나요? [개방형]

면담의 일부 규칙은 명백해 보이지만, 규칙의 완성도를 위해서는 다음의 내용이 준수되어야 합니다.

- 이중(또는 훨씬 더 많은) 질문을 하지 마십시오. ("수면이나 식욕 문제가 있습니까?") 이중 질문은 효율적인 것처럼 보일 수 있지만, 종종 혼동을 불러일으킵니다. 환자는 자신도 모르게 임상가의 질문 내용을 잊어버려 대답하지 않을 수 있습니다.

- 노골적이고 비난하는 듯한 질문을 피하십시오. ("여러분은 음주로 인해 심각한 판단 착오가 발생한 적 있습니까?") 이러한 말은 여러분에게 아무런 이득을 주지 않는 말이며, 환자가 방어적으로 말할 위험성이 증가합니다. 환자의 음주로 유발될 수 있는 문제를 간단하게 질문한다면 환자가 더 잘 받아들일 수 있습니다.

- 유도 질문을 피하십시오. ("아내가 떠나서 술을 마시기 시작했습니까?") 유도 질문은 흔히 예상되는 대답을 (종종 광범위하게) 암시하는 질문입니다. TV 범죄 프로그램의 판사들은 유도 질문에 대해서는 기각합니다. 유도 질문은 정직하고 개방적으로 질문하는 여러분의 탐색에 반대됨을 시사하는 것입니다. 대신 "음주를 본격적으로 시작하기 전 당신의 인생에서 무슨 일이 있었습니까?"라고 말해 보시는 것이 좋을 것입니다.

- 정확성을 높이십시오. 필요한 경우 날짜, 시간 및 숫자까지 물어봐야 합니다. 그리고 환자가 드물게, 가끔, 많이, 대부분과 같은 모호한 단어를 사용하는 경우에는 정확한 뜻을 알려 달라고 요구하셔야 합니다(어쨌든, 여러분의 언어로 최대한 정확하게 만들도록 노력하십시오).

- 질문을 간결하게 하십시오. 자세한 설명이 포함된 긴 질문은 환자를 혼란스럽게 할 수 있습니다. 또한 긴 질문은 정보를 얻기 위해 사용해야 할 시간을 빼앗을 수 있습니다.

- 새로운 단서를 찾아보십시오. 중요한 정보를 탐색하고 있을 때도, 나중에 탐색할 수 있는 다른 방향에 대한 힌트가 있는지를 주의 깊게 살펴보십시오.

    환  자: ……그것은 제 첫 자살 시도 이야기에 관한 것입니다. 자살 시도는 어머니를 정말 화나게 해서 어머니가 신경쇠약이 생겼습니다. 이제 다른 시

도에 대해 듣고 싶습니까?

**임상가**: (패드에 '어머니와의 관계 문제'를 작성하며) 네, 부탁합니다.

# 대립

대립은 분노를 나타내는 것이 아니며, 주먹다짐이 있다는 것을 의미하는 것도 아닙니다. 임상면담의 맥락에서 대립은 추가적으로 명확한 설명이 필요함을 의미하는 것입니다. 대립은 과거사 중 두 지점 간의 불일치, 즉 환자가 보고한 내용 간의 차이점이거나 환자가 상황을 어떻게 느꼈는가에 대한 차이점에서의 불일치일 수 있습니다. 대립 상황 속에서 여러분의 목적은 환자와 더욱 의사소통을 잘하는 것입니다.

**임상가**: 내가 당신의 아버지에 대해 물어볼 때마다 당신이 외면한다는 것을 알아 챘어요. 당신은 그것을 깨달았나요?

**환　자**: 아니요, 몰랐어요.

**임상가**: 그게 무슨 뜻이라고 생각합니까?

첫 면담에서 여러분은 방금 설명했던 어떠한 대립 상황이든 피할 수 있도록 노력해야 합니다. 처음 한두 번의 면담에서는 서로에 대해 잘 모를 수 있습니다. 환자는 낯선 사람인 임상가에게 모순됨을 지적받게 되면 자신이 속았다는 생각을 하거나 덫에 빠졌다는 느낌을 받을 수도 있습니다. 결국 과거력 탐색과 면담에서 협력하는 태도에 문제가 발생하게 되면, 극단적인 경우 의사소통의 단절로 이어질 수 있습니다. 그러나 중요한 요점에서 모순된 정보를 얻은 것 같다는 생각이 들면 환자에게 설명을 요청하고 정보의 타당성을 높이시길 바랍니다.

여러분은 질문을 부드럽게 하시길 바랍니다. 심문을 받는다는 느낌은 불쾌한 경험이며, 환자는 공격받는다고 생각하여 방어적으로 반응하게 됩니다. 그러므로 대립을 따뜻한 공감으로 다룬다면 환자에게 거부당할 가능성이 적습니다. 여러분이 환자에게 관심이 있고 염려하는 것으로 보인다면, 이와 같은 대립 상황은 자기탐색의 증진으로 이어질 것입니다.

또한 여러분은 문구를 신중하게 선택하여 대립 상황을 덜 도전적인 상황으로 만들 수 있습니다. 여러분은 당혹감을 표현하여 도움을 요청할 수도 있습니다.

> "제가 이해가 안 되는 부분이 있는 것 같습니다. 방금 당신은 남편이 병원에 태워다 주었다고 말씀하셨는데, **제가 생각하기로는 아까는 남편이 비서와 달아났다고 저에게 말씀하신 것 같습니다.**"

**"제가 생각하기로는 ~인 것 같습니다."** 라는 말에 주목하십시오. 임상가인 여러분이 착각했을 수도 있음을 암시합니다. 방금 인용한 대립의 전체적인 효과는 진실을 찾기 위해 여러분과 환자가 협력하게 만드는 것이었습니다. 또 다른 예로는, 비논리적으로(아마도 망상적인) 이야기하는 환자에게 "제가 그것을 잘 이해하지 못하는 것 같습니다." 라고 간단히 말하는 것입니다.

환자의 겉모습에서 드러난 표정과 사고 내용이 일치하지 않음을 관찰했다고 가정해 봅시다. 이때는 직면해서 설명을 요구해야 합니다.

> "당신이 한 장모님 이야기는 슬픈 내용인 것처럼 보이지만, 당신의 표정은 웃고 있는 것 같습니다. 이 이야기에는 분명 뭔가 다른 것이 있을 것 같습니다."

문제가 무엇이든 한두 가지의 필수적인 문제만 직면할 수 있도록 제한하시길 바랍니다. 그렇지 않으면 새로운 환자와의 관계가 손상될 수 있습니다. 분명하게, 가장 중요한 문제를 치료하기 위해서는 면담이 끝날 때까지 모든 대립을 피하고 추후에 다루는 것이 좋습니다. 여러분과의 관계 형성은 그때까지 더 강해질 것이고(위험이 줄어들 것입니다), 여러분은 이미 대부분 정보를 얻게 될 것입니다(잃을 것이 적을 것입니다). 이 방법은 어떤 위험이 감수될지라도 중요한 문제를 해결하는 데 도움이 될 것입니다.

# 감정에 대한 면담법

환자가 가지고 있는 기본적인 문제 상황의 틀은 날짜와 사건 및 기타 사실들이 알려 줍니다. 문제의 실체를 파악하기 위해서는 감정과 반응을 구체화하는 작업을 해야 합니다. 본질적인 문제가 무엇이든 간에(심지어 정신병 환자의 경우에도) 질병에 대한 감정과 실제 면담 과정에서 느껴진 감정들은 면담에서 파악해야 하는 가장 중요한 영역 중 하나입니다. 그러나 연구에 따르면, 첫 면담에서 다루어야 할 모든 주제 중 초보 임상가들이 가장 등한시하는 주제가 감정입니다.

## 부정적인 감정과 긍정적인 감정

사람들은 다양하고 인상적인 감정을 경험합니다. 저는 여러 감정 중 몇 가지를 〈표 7-1〉로 나열하면서 포괄적으로 기술하려고 노력하였습니다. 일부는 주요한 기분이나 정동이며 다른 감정들은 변형되었거나 결합된 요소일 수 있습니다. 나열된 용어는 모두 흔히 사용되는 단어로 표현되었습니다. 대부분 감정은 명사형이지만, 저는 형용사(일부 동의어 및 관련 단어 포함)로 표현을 하였습니다. 왜냐하면 사람

표 7-1  부정적인 느낌과 긍정적인 느낌

| 부정적인 감정 | 긍정적인 감정 |
| --- | --- |
| 두려운, 공포스러운, 걱정스러운 | 자신감 있는 |
| 화난 | |
| 불안해하는 | 만족스러운, 차분한, 평온한 |
| 무관심한, 썩 좋지 않은, 냉담한, 초연한 | 간절한, 열렬한, 흥미로운, 황홀해하는 |
| 부끄러운, 굴욕을 느끼는 | 자랑스러운 |
| 혼란스러운, 당황스러운, 어리둥절한 | 틀림없는, 확실한 |
| 실망한 | 성취감을 느끼는 |
| 혐오감을 느끼는(역겨워하는) | 기뻐하는 |
| 불만스러운 | 만족하는 |
| 당황한 | |
| 부러워하는, 질투하는 | |
| 어리석은 | 지혜로운 |
| 좌절하는 | 격려하는 |
| 죄책감을 느끼는 | |
| 미운 | 애정 어린, 사랑하는 |
| 무력한, 의존적인 | 독립적인 |
| 절망적인, 함정에 빠진 듯한 | 희망에 찬 |
| 겁에 질린 | |
| 성급한 | 참을성 있는 |
| 분개하는 | 즐거운 |
| 열등한 | 중요한, 우수한 |
| 외로운 | 사교적인 |
| 비관적인 | 낙관적인 |
| 후회하는 | |
| 거부된 | 용인된 |
| 억울해하는 | |
| 슬픈, 침울한, 우울한 | 발랄한, 즐거운, 행복한 |
| 수줍은, 소심한 | 용감한 |
| 놀란, 깜짝 놀란, 대단히 놀란 | 준비가 되어 있는 |
| 의심스러운 | 사람을 믿는 |

| 긴장시키는 | 편한 |
|---|---|
| 불확실한 | (단단히) 결심한 |
| 배은망덕한 | 환영하는, 고마워하는 |
| 인정 없는, 냉담한 | 동정 어린, 연민 어린 |
| 쓸모없는, 무가치한 | 쓸모 있는, 자격 있는 |
| 취약한 | 안심하는 |
| 경계하는 | 믿는 |
| 걱정하는 | 근심이 없는 |

주: '경계하는' '신뢰하는'과 같은 일부 용어는 상황에 따라 긍정 또는 부정으로 간주될 수 있습니다. 저는 이 목
    록을 좀 더 보편적인 의미로 작성하려고 노력해 왔습니다.

들이 자신의 생각을 표현하는 방식을 대부분 형용사로 표현하기 때문입니다. 예를
들어, 우리는 "나는 불안이 있습니다."라고 표현하기보다 "나는 불안한 느낌이 듭니
다."라고 말할 가능성이 더 큽니다.

　대부분의 감정 단어는 반대되는 감정 단어와 쌍을 이룹니다(부정적인 감정이 긍정
적인 감정보다 훨씬 더 많다는 것을 유의하십시오). 저는 명백한 반의어(un-과 in- 단어)
를 제외하였고, 너무 애매하며 설명 자료로 쓸모가 없다고 생각되는 일부 단어인 나
쁜, 좋은, 긴장되는, 불편한은 생략하였습니다. 저는 사람들의 감정을 묘사하는 데 사
용되는 용어만을 담고 싶었기 때문에 어떤 경우에는 반의어를 기재하지 않았습니
다. 따라서 죄가 없는을 죄를 범한의 반의어로 사용하지 않습니다. 왜냐하면 보통 사
람들은 자신들이 죄가 없다고 느끼지 않으며, "나는 죄가 없었다."라고 말하는 것은
감정이 아니라 확고한 생각을 보여 주는 것이기 때문입니다.

　물론, 여러분은 주의 깊게 보고 듣는 것만으로도 표현력이 풍부한 환자들의 감정
을 파악할 수 있을 것입니다. 그러나 일부 환자는 자신의 감정을 표현하기를 꺼리고
심지어 감정을 깊은 곳에 묻어 두기까지 합니다. 그럴 경우 여러분은 숨겨진 감정을
탐색해야 합니다.

# 감정을 끌어내기

대부분의 환자에게 자신의 감정을 물어보면 적절하게 표현할 수 있고, 임상가가 직접 감정을 묻는 것에 대해서도 개의치 않는 것 같습니다. 실제로 연구에 따르면, 임상가가 따뜻하고 배려심이 많으며 예의 바르고 세심하게 반응한다면, 대부분의 환자는 이러한 임상가의 직접적인 접근 방식을 선호하는 것으로 나타났습니다.

특히 훌륭한 임상가는 감정을 이끌어 내는 데 두 가지 기술인 직접적인 요청과 개방형 질문을 효과적으로 사용합니다.

## 감정에 대한 직접적인 질문

지금까지 논의된 사실들과 관련된 감정을 질문하십시오. 때로는 단순하게 물어보는 것이 감정을 이끌어 내는 가장 효과적인 방법입니다. 하지만 감정이나 동의어를 사용하는 데에는 주의가 요구됩니다. 예를 들어, "당신은 어떻게 생각하세요?"라고 질문한다면 사실적이고 인지적인 자료를 수집하게 될 위험이 있습니다. 특히 환자가 고등교육을 받았거나 지적 능력이 있는 경우일 때는 더욱 그렇습니다. 다음은 감정에 대한 유용한 질문의 몇 가지 예입니다.

> "이사해야 한다는 사실을 알았을 때 기분이 어땠나요?"
> "그 소환장을 받을 때의 심경은 어떠셨나요?"

일반적으로 환자는 여러분이 충분히 관심을 가지고 질문을 하면 적절하게 자신의 감정 상태를 표현할 수 있을 것입니다.

## 개방형 질문

환자의 기분을 직접으로 묻지 않고 개방형 질문으로 자유롭게 말하게 하면 환자는 상대적으로 더 많은 이야기를 할 수 있도록 촉진되어 효과적으로 감정을 표현할 수 있습니다. 사람들은 더 많이 이야기할수록 감정이 가득한 정보를 공개할 가능성이 큽니다.

실제로 이 기술은 자유발언의 확장이며, 부분적으로는 환자가 상황을 전체적으로 어떻게 인식하는지를 임상가가 관심을 갖도록 제시하는 효과가 있습니다. 반면, 폐쇄형 및 단답형 질문은 중요한 것을 이미 결정했음을 암시하며, 전체 이야기를 전하려는 환자의 동기를 감소시킵니다. 여러분이 질문하는 시간이 적을수록 환자가 감정을 드러내는 시간이 더 많아진다는 것은 분명해 보입니다.

개방형 질문은 상충하는 감정을 수용하거나 분류하는 데 있어 어려움을 겪는 환자에게 도움이 됩니다. 상충되는 감정은 흔히 **양가감정**이라고 표현하는데, 대부분의 사람은 짧은 문장으로는 양가감정을 표현하는 것에 어려움이 있습니다. 그러나 상대적으로 더 많은 시간 이야기를 할 수 있도록 필요한 시간을 제공할 경우, 자신의 감정을 숙고하고 표현할 수 있게 됩니다. 다음은 양가감정을 드러내게 만드는 개방형 질문의 예입니다.

**임상가:** 몇 분 전에 부인이 이혼 얘기를 한다고 하셨잖아요. 그것에 대해 좀 더 말해 주시겠어요?

**환　자:** 제게는 끔찍한 시간이었어요……. 저도 알아요……. 음, 전 항상 결혼 생활에 실패한다면, 인생에서도 실패하는 것이라고 느꼈어요. 적어도 우리 어머니는 항상 그렇게 말씀하셨거든요.

**임상가:** (고개를 끄덕이며 격려를 제공한다.)

**환　자:** 하지만 생각해 보면…… 아시다시피 아이들이 태어나면서부터 우리 사이엔 많은 문제가 있었어요. 어쩌면 우리가 실제로는 결혼 생활을 거의 하지 않았을지도 몰라요. 어쩌면 이혼보다 더 안 좋은 일이 있을지도 몰라요.

## 기타 기술

몇 가지 요인은 환자의 감정을 이끌어 내지 못하게 합니다. 여기에 몇 가지 예시가 있습니다.

- 일부 사람, 특히 남성들은 어린 시절부터 자신의 감정을 완벽하게 드러내거나 표현하는 것을 꺼립니다. 그들이 어른이 되었을 때도, 이 '남성성(macho)'의 관점은 많은 남성에게 적절한 행동에 대한 자신의 감정을 부정하게 만듭니다. 가장 분명한 예로는 '소년은 울면 안 된다'라는 어린 시절의 훈계로 추후 "남성은 감정에 휘둘리지 않아야 한다."라고 말하는 경우입니다. 이와 같은 문제는 여성에게도 발생할 수 있습니다.
- 일부 환자는 자신의 감정을 인식하지 못하거나 자신의 감정을 경험과 연결하는 데 어려움을 겪습니다. 이 역시 어린 시절의 경험에서 발전한 것일 수 있습니다. 극단적인 경우, 사람들은 자신이 느끼는 감정을 인식하거나 설명할 수 없습니다.
- 특히 몇몇 사람은 잘 모르는 사람에게 자신을 표현하기를 꺼릴 수 있습니다. 왜냐하면 자신을 표현할 경우 자신이 나약하다고 느낄 수 있기 때문입니다. 이와 같은 사람들은 "강하게 보인다면 아무도 자신을 해칠 수 없다."라고 말합니다. 감정표현불능증이 있는 사람들과 달리 이 사람들은 자신이 어떻게 느끼는지 알고 있고 감정을 말로 표현할 수도 있지만, 자기보호에 대한 필요성이 더 강조되고 우선시되고 있기 때문입니다.

이러한 상황에서 감정을 이끌어 내기 위해서는 바로 다음에 언급된 기술 중 하나를 사용해야 합니다.

## 배려와 공감의 표현

연구에 따르면, 임상가의 배려나 공감의 표현은 환자가 자신의 감정을 표현하도록 격려할 수도 있다고 밝혀졌습니다. 이미 환자가 일부 감정을 표현하기 시작한 시점에서 특히 효과적입니다. 여러분이 사용하는 공감의 표현은 언어적이거나 행동적일 수 있는데, 예를 들어 표정 또는 보디랭귀지와 같은 방법이 사용될 수 있습니다.

환　자: 저는 그 회사에서 15년 동안 일했지만, 감독 자리가 생겼을 때 사장님은 제가 아닌 친조카를 임명했어요. 정말 화가 나요!

임상가: (동정심을 가지고 얼굴을 찌푸린다.) 듣기만 해도 기분이 안 좋네요! 그런 상황이라면 누구라도 상처받고 화가 날 것 같아요.

환　자: 저는 그 이상으로 완전히 넋이 나가 버렸어요. 저는 비참한 현실에서 벗어나고 싶었어요! 지금도 가끔 그렇게 느낍니다.

## 감정의 반영

감정의 반영은 환자가 주어진 상황에서 느꼈을 것이라고 생각되는 감정을 분명하게 언급하는 것을 의미합니다.

환　자: 제 딸은 항상 좀 제멋대로고, 어젯밤은 거의 동이 틀 때까지 집에 오지 않았어요.

임상가: 당신은 거의 정신이 나갈 것 같았겠네요.

물론, 이 기술은 여러분이 잘못된 해석을 할 위험성이 있습니다. 그렇다 할지라도 여러분은 감정을 표현함으로써 추가적인 감정 탐색을 촉구하려는 목표가 달성되었습니다.

## 감정 단서 파악

여러분은 환자의 감정에 지속적인 관심을 가져야 감정 단서를 파악할 수 있습니다. 종종 환자는 비언어적 단서인 약간 찡그린 얼굴, 눈물 머금 또는 다른 신체 언어의 관용적 표현인 보디랭귀지로 감정을 표현할 것입니다. 이때 여러분은 다음과 같이 언어적으로 표현하게 될 것입니다.

"어머니에 대해 이야기할 때 조금 슬퍼 보인다고 생각했어요. 기분이 어떠셨나요?"

또한 여러분은 울기 시작한 사람에게 티슈를 건네 주는 것과 같은 조용한 행동으로 관심과 지지를 표현할 수도 있습니다.

## 해석

해석을 통해 현재와 과거 상황의 정서적 내용 사이에서 유사성을 파악할 수 있습니다.

> 환　자: 남편은 제 의견을 절대 듣지 않아요.
> 임상가: 전에 말한 것을 들어 보면, 당신이 10대였을 때 당신의 아버지가 당신을 대했던 방식처럼 들립니다.

환자는 행동에 대한 설명을 받아들여야 하므로 해석 기법을 사용하는 것이 까다로울 수 있습니다. 이상적으로는 환자가 내용을 연결하고 제안하는 사람이어야 하겠지만, 그렇지 않은 경우 여러분이 조심스럽게 해석을 제공하시길 바랍니다. 그렇지 않다면 환자는 적극적으로 거부할 수 있습니다. 일반적으로 저는 첫 면담에서 해석을 멀리하는 경향이 있습니다. 이 해석이라는 기법은 경험이 많은 임상가도 치료의 후기에 가장 잘 사용하는 기법이기 때문입니다.

연구에 따르면, 앞서 제시한 각각의 기술은 과묵한 환자나 정보 제공자에게 더 많은 감정을 표현할 수 있도록 도우며, 심층적인 탐색을 할 수 있다는 것이 입증되었습니다. 이 방법은 보통의 표현력이 있는 사람들이 감정표현을 적절하게 할 수 있게 돕습니다. 결국 감정에 대한 면담 시 환자의 요구에 적게 반응하는 기술보다는 상세하면서 광범위한 탐색 과정이 필요합니다.

## '감정 명명하기'

환자가 느끼는 감정에 대해 물어보십시오.

"기분이 우울하신가요?"

"어떤 상황에 대해서든 죄책감이나 후회를 느낀 적이 있습니까?"

여러분은 이미 개방형 질문을 사용하여 많은 감정을 이끌어 내기 위해 노력한 상황이었기 때문에 이제는 폐쇄형 질문을 사용하시길 바랍니다.

## 유사점

마지막으로, 주어진 상황에서 동반되는 감정을 전혀 식별할 수 없는 환자에게는 비슷한 감정을 경험했을 때가 언제인지 물어봐야 합니다.

"어머니가 돌아가셨을 때 이런 느낌이 드셨나요?"

"그때 사장님이 전 직원 앞에서 당신을 나쁜 본보기로 삼았을 때 이런 느낌이 들었나요?"

## 세부 정보에 대한 후속 조치

어떤 감정을 발견했다면 더 많은 질문을 통해 깊은 수준의 면담을 진행하십시오. 예시사항을 끌어내고 세부 내용을 평가하기 위해 탐색하십시오.

임상가: 그 분노 상황에 대해 좀 더 듣고 싶어요. 언제 그렇게 느끼시나요?

환　자: 우선 첫째로, 시아버지를 만나러 갈 때였어요.

임상가: 전에도 그와 같은 불쾌한 경험을 한 적이 있나요?

환　자: 말할 게 있어요! 그는 악의적인 장난으로 내 결혼을 거의 망칠 뻔했어요.

임상가: 그때 어떤 기분이었는지 예를 들어 보고 싶어요.

환자가 기회를 제공할 때마다 후속 탐색 질문을 해야 합니다. 초보자는 때때로 중요한 사건이나 병리의 증거를 발견하지만, 이후의 대화에서는 이를 무시할 때가 있습니다. 다음은 잘못된 예시입니다.

> 임상가: 어렸을 때 어떤 식으로든 성관계를 하기 위해 여러 방면으로 시도해 본
>           적이 있나요?
> 환　자: 네, 그랬죠.
> 임상가: ('예'라고 적는다.) 지금 어디서 일하세요?

이 임상가는 세부 사항을 질문하는 데 불편함을 느꼈을지도 모르지만, 환자는 표현을 억눌린 채 좌절감을 느꼈고, 좌절감을 적절하게 처리하지 못한 채 내버려졌습니다. 도움이 되는 정보는 여러분이 누가, 무엇을, 언제, 어디서, 왜, 어떻게를 파악할 때까지 탐색되어야 합니다.

# 방어기제

후속 사항을 탐색할 때, 환자가 감정과 행동을 다루기 위해 사용하는 전략인 방어기제를 파악해야 합니다. 방어기제는 매우 다양하며 전체 목록을 자세히 살펴보고자 한다면 표준 교과서들을 참조하시길 바랍니다. 다음에 제시될 방어기제는 흔히 관찰되는 몇 가지의 방어기제입니다. 일반적인 방어기제의 정의를 설명하는 것보다, 시의회 선거에서 패배한 것에 대해 불안과 분노를 느끼는 야심 찬 정치인이 사용할 수 있는 방어기제의 예를 통해 용어의 의미를 명확히 하고자 합니다.

## 잠재적으로 유해한 방어기제

저는 잠재적으로 유해한 방어기제 집단에는, 감정이나 정서 문제에 직면하기보다는 회피할 수 있도록 도와주는 방어기제를 제시하였습니다. 우리 중 대부분은 스트레스를 받을 경우 때때로 이 중 하나를 사용하여 자아를 보호합니다.

- 행동화: [정치인이 자신의 사진을 찍으려 하는 기자의 카메라를 때려 부순다.]
- 부인: "재검표는 제가 실제로 이겼다는 것을 보여 줄 겁니다."
- 평가절하: "어쨌든 그 일은 형편없는 일입니다. 시간이 많이 들 것이고, 당신은 납세자들의 불평만 듣게 되는 거예요."
- 전이: [정치인이 집에 가서 고양이를 걷어찬다.]
- 해리: [그 정치인은 낯선 환경에서 지난 3일 동안의 어떤 사건도 기억하지 못하고 어느 날 아침 깨어난다.]
- 공상: "내년에는 의원 선거에 출마해서 승리하겠습니다!"
- 주지화: "저는 이 경험을 민주주의 실천의 한 예로만 봅니다."
- 투사: [무의식 생각: '저 사람을 죽이고 싶어'] "저 사람은 나를 죽이려는 음모를 꾸미고 있습니다."
- 반동형성: [생각: '그는 비참한 하층민이야'] "영예로운 의원님을 지지하게 되어 자랑스럽습니다."
- 억압: [그 정치인은 승리자를 기리기 위한 연회 참석을 '잊어버린다']
- 신체화: [그 정치인은 원인을 알 수 없는 지속적인 가슴 통증에 걸린다.] "그래서 저는 봉사할 수 없었을 겁니다."
- 분열: "어떤 정치인들은 잘하고, 어떤 정치인들은 나쁩니다. 제 상대는 나쁜 사람들 중 하나입니다."

## 효과적인 방어기제

잘 통합된 성인들은 주로 좀 더 성숙한 방어기제를 사용합니다.

- 이타주의: "나는 그를 지지할 것입니다. 그는 나보다 더 나은 자격을 가지고 있습니다."
- 예견: [투표가 시작되기 전에] "물론 질 수도 있습니다. 하지만 저는 다른 계획을 가지고 있습니다."
- 유머: "선거운동에서 저는 그가 존경스럽다고 말했습니다. 그는 제가 바보라고 말했습니다. 아마 우리 둘 다 틀렸을 겁니다."

- 승화: "유세에 관한 책을 쓰겠습니다."
- 억제: "마음 한편에 두고, 당면한 사업에 전념하겠습니다." [앞에서 억압과의 차이 (의식적 의도)에 주목하십시오.]


## 지나치게 감정적인 환자 다루기

일반적으로 여러분은 환자의 감정표현을 장려하고 싶겠지만, 일부 환자는 너무 감정적이어서 임상가를 포함한 다른 사람들과의 의사소통을 방해할 때가 있습니다. 사람들은 다양한 이유로 과도한 감정을 경험할 수 있습니다.


- 때때로 이유도 모른 채 화가 난 사람일 수도 있습니다.
- 일부 성격 장애를 지닌 사람들과 유사 종류의 사람들은 많은 양의 감정표현이 자기가 원하는 대로 살 수 있도록 도움을 준다는 것을 알고 있습니다. 극적으로 표현하는 것은 삶의 방식이 됩니다.
- 심각한 정신병리가 없는 일부 사람조차도 가족이나 친구를 통제하기 위해 높은 수준의 정서표현을 사용할 수 있습니다.
- 어떤 사람들은 격하게 감정을 표현하는 가정에서 자랐습니다. 다른 사람을 모방함으로써 이러한 행동은 습관화될 수도 있습니다.
- 일부 사람은 이런 식의 행동을 불안 때문에 합니다.
- 몇몇은 침묵에 의한 외로움을 견디지 못한 결과입니다.
- 아마도 여러분의 환자는 다른 임상가와의 경험을 회상하면서, 여러분이 관심을 가지지 않는다고 생각하여 그럴 수도 있고 충분히 모든 이야기를 할 시간이 없을 것이라는 두려움 때문에 그럴 수도 있습니다.


원인이 무엇이든, 과도하게 표현되는 감정에 너무 많은 주의를 집중하게 되면 사실을 파악할 시간이 부족할 수도 있습니다. 그러한 상황에서는 면담 과정을 확실하게 지시하는 방식으로 적극적으로 통제하는 태도를 취하는 것이 좋습니다. 이 목표를 달성하는 데 몇 가지 기술이 도움이 될 수 있습니다.

① 감정을 인정하십시오. 여러분이 감정에 이름을 붙이면 그 뜨거운 감정을 진정 시킬 수 있습니다. 그러면 환자는 여러분이 그 감정을 인식하는 것을 보고, 더 이상 여러분의 관심을 끌 필요가 없게 될 것입니다.

> **환　자**: (소리치며) 그녀는 나를 다시는 그런 식으로 괴롭혀서는 안 될 것입니다!
> **임상가**: 정말 화가 났나 보군요. 좌절하고 화가 났네요.
> **환　자**: (더 조용히) 음, 물론이지요. 누구든지 그렇지 않을까요? 그녀가 지난주에 무슨 일을 했는지 잠깐 들어 보시면 알 수 있을 거예요.

이 기술은 환자가 어떻게 느끼는지 이해하고 받아들이는 것을 보여 주므로 사용하기에 가장 좋은 방법입니다. 먼저 시도하시길 바랍니다.

② 조용히 말하십시오. 환자가 소리를 지르면 당신의 목소리를 낮추십시오. 대부분의 사람은 여러분이 거의 들을 수 없을 정도로 부드럽게 말할 때 큰 소리로 말하는 것에 어려움을 겪습니다.

③ 어떤 정보를 얻으려고 하는지 다시 설명하십시오.

> "제가 이 시점에서 정말 원하는 것은 당신 가족에 대한 이야기를 아는 것입니다. 아마 나중에 당신 남편의 여자 친구에 대해 좀 더 이야기할 수 있을 거예요."

④ 주제를 변경하는 환자의 질문이나 설명을 재전환합니다.

> **임상가**: 이제 아드님에 대해 듣고 싶습니다. 그가 어머니와 함께 산다고 했나요?
> **환　자**: 맞아요, 그리고 그녀는 지난 3개월 동안 제가 아들과 통화하는 것조차 허락하지 않았어요. 법원 명령을 받아야 하지 않을까요?
> **임상가**: 그건 나중에 얘기해도 될 것 같아요. 지금 당장은 아드님과의 관계에 대해 정말 알고 싶습니다. 아드님과 친하게 지내셨나요?

⑤ 폐쇄형 질문 방식으로 전환합니다. 이 방식은 여러분이 어떤 종류에 대한 구체

적인 답변을 듣고 싶은 것을 나타낼 뿐만 아니라 환자의 불필요한 이야기를 가로막을 수 있습니다.

**임상가:** 당신의 첫 결혼에 대해 말씀해 주시겠어요?

**환　자:** 결혼 생활은 재앙이었어요! 난 그 남자를 용서한 적이 없어요! 그는 완전 짐승이었어요! 한번은 한 달 동안 쉬지 않고 울었어요. 왜…… 나는 심지어…….

**임상가:** (중단하며, 개방형 질문은 유용하지 않다는 것을 인지하여 폐쇄형 질문으로 전환한다.) 그는 술꾼이었나요?

**환　자:** 오, 그래요, 그는 술을 엄청나게 마셨어요. 그는……

**임상가:** (중단하며) 결혼 생활은 얼마나 오래 지속되었나요?

**환　자:** 제가 26세가 될 때까지 약 4년 정도였습니다. 그는 절대……

**임상가:** 이혼은 당신 생각이었나요, 아니면 그의 생각이었나요?

이 임상가는 환자의 주요 문제를 파악할 때까지 환자가 이야기하는 다양한 주제를 차단할 준비가 되어 있습니다.

⑥ 여전히 문제가 있는 경우 여러분이 원하는 것을 환자가 이해하고 있는지 확인하십시오. 이러한 대립 상황이 존재할 경우 다음과 같이 표현하십시오.

> "우리의 의사소통에 문제가 있는 것 같습니다. 제가 알아야 할 사항을 명확히 말했습니까?"

대립 상황을 다루는 다른 방법들과 마찬가지로, 이 말은 환자를 전적으로 비난하지 않도록 표현되었습니다.

이러한 모든 기술의 목적은 환자의 과도한 언어 및 행동 표현 범위를 줄이는 것에 있습니다. 이것은 라포를 손상시키지 않고 필요한 진단 정보를 얻을 수 있도록 도와줍니다. 그러나 때때로 이러한 기술조차 충분하지 않을 수도 있습니다. 특히 눈물이나 다른 감정이 분출되어 병원에 입원한 환자에게는 필요한 정보를 얻지 못할 수 있습니다. 이 경우, 여러분은 환자를 더욱 잘 이해하기 위해서 면담을 잠시 중단한 후 나중에 만날 것을 제안해야 할 것입니다. 그럴 때는 다음과 같이 말하시길 바랍니다.

> "오늘도 계속하기엔 너무 화가 나신 것 같군요. 일단 좀 쉬시고, 잠을 좀 잔 뒤 아침에 잠시 들러서 다시 뵙겠습니다."

제**8**장
- - - - - - - -
# 개인력 및 사회력

정신건강 의료 전문가는 질병을 치료하는 것이 아니라 사람을 치료합니다. 따라서 여러분은 환자의 주 호소 문제의 발생 원인을 파악해야 합니다. 이를 위해서는 모든 정보, 즉 가족에 대한 배경과 다른 측면의 자전적인 정보를 파악해야 합니다. 이 과정은 환자를 이해하는 데 있어 도움이 되고, 정신장애의 원인과 맥락에 대한 이유를 밝히며, 확장시키는 자료로 사용될 수 있습니다. 그중 일부는 질병의 원인이나 치료에 직접적인 관련이 있을 수 있습니다. 여러분의 환자는 평생 이와 같은 경험을 축적해 왔기 때문에 이용 가능한 정보의 양과 종류는 무궁무진할 것입니다. 면담의 목적과 할애할 수 있는 시간에 따라 여러분이 무엇을 파악할 수 있을지가 결정될 것입니다.

환자의 자전적 정보를 수집하는 동안, 정보의 타당성을 확보하기 위해 건전하고 현명한 회의론적 태도를 유지하시길 바랍니다. 인간의 기억은 잘못될 수 있고, 특히 기억하고 있는 정보에 개인적 관심이 강할 경우 오기억될 가능성이 큽니다. 반면, 출생, 사망 및 결혼과 같은 주요 역사적 사건과 현재 질병의 병력을 구성하는 최근의 사건은 정확하게 회상할 가능성이 더 큽니다.

한편, 특히 일부 내용에서는 기억의 왜곡이 있을 수 있습니다. 어린 시절의 사건들, 대인관계 문제, 간접적으로 경험된 내용 그리고 해석이 필요한 모든 사건에서는 그럴 수 있습니다. 면담을 통해 파악한 모든 자료는 여러분의 내부 기준점을 토대로 유효성을 지속적으로 평가해야 합니다("이 이야기가 그럴 것 같습니까? 가능할 것 같습니까?"). 가능하면 이전 병력, 친척 및 친구와의 면담과 같은 외부 자료를 통해 정확성을 확인해야 합니다(제15장 참조).

그런데 저는 여러분이 이 모든 자료를 한 번의 면담을 통해 모을 수 없다는 것을 알고 있으며 나중에 정보가 보충되는 그것은 임상에서 기정적인 사실입니다.

이 장과 후속 장에서는 어떤 내용에 대한 몇 가지 가능한 해석을 고딕체를 사용하여 알려 줄 것입니다.

# 유년기와 청소년기

## 가족의 기원

가족의 기원을 파악하는 논리적인 시작점은 환자의 출생부터입니다. 환자는 어떤 도시/주/국가에서 태어났습니까? 외동이었습니까? 형제자매가 있다면 순위가 어떻게 됩니까?(첫째, 둘째, 중간, 막내 또는 외동) 환자가 형제들과 얼마나 잘 어울렸습니까? 한 형제가 다른 형제보다 더 관심을 받지는 않았습니까? 형제/자매 관계에서, 상대적으로 나이가 많을 경우 아이들은 어릴 때 더 많은 관심을 받는 경향이 있습니다. 반면, 중간에 위치한 아이들은 상대적으로 방치될 가능성이 있습니다. 막내들은 아기처럼 행동하거나 버릇이 없을 수 있습니다. 출생 시 또는 직후에 발병하는 유전적 질환(예: 다운 증후군)은 형제자매 중 늦게 태어난 자녀에게서 발생하는 경향이 있습니다.

환자가 쌍둥이 중 1명이라면 일란성 쌍둥이입니까, 아니면 이란성 쌍둥이입니까? 일란성 쌍둥이는 동일한 유전자를 물려받습니다. 이란성 쌍둥이는 쌍둥이가 아닌 형제자매보다 유전적으로 더 유사하지 않습니다. 조현병, 양극성 장애 등의 일부 정신장애는 환자가 이와 같은 정신장애를 가진 사람의 일란성 쌍둥이일 경우 발병될 가능성이 훨씬 더 큽니다.

환자가 어렸을 때 부모님으로부터 원하는 아이라고 느꼈습니까? 부모와의 관계는 얼마나 친밀했습니까? 청소년기에 부모와의 관계 변화가 있었습니까? 부모 모두 환자를 양육했습니까? 그렇지 않았다면 부모 중 1명이 죽었습니까? 이혼? 병역(군복무)? 감옥과 관련된 문제가 있었습니까? 부모(특히 아버지)의 부재는 반사회적 성격 장애와 관련이 있습니다. 일부 연구에서는 부모의 조기 사망이 성인기에 발병하는 우울증과 관련이 있다고 여겨집니다.

가끔 환자가 "저는 아버지를 몰랐어요."라고 말할지도 모릅니다. 이럴 경우 부모님이 결혼했는지 부드럽게 물어보십시오("……가 가능합니까?"라는 형식으로 질문을 하면 상당히 부드럽게 질문할 수 있습니다). 심지어 우리는 과거보다 개방적인 시대에 태어났음에도, '혼외'로 태어난 것은 어떤 사람에게는 평생 불쾌감과 당혹감을 유발하는 원천이 되기도 합니다.

환자 가족의 기원에서 정확한 본질이 무엇이든 간에 여러분은 부모(또는 대리인)가 어떤 관계를 맺어 왔는지를 파악해야 합니다. 부모는 서로 잘 소통했습니까? 애정표현은 잘했습니까? 자주 다투고 싸웠습니까? 1명이 다른 사람을 육체적으로 학대했습니까? 환자가 성장하는 동안 부모님의 관계는 가정의 정서에 어떤 영향을 미쳤습니까? 사람들은 종종 자신이 어린 시절에 관찰한 내용을 '기준'으로 성인 관계를 모델링합니다. 반면, 어떤 사람은 행동이 바람직하지 않거나, 매력적이지 않은 것으로 인식되는 부모와 다르게 살기 위해 행동하기도 합니다.

만약 환자가 입양되었다면 몇 살 때 입양되었습니까? 생물학적 부모 또는 입양으로 이르게 된 상황에 대해 알 수 있는 것이 있습니까? 입양은 가족 내(즉, 양부모가 환자의 혈족인 경우)에서 이루어졌습니까, 아니면 가족 외에서 이루어졌습니까? 입양된 많은 사람 중 특히 청소년과 젊은 성인의 경우, 자신은 생물학적 부모를 모르기 때문에 불완전하다고 느낍니다. 이로 인해 일부 입양아는 자신을 포기한 부모를 만나기 위해 험난한 여정을 떠날 수 있습니다(경우에 따라서는 만날 수 있습니다).

## 성장

환자가 태어났을 때 부모의 나이는 몇 살이었습니까? 부모가 책임감 있는 보살핌을 제공할 만큼 충분히 성숙했습니까? 맞벌이 가정이었습니까? 부모의 직업은 무엇이었습니까? 그들은 좋은 부양자였습니까? 아이들과 함께 보내기에 충분한 시간이 있었습니까? 어떤 종류의 처벌을 사용하였습니까? 혹시 가혹하고, 단호하거나, 무관심하거나, 일관성이 없지 않았습니까?

부모 중 한 사람이 오랜 기간 동안 집을 비우고 없었다면 그 이유를 알아보십시오 (질병? 집에서 멀리 떨어진 직장? 교도소? 부모는 직업 군인이었습니까?). 환자의 가족은 한 지역에서 살았습니까, 아니면 자주 이사하였습니까? 그 가족이 정말로 어딘가에 뿌리를 내린 적은 있었습니까?

형제, 조부모 또는 가까운 친척의 죽음과 같은 다른 상실이 있었습니까?

취미, 동아리 및 다른 관심사가 무엇인지를 알아보십시오. 환자가 사교적이었습니까? 외로운 사람이었습니까? 대부분 조현병을 앓고 있는 사람들은 삶에서 고립되거나 외로움을 겪습니다.

어린 시절의 환경과 그 환경 속에서 환자의 전반적인 상황을 파악하도록 노력해야 합니다. 이와 같은 광범위한 내용을 파악할 수 있는 몇 가지 질문은 다음과 같습니다.

"어릴 적에 대해 좀 말씀해 주시겠어요?"

"그때 당신의 삶은 어땠나요?"

"형제와는 어떻게 지냈어요?"

"소꿉친구는 누구였나요?"

"또래 친구들과는 다르다는 느낌을 받았나요?"

"여가를 어떻게 보내셨나요?"

"스카우트나 Y 같은 단체에 속해 있었나요?"

"단체 스포츠에 참여했나요?"

"가족들과 휴가를 어디로 갔습니까?"

"가족들은 반려동물을 길렀나요?"

"당신은 집안일이나 다른 임무들을 했나요? (책임이 있었나요?)"

"여름방학이나 방과 후에는 어떤 일을 했나요?"

"자라서 뭐가 되고 싶었나요?"

"누구와 동일시했습니까?"

"가정에서 성교육을 받았나요?"

"성관계에 대한 부모님의 태도는 어땠나요?"

"언제부터 연애에 관심을 갖게 되었나요?"

## 학대에 대한 질문

유년기 시절 많은 환자는 삶과 성격에 큰 영향을 줄 수 있는 신체적인 학대를 경험하였고 이 정보는 얻기 어려울 수 있습니다. 때로는 환자들 자신이 유년기 시절에 학대당했다는 것을 스스로 인식하지 못할 수도 있습니다. 그럼에도 불구하고 여러분은 환자가 유년기 시절에 학대 사건을 경험했는지를 알아보기 위해 노력해야 다음과 같은 민감한 주제를 점진적으로 파악할 수 있습니다.

> "부모님이 얼마나 잘해 주셨다고 느끼셨나요?"
>
> "부모님은 어떤 훈육법을 사용했나요?"
>
> "어렸을 때 학대를 당했다는 느낌을 받은 적이 있나요?"

학대를 받았다고 답변을 한다면 신중하면서도 철저하게 내용을 파악해야 합니다. 여러분은 다음과 같은 정보 영역을 파악하도록 해야 할 것입니다.

> "이런 학대가 얼마나 자주 있었나요?"
>
> "누가 학대를 했나요? 부모님 두 분 다 학대하였나요?"
>
> "부모님 중 1명이 아이를 보호하려 했다면 누구였을까요?"
>
> "학대는 어떤 형태로 이루어졌나요? (만약 그렇다면 무엇으로요?)"
>
> "얼마나 자주 그런 일이 일어났나요?"
>
> "화가 난 이유가 있었다면 무엇이었을까요?"
>
> "그 당시 환자는 이런 학대가 당연하다고 느꼈나요? 지금은 어떤가요?"
>
> "이러한 경험이 어린 시절 환자에게 어떤 영향을 미쳤나요?"
>
> "성인으로서, 환자는 지금 이러한 경험에 대해 어떻게 생각하나요?"

여러분은 성적 학대에 대해서도 물어볼 필요가 있을 것입니다. 우리는 그 문제를 제9장에서 다루도록 하겠습니다.

## 소아 건강

일반적으로 성인 환자의 경우, 초기 발달 단계(예: 아이가 앉고, 서고, 걷고, 말하고, 문장을 말하는 것을 배우는 나이) 문제를 탐색할 가치가 없을 것입니다. 환자가 알고 있는 자신의 발달 단계는 아마도 가족 신화(가족들의 근거 없는 믿음)로 전해져 왜곡되었을 가능성이 높습니다(모유 수유 또는 대변 훈련을 기억하는 사람이 누가 있을까요?). 그러나 지적 장애 또는 기타 발달 장애(예: 특정 학습 장애)가 의심되는 경우, 이러한 발달 단계는 정보 제공자와 함께 깊이 있는 탐색이 필요한 중요한 내용입니다.

전반적인 유년기 시절의 건강 상태를 파악하도록 노력하십시오. 건강상의 이유로 입원, 수술, 잦은 병원 내원, 또는 학교에서의 장기 결석이 있었습니까? 가족들은 어떻게 질병에 대처했습니까?(과잉보호하였는지? 방치하였는지?) 환자가 병약한 아이였다면 부모와 다른 친척이 많은 관심을 가지고 질병 행동에 대한 '보상'을 주었습니까? 질병에 대한 과잉보호 또는 보상은 DSM-5의 신체 증상 및 관련 장애(DSM-IV 신체형 장애)라고 부르는 것에 선행될 수 있습니다.

특히 5~10세경 환자의 기질과 활동 수준은 어땠습니까? 이 아이는 조용하고 내성적이었습니까, 아니면 외향적이고 우호적(친절한)이었습니까? 기질적 특성은 생후 처음 몇 개월 동안 나타나고, 어린 시절부터 심지어 성인기까지 지속되는 경향이 있습니다. 이것들은 성인기에 발병한 정신장애와 상관관계가 있을 수도 있습니다.

여러분의 환자는 흔하게 다음 문제를 보고하였습니까?

- 소아 야뇨증
- 틱
- 말더듬
- 비만
- 악몽
- 공포증들

그렇다면 어떤 치료를 시도했습니까? 그때 치료는 도움이 되었습니까? 이러한 문제는 형제 또는 자매나 교우 관계에서 어떤 영향을 미쳤을까요? 이러한 것 중 어느 것에 문제가 있었다면 어린 시절의 환자는 스트레스를 경험한 것이 암시됩니다. 최근 몇 년 동안 비만은 점진적으로 증가하고 있는 추세이기 때문에 다소 예전보다 쉽게 수용될 수도 있겠지만, 여전히 비만은 어린 시절 괴롭힘의 잠재적 원인이기도 합니다.

자위행위에 대한 우려가 있었습니까? 사춘기는 몇 살부터 시작되었습니까? 환자가 여성이라면 월경에 대해 준비하고 있었습니까? 그렇다면 누가 그녀에게 말했습니까? 몇 살 때 월경이 시작되었습니까? 그녀는 유방 발달에 대해 걱정하거나 놀림받은 적이 있습니까? 남녀노소, 10대들은 주목받는 것에 대해 민감할 수 있습니다. 발달지연(또는 가속)으로 환자는 다소 당황했을 수 있습니다.

첫 연애는 언제 했습니까? 어떤 감정이 이 일과 관련이 있었습니까? 다시 한번 말하지만, 성과 관련된 내용에 대해서는 제9장에서 다룰 것입니다.

## 교육

환자는 학업성취 수준이 얼마나 좋았고, 마지막 성적은 어땠습니까? 여러분의 환자는 학교를 좋아했습니까? 학업에 어려움이 있었다면 어떤 과목이 가장 큰 문제를 일으켰습니까? 읽기 능력(난독증)에는 특별한 문제가 없었습니까? 다른 과목에서는 어땠습니까? 학교에서 행동 문제가 있었습니까? 무단결석이 있었습니까? 그 결과는 무엇이었습니까?(학교장과 면담하였습니까? 벌을 받았습니까? 정학 또는 퇴학?)

환자가 재시험을 치르거나 학업에 집중하는 데 어려움이 있었습니까? 주의 집중력의 저하와 낮은 학업성취 결과 수준은 주의력결핍 과잉행동장애(ADHD)를 암시할 수 있습니다. 이러한 환자(특히 소년) 중 일부는 유년기 시절부터 두드러지게 과민반응을 보였을 것이고, 심지어 일찍 걷는 법을 배웠을 수도 있습니다.

여러분의 환자가 오랜 시간 학교를 결석한 적이 있습니까? 그렇다면 왜 그랬습니까? 등교 거부를 한 적이 있습니까? 그 일은 환자가 몇 살 때 발생한 일입니까? 등교 거부(과거 '학교 공포증'이라고 잘못 불린 적이 있습니다)는 어린아이들에게 상당히 흔하며 이후에 필연적으로 장애로 이어지지 않습니다.

고등학교를 졸업하기 전 환자가 학교를 그만뒀다면 그 이유는 무엇입니까? 그때 환자는 무엇을 했습니까? 일? 군 입대? 여러분은 환자가 검정고시를 시도하였는지 혹은 검정고시에 합격하였는지 여부도 확인을 해야 합니다(동등 학위 졸업장 또는 교육과정을 나타낼 수도 있습니다).

마지막으로, 여러분의 환자는 몇 살 때부터 부모나 타인에게 의존하지 않고 독립적인 생활을 하게 되었습니까?

# 성인으로서의 삶

## 취업 이력

취업 이력은 다른 정보에 비해 상대적으로 객관적이며, 환자의 근본적인 잠재 능력과 질병이 최근 수행에 미치는 영향을 판단하는 것에 도움이 됩니다. 취업 이력은 개인력보다 왜곡이 덜하지만, 어쩌면 더 난처한 부분에 해당할 수 있습니다. 그러므로 여러분은 환자의 취업 이력에 대한 세부 사항을 탐색하는 데 약간의 시간을 사용하셔야 합니다.

현재 환자의 직업은 무엇입니까? 이 일은 활력을 주고, 일을 통해 만족감을 느낍니까? 초기 목표(야망)와 어떻게 일치합니까? 현재 고용주와 얼마나 일했습니까? 환자가 실직 상태였다면, 왜 그리고 얼마나 오랜 시간 실직 상태였습니까? 환자가 잠깐 고용된 경우, 지난 5년 동안 몇 개의 일자리에서 일했습니까? 각각의 이직은 더 나은 일을 위함이었습니까? 일하는 데 얼마나 많은 시간이 걸립니까? 우리는 그 밖에 직업 간의 차이, 취업 목표의 변화 또는 승진의 탈락 여부를 탐색해야 합니다.

만약 환자가 직장에서 해고된 적이 있다면 어떤 상황이었습니까? 만약 환자가 지금 실직 상태라면 그 이유는 무엇입니까? 환자가 마지막으로 정기적으로 일한 게 언제입니까? 환자가 실직 상태라면 현재 생활을 영위하는 방법은 무엇입니까? 반사회적 성격 장애를 가진 환자들은 종종 짧은 기간 동안 여러 직업을 가졌습니다. 만성 조현병 환자들 사이에서는 직업이 없거나 오랜 세월 동안 아무런 일도 가지지 못한 것이 일반적입니다.

여러분이 취업을 물어보는 동안, 성인기 때의 여가 활동에 대해 알아보시길 바랍니다. 환자는 취미가 있습니까? 동아리나 다른 단체에 소속되어 있습니까? 성인이 되어서도 교육을 계속하기 위한 노력이 있었습니까? 재능은 어떻습니까? 자세히 알기 위해 다음과 같이 질문할 수 있습니다.

> "당신은 무엇을 잘하고 있다고 생각하세요?"

## 군 경력

환자가 군대에서 복무했습니까? (남성과 여성 환자 각자에게 이 질문을 하십시오.) 대답이 "예."인 경우 다음과 같이 질문하십시오.

> "언제 군 복무를 했나요?"
>
> "자원 입대였나요, 아니면 징집된 건가요?"
>
> "얼마나 복무했습니까?"
>
> "군대에서 무슨 일을 했습니까?"
>
> "전역 전까지 가장 높았던 계급은 무엇이었나요?"
>
> "징계 문제가 있었나요?" (군법 재판. 군법 제15조, 함장이 판결 내리는 법정. 하급 징계 청문회 등이 여기에 해당합니다.)
>
> "어떤 식으로 제대했나요?" (명예롭게 했나요? 일반적인 방식이었나요? 불명예스러웠나요? 의가사 제대였나요?)
>
> "전쟁 경험이 있었나요? / 만약 그렇다면 얼마나 오랜 기간 경험했나요? 당신의 역할은 무엇이었나요?"
>
> "부상을 당한 적이 있었나요?"
>
> "장애로 치료받은 적이 있나요?" (상처 또는 비전투 관련 사고 또는 질병 때문일 수 있습니다.)
>
> "전쟁에서 포로였던 적이 있나요?"
>
> "과거의 경험을 반추하는 경향이 있나요, 아니면 나쁜 꿈이나 특별한 사건에만 반응을 보이는 편인가요?"

전투(또는 심각한 서비스 관련 외상) 후에도 지속되거나 재발하고 있는 증상은 PTSD임을 시사하는 것입니다. 이 상태는 베트남전 참전 용사 중 10% 이상에서 보고되었으며, 이라크와 아프가니스탄의 귀국자들 사이에서 많은 수의 사람들이 PTSD 증상을 보입니다. 또한 자동차 사고나 자연재해와 같은 민간인 재해가 발생한 후에도 생길 수 있습니다.

## 법적 기록

법적 문제 사항을 물어보시길 바랍니다. 여기에는 보험 또는 장애에 대한 소송(특히 만성 질환, 부상 또는 통증), 퇴거 및 이웃과의 불화 등이 포함될 수 있고 분쟁 기간에는 많은 논쟁이 발생할 가능성이 있습니다. 법적 기록은 양극성 장애 및 물질 오남용과 같은 질병뿐만 아니라 성격 장애에 대한 단서가 될 수 있습니다.

환자가 체포된 적이 있습니까? 만약 그렇다면 몇 살 때입니까? 어떤 상황이었습니까? 이런 일이 몇 번이나 일어났습니까? 결과는 어땠습니까?(유죄였나요? 보호관찰이었나요? 수감 생활을 했나요?) 수감 생활은 구치소에서 했습니까 혹은 교도소에서 했습니까? 얼마나 복역했습니까?

청소년기에 걸쳐 성인기까지 불법 행위가 끊이지 않았습니까? 그렇다면 이러한 범죄 행위는 항상 약물 사용 후에 이루어졌습니까, 아니면 약물을 사용하지 않은 상태에서 일어났습니까? 환자에게 입건되지 않은 또 다른 불법 행위가 있었습니까? 특히 아동과 청소년에게 비교적 흔히 발생하는 가게에서 물건 훔치는 것을 구체적으로 물어보는 것이 가치 있을 것입니다. 반사회적 성격 장애는 적어도 10대에서(그리고 종종 훨씬 더 일찍부터) 불법 행위가 지속적으로 이어집니다. 부분적으로 반사회적 성격 장애는 예후가 좋지 않을 수 있습니다. 약물이나 알코올 사용의 영향으로 불법 행위가 이어진 환자에게는 반사회적 성격 장애를 진단하지 말아야 합니다.

## 종교

만약 환자가 종교가 있다면 어떤 종교를 믿습니까? 현재의 종교는 어린 시절의 종교와 다릅니까? 얼마나 자주 종교 행사에 참석하고 있습니까? 종교(또는 영성)가 환자의 삶에 어떤 영향을 주고 있습니까? 여러 가지 이유로 임상가들은 환자의 영적 믿음과 신에 대한 믿음을 파악하려고 합니다. 이러한 부분은 환자의 정신적 버팀목과 편안함을 제공하는 원천에 대한 단서로 규정될 수 있으며, 환자의 가치와 윤리 체계를 살펴볼 수 있습니다. 이것은 또한 부모와의 단절이 어느 정도 있었는지, 그리고 핵가족 외 지역사회 공동체로부터의 지원 가능성이 어느 정도인지를 파악할 수 있습니다. 실제적인 수준에서, 환자의 가치에 관심을 보이는 것만으로도 라포를 향상시킬 수 있습니다.

## 현재 생활 상황

여러분의 환자는 지금 어디에 살고 있습니까?(집? 아파트? 이동 주택? 셋방? 임대시설 또는 요양시설? 노숙?) 그 동네는 어떻습니까?

환자는 혼자 살고 있습니까, 아니면 다른 누군가와 함께 살고 있습니까? 후자라면 누구와 함께 지내고 있습니까? 환자가 자기관리를 얼마나 잘하고 있습니까? 만약 환자가 길거리에서 배회하였다면 환자로부터 자세한 내용을 파악하지 못할 것입니다. 이럴 경우에 정보 제공자를 통해 세부 사항을 파악할 필요성이 있습니다. 배회하는 모습은 신경인지 장애 환자에게서 흔히 발견됩니다.

환자가 말하는 것을 들어 보고 여러분은 가정의 분위기나 가풍을 알 수 있습니까? 그곳에 살았던 사람들은 충분한 사생활이 보장되었습니까? 거기에는 반려동물이 있었습니까? 전화, 우편 서비스, 이메일 등 충분한 통신 수단이 있었습니까? 환자가 어떤 교통수단을 이용하였습니까? 버스? 기차? 도보?

환자는 노숙해 본 적이 있습니까? 만약 그렇다면 얼마나 오랜 시간 했습니까? 어떤 상황이었습니까?

환자의 재정 상황은 어떻습니까? 수입원은 무엇입니까? 안정적입니까? 일자리, 장애 수당, 사회보장, 연금, 위자료 및 투자를 포함하여 모두 물어보십시오. 다음과 같이 질문하십시오.

> "당신에게 돈이 문제가 된 적이 있습니까?"

## 사회적 관계

다음과 같은 질문을 통해 사회적 관계의 질을 평가할 수 있습니다.

> "가족 중 누구와 가장 친하다고 느껴지나요?"
> "가장 친한 친구는 누구인가요?"
> "이 사람들을 얼마나 자주 만나나요?"

환자가 부모, 다른 친척 또는 친구와 같은 다른 사람을 돌볼 책임이 있다면, 이러한 의무에 대한 감정을 이끌어 내도록 노력하시길 바랍니다. 이 책임은 얼마나 잘 수행되고 있습니까?

여러분의 환자는 얼마나 많은 사회적 지원을 받고 있습니까? 개인 연락처가 있습니까, 아니면 주로 전자 소셜 네트워크를 통해 지원이 제공됩니까? 가족, 친구, 직장 동료들과의 관계의 질에 대해 알아보도록 하십시오. 모임이나 지원 단체에 회원으로 등록되어 있습니까? 정부나 민간 기관이 도와준 적이 있습니까? '노인 및 환자의 집으로 가는 식사 배달 서비스'와 같은 가정식 서비스를 받은 적이 있습니까? 만약 다 큰 아이들이 있다면 환자와 얼마나 친밀합니까?

환자는 혼자 또는 다른 사람과 함께 여가 활동을 추구합니까?

## 결혼 여부

연인이 결혼하지 않고 동거하게 되는 것은 흔한 일이 되었고 저는 성별이나 법적 상황과 관계없이 두 사람 사이의 친밀한 관계를 설명하기 위해 **배우자와 파트너**라는 용어를 사용할 것입니다.

먼저 다음과 같은 질문을 할 수 있습니다.

> "배우자에 대해 말해 주세요." (환자에게서 들은 것과 여러분이 관찰한 것이 얼마나 일치하나요?)
>
> "당신의 관계에서 장점은 무엇이라고 생각합니까?" (모든 개방형 질문과 마찬가지로, 이 질문은 중요해 보이는 모든 사항을 논의할 수 있게 충분한 범위를 제공합니다. 이에 따른 보고는 호의적이든 아니든 관계의 전반적인 상태를 나타낼 수 있습니다.)

다음은 파악해야 할 구체적인 몇 가지 정보 항목입니다.

> "환자는 현재 결혼했습니까?"
>
> "현재 환자는 배우자와 함께 살고 있습니까?"

"사실혼이나 다른 장기적인 교제가 있었나요?"

"환자와 배우자의 나이 차이는 어떻게 됩니까?"

"그들과 얼마나 함께 지냈나요?"

"만약 그들이 결혼했다면, 결혼 전에는 얼마나 알고 지냈나요?"

"각 파트너는 몇 번의 결혼을 했습니까?"

"만약 이전에 결혼하였다면, 환자는 당시 몇 살이었나요?"

"왜 이전의 결혼이나 다른 장기적인 관계가 끝났나요?"

"정서적인 문제가 현재의 관계에 어떤 영향을 미쳤나요?"

"파트너는 병이나 장애가 있는 기간 동안 환자를 얼마나 잘 돌보아 주었나요?"

"환자가 이혼했다면, 이별의 상황은 무엇이었나요? 누가 이별을 제안했나요? 어떤 상황에서인가요? 이전 배우자들과 여전히 관계를 유지하나요? 그렇다면 얼마나 우호적입니까?"

　돈, 성관계, 자녀 및 친척과 같은 문제는 결혼 분쟁의 원인으로 작용하여 가족 사이에 큰 불화로 발전할 수 있습니다. 정신장애에 대한 부담감은 드물게 다양한 논쟁, 싸움, 불륜, 별거 및 이혼을 일으킬 수 있습니다. 환자의 결혼 또는 다른 사람과의 애정 관계를 탐색함으로써 많은 정보를 얻을 수 있습니다. 다음은 어떤 관계에서도 갈등을 일으키는 일상적인 문제를 파악하기 위해 유도하는 몇 가지 질문입니다.

"당신과 당신의 배우자는 얼마나 의사소통을 잘하나요?" (어떤 커플들은 거의 진지한 토론을 하지 않습니다. 성공적인 부부는 그들의 불만, 선호도 그리고 생각을 표현하는 시간을 갖습니다.)

"두 분은 서로를 가장 친한 친구로 생각합니까?"

"어떻게 논쟁하십니까?" (오래된 문제들이 끊임없이 제기되나요, 아니면 잠재우나요? 나중에 후회할 말을 파트너에게 하나요?)

"무슨 일로 다투는 거죠?"

　자녀가 있는 경우 다음을 확인해야 합니다.

"매 결혼마다 몇 명의 아이가 있었나요?"

"의붓자식들이 있나요?"

"그 아이들은 모두 몇 살이고 성별은 무엇입니까?"

"결혼을 앞두고 임신한 아이가 있나요?"

"아이들과 환자의 관계는 어떻습니까?"

"환자와 배우자는 보육에 대한 책임을 분담하는 것에 동의합니까?"

성적 적응과 성 선호에 대한 질문은 논리적으로 여기에 해당하지만, 이것들은 이 장에서 다루는 것이 어려울 수 있으므로 민감한 주제를 다루는 장인 제9장에서 다루겠습니다.

## 취미와 관심

자, 환자의 취미와 관심사로 조현병이나 양극성 장애의 진단을 내리지는 않을 것입니다. 그러나 여전히 여러분은 환자가 여가 시간을 어떻게 보내는지 알고 싶을 것입니다(많은 사람이 여유 시간을 가지게 되면 여가 시간을 보내고 싶어 합니다). 취미(예: 혼자서 즐길 수 있는 스탬프 수집 또는 사진 촬영, 조류 관찰과 같은 야외 활동) 및 관심사(TV, 영화, 독서, 쇼핑)에서 추론할 수 있는 것은 무엇입니까? 성인의 약 5%가 자신을 강박적인 쇼퍼(쇼핑객)로 생각합니다. 이와 같은 문제는 우울증, 도박 또는 폭식과 같은 다른 병리적인 문제로 이어질 수 있습니다. 댄스, 테니스, 골프와 같은 스포츠 활동에 참여합니까, 아니면 주로 관람석(또는 홈 시어터 소파)에서 보는 활동을 즐깁니까? 여가 관심사의 유형이나 강도 또는 이러한 관심사를 추구하면서 관심을 집중시키는 환자의 능력에 최근 변화가 있었습니까? 그렇다면 그 이유는 무엇입니까?

## 병력

비록 여러분이 의사가 아니더라도 병력을 간과하지 마십시오. 실무자들은 진단,

치료 및 예후에 실질적인 영향을 미치는 체계적 문진과 이 주제에 대한 모든 내용을 알고 있어야 합니다. 예를 들어, 2007년에 발표된 한 연구에서는 정신장애인들이 일반인들보다 평균 25년 일찍 사망함을 밝혀냈습니다. 사망은 자살(주요 원인이지만)에서 비롯될 뿐만 아니라 심장 및 폐 질환, 당뇨병, HIV/AIDS를 포함한 전염병 등의 질환에서 발생합니다. 대부분 치료가 가능하지만, 우선 그것들의 문제를 파악하는 것이 중요합니다. 게다가 정신장애의 몇몇 증상은 실제로 갑상선 문제나 라임병처럼 치료 가능한 상태일 수 있습니다. 이 두 장에서 다루어야 할 문제는 우리가 이미 논의한 그 어떤 분야보다 어렵지 않을 것입니다.

환자가 이전에 큰 질환을 앓은 적이 있습니까? 그렇다면 그 질환은 무엇입니까? 입원하였습니까? 수술했습니까? 그렇다면 결과는 무엇이었습니까? 언제 그런 일이 일어났습니까? 환자는 수혈을 받은 적이 있습니까? 그렇다면 이 환자가 HIV에 걸릴 위험이 있습니까? 어린 시절에 심각한 질병을 앓았거나 수술한 경우, 그 당시 환자는 수술을 어떻게 인식했습니까? 꽃가루, 먼지 또는 동물에 대한 알레르기는 어떻습니까?

이 병력을 검토하는 동안 환자가 의사 및 기타 치료사의 권장사항을 얼마나 잘 준수하였는지를 확인할 수 있습니다. 많은 환자 중 특히 여러분을 잘 모르는 환자는 자신이 치료에 불충분하게 순응하였는지를 인정하는 데 어려움을 겪습니다(여담이지만, 우리는 이것을 **치료 준수**라고 부를 것입니다). 그러한 경우 다음과 같이 물어보십시오.

> "의사의 조언을 따르는 게 항상 쉬웠나요?"
> "언제부터 어려움을 겪었습니까?"

제16장 및 제17장에서는 문제 행동을 보이는 환자를 다루는 방법에 대해 더 많은 조언을 찾을 수 있습니다.

명백해 보이는 신체적 문제를 질문하십시오. 말을 더듬거나, 안대를 하거나, 팔다리가 없거나, 심하게 절뚝거리는 것과 같은 민감한 내용일지라도 무엇이든 물어볼 수 있으니 질문하는 것에 대해 두려워하지 마십시오. 이들 중 어떠한 것은 현재의 문제와 관련성이 있을 수 있습니다. 그것에 의해 어린 시절에는 놀림 당할 수 있습니다. 비록 신체적 결함이 현재 정서적 문제를 일으키지 않을지라도 과거에는 영향을 끼쳤을 수도 있습니다. 여러분은 환자에게 다음과 같이 말할 수 있습니다.

> "우리가 말하는 동안 한두 번 말을 더듬는 것 같았어요. 당신이 어렸을 때 그것이 어떤 문제를 일으켰는지 궁금합니다."
>
> "아이들은 태어날 때부터 있는 반점에 대해 상당히 괴로워할 수 있습니다. 당신의 반점과 관련된 내용이 있다면 말씀해 주시겠습니까?"

향후 여러분이 치료해야 하는 환자라면, 현재 진행되고 있는 치료의 경과를 설명해 줄 수 있는 의료 서비스 제공자의 이름을 파악하십시오.

## 약

여러분은 이미 현 병력을 다루는 장에서 정서 장애에 처방된 약에 대해 파악하였습니다. 이제 환자가 다른 약을 정기적으로 복용하는지 질문해야 합니다. 이 정보는 현재 문제가 특히 우울, 정신병 또는 불안을 포함할 때 중요한 요소로 작용할 수 있습니다. 이 중 어떤 것은 일반적으로 처방된 약물에 의해 발생하거나 악화될 수 있습니다. 특히 피임약, 다른 호르몬제(갑상선 또는 스테로이드제 등), 진통제, 혈압약에 주의하십시오. 각각의 약물에 대한 복용량과 빈도, 복용 기간을 파악하시길 바랍니다. 최근 환자가 다른 약의 복용을 중단한 적이 있습니까? 물론 여러분은 탐색 중인 증상이 금단 증상이나 부작용으로 설명될 수 있는지 궁금하실 겁니다. 계속 읽어 보시길 바랍니다.

### 약물 부작용

부작용(원치 않는 영향)이나 약물 반응이 있었습니까? 이 주제는 초보 임상가에게는 종종 무시되지만, 치료 선택에 영향을 줄 수 있습니다. 부작용이나 약물 반응에 대한 정보를 얻으시길 바랍니다.

> "어떤 부작용이 있었나요?"
> "처음 복용한 지 얼마나 됐나요?"
> "치료가 필요했습니까?"

만약 환자가 그 약을 다시 복용했을 때 똑같은 반응을 보였습니까? 환자들은 두 가지 사건이 우연의 일치로 발생할 때 약물이 신체적 또는 정신적 증상을 일으켰다고 생각할 수 있습니다. 원인과 효과의 문제는 약물을 다시 복용할 경우 때때로 해결되며, 증상이 다시 나타나거나 나타나지 않을 수도 있습니다.

술파제(술폰아미드계의 합성약으로 세균성 질환에 특히 효과가 있습니다) 또는 페니실린이 발진을 유발한다는 불만을 들을 가능성이 가장 높지만 향정신병 약에 대한 비효과적인 반응을 파악하는 것이 더 중요합니다. 이 약물에 대한 알레르기는 드물지만 부작용은 빈번히 나타납니다. 다음은 일반적인 몇 가지 사항입니다.

- 항우울제: 졸음, 구강 건조, 피부 발진, 현기증, 메스꺼움, 체중 증가, 시력 저하, 변비
- 항불안제: 졸음, 현기증, 건망증/혼란
- 리튬: 피부 발진, 떨림, 과도한 배뇨, 갈증
- 항정신병: 저혈압, 추체외로 부작용

추체외로 부작용은, 특히 고령에서 항정신병 약물 복용으로 발생할 수 있는 신경학적 증상입니다. 다음의 네 가지 유형의 증상으로 주로 나타나기 때문에 이러한 증상을 가진 환자들을 마주칠 때가 많을 것입니다. 처음 세 가지는 투약을 시작한 직후에 발생하며, 트리헥시페니딜(trihexyphenidyl, Arane) 또는 디펜히드라민(diphenhydramine, Benadryl)과 같은 항파킨슨병 약물로 치료할 수 있습니다.

① 급성 근긴장이상증(acute dystonia)은 일부 항정신병 약물의 첫 번째 투여 후 몇

시간 이내에 발생합니다. 고개가 옆으로 돌아가고, 날카롭고 쥐어짜는 듯한 통증을 특징으로 합니다. 때로는 안구가 위쪽으로 몰리기도 합니다. 이 부작용은 고통스럽고 놀랄 수도 있으며, 실제로는 응급상황으로 이어질 수도 있습니다.

② **정좌 불능증**(akathisia)은 보통 고령의 환자에게서 나타나며, 항정신병 약물 중 하나를 이용하여 치료를 시작한 지 며칠 이내에 발생합니다. 환자들은 극심하게 안절부절못하며, 종종 가만히 앉아 있지 못하고 서성거리기도 합니다.

③ **가성 파킨슨병**(pseudoparkinsonism)도 투약 직후에 발생합니다. 환자는 가면얼굴(가면 같은 얼굴)을 보이며, 움직임이 저하되고, 짧고 뒤뚱거리는 걸음걸이로 걷는 경향이 있으며, 환자가 무릎 위에 손을 올리고 편안하게 이완되어 쉬고 있을 때조차도 손을 이리저리 떨고 있습니다. 이 떨림은 과거에 약제사들이 환약을 빚는 동작과 유사하다고 하여 **환약 말이 떨림**(pill-rolling tremor)이라는 용어가 생기게 되었습니다.

④ **지연 운동 이상증**(tardive dyskinesia)은 대개 환자가 수개월에서 수년에 걸쳐 오래된 항정신병 치료제 중 하나를 사용하기 전까지는 발생하지 않습니다. 지연 운동 이상증을 가진 사람은 일반적으로 혀, 턱, 입술의 움직임을 통제할 수 없고 지속적으로 입술을 오므리거나, 씹기 또는 핥기와 같은 움직임이 초래됩니다. 환자는 자신이 이런 일을 하고 있다는 사실을 거의 알지 못합니다. 이와 같은 문제는 쇠약해지는 장애는 아니지만 보기가 흉합니다. 지연 운동 이상증은 특별한 치료법이 없기 때문에 더 중요합니다. 항정신병 약물이 빨리 중단되지 않는 한, 이 부작용은 영구적일 수 있고 약 복용이 중단된 후에도 지속될 수 있습니다.

## 체계적 문진

체계적 문진에서 환자 자신이 인식하고 있는 증상의 목록이 무엇인지를 파악할 수 있도록 질문해야 합니다. 이 목록은 다양한 신체 기관의 증상으로 구성됩니다. 체계적 문진을 사용하는 이유는, 환자가 자발적이면서 적극적인 회상을 통해 보고하는 것보다 임상가가 질문하는 과정을 통해 식별하는 것이 더 많은 증상을 파악할 수 있기 때문입니다.

체계적 문진을 의학적으로 완벽하게 점검하는 과정은 매우 오랜 시간이 걸리며 첫 임상면담과는 특별히 관련이 없습니다. 그러나 우리는 다음 사항을 물어봐야 합니다.

- 식욕 부진(심한 우울증, 신경성 식욕 부진 및 신경성 폭식증에서 발견됩니다. 과식 또는 소식증은 어린 시절에 시작될 수 있으니 점검해 봐야 합니다)
- 습관: 우리는 종종 담배와 같은 일상적인 습관에 대해 물어보는 것을 잊기 때문에 점검해 봐야 합니다.
- 두부 손상: 자동차 사고처럼 다양한 원인으로 발생하고, 군사 작전 중 폭발사고, 반복적인 스포츠 활동을 통해 누적된 영향 등과 같은 다양한 원인으로 발생합니다. 그 결과로 발생하는 인지장애는 비교적 짧은 뇌진탕에서 손상이 큰 주요 신경인지 장애(치매)까지 다양할 수 있습니다. 그러므로 두부 손상과 관련된 사건들을 점검해 봐야 합니다.
- 무의식, 현기증 또는 과거의 실신 경험(인지장애 또는 신체화 장애를 암시할 수 있습니다)
- 경련(발작): 이것들은 생물학적 또는 심인성일 수 있습니다. 이러한 증상에 대해 질문하십시오. 의식 상실, 대소변 실수, 혀 깨물기 그리고 기운(발작이 시작될 것이라는 전조 증상에 대한 예감 또는 어떤 감각)
- 월경 전 불쾌감 장애의 증상: 월경이 시작되기 전에 지속적인 분노, 불안정한 기분, 수면 문제, 피로, 긴장, 집중 곤란 및 체중 증가와 같은 신체적 증상이 나타날 수 있습니다. 월경 전 불쾌감 장애는 무시되기 쉽습니다. 특히 남성 임상가라면 더욱 그렇습니다. 그러나 가임기 여성들 사이에서 상당히 흔하며 이것은 우울증 증상을 유발할 수 있습니다.

## 전환 증상 및 신체화 장애

이러한 다양한 목적의 질문 외에도 정신건강 임상가(실제로 모든 의료 서비스 제공자가 이러한 문제를 고려해야 합니다)들은 DSM-5에서 신체화 증상 및 관련 질환이라고 불리는 장애를 체계적 문진을 통해 진단할 수 있고, 이와 같은 장애는 현재 많은 사람에게 발병하고 있습니다. 일반적으로는 10대 또는 20대 초반에 시작되며, 이러한 만성 질환은 지난 반세기 동안 여러 엄격한 진단 기준에 의해 다양한 이름으로 불렸습니다. 부록 B의 '신체화 장애'(418~420쪽 참조)에서는 그중 하나에 대해 더 자세히 논의했습니다.

## 가족력

가족력을 파악하는 과정을 통해 ① 부모, 형제자매, 배우자(또는 중요한 다른 이들) 및 자녀에 대한 간략한 개인력을 파악할 수 있고, ② 현재와 어린 시절 환자의 가족 관계를 파악할 수 있으며, ③ 정신장애가 먼 친척을 포함하여 환자의 가족에게서 발병하였는지를 파악할 수 있습니다(가족에게서 유전되는 장애는 유전적 또는 환경 메커니즘을 통해 전염될 수 있음을 기억하십시오).

개방형 질문을 통해 환자의 현재 가족에 대한 정보를 파악할 수 있습니다.

> "[배우자, 아이들]과 어떻게 지내는지 말해 주세요."
> "부모님은 어떤 사람들이었습니까?"

이 두 가지 질문을 해석하는 데 도움이 될 만한 추가적인 질문사항이 있습니다. 하나는 환자가 생각하는 자신의 유년기 때의 가족에 대한 평가이고, 다른 하나는 성인기 때의 가족에 대한 평가입니다.

이쯤 되면 여러분은 부모의 직업과 형제자매의 연령과 같은 기본적인 내용을 이미 파악하였을 것입니다. 그러나 환자가 성인이 되었을 때 가족들과 얼마나 접촉했는지 모를 수도 있습니다. 만약 관계가 깨졌다면 그 이유를 탐색해야 합니다. 탐색에 대한 대답은 여러분에게 친척의 성격과 환자의 성격에 대해 알려 줄 수 있습니다.

어떤 종류의 정신장애가 환자의 가족에서 발병하였는지를 파악하기 위해서 여러분은 솔직하게 질문해야 합니다. 당연히 여러분은 환자의 가족 중 환자와 비슷한 증상을 보인 사람이 있는지를 알고 싶을 것입니다. 하지만 여러분이 찾고 있는 것을 명확하게 하기 위해서는 파악하고 싶은 장애와 친척을 신중하게 정의 내린 후 파악할 필요가 있을 것입니다.

> "저는 당신과 혈연관계에 있는 사람 중 신경성 질환이나 정신장애를 가진 사람이 있는지를 알고 싶습니다. '혈연관계'란 것은 부모님, 형제, 자매, 조부모님, 삼촌, 고모, 사촌, 조카 그리고 자녀들을 의미하는 것입니다. 이 사람들 중에 신경과민, 신경쇠약, 조현병, 우울증, 약물이나 알코올 의존증, 자살이나 자살 시도, 비행, 정신건강의학과 입원, 체포나 투옥과 같은 경험을 한 사람이 있습니까? 이상하거나 괴팍하다고 여겨졌던 친척이나 성격이 까다로운 친척은 없었나요?"

이 질문은 매우 길고 구체적인 내용을 탐색하기 위해 사용되었습니다. 그러므로 환자에게 생각할 시간을 충분히 제공해야 하고, 천천히 장애 목록을 탐색하면서 환자의 낙관적인 반응에 대해서는 자세히 알아봐야 할 것입니다. 예를 들어, 사촌 Louise가 조현병을 진단받았다고 해서 이것이 그녀가 조현병이라는 것은 보장하지 않습니다. 특히 친척이 진단을 잘못 이해했거나 임상의가 실수를 했을 수도 있습니다. Louise가 병에 걸렸을 때의 나이와 증상이 어땠는지 파악해 보십시오. 그녀는 어떤 치료를 받았습니까? 그녀는 어떻게 반응했습니까? 만성 질환의 최종 결과는 무엇입니까? 완치되었습니까? 또 다른 사건들이 있었습니까?

## 성격 특성 및 장애

우리는 성격에 대해 우리 자신을 인간으로 만드는 모든 정신적·감정적·행동적·사회적 측면의 조합을 정의할 수 있고, 성격이라는 용어는 종종 인격과 동의어로 사용됩니다. 성격 특성은 한 사람이 환경과 자신에 대해 인식하고 생각하는 것이며, 관계를 맺는 방식은 일생 지속되는 행동 패턴입니다. 성격 특성은 생후 첫 몇 개월부터 발견될 수 있습니다. 그 후 행동은 아주 오랜 시간에 걸쳐 형성되며 종종 나이가 들면서 더욱 뚜렷해집니다. 이러한 패턴은 친구나 연인 관계 또는 직장 상사 혹은 동료들과의 관계뿐만 아니라 일상적인 사회적 환경에도 영향을 끼칩니다.

자신의 성격 중 많은 부분은 표면 아래에 있고, 타인 혹은 개인에게도 쉽게 드러나지 않을 수 있습니다. 심리검사는 환자의 성격 측면을 밝히는 데 도움이 될 수 있지만, 아마도 이런 종류의 자료는 첫 면담에서 얻을 수 없을 것입니다. 여러분이 환자에 대해 얻게 되는 인상은 종종 다음과 같은 몇 가지 정보의 출처에 따라 달라질 것입니다.

- 환자의 자체 평가
- 정보 제공자와의 면담(제15장 참조)
- 다른 사람과의 관계, 태도 및 행동에 대한 정보
- 면접 시간 동안 관찰되는 행동

## 환자의 자체 평가

정신장애가 처음으로 발병하기 전, 환자의 성격이 어떠했는지를 파악하시길 바랍니다. 이것은 때때로 병전 성격이라고도 부릅니다. 다음과 같은 개방형 질문 중 일부는 병적 성격을 평가하는 데 도움이 될 수 있습니다.

"나에게 당신에 대해서 설명해 주세요."

이 개방형 질문에 대해 환자가 "무슨 뜻입니까?"라고 응답할 경우, 다음과 같은 몇 가지 질문을 하시길 바랍니다.

"당신은 평소에 어떤 사람입니까?" (특히 과소 혹은 과잉된 자존감을 나타내는 대답이나 이미 알고 있는 사실과 모순되는 대답에 주의하세요.)
"자신의 어떤 점이 가장 좋습니까?"
"평소 기분은 어떤가요?"
"10대 때는 어땠나요?"

특히 평생 동안 보인 명백한 행동 패턴의 증거에 주의를 기울이셔야 합니다. 이 과정에서 환자는 특정 문구를 사용하여 우리에게 도움을 줄 수 있습니다.

> "제 기억으로는, 저는 친구를 쉽게 사귀었습니다."
> "저는 발병 전까지는 '밝은 사람'이었습니다."

　방금 제시된 두 가지 예는 사람들에게 일반적으로 잘 적용되는 행동과 태도를 나타내는 내용입니다. 실제로 성격을 평가할 때 약점과 강점에 집중하는 것이 중요합니다. 예를 들어, 환자의 지능을 어떻게 설명할 수 있습니까? 이전 성공 경험? 대처 능력? 지지 체계? 취미 및 기타 관심사에 대한 정보(앞의 '취미 및 관심' 절 참조)는 추가적인 단서를 제공할 수 있습니다.

　정신병리적인 측면에 집중하여, 환자의 병전 성격을 파악하는 것을 잊으면 안 됩니다. 긍정적인 성격 특성이 우세하다는 것은 환자가 현재 질병에 의해 불편함을 덜 느끼고, 증상이 악화되는 시기에는 더 좋은 사회적 지원을 누릴 것이며, 현재의 병으로 인한 괴로움이 감소하게 되면 정신건강 상태가 회복되어 더 좋은 기회를 갖게 될 것임을 시사하는 것입니다.

　다음은 일반적으로 긍정적으로 간주되는 성격 특성 목록입니다.

- 쾌활한
- 매력 있는
- 생기 있는
- 자신 있는
- 성실한
- 신뢰할 수 있는
- 너그러운
- 독립적인
- 호기심 있는
- 개방적인
- 낙관적인
- 외향적인
- 꼼꼼한
- 편안한
- 침착한
- 믿음직스러운

　첫 면담에서 여러분은 종종 부적응이나 대인관계 갈등의 패턴을 자주 접하게 될 것입니다. 다음은 환자의 일반적인 자체 평가입니다.

"저는 항상 불안하고 긴장된 사람이었습니다. 좀 우울해요."

"평생 외톨이였어요."

"사람들을 전혀 좋아하지 않아요. 나는 그들을 좋아하지 않고, 그들 또한 나를 좋아하지 않아요."

"저는 술을 마시지 않는 한, 사람들 주변에서 편안함을 느낀 적이 없습니다."

"저는 제가 바라던 대로 성공한 적이 없습니다."

"제가 기억하는 한, 저는 어떤 대가를 치르더라도 충돌을 피했습니다."

이러한 부정적인 성격 특성의 목록은 다음에 포함됩니다.

- 공격적인
- 불안
- 변덕스러운
- 강박적
- 지배적인
- 신경질적인
- 음울한
- 과장된
- 내성적인
- 불안정한
- 질투심 많은
- 신경증적인
- 수동적인
- 완벽주의
- 다투기 좋아하는
- 분개하는
- 엄격한
- 자기중심적인
- 의심스러운
- 소심한
- 긴장한
- 폭발하기 쉬운
- 걱정스러운

몇 가지 다른 특성은 긍정, 부정 또는 둘 다로 해석될 수 있습니다.

- (감정을) 숨기지 않는
- 지나치게 세심한
- 내성적인(말을 잘 하지 않는)
- 예민한
- 진지한

## 타인과의 관계

단일 면담만 진행할 경우, 여러분은 환자의 성격을 평가하는 데 어려움이 있을 것입니다. 일부 환자는 왜곡된 평가를 내립니다. 또는 여러분이 얻은 자료의 내용은 지나치게 우울하거나 낙관적일 수도 있습니다. 그래도 환자의 관점에서 다른 사람들이 환자를 어떻게 인지하는지를 물어보면 귀중한 정보를 얻을 수 있습니다.

> "사람들은 당신이 어떤 종류의 상황을 다루는 데 문제가 있다고 생각하나요?"
>
> "얼마나 화를 잘 다스리나요?"
>
> "가족 중 당신이 [알코올, 마약, 성미]에 문제가 있다고 생각하는 사람이 있습니까?"

여러분은 환자가 가지고 있는 편견이나 다른 사람에 대한 관심 혹은 존중하는 마음에 대해서 무엇을 알고 계십니까? 이것들을 알기 위해 다음과 같이 질문합니다.

> "상사에 대해 어떻게 생각하세요?"
>
> "배우자는 언제나 당신이 원하는 만큼 힘이 되어 주나요?"
>
> "당신이 견디기 어려운 타입의 사람이 있나요?"

저는 보통 '왜'로 시작하는 질문을 하지 않기 위해 노력하지만, '왜……?'로 시작하는 질문은 대인관계 방식과 환자의 동기를 파악하는 데 도움이 되기 때문에 사용하고 있습니다.

> "형제는 왜 엄마가 같이 살기를 원한다고 생각하나요?"
>
> "당신은 파트너 중 1명과 잘 협력할 수 없다고 말했습니다. 왜죠?"

성격 특성의 객관적인 지표는 환자, 특히 정보 제공자에 의한 과거력에 대한 보고

로 파악할 수 있습니다. 예를 들어, 취업 이력에서는 환자의 직업 윤리에 대한 충실
성을 파악할 수 있습니다. 처음 고용이 되었을 때 연령, 직업의 수, 고용 패턴(간헐적
인지? 유지를 잘 하는지?), 그리고 아르바이트의 이력을 고려해야 할 것입니다. 그리
고 결혼에 대한 내용을 파악하면서 환자의 충실도와 관계 형성 능력에 대해 파악할
수 있습니다. 이와 같은 과거력을 종합하여 환자가 다양한 스트레스 요인에서 어떻
게 반응했는지를 살펴볼 수 있습니다.

여러분이 액면 그대로 보거나 들은 것을 믿기보다는 여러분이 이미 알고 있는 행
동과 비교하여 모든 정보를 평가하십시오. 예를 들어, 형제자매가 그들의 아버지에
의해 편애받고 있으며, 인종적인 측면이 동료의 승진을 유리하게 만들었다는 것을
이미 들었다고 가정해 보십시오. 이러한 내용은 환자 스스로가 개방적이고 사람을
믿는 존재라고 주장하는 것과 얼마나 일치합니까?

## 행동 관찰

면담 중 관찰된 행동 일부는 중요한 성격 특성을 드러낼 수 있습니다. 면담 상황
에서 기대할 수 있는 것 이상으로 보이는 행동이나 말들을 주의 깊게 관찰할 필요성
이 있습니다. 예를 들어 보면, 다음과 같은 환자의 언행이 있습니다.

- 하품하고, 몸을 구부리고, 방 안을 쳐다보고, 그렇지 않으면 무관심한 것처럼
  보입니다.
- 책상에 있는 물건을 집는 등 여러분의 물건을 마음대로 만집니다.
- 담배 한 대 피울 시간을 요청합니다.
- 반복적으로 치료사의 자격을 증명해 달라고 요청합니다.
- 여러분의 옷이나 헤어스타일을 비난합니다.
- 일부 민족 또는 종교 집단에 대한 편견을 표현하기 위해 강한 언어를 사용합니다.
- 여러분이 말한 것에 대해 논쟁하려고 합니다.
- 성적 관계, 신체적 공격성, 불법 활동 또는 약물 사용과 같이 다른 사람들은 숨
  기려고 하는 내용을 자랑합니다.

## 성격 장애 진단

앞에서 언급된 어떤 행동 중 어느 것도 실제 성격장애에 결정적인 영향을 미치지 않습니다. 그러나 종합적으로 과거의 정보와 결합하면, 이러한 행동은 **성격 장애**에 따른 행동임을 알 수 있게 됩니다. 성격 장애 진단은 매우 유연하지 못하고 삶에 부적응하며, 사회생활, 직장 또는 기타 영역에서 상당한 고통을 주거나, 개인의 기능을 악화시킬 때만 진단됩니다.

성격 장애는 질병에 해당하기보다는 오랜 시간 동안 환자와 타인에게 문제를 일으키는 삶의 방식이라고 볼 수 있습니다. 그것은 종종 어린 시절에 뿌리를 가지고 있으며 환경적 영향이나 유전으로부터 비롯될 수 있으며, 때로는 둘 다 관련이 있습니다.

성격 장애의 진단은 자아 기능 문제(사람의 정체성 또는 자기지향을 제공할 수 있는 능력 중 하나)와 타인과의 기능 문제(공감 및 친밀감을 제공하는 능력)에 달려 있습니다. 이와 같은 성격적인 문제는 평생 지속되며, 환자 그리고 환자와 상호작용하는 모든 사람에게 영향을 미칩니다.

성격 장애의 특징을 보여 주기 위해, 다음에는 수십 년 동안 인정된 일부 성격장애를 간략하게 정의하였습니다. 별표가 표시된 여섯 가지 예제는 일반적으로 나머지보다 더 높은 유효성을 가진 것으로 간주됩니다. 이것은 부록 B(421~425쪽 참조)에서 자세히 설명하였으니, 참고하시길 바랍니다.

- **반사회적 성격 장애\***: 무책임성과 범죄 행동을 보이는 이러한 사람들은 어린 시절 혹은 사춘기 초기부터 문제 행동이 시작됩니다. 병적인 어린 시절의 행동에는 무단결석, 도망, 잔인함, 싸움, 파괴, 거짓말, 도둑질, 강도 등이 포함됩니다. 어른이 되었지만 빚을 갚지 못하고, 부양가족을 돌보지 못하며, 일부일처 관계를 유지하지 못하고, 자신의 행동에 대한 양심의 가책을 보이지 않을 수도 있습니다.
- **회피성 성격 장애\***: 이 소심한 사람들은 비난에 너무 쉽게 상처를 입어서 다른 사람들과 관계 맺기를 주저합니다. 감정을 드러내거나 어리석은 것처럼 보이는 것에 대해 당혹감을 느끼고 두려워할지도 모릅니다. 그들은 친한 친구가 없을

수도 있고, 이들이 일상적인 일에서 벗어나는 일을 할 경우 위험을 과장할 수 있습니다.

- 경계선 성격 장애*: 이 충동적인 사람들은 반복적인 자살 위협이나 시도를 합니다. 정서적 불안정성과 종종 강렬하고 부적절한 분노를 보입니다. 그들은 늘 허전하거나 생활이 지루하다고 느끼고, 필사적으로 버림받지 않기 위해 노력합니다. 그들은 자신이 누구인지에 대해 불확실해하며 안정적인 대인관계를 유지할 수 없습니다.

- 의존성 성격 장애: 이 사람들은 프로젝트를 시작하거나 독립적인 결정을 하는 것에 어려움을 경험합니다. 심지어 타인이 틀릴 수도 있는 일이지만 동의하기도 합니다. 종종 버림받는 것에 대해 두려움을 느끼고, 혼자 있을 때는 무력감을 느끼며, 관계가 끝날 때는 비참함을 느낍니다. 그들은 비판으로 쉽게 상처받으며, 사람들의 호의를 얻기 위해 불쾌한 일일지라도 자진해서 수행합니다.

- 연극성 성격 장애: 지나치게 감정적이고 모호하며 타인의 관심을 끌기 위해 자신의 매력에 대해 끊임없이 확인받기를 원합니다. 그들은 자기중심적이고 성적으로 매혹적일 수 있습니다.

- 자기애성 성격 장애*: 이 사람들은 자기를 과도하게 중요시하고, 종종 선망받아야 한다는 것에 사로잡혀 있으며, 성공에 대한 환상 또는 자기 문제의 독특성에 지나치게 몰두합니다. 그들은 특권의식과 공감 능력의 결여로 타인을 이용할 수 있습니다. 그들은 비판에 매우 민감하게 반응하고, 수용하지 않으며, 끊임없는 관심과 동경이 필요한 대상들입니다.

- 강박적 성격 장애*: 이 사람들은 완벽주의적인 태도와 심리적 경직성이 주 특징입니다. 종종 일 중독자라고 불리며, 우유부단하고 지나치게 꼼꼼하며 세부 사항에 몰두하는 경향이 있습니다. 이러한 성향의 사람들은 다른 사람들이 자신의 방식처럼 행동해야 한다고 주장합니다. 그들은 애정을 표현하는 데 어려움을 겪고 관대함이 부족한 경향이 있으며 더 이상 필요하지 않은 쓸모없는 물건을 버리지 못할 수도 있습니다.

- 편집성 성격 장애: 이 사람들은 위협을 받거나 모욕을 당할 것으로 생각합니다. 다른 사람들의 행동은 이 환자의 예상을 확인시켜 주는 것 같습니다. 그들은 화를 잘 내고, 쉽게 용서하지 못합니다. 이러한 성향을 가진 사람의 대부분은

친밀한 관계 형성이 없으며, 다른 사람들의 신뢰에 의문을 제기하고, 타인의 말 속에서 숨겨진 의미를 찾는 경향이 있습니다.

- **조현성 성격 장애**: 이 환자는 사회적 관계를 거의 신경 쓰지 않고, 정서의 범위가 제한되어 있으며 비판이나 칭찬에 무관심한 것처럼 보입니다. 그들은 고독한 경향이 있으므로 친밀한(성적인 관계를 포함하여) 관계를 피합니다.
- **조현형 성격 장애\***: 이 환자는 대인관계에 너무 많은 어려움을 겪어 다른 사람들에게 특이하거나 이상하게 보입니다. 친한 친구가 부족하여 사회적 상황에서 불편감을 경험합니다. 그들은 의심, 비일상적인 지각과 사고, 독특한 말투, 부적절한 정서를 경험할 수 있습니다.

여러분은 성격장애 진단을 고려할 때 몇 가지 사항에 유념할 필요가 있습니다. 첫째로, 아마도 대다수의 환자는 성격 장애로 유발된 문제가 아닌, 사회적 및 환경적 스트레스를 경험합니다. 폭력적인 상사는 직장에서 갈등을 일으킬 수 있습니다. 정신병적 배우자는 결혼 생활에 큰 혼란을 일으킵니다. 만성 정신증은 환자가 가족으로부터 소외감을 느끼게 합니다. 매일 아이들은 마약을 하고, 주식 시장은 누군가의 저축된 돈을 빼앗습니다. 제가 말하고자 하는 것은 사람들이 경험하는 많은 문제(임상가에게 도움을 요청하는)는 흔히 정상에 대한 경계를 지나치게 고려하지 않기 때문에 우리는 일상의 경험을 토대로 검토해야 한다는 것입니다.

또한 기분 장애, 물질 오남용 또는 의학적 상태와 같은 문제로 주요 건강 문제가 발생하지 않았는지를 확인해 봐야 합니다. 우리는 면담을 통한 정보 수집 단계에서 완전히 환자와 관련된 병력을 평가하고, 다양한 정신 및 행동에 대한 체계적 문진을 통해 이러한 종류의 오류를 범하지 않도록 해야 합니다.

우리가 기억해야 할 마지막 요점은 아무리 신중하고 광범위하더라도 단일 면담은 한계가 있다는 것과 관련이 있습니다. 특히 성격 장애의 경우 오랜 시간 면담이 진행되어야 진단에 필요한 근거들이 드러날 수 있기 때문입니다.

제**9**장
--------

# 민감한 주제

민감한 영역(성, 약물 사용, 폭력, 자살 행위)은 매우 사적인 영역이며, 민감한 주제를 질문하는 것은 개인의 자존감과 안전을 위협할 수 있으므로 이 주제를 다루는 것에는 많은 용기가 필요합니다. 결과적으로 환자는 이 민감한 영역을 탐색할 때 죄책감이나 부끄러움을 느낄 수 있습니다. 그러므로 임상가는 평소의 습관과 개인적인 의심 및 편견을 버린 상태에서 면담을 진행해야 합니다.

임상면담은 사람과의 상호작용을 통해 이루어지고, 임상가는 반드시 수용 가능한 내용을 재정의해야 합니다. 면담에서 환자는 임상가가 보통 사적인 주제를 질문할 것임을 예상하고 있으며, 이 이야기는 친한 친구에게도 숨겼던 이야기일 것입니다. 환자는 낯선 임상가에게 자유롭게 사적인 내용을 말할 것입니다. 결국 우리 임상가들은 다른 상황에서는 탐색하고 싶지 않은 주제, 즉 더 민감한 주제를 탐색할 수 있도록 자신을 단련해야 할 것입니다.

이 주제는 모든 임상 과정에서 매우 중요하므로 환자가 자발적으로 언급하지 않을 경우 임상가가 직접적으로 질문해야 합니다. 환자를 조금 더 잘 이해하게 되면 면담의 후반부까지 미룰 수 있겠지만, 아직 다루지 않은 중요한 내용이 있어 시간이 부족할 수 있으니 끝까지 기다리지 마십시오. 민감한 주제를 무시하는 임상가는 심각한 임상적 오류를 범할 위험이 있습니다.

# 자살 행위

면담 과정 중 자살 사고나 자살 충동에 대한 암시가 없을지라도 자살 행위를 탐색하는 것은 반드시 지켜야 하는 규칙입니다. 환자가 너무 부끄럽고 당황스러워 자발적으로 언급하지 못할 때 이 규칙을 위배할 수 있는데, 이럴 경우 환자의 생명을 위협하는 생각과 행동을 무시하게 될 위험성이 있습니다. 대다수의 환자는 자살을 하지 않지만, 대부분의 정신장애인은 비장애인과 비교하면 어느 정도 이상의 자살 위험성을 가지고 있습니다.

여러분은 자살 행동에 대해 질문할 때 불편함을 느낄 수 있습니다. 초보 임상가는 때때로 이 주제를 언급하는 것이 환자의 마음에 자살에 관한 생각을 심을 수 있다고 걱정합니다. 자살에 대한 심각한 위험이 있는 환자라면, 어떤 누군가가 자살을 질문하기 훨씬 오래전부터 자살을 생각하였을 것입니다. 정말로 위험한 것은 자살에 대해 충분하게 묻지 않는 것입니다. 그럴 경우, 여러분은 환자가 실제로 얼마나 심리적으로 고통이 심한지를 너무 늦게 알게 될 것입니다.

환자가 자살을 이야기하면 어느 정도 편안하게 이야기를 나눌 수 있을 것입니다. 만약 그렇지 않다면 여러분이 직접 자살을 질문하는 것이 매우 중요합니다. 환자가 평소와 달리 불편해 보이지 않는 한, 이러한 질문을 하기 전 사과나 설명을 할 필요가 없습니다. 대부분의 환자는 여러분이 느끼는 것처럼 편안하게 느낄 것입니다.

면담 과정에서 다음과 같이 질문하는 것은 전혀 문제가 없습니다.

> "자신을 다치게 하는 것이나 자살에 대해 생각해 본 적이 있나요?"

만약 이 질문의 대답이 "아니요."이며, 이것이 환자의 기분과 최근 행동에 일치하는 것 같다면 그것을 실제 사실로 받아들이고 다른 주제로 넘어갈 수 있습니다. 대답이 모호하거나 주저하는 태도 또는 갑자기 풀이 죽어 보이는 시선 처리 등과 같은 숨길 수 없는 몸짓이 전달되는 경우, 추가 질문을 통해 문제를 탐색해야 합니다. 연구에 따르면 자살을 시도한 사람의 10% 이상은 결국 자살로 사망할 것이며, 이러한 위험은 초기 시도 이후 수십 년 동안 지속될 수 있습니다.

물론 여러분은 관계가 손상되지 않도록 조심해야 합니다. 만약 여러분의 질문이 점점 더 불편함을 유발하는 것처럼 보인다면(망설임, 눈물), 여러분의 고민에 대해 다음과 같이 이야기할 필요가 있습니다.

> "당신이 너무 슬퍼 보여서 이 내용에 대해 질문하기는 싫지만, 저는 이것에 대해 질문할 필요성이 있다고 느껴집니다."

자살을 시도했거나 다른 방식으로 끔찍한 일을 했던 사람에게는 다음과 같이 말할 수 있습니다.

> "최근 경험으로 그러한 일을 다시 시도하지 않을까 걱정됩니다. 어떤 식으로든 당신에게 영향을 줄 수 있는 변화가 있었습니까?"

반면, 몇몇 임상가는 환자들에게 **자살**과 같은 민감한 단어를 언급하지 않을 시 더 진실된 반응을 얻을 수 있다고 믿습니다. 이것은 저에게 좀 억지스러운 내용으로 생각되지만, 여러분이 원한다면 점점 더 노골적인 일련의 질문을 통해 점차 목표를 향해 나아갈 수 있습니다.

① "불안하거나 우울한 생각을 해 본 적이 있나요?"
② "이 생각들은 절망적인 생각이었나요?"
③ "죽고 싶었나요?"
④ "자해할 생각을 해 봤나요?"
⑤ "자살할 계획을 세운 적 있나요?"
⑥ "실제 시도를 해 본 적이 있나요?"

이들 질문에 대해 "예."라고 답변할 경우, 적절한 개방형 질문을 통해 자세한 내용으로 확장시키는 것이 중요합니다.

> "그것에 대해 좀 더 말씀해 주시겠습니까?"
> "그때 무슨 일이 있었나요?"

이전(때로는 먼 과거)에 실제적인 자살 시도가 있었던 경우에는 기억이 흐릿해질 수 있지만, 여러분은 자살 시도에 대한 많은 정보를 구체적으로 파악해야 할 것입니다. 이 정보는 ① 다음에 발생할 일을 예측할 수 있게 해 주며, ② 현재 취해야 하는 조치사항이 무엇인지를 평가하는 데 도움이 됩니다. 따라서 다음과 같은 질문을 통해 대답을 얻으시길 바랍니다.

- 이전에 몇 번의 시도가 있었나요?
- 언제 발생했나요?
- 그 당시 환자는 어디에 있었나요?
- 그 당시 환자의 기분은 어땠나요?
- 어떤 방법을 사용했나요?
- 심신미약이나 술을 마신 후 시도하였나요? (만약 그렇다면 환자가 이와 같은 물질을 사용하지 않았던 때, 즉 정신이 맑았을 때도 자살을 시도한 적이 있나요?)
- 그 당시 환자가 다른 정신적 증상이 있었나요? (물질 사용 외에도 특히 우울증과 정신병에 대해 파악해야 합니다.)
- 자살하기 전 스트레스 요인은 무엇이었나요? (이별이나 이혼, 사랑하는 사람의 죽음, 실직, 은퇴와 같은 문제 상황을 탐색해 보시길 바랍니다. 그러나 환자의 삶에서 친구 또는 친척 간의 불쾌한 사건은 환자를 절벽 끝으로 내몰 수도 있습니다.)
- 과거에는 환자가 왜 자살하지 못하였나요? (가족의 고려사항? 종교적 신념?)
- 그 시도는 얼마나 심각했나요?

연구에서는 실제로 자살하는 사람들(일반적으로 노약자, 백인, 미혼, 실업자, 음주 갈망이 있는 우울증이나 정신병을 앓고 있는 건강이 좋지 않은 남성)은 여러 특징을 가지고 있을 가능성이 크다는 것이 밝혀졌습니다. 그러나 여러분은 이 자료에서 보이는 특징이 어떤(심지어 모든) 미충족된다고 생각하여, 자살하지 않을 것으로 생각하는 것은 환자를 자살로부터 보호할 수 없게 만들 것입니다. 여러분은 환자와의 '자살 금지' 계약에 의존할 수밖에 없고, 이 계약의 주 효과는 여러분의 불안을 감소시키는 것에만 해당할 수 있습니다.

## 신체적 및 심리적 심각성

우리는 자살 시도의 심각성을 두 가지 방법으로 판단할 수 있습니다. ① 그 시도는 신체적으로 얼마나 해로웠습니까? ② 그 환자의 죽음에 대한 의지가 얼마나 강했습니까? 신체적으로나 심리적으로 심각한 시도의 자살이 있었다면, 환자는 미래에 자살할 가능성이 커질 것입니다. 새로운 환자의 자살 가능성을 평가할 때는 이러한 지침을 염두에 두어야 합니다.

자살 시도로 중요한 신체 부위가 손상당하거나 신체적 손상이 초래될 수 있는 경우 심각한 자살 시도에 해당할 것입니다. 이 기준에 따르면, 절단된 경정맥, 깊은 혼수상태 또는 가슴에 총상을 입은 것은 신체적으로 심각한 시도에 해당할 것입니다. 마찬가지로, 환자가 혼수상태에 빠지기 전 위세척을 한 경험이 있다면 100개의 항우울제를 복용할 계획은 심각한 자살 시도에 해당할 것입니다. 신속한 의학적 조치가 없다면 그 수의 절반도 안 되는 항우울제조차도 치명적일 수 있습니다.

반면, 죽음의 가능성은 거의 없고 심각한 해를 끼칠 가능성이 매우 낮은 자살 시도가 있습니다. 여기에는 가볍게 손목을 긁거나, 4~5개의 아스피린 알약을 삼키는 행위가 포함됩니다. 때때로 우리가 '의미심장한 행동'이라고 부르는 이러한 행동은 환자가 죽음 외에 다른 목적을 염두에 두고 있음을 암시합니다. 이러한 판단을 할 때는 신체적 의미를 제쳐 두고, 시도한 자살 행위의 심리적 심각성을 고려하여 그 뒤에 어떤 의도가 숨어 있는지를 탐색해야 합니다. 진정으로 죽고 싶은 소망이 있었습니까, 아니면 이것은 도움을 구하는 외침이었을까요? 자살 시도에 대한 몇 가지 가능한 동기는 다음과 같습니다.

- 죽고 싶은 진정한 소망
- 도움을 받고자 하는 욕구
- 견딜 수 없는 상황에서의 탈출
- 정신적 고통으로부터의 구제
- 누군가의 태도나 행동에 영향을 미치려는 시도

심리적으로 심각한 시도를 한 환자들은 자신의 감정을 명백하게 말할 것입니다.

"제가 성공하지 못해 죄송합니다."
"다시 한번 시도해 보겠습니다."

다른 상황에서는 환자가 덜 명확하거나 혹은 양가적인 감정을 나타낼 수도 있습니다. 여러분은 그들에게 다음과 같이 물어봐야 합니다.

"당신이 과다 복용[혹은 다른 시도]을 한 결과는 어떻게 될 거라고 생각했습니까?"

어떤 환자에게는 행동으로부터 의도를 추론하는 것이 최고의 방법일 수 있습니다. 예를 들어, 가명으로 호텔 방에 입실하여 홀로 자살을 시도한 환자라면, 배우자가 귀가하기 전 집에서 자살 시도하는 것보다 자기파괴적 행위에 훨씬 집중하였다고 할 수 있습니다.

다음은 자살 의도에 대한 심리적인 심각성을 판단하는 데 도움이 될 수 있는 몇 가지 질문입니다.

"그 시도는 충동적으로 결정하신 건가요, 아니면 오랜 시간 계획한 것인가요?" **자살에 대한 계획과 준비 과정은 보통 더 심각한 수준의 시도와 관련이 있습니다.**
"자살을 시도하기 전 유언장을 작성하거나 수정했거나, 재산을 증여하거나 생명보험에 가입하신 적이 있나요?" **이러한 행동은 심각한 자살 계획임을 암시하는 것입니다.**

"유서를 썼나요?" 유서 작성은 자살에 대한 더 많은 계획의 증거라고 할 수 있습니다.

"당신이 그 시도를 했을 때 당신은 누군가와 함께 있었나요?" '그렇다'는 대답은 환자가 구조 수단을 마련했다는 것을 암시하는 것입니다.

"시도한 후에 무엇을 했나요? (끝까지 죽기를 기다리기 위해 누운 채로 있었나요? 도와달라고 했나요? 자살 상담 전화로 연락했나요?)" 아무런 행동을 하지 않았다는 것은 위험한 정보이니 주의를 기울이셔야 합니다.

"구조될 때 기분이 어땠나요?" "화났어요."는 "다행이었어요."보다 더 심각한 상황입니다.

여러분은 현재의 핵심 문제와 이전의 자살 사고 및 시도를 연결시켜서 생각해야 합니다. 특히 앞으로 몇 시간 또는 며칠 내에 치명적일 수 있을 것으로 추정되는 생각이나 계획에 대해 파악하는 것도 중요하기 때문에 다음과 같이 질문하십시오.

"최근에 자살 충동을 느낀 적이 있었나요?"

"그 사건에 대해 어떻게 생각하나요?"

"무슨 계획이라도 세웠나요?" (만약 그렇다면) "그 계획은 뭔가요?"

"당신은 그것을 수행할 가능성이 있다고 생각하는가요?"

"과거에는 무엇이 당신을 막았나요?"

"언제쯤 일어날 것 같나요?"

"다른 사람에게 어떤 영향을 미칠 것이라고 생각하나요?"

"살아야 할 이유가 있다고 느끼나요?"

"어떤 것이 자살을 덜 유혹하는 것처럼 만들 수 있을까요?"

"총이 있나요? 아니면 총을 구매할 방법이 있나요?" (총기에 의한 자살 시도 중 85%는 치명적이며, 약 2%가 자살에 성공합니다.)

저는 일반적으로 자살 시도를 설명할 때 **조종하기 위한 자살 시도**라는 용어를 사용하지 않습니다. 우선, 자살을 시도하는(또는 자살에 성공한) 대부분의 환자는 양가감정을 가지고 있고, 자살 시도에는 진심 어린 마음과 도움을 요청하는 마음이 같이 있기 때문입니다. 더 중요하게는, 타인을 **조종**하는 경향이 있는 환자는 가장 필요한 시기에 임상가와 가족 모두에게 경계를 늦추게 만듭니다.

유해하다고 생각되는 환자의 생각이나 계획에 대해서는 신속한 조치가 필요합니다. 만약 환자가 학생인 경우에는 환자의 생각과 계획을 완전히 파악한 후 치료 중인 임상가에게 즉시 연락해야 합니다. 이 조치가 비밀 유지에 대한 약속을 위반한 것일지라도, 이 조치는 필수적입니다. 환자와 주변 사람들에 대한 자살 및 기타 위해 행위를 예방하는 것은 모든 의료 전문가의 절대적인 의무입니다. 임상가들은 환자와 접촉하는 모든 치료진이 각자가 가지고 있는 핵심적인 정보를 공유해야만 이 의무사항을 효과적으로 수행할 수 있습니다. 환자와 타인의 안전을 보장하기 위해 환자와 약속했던 의무를 지키지 않을지라도, 대다수의 환자는 여러분의 행동을 탓하지 않을 것입니다. 사실 대부분의 환자는 나중에 생명을 구해 준 것에 대해 감사함을 느낍니다.

## 폭력과 예방

타인을 폭행하는 것은 흔하지 않은 일이지만, 환자와 폭행의 대상인 피해자에게는 심각한 영향을 미치기 때문에 최소한 자살과 관련된 내용을 파악할 때만큼은 정확하게 탐색하는 것이 중요합니다. 현재의 생각과 관념뿐만 아니라 과거의 폭력적인 생각과 행동에 대한 사건들을 평가하는 것이 중요합니다. 따라서 이러한 질문의 일반적인 형태는 "**[다른 사람에게 해를 끼칠 생각을 해 본] 적이 있습니까?**"입니다.

환자가 체포 또는 구금 기간과 같은 법적 문제가 있었음을 보고한다면, 폭력에 대한 질문이 자연스럽게 이어질 것입니다. 가장 많은 폭력 사건은 가정폭력이기 때문에, 구체적으로 질문하기 좋은 시점 중 하나는 그 환자가 이혼한 시점이나, 결혼 생활에서 문제를 저지른 파트너였다는 것을 알게 된 시점일 것입니다(환자의 배우자가 구타하였거나 기타 학대를 한 사건을 파악하는 것에 게을리하지 마십시오).

이 주제가 자연스럽게 나타나지 않는다면, 여러분이 이 내용을 직접적으로 물어볼 필요성이 있습니다. 자살을 탐색하였을 때와 마찬가지로, 점진적으로 질문할 수도 있습니다.

① "당신은 통제할 수 없는 분노를 느껴 본 적이 있나요?"
② "다른 사람을 해칠 생각은 없었나요?"
③ "충동을 조절하는 데 어려움을 겪은 적이 있나요?"
④ "성인이 되었을 때, 싸움에 가담한 적이 있나요?"
⑤ "분노로 무기를 휘두른 적이 있나요?"
⑥ "싸움이나 기타 폭력 행위로 체포된 적이 있나요?"

다음과 같은 질문에 문제가 있었다고 대답된 영역은 구체적으로 탐색되어야 합니다.

"폭력[생각, 행동]의 상황은 어땠나요?"

"언제 그런 일이 일어났나요?"

"누가 연루되었나요?"

"이 일에 대해 어떻게 생각하나요?"

"그 행동에는 약물 사용이 관련 있나요?"

"상대방에게 어떤 영향을 미쳤나요?"

"그 결과 어떻게 되었나요?"

"체포됐나요?"

"유죄판결을 받은 건가요?"

"얼마나 복역했습니까?"

Phillip Resnick은 피해 사고가 있는 환자와 면담할 시 "누군가를 해칠 생각이 있었습니까?"라고 질문하면 대부분 답변을 받지 못할 것이라고 지적하였습니다. 왜냐하면 보통의 상황에서 환자는 그러한 생각이 없을 수도 있기 때문입니다. 그러나 자신에게 피해를 끼칠 수 있는 가상의 사람과 마주치게 된다고 생각해 볼 경우, 근본적인 감정이 드러날 수 있습니다. 예를 들어, "[FBI 요원과 당신의 처남]이 당신의 집 앞에 주차하고 벨을 눌렀다고 가정해 봅시다. 그러면 어떻게 하시겠습니까?"라고 질문한다면 환자에게 잠재되어 있는 반감을 드러내는 결과를 만들 수 있을 것입니다.

폭력적인 모든 사건을 탐색할 때는 환자의 폭력적인 생각이나 행동 뒤에 숨겨진 의미가 무엇인지, 그리고 이러한 감정을 일으키는 원인이 무엇인지를 파악하셔야 합니다. 예를 들면 다음과 같습니다.

- 환자의 차를 망가뜨린 운전자에 대한 **분노**
- 유전적으로 대물림되는 것과 과도한 음주의 결과인 **우울**
- 부사장으로 승진을 한 직장 동료에 대한 **부러움**
- 국세청이 환자가 이미 지불한 부과액에 대한 독촉 통지를 계속해서 보내는 것에 대한 **불만**
- 큰 재산을 물려받을 가능성에 직면했을 때의 **탐욕**
- 전 배우자에 대한 **증오**
- 강도에게 죽임을 당한 여동생에 대한 **복수**

숙련된 임상가뿐만 아니라 잠재적으로 폭력성을 지닌 환자를 면담하는 사람들은 환자의 모든 사항을 고려하지 않고, 환자의 폭력성과 관련된 정보만 얻고 싶은 유혹을 받습니다. 면담하는 과정에서 가장 중요한 것은 여러분의 안전입니다. 저는 여러분을 놀라게 하려는 의도로 이야기하는 것이 아닙니다. 실제로 여러분이 치료하고 있는 여러 환자에게서는 이와 같은 위험성이 적을 것입니다. 그러나 한 조사에 따르면, 전년도에 임상가의 절반 이상이 환자로부터 위협을 받거나 폭행을 당했습니다. 수년 전에 저는 폭력적인 환자의 표적이었고, 다시는 이러한 일이 발생하지 않도록 조심하고 있습니다. 그러므로 지금부터는 어떻게 대처해야 하는지에 대해 설명할 것입니다.

① 면담 장소에서 여러분이 탈출할 때 가로막는 것이 없는지를 확인하시길 바랍니다. 당신과 출구 사이에는 아무것도 없어야 함을 의미합니다.
② 소리가 들리는 곳에 누군가 있거나, 경고 알림이나 기타 알람에 즉시 응답할 수 있는지 확인하셔야 합니다.
③ 환자가 폭력 전과가 있을 때는 특히 경계하십시오. 폭력의 재범률은 하늘을 찌를 정도로 높습니다. 특히 항정신병 약을 복용해야 하는데, 그렇지 않은 환자

는 위험이 더욱 큽니다.

④ 목소리의 미묘한 변화(상승하는 음색 또는 템포), 단어(위협과 모욕), 보디랭귀지 (협소한 주시, 초조 반응, 꽉 쥐는 주먹)의 뉘앙스를 경계하십시오.

⑤ 위험을 감지하면 즉시 행동하십시오. 환자를 진정시키는 것에 대한 평소의 습 관을 제쳐 두어야 합니다(편안함을 제공하기 위해 가까이 다가가지 말고, 안심을 시키기 위해 접촉하지 마십시오). 당황한 환자가 갑작스러운 반응을 하지 않도록 하기 위해 "Smyth 씨, 저는 일어나서 문 쪽으로 갈 겁니다."라고 침착하게 이 야기하십시오. 그런 다음 규칙대로 행동하십시오.

⑥ 일단 당신이 방에서 나가게 되면 다른 직원, 건물 경비, 경찰 등 가능한 사람으 로부터 도움을 받으십시오.

여러분의 사무실에서도 병원과 마찬가지로 응급상황을 대처하기 위한 훈련의 기 초가 될 수 있는 세부 절차에 대한 규칙이 있어야 합니다. 세부 규칙은 누가 119에 전화할 것인지, 누가 문 앞에 나타나 어떤 방식으로 알리거나 조치를 취할지, 그리 고 어떻게 상황에 따라 가능한 한 평범하며 위협적이지 않은 방식으로 상황을 대처 할지가 포함되어야 합니다.

## 약물 오남용

미국 성인 13명 중 최소 1명은 약물 오남용의 문제가 있습니다. 이 수치는 정신장 애인 사이에서도 많은 수의 사람이 약물 오남용 문제가 있음을 시사하는 것입니다. 이 중 25%는 약물 오남용에 해당하며, 일부 전문 클리닉에는 훨씬 더 많은 환자가 있습니다. 몇몇 물질에 대한 오남용 경험은, 미국 청소년들에게 거의 통과 의례처럼 되었습니다. 약물 오남용 문제는 매우 흔하며, 환자와 환경에 미치는 영향도 매우 광범위할 수 있기에 성별, 연령 또는 고통 호소 여부와 관계없이 모든 정신건강 환 자의 첫 면담에서는 약물 사용에 대한 평가가 이루어져야 합니다.

## 술

정신건강 전문가와 익명의 알코올 중독자들(Alcoholics Anonymous: AA)과 같은 12단계 조직에서는 술에 대한 교육을 제공하고 있지만, 대다수의 사람은 약물 남용을 도덕적으로 결함이 있는 그것으로 생각합니다. 그 결과(이와 같은 관념이 팽배해지면서), 환자와 임상가는 이 문제를 이야기하기가 어려워졌습니다. 그러나 여러분은 대개 도입 지점을 자연스럽게 찾을 수 있을 것입니다. 일부의 가족력은 여러분에게 정보를 제공할 수도 있습니다.

> 환　자: 보시다시피, 제 어린 시절은 엄마의 음주로 거의 망가졌습니다.
> 임상가: 꽤나 문제 있었던 것처럼 들리네요. 그럼 당신은요? 술을 마시고 있습니까?

지금 이 순간 임상가가 그랬듯이, 새로운 주제로 전환하는 과정은 불편감을 유발할 수 있습니다. 그러므로 여러분은 환자의 유년기를 탐색하면서 나중에 환자의 가족력을 다시 언급하는 과정을 통해 질문해야 합니다.

> 임상가: 몇 분 전에 어머니의 음주를 언급하셨잖아요. 그래서 저는 궁금했습니다. 당신은 술을 많이 마신 적이 있습니까?

환자가 약물 및 알코올 사용에 대한 주제를 이야기하지 않으면 여러분은 약물과 알코올 사용에 대해 질문해야 합니다. 알코올은 다른 물질 사용보다 사회적으로 더 용인되기 쉽기 때문에 이것에 대해 먼저 물어볼 때 환자가 당혹감을 경험할 가능성이 적습니다. 대부분의 성인처럼 환자가 금주하지 않는다고 가정해 보면, 대체로 여러분의 가정이 옳을 것입니다. 만약 환자가 과도하게 음주를 한다면, 어느 정도 음주라는 가정은 환자에 대한 낙인을 완화시켜 줄 수 있을 것입니다. 그러므로 환자가 얼마나 자주 그리고 얼마나 많이 술을 마시는지를 알아보는 것이 중요합니다.

"이제 당신의 습관에 대해 알고 싶습니다. 우선, 평균 한 달 동안 적어도 며칠 술을 마시나요?"

이 질문의 형식이 월/일 단위로 구성된 정확한 답변을 요청하는 방법임을 유의하시길 바랍니다. 이는 '별로 많지 않음' 또는 '사람들과 만날 때만'과 같은 모호하거나 회피적인 답변을 피할 수 있습니다(다음의 술은 대략 동일한 알코올 함량을 갖는 것으로 계산할 수 있습니다. 12온스 맥주, 6온스 유리 와인, 1온스 80방울의 독주).

다음과 같은 방법으로 질문할 수도 있습니다.

> "한 잔 이상 마시는 날에는 보통 몇 잔이나 마시나요?"

이 두 가지 숫자(일별 음주량 및 월별 음주량)를 통해 환자의 월평균 음주량을 계산할 수 있습니다. 여러분은 면담을 많이 할수록 평소 음주량이 어느 정도인지와 과도한 음주량이 어느 정도인지에 대한 느낌을 갖게 됩니다. 한 달에 60잔 이상(하루 평균 2잔)은 걱정스러운 수치이고, 한 달에 100잔 이상은 평균보다 훨씬 많습니다. 그러나 60잔 미만일지라도, 단 며칠 동안 많은 술을 마신다면 음주 문제가 있음이 암시됩니다. 폭음은 물질 남용의 패턴 중 하나입니다.

심지어 현재 환자가 과음하고 있지 않다고 이야기할 경우, 과거에는 술을 얼마나 많이 마셨는지 알아보십시오. 환자가 평생 금주하였습니까, 아니면 최근에 변했습니까? ["나는 술을 마시지 않습니다."라는 의미는 "어제(일요일) 이후 술을 마신 적이 없습니다. 오늘 진료 후에 마시기 위해."를 의미할 수 있습니다.] 다음과 같이 물어보십시오.

> "현재까지 여러분의 인생에서 지금보다 더 많은 술을 마신 적이 있나요?"

월별 일수, 하루 음주량과 금주 이유에 대한 정보를 파악하시길 바랍니다.

알코올 중독(DSM-5는 이제 그것을 알코올 사용 장애라고 부릅니다)은 알코올 사용 문제의 결과로 규정됩니다. 사람들이 소비하는 양은 중요한 단서가 되겠지만 진단 자체는 음주가 개인에 미치는 영향과 당시 환자가 다른 사람에게 미치는 영향에 달려 있습니다. 따라서 환자가 음주에 문제가 있다는 것을 부인하지 않는 한, 여러분은 여러 가지 음주에 따른 결과를 질문해야 합니다.

의학적 문제에 대해 물어보십시오.

> "음주 때문에 간 질환이나 구토 또는 다른 의학적 문제가 생겼습니까?"
>
> "건강 때문에 술을 끊으라는 말을 들은 적은 있나요? 그리고 당신은 그렇게 했나요?"
>
> "블랙아웃(의식을 잃은 적)이 있나요? 블랙아웃은 술을 마신 다음 날 아침, 전날 밤에 무슨 일이 있었는지 기억하지 못한다는 뜻입니다." (이 질문에서 설명된 바와 같이, **블랙아웃**이 의미하는 바를 반드시 정의하십시오. 일부 환자는 이 용어를 알지 못할 것입니다.)

알코올(또는 어떤 물질) 사용 장애의 한 가지 기준은 환자가 의도하는 것보다 더 많이 마시는 것을 의미합니다. 이것은 때때로 평가하기가 어렵습니다. 특히 10대의 경우 자신의 주량보다 훨씬 더 많이 마시는데, 이것은 음주의 효과를 느끼기 위함이기 때문입니다. 따라서 여러분은 환자의 **통제력 상실** 경험을 확인해 볼 필요가 있습니다.

> "금주를 시도한 적이 있습니까?"
>
> "오후 4시 이전에는 절대 술을 마시지 않는다는 것과 같은 음주에 관한 규칙을 정한 적이 있습니까?"
>
> "당신은 술을 원샷으로 마시나요?"
>
> "첫 잔을 마시면, 멈추는 데 어려움이 있나요?"

개인 및 대인관계에 관한 문제는 다음과 같이 질문하십시오.

> "당신이 마시는 양에 대해 때때로 죄책감을 느끼십니까?"
>
> "술을 마시면서 싸운 적이 있습니까?"
>
> "음주로 인해 이혼이나 기타 심각한 가정 문제가 발생한 적 있습니까?"
>
> "술로 인해 친구를 잃었나요?"

**직업 문제**는 다음과 같이 질문하십시오.

"음주로 인해 결근한 적이 있습니까? 출근을 늦게 한 적이 있나요?"

"음주 때문에 해고된 적이 있나요?"

**법적 문제**는 다음과 같이 질문하십시오.

"당신은 술과 관련된 행위로 체포된 적이 있나요?"

"음주운전으로 체포된 적이 있나요?" (그렇다면 법정에서 무슨 일이 있었는지 알아보세요.)

"혹시 음주운전을 하다가 사고를 낸 적이 있나요?"

**재정 문제**는 다음과 같이 질문하십시오.

"음식과 같은 생필품을 사야 할 돈을 술값으로 쓴 적이 있나요?"

"술 때문에 다른 경제적인 어려움은 없었나요?"

이러한 범주 중 어느 하나라도 긍정적인 반응을 보이는 질문이 있으면 다음과 같이 질문합니다.

"술 마시는 걸 걱정해 본 적은 있나요?"

"알코올 중독이라고 생각한 적이 있나요?

"가장 긴 금주 기간은 언제인가요?"

"그걸 어떻게 달성했나요?"

"음주로 인해 치료받은 적이 있나요?"

"치료의 결과는 어떻게 되었나요?"

## 마약

마약의 경우도 음주를 탐색하는 절차와 비슷하며, 알코올 사용에 대한 여러분의 질문은 자연스럽게 이 주제로 이어질 것입니다. 다음과 같이 질문하십시오.

> "당신은 약물을 사용해 본 적이 있나요?"

여러분이 약물 사용이라고 언급할 때 '약물'이라고 사용된 단어는 약물의 이름을 말한 것보다 낙인이 덜합니다. 알코올 남용과 마찬가지로 약물 사용이 시작된 시점 (그 단어를 피하는 것은 어렵습니다), 종료된 시점(해당하면), 그리고 환자가 사용을 중단한 이유를 파악하고 싶을 것입니다. 어떤 약물을 사용했는지와 얼마나 사용했는지에 대한 빈도를 파악하십시오. 그리고 약물 사용이 환자, 친구와 친척에게 어떤 영향을 끼쳤는지를 파악하십시오.

여러분이 직면할 수 있는 한 가지 문제는 일반적으로 오남용되는 약물에 대한 속어를 모르는 것입니다. 용어를 이해하지 못하였다면 물어보십시오. 환자는 임상가를 가르치는 것을 좋아합니다. 사용되는 용어 중 몇 가지를 나열했지만 수백 가지가 더 있습니다. 인터넷에서 더 많은 용어를 찾아보시길 바랍니다.

- 신경안정제: downers, ludes, yellow jackets, tranks, reds, rainbows, Christmas trees
- 코카인: snow, coke, rock, crack
- 환각제: LSD, acid, PCP(phencyclidine), mescaline, peyote, STP
- 진정제: H, horse, smack, junk(heroin), schoolboy(codeine), little D[Dilaudid (hydromorphone)], Miss Emma(morphine)
- 대마초: pot, grass, tea, hash, joint, reefer, Mary Jane
- 중추신경 흥분제: uppers, bennies, black beauties, crank, speed

이와 같은 특수 명칭은 민족이나 여러 국가의 지역에서 다양하게 사용될 수 있으며, 용어는 유동적이고, 새로운 집단이 성장함에 따라 변경되기도 합니다.

## 처방 또는 비처방 약품

의약품에 대한 오남용 여부를 파악하는 것을 잊지 마십시오.

> "의사가 처방한 것보다 더 많은 처방약을 복용한 적이 있나요?"
> "처방전 없이 살 수 있는 약 중 당신은 어떤 약을 복용하나요?" (대부분의 사람은 어떤 약을
> 복용합니다.)

다시 말하지만, 언제, 무엇을, 얼마나, 어떤 효과가 있었는지 파악해야 합니다.

그리고 어떤 내용이든, 이 질문에 대한 답을 파악하기 위해 "계속 복용하게 되는 것이 당신에게 어떤 도움이 되나요?"라고 물어보시길 바랍니다.

## 성생활

임상가와의 면담 과정에서 환자는 임상가가 성에 대해 질문해 줄 것을 기대합니다. 그러나 이러한 질문은 어떤 사람에게는 불편함을 느끼게 하므로 면담의 후반으로 미루는 것이 좋습니다. 그때쯤이면 환자를 더욱 잘 알게 되었을 것이고, 추가적으로 필요한 다른 심리적·의료적·사회적 정보의 맥락에서 이러한 민감한 문제를 살펴볼 수 있을 것입니다.

성생활과 같은 중요한 삶의 영역을 파악하기 위해서 여러분은 환자를 못마땅하게 여기거나 비난하지 않아야 하고 개방적으로 대할 수 있어야 합니다. 훈련 중인 임상가들은 종종 환자에게 성생활에 대해 질문하는 것을 어려워합니다. 이것은 익숙하지 않은 질문이기 때문이기도 하지만 성행위에 대한 개인의 기준(양육 환경과 문화의 결과)과 관련이 있습니다. 여기에서 여러분은 자신의 기준을 인식하고 다른 기준에 대한 권리를 인정하는 것이 중요합니다. 그리고 솔직하게 성과 관련된 이야기를 탐

색하는 과정은 임상가와 환자 모두에게 흥미를 유발할 수 있으므로 성에 대한 부분을 파악할 경우, 그 어느 때보다 임상가는 경계를 확고히 한 후 탐색해야 합니다.

현 병력과 개인력 및 사회력을 파악하는 동안 이미 여러분은 환자와 파트너 간의 성생활에 대한 내용을 자연스럽게 파악하였을 것입니다. 만약 이 이야기를 나누지 못하였거나 환자에게 현재 파트너가 없을 경우, 여러분은 환자에게 직접적으로 정보를 질문해야 합니다. 개방형 질문은 환자에게 편안함과 응답할 수 있는 기회를 제공합니다.

> "이제 성생활에 대해 말씀해 주셨으면 합니다."

이 질문의 형식은 대부분의 사람이 성관계를 하고 있으며, 이것은 사회적으로 수용 가능하고, 정상적이라는 가정하에 시작되는 것입니다.

만약 환자의 첫 번째 질문이 "그게 무슨 뜻입니까?"와 같은 경우, 다음과 같이 자세히 설명해 줄 수 있습니다.

> "두 가지를 알고자 합니다. 먼저, 당신의 성생활은 보통 어떻습니까? 그리고 둘째로는, 치료받고 있는 이 문제가 성생활에 어떤 영향을 끼쳐 왔습니까?"

한 번에 두 가지 질문을 하지 않는 것이 규칙이지만, 이와 같은 의도적인 이중 질문은 환자에게 파악하고 싶은 범위를 알려 주는 것입니다.

이어지는 면담에서는 다음과 같은 정보를 파악할 수 있도록 질문해야 합니다.

> "그 환자는 몇 살에 처음으로 성관계를 알게 되었습니까?"
> "첫 성 경험은 어떤 상황이었습니까?"
> "몇 살에 성 경험을 했습니까?"
> "환자는 어떻게 반응했습니까?"

## 성적 취향

일부 임상가는 간단한 형식으로 성관계를 질문하는 것을 선호합니다.

> "당신의 성적 취향은 무엇인가요?"

이 접근 방식은 (일반적으로) 명확한 답변을 조기에 도출하며, 따라서 추후 발생할 수 있는 오해의 상황을 피할 수 있게 만드는 장점이 있습니다. 이성 관계를 맺고 있으므로 환자가 동성애 전력이 없을 것이라고 가정하지 않도록 주의하시길 바랍니다.
그러한 내력을 가진 사람이라면 다음의 내용을 파악하기 위해 노력해야 합니다.

> "그 환자는 양성애자인가요, 아니면 동성애자인가요?"
> "만약 후자라면, 대략 몇 퍼센트로 성적 만남이 이성과 이루어졌나요?"
> "환자는 이러한 성적 지향이 편안하다고(**자아 동질적**) 생각하나요? 아니면 불편하다고(**자아 이질적**) 생각하나요?"
> "환자는 성적 취향과 생활방식을 얼마나 잘 통합하고 있습니까?"
> "환자가 성적 지향의 변화를 원했거나 시도한 적이 있습니까?"

첫 면담에서 꿈의 내용을 파악하는 것은 그리 효과적이지 않지만 기본적 성향이 불분명한 환자, 즉 동성애적 환상을 가진 사람들을 평가하는 데 있어서는 도움이 될 수 있습니다.

## 성행위

성적 문제가 있을 경우, 우리는 일상적으로 파악하지 않는 영역을 질문해야 합니다. 이때는 상식을 사용하셔야 합니다. 이와 같은 내용은 나중에 질문해도 안전할 것입니다. 환자와 파트너가 성생활에서 행복감을 느끼며 문제가 없다는 확신이 들면 다음과 같은 일반적인 질문을 할 수 있습니다.

> "우리가 아직 이야기하지 않은 성적인 문제가 있나요?"

그러나 성 기능 장애가 있을 경우 다음과 같은 몇 가지 사항을 탐색해야 합니다.

- 성적인 문제가 평생 지속되었습니까, 아니면 최근에 발생하였습니까?
- 현재 성관계 준비는 어떻게 하고 있습니까?
- 성교에 문제가 있었습니까? (그들은 금욕이 필요합니까?)
- 성관계는 환자에게 즐거움을 줍니까?
- 파트너와의 성생활은 어떻습니까? (이성에 대한 선호도 및 관행을 파악하기 전까지는 특정한 성을 나타내는 명사를 사용하기보다 '파트너'를 사용하는 것이 안전합니다.) 여성이 남성보다 성적 쾌락이 미충족되고 있음을 보고할 가능성이 훨씬 큽니다.
- 환자가 결혼했거나 장기간 연애를 하는 경우 불륜 혹은 외도가 난 적이 있었습니까? 그렇다면 당신은 얼마나 있었습니까? 얼마나 자주 있었습니까? 최근에 발생한 일입니까?
- 커플은 성관계를 명확하게 소통하고 있습니까?
- 성관계의 빈도는 어떻습니까? 최근에 바뀌었습니까, 아니면 나이가 들면서 바뀌었습니까?
- 주로 누가 성관계를 시작합니까?
- 다른 대인관계 문제로 파트너가 성관계하는 것을 주저하고 있습니까?
- 커플은 전희를 합니까? 언제까지 계속됩니까? 전희에 해당하는 것이 무엇입니까? (대화? 키스? 성기 애무?) 많은 남자는 성적 각성이 남자보다 여자에게 더 오래 걸린다는 것을 깨닫지 못하기 때문에, 남성의 여자 파트너는 전희가 너무 짧고 성교 자체가 만족스럽지 않다고 보고할 수 있습니다.
- 구강성교를 한다면, 두 파트너 모두 그것에 대해 열정적입니까?
- 환자가 오르가슴에 얼마나 자주 도달합니까? 성 불감증(절정 부족)은 여성들에게 상당히 흔하지만, 그럼에도 불구하고 강한 성욕을 경험할 수 있습니다. 일부는 자위행

위와 같은 특정 상황에서만 오르가슴을 이룰 수 있습니다. 성적 관심과 마찬가지로, 질병(신체적 또는 정신적)과 불안으로 오르가슴에 이르는 능력이 저하될 수 있습니다.

- 환자가 얼마나 자주 자위행위를 합니까? 이것이 환자 또는 파트너에게 문제가 있다는 것을 의미합니까?
- 부부는 어떤 피임 방법(있는 경우)을 사용합니까? 파트너들은 임신 시기나 예방에 대해 동의합니까?
- 현재의 관계 외에 섹스 파트너가 있었습니까?
- 파트너 중 1명이 성병에 걸린 적이 있습니까?

## 일반적인 성적 문제

성 기능은 욕구, 각성 및 오르가슴의 영역으로 구성됩니다. 욕구가 약해진 것처럼 보일지라도, 여전히 환자는 성적인 생각이나 환상을 가지고 있습니까? 비교적 흔한 몇 가지의 성적 문제가 존재할 수 있으니 주의하시길 바랍니다.

- 발기 부전(발기 불능 또는 유지 불능): 성관계를 시작하고 나서 얼마나 오래 유지되었습니까? 성관계 전반에서의 문제입니까, 아니면 부분적인 문제입니까? 특정 파트너에게만 발생합니까? 의학적인 문제가 있음이 밝혀졌습니까? 치료를 받았습니까? 발기 부전은 성적 욕구의 저하와는 상당히 다름을 유의하시길 바랍니다.
- 성교 불쾌증(성교 통증): 여성에게 흔하며 남성들에게는 거의 보고되지 않는 질환입니다. 그 원인은 생물학적이거나 정서적일 수 있습니다. 이것은 성 기능이나 쾌락을 방해할 만큼 두드러집니까?
- 조루증: 남자가 너무 빨리 사정을 피할 수 없는 단계에 도달하면 두 파트너 모두 좌절감과 즐거움의 부족을 경험할 수 있습니다.
- 지루증: 이것은 죄책감과 같은 정서적 요인이나 특정 약물의 결과일 수 있습니다. 대표적인 예는 조루 치료에 사용된 티오리다진(thioridazine, Mellaril)의 사용입니다.
- 동성애나 양성애 가능성에 대한 우려: 환자에게 성적 취향은 중요한 부분이며 면

담 과정에서 이를 탐색하는 것은 합당한 근거로 작용하겠지만, 환자에게는 질병인 것처럼 여겨지게 하면 안 됩니다. 오히려 다양하고 정상적인 성적 취향 중 하나인 것으로 인식할 수 있도록 돕는 것이 중요합니다.

환자의 성생활에 대해 탐색할 경우, 문제가 발생한 구체적인 사례를 물어보십시오. 표현 방식이 문제인 것 같으면 과정에 대한 용어(행동 용어)로 설명해 줄 것을 부탁하십시오. "먼저 나는…… 그런 다음 그녀는 ……합니다. 하지만 그것이 큰 효과 없어서, 우리는……." 무성욕 문제도 마찬가지로, 언제부터 그것이 얼마나 자주 그리고 어떤 상황에서 발생하는지, 얼마나 심각한지, 어떤 조치를 취했는지, 그리고 어떤 것이 도움이 될 것 같은지를 알아보시길 바랍니다.

## 성도착 장애

비교적 흔하지 않은 것에는 성도착 장애(paraphilias)가 있습니다. 성도착 장애를 지닌 환자는 다른 자극 혹은 파트너의 굴욕이나 고통에 의해 각성되는 행동으로 장애가 구성됩니다[변태성욕 장애(paraphilic)와는 구별됩니다]. 변태성욕 장애는 욕망이 최소 6개월 동안 반복적으로 발생하고, 환자가 충동에 따라 행동했거나 그로 인해 현저하게 고통을 받았을 때만 진단이 내려집니다. 그러한 환자 중 대부분은 남성이며, 많은 사람이 이러한 유형의 충동 중 몇 가지를 가지고 있고 이는 정상적인 성관계와 사랑 관계를 즐기는 능력에서 문제가 발생할 수 있습니다. 특정 변태성욕 장애는 다음과 같습니다.

• **노출 장애**: 이 환자들은 낯선 사람, 대개는 여성들에게 자신의 성기가 노출되는 것에 관련된 환상과 충동을 가지고 있습니다. 이러한 환상으로 행동하는 환자는 대개 피해자와 신체적 접촉을 시도하거나 신체적 위험을 초래하지는 않습니다.
• **물품음란 장애**: 페티시스트는 무생물(종종 신발 또는 여성용 속옷)에 의해 성적으로 자극받습니다. 이는 환자가 직접 사용하거나 성행위 중 파트너가 착용하는 것으로 나타납니다.

- **접촉마찰 장애**: 접촉마찰은 동의하지 않은 사람을 만지거나 비벼서 흥분하는 것을 의미합니다. 보통 군중 속에서 일어나며, 옷과 손이나 성기를 통한 접촉을 통해 나타납니다.
- **소아성애 장애**: 이 환자들은 어린아이들(보통 13세 이하)에 대한 성적인 환상과 충동을 가지고 있습니다. 대부분의 소아성애자는 여아를 선호하지만, 일부는 남학생이나 성별에 상관없이 아이들에게 자극을 받습니다. 이 장애는 일반적으로 만성적이며 외모, 옷 벗기, 신체 접촉 등 다양한 성적 활동을 포함할 수 있습니다.
- **성적 피학장애(마조히즘)**: 이 환자들의 성적 환상과 행동은 구타를 당하거나, 묶여 있거나, 다른 방식으로 굴욕을 당하거나 고통을 당하는 것과 관련이 있습니다. 극단적인 경우 질식으로 사망할 수 있습니다.
- **성적 가학 장애(사디즘)**: 이 환자들은 동의하거나 동의하지 않을 수 있는 다른 사람에게 신체적 또는 정신적 고통을 가함으로써 성적으로 흥분됩니다. 이러한 행동은 시간이 지남에 따라 증가할 수 있으며, 때로는 심각한 부상을 입거나 심지어 사망에 이를 수도 있습니다.
- **복장 도착 장애**: 이 환자들은 반대되는 성(性)의 옷을 입으면서 성적으로 흥분합니다. DSM-5 기준은 성 중립형이지만 이 장애는 남성만 있는 것으로 보고되고 있습니다.
- **관음 장애**: 관음증('peeping Toms')은 누군가가 나체이거나, 옷을 벗거나, 성관계를 갖는 것을 보면서 흥분합니다.
- **기타 성도착 장애**: 그 밖에 동물, 신체 배설물, 시체로부터의 성적 흥분 그리고 전화로 음란한 말을 함으로써 성적으로 흥분하는 성도착 장애 등이 있습니다.

## 성병

모든 환자의 경우 헤르페스, 매독, 임질 등 성병 병력이 있는지 주의를 기울여야 합니다. 특히 HIV/AIDS의 위험 요인에 관해 물어봐야 합니다. 여러 섹스 파트너가 있는지, 정맥 주사로 약물을 사용하는 사람과의 성관계나 동성애 관계가 있는지를 파악해야 합니다. 만약 어떤 대답이 "예."라면, 콘돔이 사용되었는지 물어볼 필요가 있을 것입니다. 그렇다면 몇 퍼센트 정도 콘돔을 사용하였습니까? 환자는 HIV 검사를 받은 적이 있습니까? 그렇다면 최근에 했습니까? 그 결과는 어땠습니까?

# 성적 학대

## 아동기 성추행

특히 정신건강 문제를 겪는 환자 중 유년기 시절 성적 학대를 경험한 사람들이 매우 많습니다. 현재까지 이 영역은 경험이 많은 임상가에게도 충분히 연구되지 못한 채 미개척 상태로 남아 있습니다. 어린 시절의 성적 학대 경험은 DSM-5에서 설명한 많은 성인 장애와 연관되어 있는데, 여기에는 경계성 성격 장애, 섭식 장애, 해리성 정체성 장애 및 신체 증상 장애(또는 저는 신체화 장애라고 계속적으로 부르는 것을 선호합니다)가 있습니다.

이러한 조건이나 장애들이 존재하지 않더라도 초기 성행동에 대한 기억을 이야기 나누면서 안심시킬 필요성이 있고, 염려됨을 표현할 수 있습니다. 따라서 이 문제를 질문해야 합니다. 이때 **성추행** 및 **강간**과 같은 부담스러운 용어는 피하시길 바랍니다.

> "어렸을 때 다른 아이나 성인이 당신과 성관계를 하기 위해 접근한 적이 있습니까?"
> "당신 인생에서 언제라도 강제로 성관계를 하게 된 적이 있나요?"

질문에 "예."라고 대답을 할 경우, 철저한 탐색이 필요합니다. 특히 다음과 같은 세부 정보를 파악해야 합니다.

> "실제로 무슨 일이 일어났나요?"
> "신체적인 접촉이 있었나요?"

> "그때 환자는 몇 살이었나요?"
>
> "사건이 몇 번이나 일어났나요?"
>
> "가해자는 누구였나요?"
>
> "가해자와 환자 사이에 혈연관계가 있었나요?"
>
> "환자는 그 사건에 어떻게 반응했나요?"
>
> "부모님에게 말했나요?"
>
> "그들은 어떻게 반응했나요?"
>
> "이러한 사건이 어린 시절이나 성인으로서 환자에게 어떤 영향을 미쳤나요?"

　가끔 환자는 "잘 모르겠습니다." 또는 "내 어린 시절에 대해 많이 기억할 수 없습니다."와 같은 모호한 대답으로 반응합니다. 이와 같은 반응은 환자의 과거 기억 어딘가에 의식적으로 기억하기에는 그것이 견디기가 어렵고 고통스러운 것일 수 있음을 시사하는 것입니다. 이 시점에 대해 추가적인 탐색을 할지라도 많은 정보가 수집되지 않겠지만, 가능한 한 잊힌 시간의 간격(만 6~12세 또는 중학교 시절 내내)으로 파악하도록 노력해야 할 것입니다. 그래야 나중에 기억의 회복 과정에 도움이 될 수 있습니다.

　추후 여러분은 환자에게 다시 이 주제로 되돌아갈 것이라고 알리지 않는 것이 좋습니다. 오랫동안 묻혀 있던 트라우마를 파악하겠다는 것은 위협적으로 느껴질 수 있고, 여러분이 쌓아 놓은 라포 형성에 손상을 줄 수 있기 때문입니다. 대신 다음과 같이 말하시길 바랍니다.

> "이 영역에 대해서는 약간의 확신이 없는 것처럼 들립니다. 괜찮습니다. 아무도 어린 시절의 모든 것을 기억하지 못합니다. 그러나 초기 성 경험에 대한 내용이 나중에 떠오르게 된다면 그것에 대해 듣고 싶습니다. 중요할 수도 있습니다."

　여러분과의 관계가 확고하게 유지되었다고 확신이 생겼을 때, 나중의 면담에서 이 주제에 대해 이야기 나눌 수 있도록 메모하시길 바랍니다.

## 강간과 배우자 학대

수십 년 동안 강간 범죄는 심각하게 과소 보고되었습니다. 이는 아마도 피해자의 수치심, 당혹감과 악평에 대한 두려움 때문일 것입니다. 최근 몇 년 동안 '유명인의 강간' 사건에 대한 재판이 공개되고 있으며, 더 나아가 피해자 심리에 대한 우리의 이해도가 높아짐에 따라 이와 같은 과소 보고 문제는 감소했을 수도 있습니다. 그럼에도 불구하고 환자(대부분 여성)가 성인이 되어서 강간이나 다른 형태의 성적 학대를 겪는 경우는 너무나 많습니다(미군은 2012~2013년까지 12개월 동안 성폭력이 43% 증가했다고 보고하였습니다). 대다수 환자는 이와 같은 경험으로 심각한 외상을 입으며, 임상가는 치료의 방법을 결정하기 위해 필요한 정보를 얻어야 합니다.

일반적으로 선호되는 첫 번째 접근 방식은 사건과 그 결과를 파악하기 위해 비구조화된 방식과 공감적인 태도로 질문하는 것입니다.

"이러한 경험들에 대해 말씀해 주십시오."

부드러운 탐색적 질문을 통해 다음의 정보를 얻으려고 노력해야 합니다.

"어떤 상황이었나요? (주변은요? 나이는요?)"

"가해자는 누구였나요? (친척입니까? 아는 사람이었나요? 낯선 사람이었나요? 강도였나요?)"

"몇 번이나 일어났나요?"

"환자는 가해자를 알고 있었나요?"

"그들은 친척이었나요?"

"알코올이나 약물을 사용한 상태였나요? 만약 그렇다면 누구에 의해서인가요?"

"그 당시 환자는 어떤 감정적 반응을 보였나요?"

"누가 알고 있나요?"

"환자의 말이 진정성 있게 들렸나요?"

"법적 조치가 취해졌나요? 그렇지 않다면 왜 그런 걸까요?"

"그 경험들이 남긴 영향은 무엇인가요?" (공포, 분노, 수치심, 불안, 우울, 외상 후 스트레스 증상을 찾으시길 바랍니다.)

배우자의 성적 학대와 신체적 학대는 유사한 여러 감정을 유발할 수 있습니다. 피해자들은 또한 추가적인 학대나 유기와 같은 보복을 두려워하기 때문에 이 범죄를 신고하기를 꺼릴 수도 있습니다.

제**10**장
----------
# 면담의 후기 통제

첫 면담의 초기에는 환자가 문제 상황을 자유롭게 이야기하도록 권장하였지만, 개인력 및 사회력을 이야기할 때쯤부터는 여러분이 면담의 통제권을 행사하는 것이 중요합니다. 이렇게 시간을 효율적으로 사용한다면 모든 내용을 다룰 수 있고 나머지 중요한 영역까지도 탐색할 수 있습니다. 다양한 언어 및 비언어적 기법은 환자의 반응을 유도하고 획득한 정보를 확장시키는 데 도움을 줍니다.

## 면담의 관리 능력

일부 환자에게는 유도 질문을 부드럽게 사용하는 것만으로도 큰 통제력이 발휘되어 면담이 올바른 방향으로 나아갈 수 있습니다. 상세하게 설명하는 환자 혹은 수다스러운 환자에게는 보다 적극적인 통제가 필요합니다. 조증과 같이 언어 압박이 심한 경우나 정신병적 의심이 있는 사람들에게는 자주 방향을 전환시킬 필요성이 있습니다.

여러분은 면담 과정에서 자신의 언어적 표현의 양을 조절해야 합니다. 특히 초보 임상가라면 더욱이 조심해야 합니다. 때때로 여러분은 불안을 느껴 너무 길게 이야기합니다. 질문 및 개입의 주된 목적은 환자의 정보 흐름을 원활하게 하는 데 있음을 잊지 말아야 합니다. 여러분은 가능한 한 짧은 시간 동안 질문을 명확하고 간결하게 이야기하길 바랍니다.

여러분은 면담 시간 내에 너무 많은 내용을 다뤄야 하므로 환자가 제기하는 문제를 완전히 대처하지 못할 수도 있습니다. 예를 들어, 환자가 어렸을 때 놀림을 받았다는 말을 들을 경우, 여러분은 자연스럽고 즉각적으로 환자를 측은히 여기고, 그때의 상황과 그때 환자의 반응을 물어보고 싶은 충동을 느끼게 될 것입니다. 우리의 개입은 아마도 늦었을지 모르며, 이 내용은 다음 회기에서 다뤄야만 할 것입니다. 그러나 우리는 미탐색 영역인 성적 학대 문제를 탐색해야 할 것입니다. 이때 우리는 잠깐 동안 환자의 이야기에 공감한 다음, 어쨌든 탐색하고 싶은 다른 어린 시절의 트라우마를 질문하며 이에 관한 관심을 나타낼 수 있습니다.

> 환　자: ……그래서 저는 제가 학교 운동장에서 놀림당하는 존재이고, 골칫거리라고 느꼈어요.
>
> 임상가: 그런 경험은 정말 아이를 비참하게 만들 수 있습니다. 어렸을 때 다른 종류의 고통스러운 문제가 있었습니까? 예를 들어, 누군가 당신에게 성적으로 접근한 적이 있나요?

라포를 손상시킬 수 있는 갑작스러운 전환은 피해야 할 것입니다. 대신 다음 기술 중 하나를 사용해 보십시오.

- 앞의 예에서 임상가가 했던 것처럼 먼저 공감하는 발언을 하게 되면 주제를 좀 더 우아하게 바꿀 수 있습니다.
- 메모를 중지하고 펜을 내려놓으십시오. 계속해서 메모하면 환자는 동일한 주제를 끊임없이 이야기하도록 격려받을 수 있습니다.
- 만약 중단해야 한다면 검지를 들어 올리고(손 전체를 들어 올리는 것은 강압적으로 보입니다) 숨을 들이마시는 행위를 통해 여러분이 말할 차례가 필요하다는 신호를 보여 주십시오.

- 환자의 두 문장 사이에 끼어들기 위해서는 재빨리 움직여야 합니다. 이것은 예민성(각성)과 약간의 말재주가 필요하지만 일반적으로 효과적입니다. 특히 여러분이 환자의 생각 끝에 개입할 수 있다면 더욱 효과가 좋습니다.
- 여러분이 이미 충분히 다룬 내용을 환자가 또다시 제시하는 경우 주제 전환이 필요함을 표시하십시오.

> "시간이 있으면 나중에 그것에 대해 더 듣고 싶습니다. 지금은 대신 ……에 대해 이야기합시다."
>
> "저는 당신의 불면증에 대해 이해하고 있다고 생각합니다. 그런데 식욕이 좀 달라졌나요?" ('예-아니요'로 반응하는 질문을 말하는 것은 간단한 대답을 원한다는 것을 의미합니다.)
>
> "중요한 다른 것을 물어보기 위해 여기서 말을 잠시 끊어야겠어요……."

- 여러분이 원하는 간단한 대답을 얻었을 때 고개를 끄덕이거나 웃으십시오. 이러한 행동은 환자의 언어적 표현을 더욱 간결하게 만드는 강화로 작용할 것입니다.

그러나 일부 환자는 이와 같은 간접적인 표현에는 잘 반응하지 않습니다. 계속해서 횡설수설하는 사람에게는 더 직접적으로 표현하는 것이 좋습니다. 좋은 접근 방식은 여러분의 요구사항과 제안된 해결책을 명확하게 설명하는 것입니다.

> "제가 당신을 가장 잘 돕기 위해서 우리는 많은 내용을 다루는 것이 중요합니다. 그 말은, 이제 다른 내용을 다루고 싶다는 이야기입니다."
>
> "시간이 좀 촉박해지고 있습니다."
>
> "본론으로 들어가죠."

특히 수다스러운 환자는 직접적인 메시지를 받기 전, 두 번 이상의 간접적인 메시지를 통해 새로운 방향 설정을 해야 할 수도 있습니다. 하지만 계속하십시오. 그렇게 하면서 진단의 자료를 얻으시길 바랍니다.

# 폐쇄형 질문

첫 면담의 초기 부분에서는 개방형 질문을 권장했습니다. 개방형 질문은 환자들이 보다 폭넓고 명확하게 의사소통할 수 있도록 도움을 주기 때문입니다. 면담의 후반부터는 어떤 특정 정보가 진단과 치료에 연관될지를 파악하게 되는데, 이때부터는 특히 폐쇄형 질문이 효과적입니다.

폐쇄형 질문은 "예." 또는 "아니요."로 대답하거나 특정 대답(예: 숫자, 환자의 출생지 또는 이름이나 결혼 기간과 같은 사실)을 요청하는 질문입니다. 이를 통해 진단 기준을 정확히 파악하고 이전 응답을 명확히 할 수 있으므로 환자의 문제에 대한 세부 정보를 구체적으로 파악할 수 있습니다. 또한 특정 정보를 회피하고 싶은 환자의 반응을 막을 수도 있습니다. 아울러 성적 문제나 또는 정신병에 대한 부인과 같은 중요한 문제를 확인하는 데 도움이 됩니다. 개방형 질문만으로는 환자에게 이러한 증상이 없다는 것을 파악하지 못할 수 있습니다.

또 다른 폐쇄형 질문은 환자가 질문에 명료하게 표현하지 못하는 경우 객관식(선다형) 질문으로 대체할 수 있습니다.

> **임상가**: 코카인을 얼마나 오랫동안 사용해 왔습니까?
> **환　자**: 음, 전…… 그게…… 제가……. 음, 정확히는 모르겠어요.
> **임상가**: 음, 1주일이나 2주, 아니면 6개월 정도 지났나요? 아니면 1년 이상 지났나요?
> **환　자**: 아, 1년이 넘었네요. 3년쯤일지도 모르겠어요.

여러분은 폐쇄형 질문의 잠재적인 단점도 알고 있어야 합니다. 폐쇄형 질문을 할 경우, 수다스러운 환자들은 여러분이 환자에 대한 관심보다는 정보를 얻는 것에 더 관심이 있다고 생각하여, 폐쇄형 질문에 대한 반감을 가질 수 있습니다. 또한 '예-아니요' 형식은 환자가 다양하게 이야기할 기회를 주지 않으며, 여러분이 얻은 대답은 여러 정보를 파악하게 도움을 주기보다는 환자에게 오해를 살 수 있습니다. 다음은 폐쇄형 질문에 대한 안타까운 상황의 예입니다.

**임상가**: 어렸을 때 아버지와 관련하여 문제가 있었습니까?

**환 자**: (생각: '나는 저 사람이 말한 것을 참을 수가 없어. 저 사람이 한 말에 전혀 신경 쓰고 싶지 않아. 그럼 내가 할 수 있는 대답은⋯⋯') 아니요.

폐쇄형 질문은 상황에 따라 유용할 수 있습니다. 그러나 폐쇄형 질문이 환자의 반응을 유도할 경우, 환자는 여러분이 승인해 줄 수 있는 어떤 기준이나 행동이 있다고 암시받게 되므로 환자의 반응을 유도하면 안 됩니다. 따라서 이와 같은 유도 질문을 통해 얻은 정보는 파악할 수 있는 정보의 범위와 타당성이 심각하게 저하될 수 있습니다. 예를 들어, 여러분은 환자에게 '평균'이라는 생각을 나타내지 마십시오.

**임상가**: 당신은 술을 얼마나 마십니까?

**환 자**: 아, 평균 정도라고 할 수 있겠네요.

**임상가**: 일주일에 두세 번 정도요?

**환 자**: 음, 물론이지요.

이 예시에서 임상가의 올바른 질문은 "당신에게 '평균'이 무엇입니까?"라고 묻는 것입니다. 사실 정상으로 간주되는 모든 암시적인 표현을 조심해야 합니다. "아버지와의 관계가 좋은가요?" 대신 개방형 질문으로 "아버지와 어떻게 지내십니까?"라는 말을 써 보시길 바랍니다.

실제로 폐쇄형 질문은 일부 환자에게 유용한 정보를 이끌어 내지 못할 수도 있습니다. 그렇기 때문에 여러분은 충분히 환자와 라포를 형성하고, 환자에게 대답하는 습관을 형성한 후, 면담의 후반부에 사용하는 것이 좋습니다. 특히 환자는 여러분이 면담 과정에서 더 많은 이야기를 해 줄 것을 요구하기 때문에 환자에게 폐쇄형 질문은 당혹스럽거나 관련이 없는 것처럼 느끼게 되어 부정확하게 응답할 가능성이 큽니다. 이러한 문제로 임상가는 환자의 응답을 거르기 위해 더 많은 시간을 소요할 가능성이 큽니다. 결과적으로 여러분이 수집한 정보는 사실이 아니거나 불완전한 것으로 판명될 수 있습니다.

그럼에도 불구하고 이와 같은 매우 구조화된 질문 방식은 면담 방식에 익숙하지 않은 사람이거나 언어 능력이 다소 저하된 사람에게 적합할 수 있습니다. 특히 중증 정신장애, 인지장애, 만성 조현병 환자, 지적 능력이 정상 이하인 환자 그리고 다양한 이유로 면담을 꺼리는 환자에게는 더욱 적절할 수 있습니다. 처음부터 면담을 꺼리는 사람들에게는 '예-아니요'로 응답을 얻을 수 있는 질문을 광범위하게 사용해야 할 수도 있습니다.

면담이 얼마나 진행되었든 간에 개방형 및 폐쇄형 질문을 혼합하여 계속 사용한다면, 아마도 성공적으로 면담을 진행할 수 있을 것입니다. 예를 들어, 알코올 사용장애의 진단을 확인하는 일련의 신속한 답변을 얻은 후에는 다음과 같은 개방형 질문을 통해 긴장된 면담의 분위기를 완화할 수 있습니다.

> "방금 전에는 많은 질문을 하였습니다. 이제 앞으로 음주를 어떻게 하실지에 대한 계획을 말씀해 주시겠어요?"

이와 같은 폐쇄형 질문과 개방형 질문의 방식을 잘 조합함으로써 여러분은 상세하고 구조화된 정보를 얻을 수 있을 뿐만 아니라 환자가 중요한 새로운 생각을 할 수 있도록 장려할 수도 있습니다. 이와 같은 방식의 조합은 최대한의 유효성을 가진 자료를 얻는 데 도움을 줍니다.

## 민감성 훈련

높은 수준의 구조화된 질문을 할 경우, 여러분은 환자에게 거칠게 이야기하거나 불쾌감을 제공해서는 안 된다는 점을 기억해야 합니다. 높은 수준의 구조화된 질문을 할지라도 공감하는 표정이나 어조로 질문을 부드럽게 할 수 있습니다. 그러나 환자가 다양한 민감한 문제를 이야기할 수 있도록 하기 위해 요청의 표현도 사용해야 할 것입니다.

"저는 당신이 아내와 사별하였기 때문에 그녀에 대해 이야기하기가 어렵다는 것을 알고 있습니다." (이 이야기는 환자의 명백한 고통에도 불구하고 이 내용을 파악하는 것이 매우 중요하다는 것을 알리는 것입니다.)

"다른 사람들은 법적 문제가 있는 딸을 어떻게 대할 것이라고 생각하세요?" (다른 사람이 어떻게 반응하거나 느낄 수 있을지를 물어보면, 환자의 개인적인 관여와 책임감을 줄일 수 있을 것입니다. 이 특별한 표현은 또한 환자가 이런 종류의 경험으로 고통받는 것이 혼자가 아니라는 것을 암시합니다. 그렇지 않으면 놓칠 수 있는 정보가 있을 수도 있습니다.)

"만약 경찰이 당신을 음주 혐의로 체포한다면 기분이 어떨까요?" (가정을 사용하면 환자가 감정적으로 흥분한 상황에서 어느 정도의 거리를 두도록 도울 수 있습니다.)

"당신은 아내를 때려서 미안하다고 말할 기회가 있었나요?" (여기서 여러분은 환자가 하지는 않았지만 했어야 할 칭찬받을 만한 행동에 대해 이야기하며, 부드럽게 질문을 할 수도 있습니다.)

## 전환

효과적인 면담은 질문을 연속해서 하는 것이 아닙니다. 여러분은 여러분과 환자가 말하는 대화 내용이 전체적으로 일관성이 있는지를 주의 깊게 살펴봐야 합니다. 우리는 한 주제에서 다음 주제로 넘어가는 데 사용하는 문장이나 구문을 전환이라고 부릅니다. 전환이 여러분이 가고 있는 길을 가리키기 때문에, 조심스럽게 전환하면 환자는 여러분이 주제를 변경하는 것을 인식하지 못할 것입니다. 그리고 전환은 전체 이야기를 하나로 묶는 데도 도움이 됩니다.

최고의 전환은 평상시의 대화처럼 자연스럽게 흐르는 언어로 표현되는 것입니다. 환자에게 질문할 때 이전에 답했던 내용이 나오지 않도록 질문해야 하고, 가능한 한 환자가 사용한 단어를 탐색의 수단으로 사용하길 바랍니다.

환  자: ……그래서 아내가 정규직으로 취직했을 때 우리의 재정 상황은 정말 좋아졌습니다.

**임상가**: 그럼 당신과의 관계는 어떻습니까? 당신의 아내가 정규직으로 취업한 후
에 바뀌었나요?

면담은 항상 일정한 정보를 얻으면서 순차적으로 진행될 수 없습니다. 만약 B에
대해 이야기를 나누던 중 중요한 주제인 A가 언급될 경우, A에 대해 결론을 내린 후
진행하지 않으면 면담이 산만해질 수 있습니다. 추후 환자가 이전에 이야기했던 내
용을 토대로 B를 다시 진행한다면 순조롭게 화제를 전환하여 이야기를 나눌 수 있
습니다. 예를 들어 보면 다음과 같습니다.

> "몇 분 전 당신은 술을 마시면 우울증이 나아지는 것 같다고 말했습니다. 술에 대해 좀 더 말
> 씀해 주시겠어요?"

아울러 여러분은 시간, 장소, 가족 관계, 직업과 같은 공통 요소를 사용하여 대화
의 흐름을 원활하게 할 수 있습니다.

**환　자**: ……그래서 어머니가 돌아가신 것은 동생이 이라크로 떠난 직후였어요.
**임상가**: 그 당시에 당신은 무엇을 하고 있었습니까?

누구도 엄격한 심문을 좋아하지 않습니다. 환자 또한 예외가 아닙니다. 따라서
면담은 심문이 아닌 대화처럼 느껴지도록 노력해야 합니다. 부드러운 전환은 그 느
낌을 만드는 데 도움이 됩니다. 그러나 갑작스럽게 전환해야 하는 경우, 환자에게
의도적으로 주제를 변경하고 있음을 깨닫도록 신호를 보내야 합니다.

> "저는 당신이 술에 대한 좋은 이미지를 가지고 있다고 생각합니다. 이제 저는 다른 것으로
> 넘어가고 싶습니다. 마리화나나 코카인과 같은 다른 물질 사용으로 문제가 있었던 적이 있었는
> 지 말씀해 주시겠습니까?"

여러분과 환자가 서로 익숙해지면 적절하게 강조된 한 단어는 주제의 변화를 알리는 신호로 인식될 것입니다.

"**이제** 남편과 함께 필로폰을 만들고 판매할 때 무슨 일이 있었는지 말씀해 주세요."

환자가 화를 내거나 불안해하는 경우, 여러분은 화제를 전환하고 싶은 유혹을 느낄지도 모릅니다. 그런 경우, 여러분은 변화를 인정한 후 부드럽게 전환하도록 노력해야 합니다. 그리고 여러분은 면담 과정에서 무심코 이끌어 냈을지 모르는 어떤 기분 나쁜 감정이든 환자가 느끼는 감정에 대한 권리를 인정해 줘야 합니다. 예를 들어 보면 다음과 같습니다.

"아내가 애인과 어떻게 도망쳤는지 이야기하는 것에 대해 꽤 화가 나신 것 같습니다. 저는 당신을 비난하지 않습니다. 지금은 이 내용에 대해 말하지 않아도 됩니다. 대신 새 여자 친구에 대해 좀 더 물어보겠습니다."

그리고 물론 갑작스럽게 화제를 바꾼 것이 환자라면 그 이유를 파악해야 합니다.

제**11**장

# 정신 상태 검사 I: 행동 측면

## 정신 상태 검사란 무엇인가

정신 상태 검사(Mental Status Exam: MSE)는 환자의 현재 정신 기능을 간단하게 평가할 수 있는 도구입니다. 원래는 전통적인 신경학적 검사의 일부였지만 이제는 초기 정신건강을 평가하는 필수 요소가 되었습니다. 이 장과 다음 장에서는 MSE 전체를 설명할 예정입니다. 처음에는 여기에 제시된 자료의 양과 내용이 부담스럽게 느껴질 수도 있지만, 일단 학습하면 손쉽게 다룰 수 있을 것입니다.

일반적으로 MSE는 여러 영역으로 구분되며, 다양한 방식으로 배열할 수 있기 때문에 여러분이 파악하고 싶은 내용이 포함될 수 있도록 MSE를 배열하시길 바랍니다. MSE의 실시 및 학습에 가장 좋은 방법은 MSE의 형식을 선택하여 암기하는 것이고 MSE가 체화될 때까지 매번 동일한 방식으로 수행하는 것입니다.

다음은 대다수의 전문가가 자주 사용하는 형식입니다. 이 형식은 MSE가 행동과 인지를 포함한다는 사실에 근거하고 있습니다.

## 행동적 측면

행동에 대한 자료를 얻기 위해서 특별한 질문을 하거나 검사를 진행할 필요가 없습니다. 여러분은 환자와 대화하는 동안 언행을 관찰하면 됩니다(몇 가지 질문을 필요로 하는 기분 영역은 제외). 행동 양상은 다음과 같습니다.

① 전반적인 외모와 행동
② 기분
③ 사고의 흐름

## 인지적 측면

MSE의 인지 부분은 환자가 무엇을 생각하고 있는지(말하는지)에 관한 내용으로 구성되어 있습니다. 인지적 측면의 평가는 행동적 측면의 평가보다 더 많은 작업이 필요합니다. 여기에는 다음의 내용이 포함됩니다.

① 사고의 내용
② 지각
③ 인지
④ 통찰력과 판단력

인지적 측면은 제12장에서 설명할 것입니다.

지금부터는 여러분이 알고 있어야 할 표준용어를 정의한 후 설명하겠습니다. 고딕체로 표기된 부분은 이 정보를 어떻게 해석해야 하는지를 알려 줍니다. 그러나 이 정보를 해석할 경우 다음의 두 가지 사실을 염두에 두시길 바랍니다. ① 다양한 해석이 가능할 수 있다는 것과 ② 이상행동으로 분류된 부분이 완전히 정상일 수도 있다는 것입니다. 따라서 여러분은 면담을 진행하는 동안 환자의 현재 행동을 지속적으로 관찰하고 병력을 끊임없이 평가해야 합니다.

# 전반적인 외모 및 행동

여러분은 환자를 바라보는 것만으로도 환자의 많은 부분을 알 수 있을 것입니다. 다음은 누군가가 어떤 부분을 말하기 전, 여러분이 면담에서 제일 먼저 알아차려야 할 특징들을 설명할 것입니다.

## 신체적 특징

환자의 민족이 어떻게 됩니까? 다양한 연구에 따르면 히스패닉(스페인계) 환자는 앵글로색슨(유럽 출신 백인) 환자들과 증상을 다르게 보고한다고 합니다. 일부 진단은, 예를 들어 아메리카 원주민 사이에서 더 흔하게 나타나기도 합니다. 어떤 환자는 다른 민족의 임상가에게 불편함을 가질지도 모릅니다.

이 사람이 몇 살이라고 생각하십니까? 외관상 보이는 나이는 실제 나이와 일치합니까? 나이는 특정 진단을 암시할 수 있습니다. 섭식장애와 조현병은 젊은 환자(10대 후반~30대 중반)에게서 발생 가능성이 더 높은 반면, 우울증(멜랑콜리아)이나 알츠하이머 치매 증상은 노인 환자에게서 더 흔합니다.

환자의 체형을 확인하십시오. 날씬합니까? 다부진 체격입니까? 근육질입니까? 자세는 어떻습니까? (곧게 서 있습니까, 아니면 구부정합니까?) 걷기 및 다른 움직임이 우아합니까, 아니면 격동적으로 움직입니까? 절뚝거립니까? 흉터, 문신 또는 팔다리가 없는 것과 같은 특이한 신체적 특징이 있습니까? 환자의 일반적인 영양 상태와 체중을 어떻게 평가하십니까? (비만입니까? 날씬합니까? 쇠약합니까?) 비정상적으로 마른 체형은 신경성 식욕 부진을 시사합니다. 영양 부족은 정신장애와 관련이 없을 수 있지만, 만성적으로 쇠약해진 경우 신체 질환, 우울, 약물 남용 또는 노숙자임을 나타낼 수도 있습니다.

환자에게 여러분을 소개할 때, 악수하는 동안 환자의 손바닥이 건조하거나 축축한지를 확인하십시오. 손을 잡을 때 압력이 적절하고 진심 어린 태도가 느껴집니까, 아니면 힘이 없고 건성적인 태도를 보입니까?

## 각성도

환자의 각성도를 연속 선상에서 등급 매길 수 있습니다.

- **완전하거나 정상적인 각성**(full or normal alertness): 환경에 대한 인식과 다양한 감각 자극에 **빠르게** 반응할 수 있음을 의미합니다.
- **기면**(drowsiness)과 **의식의 혼탁**(clouding of consciousness): 어느 정도 깨어는 있지만 완전한 각성이 이루어지지 않은 상태를 의미합니다. 기면은 환자에게 자극을 제공하면 완전히 깨어날 수 있는 상태를 의미합니다. 의식의 혼탁은 약물 과다 복용 환자처럼 일시적이지 않을 수 있으며, 이것은 대부분의 인지 기능이 병리학적으로 손상되었음을 의미합니다.
- **혼수상태**(coma): 극심한 통증이나 유해한 냄새와 같은 자극이 있을지라도 환자가 전혀 각성할 수 없는 상태를 의미합니다.

**혼미**(stupor)는 의식의 연속적인 수준 외에 놓여 있는 상태이며, 이 용어는 불완전하게 정의되었습니다. 혼미는 무의식적인 상태를 의미할 수 있지만, 그 대신 환자가 분명히 깨어 있음에도 불구하고 자발적으로 움직이거나 말하지 못하는 상태를 의미할 수 있기 때문입니다.

한 회기의 면담을 진행하는 동안 의식의 변동이 나타나는 환자를 만나는 것은 드문 일이 아닙니다. 의식 수준의 변화를 주의 깊게 살펴보십시오. 이는 환자의 행동에 대한 비구조화된 관찰뿐만 아니라 검사 해석에도 영향을 미칠 수 있습니다.

몇몇 환자는 보통 정상 범주로 생각되는 것보다 더 예민하게 반응할 수 있습니다. 이 사람들은 마치 현 상황을 위험하다고 생각하는 듯 반복적으로 실내를 빠르게 훑어볼 수 있습니다. 이러한 과잉 각성 또는 과다 경계는 편집증, 일부 물질 사용(예: 중추신경계 자극제 및 환각제) 장애 및 PTSD에서 발견되기도 합니다. 그러나 고양된 의식의 각성 상태는 정상 범주에 해당하는 사람들(예: 연인들과 개종한 사람들)에게서도 찾아볼 수 있습니다.

## 의복 및 위생

환자는 깨끗하고 잘 정돈된 옷을 입고 있습니까, 아니면 더럽고 너덜너덜한 옷을 입고 있습니까? 캐주얼합니까? 현대적입니까, 아니면 옛날 스타일의 옷을 입고 있습니까? 옷이 분위기와 상황에 적절합니까? 착용한 보석을 살펴보십시오. 밝은 색상은 조증을 암시할 수 있습니다. 단추가 잘못 채워진 셔츠나 코트는 치매를 나타낼 수 있습니다. 보이스카우트 유니폼을 입었거나 기괴한 드레스를 입은 어른이라면 정신병이 암시될 수 있습니다.

환자의 헤어스타일과 머리 색깔은 어떻습니까? 수염이 있습니까? 개인위생은 어떻습니까? 환자가 흐트러지거나 악취가 나는 경우라면 조현병 또는 물질 사용 장애와 같은 심각한 질병을 의심해야 할 것입니다.

## 운동 활동

자주 관찰되는 신체 자세를 평가해 보십시오. 편안해 보입니까, 아니면 긴장한 모습으로 의자의 끝부분에 앉아 있습니까?

신체 활동의 양을 확인해 보십시오. 여러분이 이야기할 때 환자가 조용히 앉아 있습니까? 환자가 때때로 부동자세를 보입니까? 활동성의 저하는 다양한 신체적 원인을 포함한 전두엽 기능장애의 문제로 발생하기도 합니다. 완전한 부동성의 문제는 드물게 나타나지만, 심각한 우울증이나 긴장증에서도 특징적으로 나타날 수 있습니다.

정신장애인들에게서 훨씬 더 자주 관찰되는 것은 과도한 움직임입니다. 환자가 안절부절못하거나 다리를 위아래로 흔들거나 의자에서 자주 일어나는 모습을 보입니까? 이러한 행동은 오래된 항정신병 약물의 부작용인 정좌불능증(akathisia) 때문일 것입니다. 때때로 정좌불능증이 너무 심해지면 가만히 앉아 있을 수 없고, 방안을 서성거리며 안절부절못하는 모습을 자주 보일 것입니다. 때때로 자세를 쉽게 바꾸지 못하는 것은 단순한 불안의 결과이거나, 하지불안증후군(restless legs syndrome)에 따른 결과일 가능성이 높습니다.

일반적으로 환자는 말로 표현된 감정이나 말의 내용을 강조('손짓')하기 위해 몸짓을 사용할 것입니다. 그러나 몇몇 몸짓은 엄지와 검지를 원형으로 만드는 OK 혹은 가운데 손가락을 들어 올리는 것과 같이 별로 좋지 않은 생각을 전달할 때 사용하기도 합니다. 환자의 손을 관찰하십시오. 환자들이 손을 움직이지 않을 때 포개고 있습니까? 혹은 주먹을 꽉 쥐고 있습니까? 손톱은 지저분합니까? 이빨로 베어 물었습니까? 얼룩이 묻었습니까? 혹은 손톱을 정성을 들여서 깔끔하게 손질하였습니까? 손 떨림이 있습니까? 손 떨림은 불안으로 발생할 수 있지만, 환약 말이 떨림(pill-rolling tremor)은 종종 파킨슨병과 가성 파킨슨병(노인의 항정신제 약물의 빈번한 부작용)에서 나타날 수 있습니다.

공공장소에서 부적절하게 긁는 행위, 만지기 또는 문지르기 같은 모든 행동을 주목하십시오. 이 사람은 피부나 옷 중 어느 곳에 이와 같은 행동을 합니까? 이러한 행동에 대한 하나의 가능한 설명은 다양한 신체적 또는 화학적 원인을 가질 수 있는 섬망에 따른 요인일 수 있습니다. 또 하나의 설명은, 심각한 알코올 사용 장애에서 발견되는 섬망(DTs)일 수 있습니다.

불수의적 운동장애와 관련된 얼굴과 팔다리의 비자발적 움직임을 찾아내는 것은 특히 만성 정신장애인들에게 매우 중요합니다. 사지가 비틀리거나 몸부림치는 움직임이 있습니까? 쩝쩝 씹는 행위를 하거나, 얼굴을 찡그리거나, 주름지게 입술을 오므리거나, 또는 혀를 내미는 모습이 관찰됩니까? 이러한 움직임은 심각하게 보일 수도 있지만 종종 경미하여 식별하기 어려울 수도 있습니다. 확실하지 않은 경우, 환자의 혀를 살펴보도록 하십시오. 지렁이의 움직임과 같은 섬유속연축은 지발성 안면 마비의 유일한 초기 징후일 수 있습니다.

여러분은 다른 이상행동을 발견할 수 있습니다. 목표 지향적인 활동을 하고 있지만, 행위를 하는 과정에서 불필요한 버릇(예: 어떤 사람들은 무언가를 쓰기 전 펜을 과하게 흔드는 동작을 합니다)이 관찰되기도 합니다. 버릇(mannerisms)은 일반적이고 정상적입니다. 우리 모두는 몇몇 버릇을 가지고 있습니다. 반면, 상동행동(stereotypic behavior)은 목표 지향적이지 않은 행동입니다. 한 가지 예를 들어 보면, 뚜렷한 목적 없이 검지와 중지를 동시에 펴는 행동(손가락 모양 V: 평화의 사인)을 하기 위해 손가락을 반복적으로 멈출 수 있습니다. 자세 잡기(posturing)는 환자가 뚜렷한 목적이 없는 자세(예: 셔츠 앞 주머니에 나폴레옹처럼 손을 집어넣는 자세)를 취하거나 손을 들고 있을 때 확인됩니다. 목적이 없는 거부증은 지속적인 침묵의 형태 또는 검사자를 무시한 형태로 나타날 수 있습니다. 납굴증(waxy flexibility)에서 환자의 경직된 팔다리는 부드러운 왁스로 만든 막대를 구부리는 것처럼 천천히 그리고 일정한 힘을 사용해야 움직일 수 있습니다. 강직증(catalepsy)이 있는 환자들은 여러분이 긴장을 풀라고 권유하는 사실에도 불구하고, 환자가 앉은 자리에서 오랜 시간 동안 특이한 자세를 유지할 것입니다. 상동증, 자세 잡기, 납굴증, 거부증 그리고 강직증은 오늘날 드물게 발견되고, 조현병 증상이 가장 심한 입원 환자들에게서만 발견됩니다. 보통 이와 같은 증상은 정신병, 즉 조현병을 의미합니다.

## 얼굴의 표정

눈, 입 또는 기타 신체 부위에 틱 증상이 관찰됩니까? 일반적으로 환자는 미소를 지으며 정상적인 표정을 보입니까? 고정되고 단조로운 표정은 연로한 사람들이나 파킨슨병에서 흔히 볼 수 있고, 또는 항정신병 약물에 의한 가성 치매 증상으로 발현될 수 있습니다. 이러한 환자는 여러분과 눈을 얼마나 잘 맞춥니까? 정신병 환자는 여러분의 눈을 뚫어지게 쳐다보는 등 고정적으로 응시할 수 있습니다. 우울증 환자는 시선이 바닥에 붙어 있는 것처럼 보일 수 있습니다. 환자는 여러분이 볼 수 없는 것을 알아차리거나 다른 사람이 들을 수 없는 목소리에 주의를 기울이는 것처럼 반복적으로 방 안 이곳저곳을 힐끔거리며 훑어보지 않습니까? 이러한 내부 자극에 명백하게 반응하는 것은 다양한 유형의 정신병 환자에서 발생할 수 있습니다.

여러분은 환자가 구두로 제공하는 정보와 모순되는 행동이 없는지에 주의를 기울이셔야 합니다.

여러분은 환자가 항정신병 약물 복용을 거부할 때, 정좌불능증의 운동 불안이 있음을 느낄 수 있을 것입니다.

여러분의 환자는 슬픈 얼굴을 하고 금방이라도 울 것 같지만 쾌활하다고 주장하는 경우도 있을 것입니다.

## 목소리

대화할 때 환자 목소리의 크기, 음조 및 명료성에 관심을 기울이시길 바랍니다.

정상적인 억양(운율이라고 함)을 가지고 있습니까, 아니면 억양이 단조롭고 지루합니까? 문법 사용 능력을 보아 여러분은 환자의 교육 상태나 가족 배경을 추정할 수 있습니까? 억양으로 환자가 살아왔던 국가 또는 지역을 추정할 수 있습니까? 환자가 말을 더듬거나, 혀 짧은 소리로 말하거나, 중얼거리거나, 다른 언어 장애를 가지고 있는 것처럼 보입니까? 습관적으로 사용되는 단어나 구절이 있습니까? 여러분은 환자의 목소리 톤을 어떻게 설명하시겠습니까? 친절하거나, 화가 났거나, 지루해하거나, 슬픈 어조의 목소리입니까?

## 검사자에 대한 태도

여러분과 환자의 관계를 분명하게 묘사할 수 있는 몇몇 연속적인 수준이 있습니다.

- 협력하는 → 면담 진행을 방해하는
- 상냥한 → 적대적인
- 개방적인 → 비밀스러운
- 관심 있는 → 무관심한

이러한 각 요인에서 환자가 어느 쪽에 해당하느냐에 따라 면담 기간 동안 획득한 정보의 양과 라포의 형성 수준을 예상하는 것에 도움을 받을 수 있습니다. 아울러 매혹적이거나 회피적인 특성을 보일 경우 주목하시길 바랍니다.

## 기분

기분과 감정이라는 용어는 다양하게 정의되고 있습니다. 요즘 몇몇 임상가는 이들 용어를 상호 교차하여 사용합니다. 저는 기분(mood)이란 용어를 한 사람이 주관적으로 느끼는 것으로 정의할 것이며, 감정(affect)이란 용어는 한 사람이 느끼고 있는 것과 그것이 어떻게 보이는가에 대한 의미로 사용할 것입니다. 그러므로 감정이란 용어는 언급된 기분뿐만 아니라 얼굴표정, 자세, 눈맞춤(혹은 눈맞춤 부족), 그리고 눈물이 맺힌 모습 등이 포함됩니다.

기분(또는 감정)은 유형, 불안정성, 적합성 및 (일부 관찰자에 의해) 강도로 설명됩니다.

## 유형

환자의 기분은 어떻습니까? 이것은 단순히 기본적인 기분의 특성을 의미합니다. 제7장에서는 약 60개의 기분을 제시했지만(〈표 7-1〉 참조), 이러한 기분은 단지 몇 가지 기본적인 기분으로 요약할 수 있습니다. 문제는 정확히 무엇을 기본이라고 부를 것인가에 대한 기본적인 합의가 이루어지지 않았다는 것입니다. 다음은 12명 이상의 전문가가 합의한 기본 기분에 대한 제 의견을 제시합니다.

- 분노
- 불안
- 멸시
- 혐오
- 두려움
- 죄책감
- 기쁨
- 사랑
- 슬픔
- 부끄러움
- 놀람

보통은 한 가지 기분이 지배적이겠지만, 그렇지 않을 때는 **보통**이나 **중간 정도**라는 기술 방식으로 설명할 수 있을 것입니다.

환자의 기분은 아마 여러분이 이미 관찰한 내용에서 분명해질 것입니다. 그렇지 않은 경우라면 다음과 같이 질문하십시오.

> "지금 기분은 어떠십니까?"
> "지금 이 순간의 기분은 무엇입니까?"

슬픔을 감지하면 다음과 같이 질문할 수 있습니다.

가끔 환자는 눈물을 흘릴 것입니다. 초보 임상가에게 이 반응은 괴로움을 줄 수 있지만, 환자에게 효과적인 치료 반응일 수도 있습니다. 여러분은 각 티슈를 건넬 준비를 해야 하며, 갑작스러운 눈물 뒤에 어떤 감정이 있는지를 살펴봐야 할 것입니다.

여러분은 환자의 보디랭귀지로부터 많은 정보를 추론할 수 있습니다. 다음은 감정에 대한 몇 가지 비언어적 단서입니다.

- 분노: 앙다물어진 턱, 주먹을 움켜쥠, 얼굴 혹은 목이 빨개짐, 손가락을 탁탁 두드림, 목 혈관의 확장, 고정된 시선
- 불안: 발의 떨림, 손가락을 만지작거리거나 돌리거나 우발적인 행동(이쑤시개 사용하듯, 손을 입 안에 넣고 손톱 깨물기 등)
- 슬픔: 눈물 머금, 처진 어깨, 느린 움직임
- 수치심: 시선 접촉 불량, 얼굴 홍조, 으쓱하는 어깨

일부 환자는 자신의 감정을 설명하거나 인식하는 데 어려움을 겪습니다. 몇몇은 전혀 자신의 감정을 설명하지 못하며, 인식하지 못하는 것처럼 보입니다. 이후 저는 자신의 감정을 인식하거나 설명할 수 없다는 것을 나타내기 위해 때때로 **감정표현 불능증**(alexithymia)이라는 용어를 언급할 것입니다.

## 불안정성

평범한 사람들조차도 짧은 시간 내에 두 가지 이상의 기분을 느낄 수 있습니다. 예를 들어, 영화나 연극에서 재미를 느끼고 있지만 누구나 감동적인 순간에서는 동시에 웃고 울 수 있습니다. 그러나 기분이 크게 변하는 경우 이것은 종종 비정상적이기 때문에 임상면담에서는 주의해야 합니다. 이러한 기분 변화를 기분의 증가된 **불안정성**(increased lability)이라고 합니다. 성격 장애가 있는 일부 환자는 몇 분 내에 황

홀경에서 눈물로 이어지는 극적인 기분 변화를 모두 보여 줄 수 있습니다. 양극성 장애 환자의 다행감(euphoria)은 갑자기 급격한 슬픔을 느껴 눈물을 흘리다가 재빨리 행복한 기분으로 되돌아올 수 있습니다(이 현상을 설명하기 위해 때때로 경미한 우울증이라는 용어가 사용됩니다). 인지장애에서 급격한 기분 변동은 정서적 요실금이라는 용어가 사용될 만큼 기분의 불안정성이 심각할 수 있습니다.

환자에게서 기분의 불안정이 줄어들었을 때 반대 삽화가 나타납니다. 이와 같이 환경 자극에 대한 반응의 부족을 둔마된(flattening) 기분이라고 합니다. "둔화(blunting)란 용어가 동의어로 쓰였지만, 어떤 저자들은 기분의 폭이 좁다는 의미로 둔마(flattening)를 쓰고, 감정의 민감성이 부족하다는 의미로는 둔화(blunting)라는 용어를 구분하여 사용합니다." 이처럼 용어는 정의되어 있지만, 이러한 기분을 느끼는 환자는 타인의 감정에 공감하지 못하는 것처럼 보입니다. 일반적으로는 조현병에서 나타나고 있지만, 상대적 기분의 부동성은 심한 우울증, 파킨슨병 및 기타 신경학적 상태에서도 발견됩니다. 무감동은 환자를 동요시키지 않는 것을 의미하는데, 이러한 증상은 전형적으로 치매에서 발생합니다.

## 적절성

기분의 적절성(appropriateness)은 환자의 기분이 상황과 생각의 내용에 얼마나 잘 일치하는가를 설명하는 용어입니다. 여러분의 판단은 여러분과 환자의 문화에 의해 영향을 받을 것입니다. 대부분의 사람은 때때로 부적절한 정서적 반응을 보일 수도 있지만 명백히 부적절한 기분은 특정 진단을 암시할 수 있습니다. 예를 들어, 슬픈 일(가까운 친척의 죽음과 같은)을 이야기하는 동안 킥킥 웃는 사람은 조현병일 수 있습니다. 병리학적 감정(부적절한 웃음 또는 울음)은 다발성 경화증(multiple sclerosis)과 뇌졸중(strokes)을 포함한 다양한 원인을 가질 수 있는 가성구 마비(pseudobulbar palsy)에서도 발생할 수 있습니다. DSM-5의 신체 증상 장애(DSM-IV 신체형 장애)가 있는 환자는 때때로 실명 또는 마비 증상과 같은 신체적 문제를 일기예보에서 말하듯 태연한 자세로 이야기할 때가 있습니다. 이 특별한 유형의 부적절한 기분을 la belle indifférence(프랑스어로 '만족스러운 무관심'을 의미함)라고 합니다.

표현되지 않은 감정들에 대한 징후와 다른 기타 징후는 지속적으로 주의를 기울여야 하지만, 과도하게 해석하지 않는 것이 중요합니다. 대신 여러분은 여러분이 관찰한 것과 비슷한 상황을 연관 지어 생각해 보도록 하십시오. 지금 환자가 눈물을 보이는 것은 이야기 나누고 있는 주제에 적절한 감정입니까, 아니면 환자가 부자연스럽게 슬퍼하는 것 같습니까? 미소가 진짜처럼 보입니까, 아니면 다른 감정을 숨기고 있는 것 같습니까?

## 강렬함

강렬함이란 단어는 주관적이어서 다소 자의적이기는 하지만, 기분의 강도는 경도, 중등도 또는 고도(정신병이 있거나 없는 상태에서 기분 저하증부터 주요 우울증까지 진행되는 경과를 고려)로 분류할 수 있습니다. 또한 여러분은 기분의 반응성에 주목해야 합니다. 이것이 일시적입니까, 장기적입니까, 아니면 그 사이의 어디쯤 있습니까?

# 사고의 흐름

사고의 흐름(flow of thought, 사고의 과정)이라는 용어는 약간 부적절한 명칭입니다. 우리가 관심을 갖는 것은 사고(thought)이지만 실제로 우리가 지각하는 것은 말의 흐름입니다. 우리는 환자를 통해 듣고 있는 대화의 내용이 환자의 사고를 반영한다고 추정합니다.

여기서 설명하는 대부분의 문제는 보통 병의 급성기에만 나타납니다. 그것은 ① 연상의 결함(단어를 결합하여 구와 문장을 만드는 방법)과 ② 비정상적인 속도와 리듬이라는 두 가지 범주로 분류할 수 있습니다.

불행하게도 이러한 정의에 대해 많은 전문가가 항상 동의하지는 않기 때문에 저는 최대한 합의된 견해를 채택하려고 노력하였습니다. 그러나 여러분은 환자의 실제 대화의 내용을 기록하여 인용한다면 가장 안전할 것입니다. 이것은 나중에 환자가 말한 것을 정확히 상기시키는 데 도움을 줄 것이며, 여러분이 사용한 용어가 무엇을 의미하는지를 타인이 이해하는 데 도움이 될 것이고, 치료를 진행하면서 발생할 수 있는 사고 패턴의 변화 양상을 판단하는 기록의 근거로 사용될 수 있습니다.

　환자의 말투에 과도한 병리학적 중요성을 부여하지 않도록 주의하시길 바랍니다. 여러분과 다른 방식으로 말하는 패턴은 신경학적 장애나 다른 의학적 장애 문제 또는 성장 과정, 문화 및 교육적 영향에 의해 다른 언어적 표현으로 학습되어 사용될 가능성이 있습니다.

## 연상

　첫 번째, 말이 자발적인지 아니면 질문에 대한 응답으로만 반응하는지를 확인하시길 바랍니다. 후자의 경우 환자가 자발적으로 이야기하도록 유도하기 위해 약간의 노력이 필요합니다.

> "당신이 제게 말해 주신 모든 내용에 감사드립니다. 하지만 지금은 당신의 문제사항에 대해 잠시 이야기해 주시면 도움이 될 것 같습니다. 그래야 당신을 괴롭히는 것에 대해 더 잘 느낄 수 있을 것 같습니다."

　이 방법이 성공적이지 못하다면 언어 패턴을 통해 얻을 수 있는 정보의 양은 분명히 제한적일 것입니다. 예를 들어, 대화 내용이 무엇인지를 기록하고 대화 내용에서 더 많은 것을 얻기 위해 집중해야 합니다.

- 탈선(derailment): 때때로 연상의 이완이라고 불리는 탈선은 한 가지 사고가 다른 사고(관념)와 부딪치는 것처럼 보이는 사고 연상의 붕괴를 뜻합니다. 그 두 관념은 밀접하게 연관되어 있을 수도 있고 전혀 연관되지 않을 수도 있습니다. 여러분은 환자의 문장을 이해할 수 있겠지만 일반적으로 그들의 문장 방향은 논리적이지 않기 때문에 관찰자에게는 운율, 말장난 또는 다른 규칙에 의해 지배되는 것처럼 명백하지 않을 수 있습니다. 환자가 표현하는 말은 환자에게 의미가 있는 것처럼 보이지만 실제로 여러분에게는 의미가 없는 말일 것입니다.

"She tells me something in one morning and out the other." [속담: 한 귀로 듣고 한 귀로 흘려 버린다(In one ear and out the other).]

"Half a loaf is better than the whole enchilada." [속담: 빵 반쪽이 없는 것보다는 낫다(Half a loaf is better than no bread).]

"저는 다시는 그 가게로 돌아가지 않을 것입니다. 내 신발에 넣을 모래가 충분하지 않기 때문입니다."

- 특별한 유형인 연상의 이완은 **사고의 비약**(flight of ideas)인데, 이것은 환자의 생각을 나타내는 단어나 구절이 다른 방향으로 급작스럽게 전환되는, 즉 하나의 사고에서 다른 사고로 교체되는 현상을 의미합니다. 환자(그리고 여러분)는 2개의 연속적인 사고 사이의 관계를 정의할 수 있을 것입니다. 그러나 여러분은 환자가 대개 원래 이야기의 요지를 놓치게 되기 때문에 궁극적인 목표가 없는 것처럼 들릴 것입니다.

임상가: 언제 입원했어요?
환　자: 월요일에 입원했어요. 월요일은 씻는 날입니다. 그래서 내 머리에서 그
　　　　남자를 바로 지워 버릴 거예요. 그는 느림보이고 저는 재빠르니까요.

조증 환자들은 사고의 비약과 언어압박(말을 몰아붙이는 것)을 보이는 경우가 많습니다(이 장의 뒷부분에서 설명할 예정입니다).
- **사고의 이탈**(tangentiality, 별로 관계가 없는 말하기): 이 용어들은 질문과 무관해 보이는 대답으로 반응하는 것입니다. 질문과 대답 사이에 어느 정도 관계가 있으면 분간하기 어렵습니다.

임상가: 위치타에서 얼마나 살았어요?
환　자: 개미핥기들도 프렌치 키스를 좋아합니다.

탈선과 사고의 이탈은 과거부터 정신장애에서 발생하는 경우가 많고, 종종 조현병이나 조증 환자들도 이러한 증상을 보일 수 있습니다.

- 언어의 빈곤(poverty of speech): 이것은 자연스럽게 표현할 수 있는 언어의 양이 정상의 수준에서 현저하게 감소된 상태를 뜻합니다. 여러분이 환자에게 자세한 설명을 요구하면 환자는 짧게 대답하고, 촉구하지 않으면 오랫동안 아무 말을 하지 않을 수 있습니다. 이러한 행동이 극도의 침묵으로 치닫게 되면 아무런 말을 하지 않거나 거의 말하지 않습니다. 특히 우울증 환자들은 언어의 빈곤이 관찰되기도 합니다. 말을 하지 않는 모습은 조현병에서 더 큰 특징으로 시사되지만, 때때로 신체 증상 장애에서 더 많이 발견됩니다. 이것들은 신경학적 문제인 실성증(aphonia)과 감별해야 합니다.

다음 용어는 임상면담에서 거의 발견되지 않는 언어 이상을 나타내기 때문에 간략하게 정의합니다. 여러분이 정신건강의학과 병원(병동)에서 일하지 않는 한 앞으로 설명할 언행 중 어떤 것도 만나지 않을 것입니다. 대부분은 전형적으로 조현병에서 발생하지만 신경인지적 원인에 의한 정신증에서도 발견될 수 있습니다. 이와 같은 사례를 만났을 때는 그것을 기록해야 하고, 환자가 왜 그런 식으로 반응했는지 알아보십시오.

- 사고의 차단(thought blocking): 생각의 기차(연속된 생각)가 역에 도착하기 전 아무런 이유 없이 갑자기 멈추는 것을 의미합니다. 일반적으로 환자가 그러한 생각을 '잊어버렸다'고 설명할 수 있는 것보다 더 적절한 것은 없을 것입니다.
- 두운(alliteration): 구 혹은 문장이 의도적으로 동일하거나 유사한 소리가 반복되는 것을 의미합니다. "신상 신발을 사서 신나서 신도림역에 갔어요."라는 이 예시에서는 첫소리에 '신'을 반복하고 있습니다.
- 음향 연상(clang associations): 의사소통 과정에서 상황에 맞는 적절한 단어를 사용하는 것이 아니라, 단어의 운율이나 발음의 유사성에 의해 단어가 결정되는 것을 의미합니다.

임상가: 당신을 누가 병원에 데리고 왔나요?
환　자: 내 아내, 그녀는 내 인생의 아내예요, 다툼이 없어요(My wife, she's the wife of my life, no strife).

- 반향언어(echolalia): 환자는 질문에 답할 때 임상가의 말이나 구절을 불필요하게 반복합니다. 이것은 꽤 미묘할 수 있는데, 몇 번의 반복이 있어야 인식할 수 있습니다.

> 임상가: 그때 병원에 얼마나 계셨어요?
> 환　자: 병원에 얼마나 계셨던 거죠? 저는 병원에 오래 있었고, 오래 있었고, 그만큼 병원에 오래 있었습니다.

- 음송증(verbigeration): 환자는 뚜렷한 목적 없이 계속해서 상동증적으로 단어나 구절을 반복합니다. "죽은 듯이 고요했다. 죽음으로요. 죽음으로요. 여전히 죽음으로요."
- 지리멸렬(incoherence, 일관성의 결여): 말이 너무 비체계적이고 연결되지 않으며 일관성이나 조리가 없어 이야기의 줄거리나 내용을 파악할 수 없는 현상을 뜻합니다. 예를 들어, 신발을 신고 김치볶음밥이 Sopia JJ를 먹었습니다(이 문장의 실제 내용은 Sopia JJ가 신발을 신고 김치볶음밥을 먹으러 간다는 내용입니다). 때때로 지리멸렬은 말비빔(word salad)이라는 더 다채로운 용어로 부를 수 있습니다.
- 신조어(neologisms): 환자가 예술적 의도 없이 기존에 존재하지 않는 어휘를 만드는 것을 의미합니다. 그 결과, 구조는 매우 사실적인 것으로 들릴 수가 있습니다. "저는 찡호찡을 잘합니다. 그래서 사람들이 칭찬을 해 주고 있어요." 이 예시에서 찡호찡은 인사를 의미합니다.
- 보속증(perseveration): 환자는 단어나 구를 반복하거나 이미 다루었거나 언급된 지점을 반복적으로 이야기합니다.

> 임상가: 그리고 당신의 여자 친구는 무엇을 좋아하나요?
> 환　자: 아, 그녀는 긴 갈색 머리를 하고 있고, 그녀는 포니테일 머리를 했어요.
> 임상가: 당신이 전처와의 마찰이 있었을 때 그녀가 당신을 지지한다는 느낌이 들었나요?
> 환　자: 하지만 그녀는 키가 크지 않아요. 약 5피트 정도이죠.

임상가: 나는 당신과 그녀의 관계에 대하여 듣고 싶어요.

환　자: 그녀는 예뻤어요, 정말 예뻤어요.


보속증은 또한 반복적인 운동 행동(repeated motor behavior)으로 발생할 수 있으며, 보통 기억력 결함의 맥락에서 발생하여 뇌와 관련된 기질적 질환을 나타냅니다.

- 격식적인 말투(stilted speech): 환자가 완전히 다른 사람인 것처럼 억양, 어구 혹은 단어 선택을 하여 말투가 부자연스럽거나 예의를 차리는 특징으로 이야기합니다. 영국 억양에 영향을 받은 미국인 혹은 자주 영국 표현 양식을 사용하는 미국인은 지나치게 격식적인 말투로 말할지도 모릅니다.

## 말의 속도와 리듬

환자가 말을 할 때, 말의 속도가 빠르고 종종 상당히 길게 이야기할 경우 언어압박(pressured speech)이 있다고 말합니다. 이 환자들은 종종 큰 소리로 이야기하고 말을 끊기가 어렵기 때문에 임상가에게 큰 도전에 해당할 것입니다. 언어압박은, 감소된 응답 지연 시간(decreased latency of response) 때문에 질문과 환자의 응답 사이의 시간이 현저하게 줄어듭니다. 때로는 질문을 거의 끝내기도 전에 응답합니다. 이와 같이 쏟아내듯이 말(언어압박)을 하는 등 조증 환자들은 자신의 말이 너무 빨라서 자신의 생각이 말의 속도를 따라갈 수 없다고 말하지만, 반응이 늦어지는 현상 또한 조증 환자에게서 흔히 발견됩니다.

반면, 증가된 응답 지연 시간(increased latency of response)의 환자는 대답하는 데 평소보다 훨씬 오래 걸리거나, 문장 사이에 긴 멈춤의 시간을 가진 후에야 반응할 때가 있습니다. 이후 환자가 말을 시작할 때, 그것은 매우 느린 속도로 간단하게 전달될 수 있습니다. 이것은 흔히 일반적인 정신운동 저하(psychomotor slowing)를 반영하며, 증가된 응답 지연 시간은 심각한 우울증과 신경질환에서 발견될 수 있습니다.

음절을 말하는 타이밍이 정상 범위에서 벗어나면 말의 리듬에서 장애가 발생합니다. 말더듬기(stuttering)는 그러한 장애 중 하나입니다. 속화증(cluttering)에서는 환자가 말을 하게 되면 빠르게 말하고 얽히게 되기 때문에 말이 흐트러질 수 있습니다. 소뇌 병변이 있는 환자는 마지막 음절과 같은 속도로 각 음절을 말하고 너무 정확하게 고른 음절로 이야기합니다. 몇몇 유형의 근육위축병 환자는 뭉쳐서 말하거나 음절을 소리 내서 말하는 것에 어려움이 있습니다.

그 밖에 다른 언어 패턴들은 보통 병리적인 의미를 가지지 않습니다. 청자에게는 상당히 눈에 띌 수 있지만, 그것을 사용하는 환자는 이와 같은 언어적 문제가 얼마나 자주 발생하는지 전혀 알지 못할 것입니다.

우원화(circumstantial speech)란 용어는 대화의 중요한 내용에 관련이 없는 내용이 포함되어 있는 것을 의미합니다. 이와 같은 언어 패턴에서는 말하는 사람은 청자에게 많은 시간과 인내를 요구하며, 추후 환자는 돌고 돌아 핵심에 도달합니다.

산만한 말(distractible speech)은 환자가 대화와 관련이 없는 자극에 주의가 분산되는 것을 의미합니다. 복도에서 나는 소음이나 나방이 창문에 부딪히는 소리는 대화를 새로운(대개 일시적인) 방향으로 이끕니다. 산만하게 말하는 것은 정상이지만 조증 환자에게서 자주 접하게 됩니다.

음성 틱(verbal tics)은 많은 사람이 가끔 자신도 모르게 남용하는 관습적인 표현입니다. 대부분의 이러한 반응은 정상에 해당합니다.

- "너도 알고 있겠지만(You know)."
- "나는 ~라고 말했다(I said)."
- "솔직히(Basically)."
- "정말로(Really)."
- "오(Awesome)."

우리가 언어 패턴에 이름을 붙일 때 사용하는 많은 용어는 다양한 전문가가 다른 용어로 사용하기 때문에 혼란스러울 수 있습니다. 다시 말하지만, 병적으로 간주되는 실제적인 예를 적어 봄으로써 가능한 한 자신의 기록을 분명히 할 것을 강력하게 권합니다.

제**12**장

# 정신 상태 검사 II: 인지 측면

제11장에서 언급된 대부분의 정보는 일반적으로 수동적인 관찰을 통해 파악할 수 있는 것들입니다. 반대로 이 장에 제시된 대부분의 정보를 파악하기 위해서는 적극적인 질문이 필요합니다.

## 정신 상태 검사를 해야 하는가

몇몇 임상가는 환자의 전반적인 평가 과정에서 MSE의 인지적 측면의 중요성을 인식하지만, 실제로 평가를 하거나 보고하지 않습니다. 또 다른 임상가들은 정상 범주에 속하는 사람들에게 "오늘 날짜가 무엇입니까?" 또는 "대통령은 누구인가요?"라는 일상적인 질문을 하는 것이 모욕적으로 느끼게 할 수 있다고 생각합니다. 이와 같은 생각을 하고 있는 임상가들은 환자가 건망증이 있어 보인다는 친척들의 호소와 같은 임상적 징후가 없이는 공식적인 MSE를 하지 않습니다.

대부분의 경우, 여러분은 직접적으로 환자에게 목소리를 듣는 것에 대해 묻지 않을 것입니다. 결국 질문하지 않는 한 환자가 어떠한 장애도 없다고 확신하지 못합니다. 따라서 저는 이제 막 면담을 시작하는 경우라면 모든 환자에게 공식적으로 MSE

를 수행할 것을 강력히 권장합니다. 그러므로 여러분은 환자가 분개할 가능성과 여러분이 곤란해질 가능성을 줄이기 위해 몇 가지 조치를 취해야 할 것입니다.

- 지금부터 어떤 작업을 수행할지 설명한 후 시작하시길 바랍니다. 질문은 표준적인 것이며, 환자가 했던 말이나 행동 때문에 진행하는 작업이 아님을 강조하십시오.

> "이제 여러분이 어떻게 생각하는지를 평가하는 데 도움이 될 만한 몇 가지 일상적인 질문을 하고 싶습니다. 몇 분밖에 걸리지 않을 것입니다."

일상적 및 통상적과 같은 단어의 사용은 오해를 불러일으킬 수 있는 질문으로부터 문제를 해결하는 데 도움을 줍니다.

- 진실되게 반응하는 한에서는 어느 정도의 긍정적인 피드백을 사용하십시오.

> "아주 훌륭해요! 이번 주에 본 사람 중 계산을 가장 잘하시네요."

- 이러한 질문으로 발생하는 모든 고통에 주의 깊게 반응하시길 바랍니다. 필요한 경우 휴식을 취하고, 이후 문제가 되었던 부분으로 되돌아가시길 바랍니다.

> "암산으로 연속해서 7을 빼는 것은 어렵습니다. 자, 이제 그만하고 대신 대통령의 이름 대기를 한번 해 보도록 하죠."

- 어쨌든 여러분은 첫 면담 동안 이 부분을 평가하여 정보를 파악하는 것이 중요합니다. 만약 치료가 진행 중일 때까지 이 질문을 미룬다면 여러분과 환자에게 문제 상황이 발생할 가능성이 있습니다.

MSE를 공식적으로 수행하는 숙련된 전문가를 관찰해 보면, 전문가는 환자에게 모든 질문을 하지 않는다는 것을 알게 될 것입니다. 시간이 지나고 경험이 쌓이면서 임상가는 특정 환자에게 생략할 수 있는 검사와 매번 수행해야 하는 검사들을 구분할 수 있게 될 것입니다. 아직 훈련 중이라면 저는 여러분이 배우고 있는 동안 모든 절차를 예외 없이 실시하는 것을 추천합니다. 그렇게 하면 여러분은 모든 것을 배울 수 있을 것입니다. 여러분은 또한 각각의 질문에서 어떤 반응이 정상인지에 대한 자신만의 감각을 키울 수 있습니다. 일단 경험이 쌓이면(첫 수백 번의 검사 후) 어떤 검사를 생략하고 언제 검사를 생략할 수 있을지를 결정할 수 있을 것입니다.

사실 MSE는 현재의 행동과 경험, 감정을 토대로 평가됩니다. 그러나 과거와 관련된 개인력 자료가 있을 경우 평가가 용이해집니다. 이는 많은 선별적 질문에서 "여러분은 ∼를 해 본 적이 있습니까?"라는 질문을 많이 사용하는 이유일 것입니다.

한 가지를 더 생각해 봅시다. 이어지는 페이지들에서 다루는 일부 내용은 환자가 솔직하게 대답하기를 꺼릴 정도로 특이한 것들입니다. 여러분은 환자의 주저함을 해결하기 위해 사람들이 스트레스를 받거나 아플 때 또는 약을 복용할 때 다양한 이상 경험을 할 수 있음을 이야기해 줄 수 있습니다. 이러한 방식으로 이야기를 구성하면 환자의 불안감은 감소하고, 여러분이 파악해야 하는 내용을 환자가 얘기할 수 있도록 격려하는 데 큰 도움이 될 수 있습니다.

## 사고의 내용

환자가 지금 이 순간에 무엇에 집중하여 이야기하든, 그것은 **사고의 내용**(content of thought)을 나타내는 것입니다. 일반적으로 현 병력의 기간에서 나타나는 사고의 내용 문제는 환자가 치료를 받도록 유발한 문제와 관련이 있습니다.

그래서 여러분이 정신 상태 검사에서 다루어야 하는 몇 가지 중요한 사고의 내용이 있습니다. 환자는 이 중 일부를 자발적으로 언급할 수 있지만, 대부분은 선별 질문을 통해 사고의 문제를 파악할 수 있을 것입니다.

여러분은 사고의 문제를 탐색할 때마다 환자가 여러분을 계속 친절하고 호의적인 사람으로 인식할 수 있도록 부드럽게 탐색하십시오. 성급하게 판단을 내리지 말고 여러분이 들었던 내용에 놀라지 않도록 노력하시길 바랍니다. 비행접시나 말하는 물고기와 같은 기괴한 생각들은 여러분에게 중요한 신념(종교 및 정치 포함)들만큼이나 환자에게는 평범한 생각일 수 있다는 것을 기억하시길 바랍니다.

## 망상

망상(delusion)은 환자가 속한 문화와 교육으로는 설명할 수 없는 고정되어 있는 잘못된 믿음입니다. 이 정의에서는 반드시 충족되어야 할 부분이 있습니다. 같은 문화권 내 다른 사람들은 반드시 환자의 믿음이나 생각이 명백히 틀렸다고 생각해야만 합니다. 또한 환자는 그것이 틀렸다는 증거가 있음에도 불구하고 그 믿음에 대해 흔들림이 없어야 합니다.

> "나는 대통령을 경호하기 위해 파견되었습니다." 73세의 이 환자는 만성 알코올 중독을 앓고 있으며 수년 동안 일을 하지 않았습니다.
> "남편은 길 건너편에 살고 있는 여자와 은밀히 성관계를 합니다. 그는 베네치아 블라인드로 그녀에게 신호를 보냅니다." 그녀의 남편은 한숨을 쉬며, 자신은 전립선 수술 후 발기부전 상태임을 이야기하였습니다.
> "제 이니셜은 J. C.입니다. 그것은 내가 예수 그리스도(Jesus Christ)라는 뜻입니다!" 6명의 남매는 그가 수년 동안 아팠다고 증언했습니다.

다음과 같은 질문을 통해 환자가 가진 신념의 강도를 테스트할 수 있습니다.

> "이 느낌이 일종의 신경과민 또는 정서적 문제 때문일 가능성이 있나요?"

만약 환자가 "아니요."라고 대답하고 병원 직원들이 음모에 가담했다고 주장한다면, 그 생각은 망상이라고 간주할 수 있습니다.

비슷한 문제가 있는 일부 환자는 다르게 설명할 가능성이 있습니다. 그때 여러분은 그들에게 망상을 진단하지 않을 것입니다.

"그냥 어떤 음모가 있는 것 같았어요."

"결국은 상상이었을지도 몰라요."

"요즘 신경이 좀 안 좋았어요."

환자가 반대되는 명백한 증거가 있음에도 확실하게 잘못된 내용에 대한 믿음이 유지될 때에는 망상이라고 말할 수 있습니다.

문화적/교육적 기준이 충족되어야 하므로 나바호(Navajo, 역자 주: 가장 큰 북미 인디언 부족)가 마녀를 믿는 것을 망상이라고 불러서는 안 되며, 산타클로스에게 편지를 쓰는 아이들에게도 망상이라고 불러서는 안 됩니다.

다음과 같은 질문을 함으로써 망상을 선별해 낼 수 있습니다(응답 시 적절하게 멈추십시오).

"사람들이 당신을 염탐하거나, 당신에 대해 이야기하거나, 어떤 식으로든 당신을 해치려 한다는 생각이나 감정을 가진 적이 있습니까?"

"이상한 메시지를 받아 본 적이 있습니까?"

"당신은 다른 사람들이 특이하다고 생각할지도 모르는 다른 사고 혹은 생각을 가진 적이 있습니까?"

환자가 보고한 내용은 실현 가능성이 낮으므로 일부 주장이 거짓이라는 것을 쉽게 판단할 수 있을 것입니다(예: 외계인에 의해 우주선으로 납치되는 것과 같은 전형적이고 기괴한 망상). 반면, 다른 환자들에게서는 "이 이야기가 사실이지도 않을까?"라고 생각이 들 만큼 그럴듯한 이야기를 합니다. 저는 환자가 이전 배우자의 추적을 피하고 있다는 이야기를 듣거나, 이전 사업 파트너와의 소송 건을 언급할 경우 심사숙고하는 경향이 있습니다. 때때로 시댁 식구들은 정말로 결혼 생활을 깨뜨리려고 애를 쓰는 경우도 있습니다. 이러한 묘사는 이야기 내용에 모순이 존재하기 때문에 집중적으로 질문할 경우 모순된 내용을 파악할 수 있겠지만, 사실을 판단하기 위해서는 제3자의 검증이 필요합니다.

환자들은 종종 다른 사람들이 자신의 망상 내용을 비정상적이거나 이상하다고 생각하고 있음을 깨닫습니다. 따라서 그들은 자신의 망상을 숨기기 위해 노력합니다. 이러한 문제를 자유롭게 이야기할 수 있도록 여러분이 공감을 표현하고, 관심을 보이며, 무비판적인 태도를 취할 때, 환자의 긴장감은 완화될 수 있을 것입니다. 그럴 때 환자에게 망상을 자세히 설명하도록 유도할 수 있고, 어쩌면 밝히기를 거부하였던 질문들에 대해서도 아마 자발적으로 이야기하게 될 것입니다.

> "생각[망상]이 실제라는 것을 어떻게 아십니까?"

이처럼 여러분은 아슬아슬한 줄타기를 해야 할 수도 있습니다. 여러분이 망상에 도전한다면 환자를 화나게 할 수 있고, 망상을 받아들인다면 환자의 마음속에 잘못된 신념을 더욱 강화시킬 위험성이 있습니다. 만약 여러분이 어떠한 견해로 말하는 것을 회피할 수 있다면, 불신도 신뢰도 보이지 않게 되어 더 안전할 것입니다. 환자가 여러분의 견해를 듣기 위해 요구한다면, 여러분은 다음과 같이 정직하게 말해야 합니다.

> "많은 사람이 이 생각[망상]을 예사롭지 않게 생각할 것입니다."

환자는 자신의 생각이 예사롭지 않다는 것을 이미 알고 있으므로 충격을 받지 않으며, 임상가의 답변에 대해서는 종종 만족하는 것처럼 보입니다. 만약 환자가 추가적으로 재촉을 한다면 더 충분하게 대답해야 할지도 모릅니다.

> "제 생각에는 다른 이유가 당신의 불편함을 더 잘 설명할 수 있다고 생각합니다. 당신이 착각할 수도 있고, 또는 그것이 일종의 신경과민의 어떤 유형일지도 모릅니다."

이러한 유형의 답변은 확정적으로 이야기하지 않았으므로 큰 논쟁을 불러일으키지 않을 것입니다. 이와 같은 답변은 여러분이 환자의 생각에 동의하지 않았음을 나타내더라도 환자의 우호적인 반응을 이끌어 낼 것입니다.

　일단 망상을 발견하면 여러분은 모든 것을 파악하기 위해 탐색하십시오. 특히 망상이 환자의 다양한 삶의 측면에 미치는 영향을 파악하도록 하십시오. 다음의 질문은 정보를 파악하는 데 도움이 될 것입니다.

> "얼마나 오랫동안 이런 느낌이 들었습니까?"
>
> "그래서 어떻게 했습니까?"
>
> "다른 행동을 취할 계획이 있습니까?"
>
> "[이러한 믿음]에 대해 어떻게 생각하세요?"
>
> "왜 이런 일이 일어난다고 생각하세요?"

　보다 구체적으로 "왜……?"라는 질문, 다시 말해 "왜 해고당했다고 생각하십니까?"와 같은 질문은 망상의 내용을 유도해 낼 수 있는 또 다른 방법입니다.

　마지막으로, 망상은 기분과 일치합니까? 다시 말해, 망상 내용이 환자의 기분과 일치합니까? 다음은 기분과 일치하는 망상의 예입니다.

　　우울증으로 입원한 중년 남성은 자신의 말 그대로, 자신은 지옥에 갔다고 믿었습니다. 그는 병상에 모인 의료진이 자신의 죄를 집행하기 위해 모인 악마라고 생각합니다.

그리고 다음의 예시들은 기분과 일치하지 않는 망상의 예입니다.

　　수년 동안 정신병에 걸린 한 노인 여성은 심부전으로 발목부종이 생겼습니다. 그녀는 나치가 지하실에 설치한 중력 기계에 의해 체액이 다리로 끌려가고 있다고 담백하게 설명했습니다.

　기분과 일치하는 망상이라면 기분 장애를 의심하게 됩니다. 기분과 일치하지 않는 망상은 조현병의 전형적인 증상입니다.

## 망상 유형

여러분은 많은 환자와 면담하는 과정에서 다양한 망상을 접하게 될 것입니다. 다음은 가장 잘 알려진 몇 가지 예시입니다.

- 죽음(death): 허무주의 망상(nihilistic delusion)이라고도 불리는 이 희귀한 증상들은 건강에 대한 극단적인 망상의 예입니다.

- 과대망상(grandeur): 환자 자신을 고귀한 지위(신, Beyoncé)의 사람이라고 생각하게 만들고 다른 사람이 소유하지 않은 능력이나 재능(엄청난 부, 거장과 같은 음악적 재능, 영생)을 가지고 있다고 생각하는 잘못된 믿음입니다. 이러한 망상은 농담과 구분되어야 합니다. 대통령, 왕 그리고 대기업의 대표는 선견지명을 가지고 있거나 범접할 수 없는 대상으로 그려지기도 합니다. 그들에게 있어 "나는 신이다."라는 표현은 정신병리를 의미하지 않으며, 부분적으로는 실현될 수 있는 비유적 표현일 수 있습니다. 과대망상은 일반적으로 조증에서 발견되지만, 조현병에서도 발생할 수 있습니다.

- 죄책감(guilt): 이 환자들은 그들이 어떤 중대한 과오나 죄를 저질렀다고 믿으며, 이에 대해 처벌을 받아야 한다고 주장합니다. 죄책감에 대한 망상은 특히 심한 우울증과 망상 장애에서 발견됩니다.

- 건강 또는 신체 변화(ill health or bodily change): 이 환자들은 자신이 끔찍한 질병에 걸렸다고 믿습니다. 그들은 속이 썩고, 장이 시멘트로 변했다고 말합니다. 건강이 나쁘다는 망상과 신체 망상은 때때로 심한 우울증이나 조현병에서 발견됩니다.

- 질투(jealousy): 환자는 배우자나 파트너에 대해 '신뢰할 수 없다'라고 말합니다. 질투 망상은 알코올성 편집증에서 전형적으로 나타나지만, 조현병과 망상 장애에서도 자주 발생합니다. 이것은 배우자 학대와 심지어 가족 살해로 이어질 수 있습니다.

- 착오 망상(misidentification): 환자는 보통 가까운 친척인 누군가가 정확히 다른 사람으로 바뀌었다고 믿거나(이 믿음은 카그라증후군으로 알려짐) 대체되었다고 생각합니다. 실제로 낯선 사람을 환자가 알고 있었던 사람이라고 생각합니다. 그러한 망상적 인식은 조현병 환자에게서도 발견되기는 하지만 뇌 병리학에 뿌리를 두고 있는 경우가 많습니다.

- 조정 망상 또는 영향 망상(passivity or influence): 이러한 환자들은 TV, 라디오 또는 전자파와 같은 외부의 영향에 의해 특이한 방법으로 자신이 통제되고 있다고 믿습니다. 결과적으로, 그들은 그들의 행동에 대한 책임을 부인합니다. 이와 대조적으로, 일부 환자는 환경을 통제할 수 있다고 생각합니다. 예를 들어, 그들은 자신이 아침 식사를 하였던 것이 국무장관이 연설하는 과정에서 이란을 언급하는 데 영향을 주었다고 생각하거나, 자신의 사고가 강물까지도 불어나게 할 수 있다고 생각합니다. 이러한 망상은 조현병을 암시합니다.

- 피해망상(persecution): 환자는 위협, 조롱, 차별 또는 다른 방법으로 방해를 받고 있다고 생각합니다. 이들은 일반적으로 조현병에서 발견됩니다.

- 빈곤망상(poverty): 반대의 증거(예금 잔액, 장애연금)가 있음에도 불구하고, 환자들은 가난 때문에 집을 팔게 되고 재산이 경매에 넘어갈 것이라고 믿습니다. 이러한 망상은 때때로 심한 우울증에서 나타납니다.

- 관계망상(reference): 사람들이 환자를 염탐하거나, 비방하거나, 어떤 다른 방법으로 환자를 불리하게 만든다고 믿습니다. 이 환자들은 사람들이 지나갈 때 사람들이 속삭이는 것을 '관찰'합니다. 인쇄 매체나 방송 매체에 특별히 의도된 메시지가 포함되어 있다고 생각합니다. 예를 들어, "지난밤 〈News Hour〉에서 Judy Woodruff는 합의가 임박했다고 말했습니다. 이것에 대해 환자는 전처와의 재산 분할에 동의해야 한다는 뜻이라고 생각했습니다." 관계망상은 특히 조현병에서 흔하지만 다른 정신장애에서도 흔히 발견될 수 있습니다.

- 전파사고(thought broadcasting): 환자의 생각은 국지적으로나 대륙을 가로질러 전파되는 것 같습니다. 전파사고는 조현병에서 발견됩니다.

- 사고통제(thought control): 사고, 감정 또는 관념이 환자의 마음에 들어가거나 그 속에서 물러나는 것을 의미합니다. 수동적인 체험(passivity feelings)과 밀접한 관련이 있는 이러한 망상은 비슷한 의미의 중요성을 갖습니다.

# 지각

## 환각

환각(hallucinations)은 관련된 감각 자극이 없을 때 발생하는 잘못된 감각에 대한 지각을 의미합니다. 예를 들어, 환자는 빈 옷장에서 말하는 목소리를 듣거나 욕조의 맑은 물에서 보라색 뱀이 떠 있는 것을 봅니다. 환각은 일반적으로 실제 공간에서 발생하는 것으로 경험되고(즉, 마음의 눈으로 보는 것처럼 상상되지 않음) 오감 중 하나로 나타납니다. 정신장애인들 사이에서 환청이 가장 흔하며, 그다음으로 많은 것은 환시입니다.

다음과 같은 질문을 통해 환각을 점검하십시오.

> "주변에 아무도 없을 때 목소리나 다른 소리를 들은 적이 있습니까?"
> "남들이 볼 수 없는 것을 본 적이 있습니까?"

몇몇 환자는 환청에 대한 질문에 "예."라고 잘못 대답하기도 합니다. 이때 환자는 현재 임상가의 목소리를 듣고 있다는 의미로 말하였거나, 다음의 설명처럼 그들 자신의 생각을 말하지 않았지만 자신의 생각을 들었다는 의미에서 이와 같은 반응을 보입니다. 그렇기 때문에 여러분은 세심한 질문으로 이러한 잘못된 반응과 진성 환각을 구별할 수 있어야 합니다.

예를 들어, 누군가가 소리를 듣거나 말을 들었다고 주장할 때 다음처럼 질문하십시오.

> "당신의 양심이나 생각에서 나온 것은 아닐까요?"

환자가 '저의 상상' 또는 '이 공간 밖에서 들리는 소리'일 수도 있다고 인정하는 것은 심각한 정신병이 있는 환자에게서 예상되는 진성 환청의 기준에 부합하지 않습니다. 저는 가끔 환자에게 그 목소리가 "지금 내가 말하는 것처럼 분명한가요?"와 같이 완전한 문장으로 말을 하고 있는지에 대해 묻습니다. 다시 "아니요."라고 대답한다면 심각성의 수준은 떨어지게 될 것입니다. 그러나 일부 조현병 환자조차도 환청은 외부 목소리보다는 내면에서 나오는 자신의 생각(목소리)과 더 비슷하다고 보고합니다. 환자의 트라우마가 재발될 때만 발생하는 환각은 조현병이 아닌 다른 장애(PTSD)를 암시합니다. 저는 이 종류의 경험에 대해서는 실제 정신증을 의미할 가능성이 없음을 환자에게 말하여 안심시키기도 합니다.

환각은 엄격하게 구분되어야 합니다. 예를 들어, 환청은 연속 선상으로 위치할 수 있습니다. 모호한 소음 → 중얼거림 → 이해할 수 있는 단어 → 구 → 완벽한 문장.

다음은 환청에 대해 자세히 알아보는 데 도움이 될 수 있는 몇 가지 추가 질문입니다.

"이런 목소리는 얼마나 자주 들리나요?"

"지금 내 목소리만큼 분명한가요?"

"어디서 오는 거죠?" (환자의 머리나 몸? 전자레인지? 복도?)

"누구의 목소리인가요?"

"1개 이상의 소리가 들리나요?"

"그들이 당신 얘기를 하나요?"

"그들은 뭐라고 합니까?"

"그들은 서로 대화를 나누나요?"

"원인이 뭐라고 생각하시나요?"

"다른 사람들이 이런 목소리를 들을 수 있을까요?"

"어떻게 반응하세요?" (환각 때문에 겁에 질린 환자도 많고, 일부는 당황할 뿐입니다.)

"목소리가 당신에게 어떤 것을 하라고 명령합니까?" (그렇다면 환자는 그들에게 복종하나요?) 이것은 중요한 점입니다. 환자들은 때때로 환각의 명령에 복종할 것이고, 그 결과 다른 사람들에게 해를 끼친다고 알려져 왔습니다.

환청의 특수한 형태인 **청각사고**(audible thoughts)는 환자 자신의 사고가 다른 사람에게 큰 소리로 들린다고 생각하는 것을 의미합니다. 청각적 사고는 환자의 행동을 계속 해설하는 목소리와 여러 목소리가 들리며, 특히 조현병을 암시합니다.

환시도 연속적인 수준으로 평가될 수 있습니다. 점으로 된 광원(점 광원) → 흐릿한 이미지 → 인물의 형성(크기?) → 장면 또는 광경 등으로 분류될 수 있습니다. 환시를 파악하기 위해서는 환청에서 권장하고 있는 질문 중 일부를 적절하게 수정하여 질문하면 됩니다. 특히 언제 발생하는지[환자가 약물이나 알코올을 사용할 때만, 아니면 다른 상황(혹은 시간)에서만?]와 내용이 무엇인지 알고 싶을 것입니다. 환자는 환시에 어떻게 반응합니까? (얼굴의 색깔이나 형태가 변화함을 인지하는 것은 매우 두려울 수 있습니다. 한 여성은 거울을 들여다보고 있는데, 그녀의 얼굴이 버섯으로 변한 것을 보았습니다!)

환시는 특히 약물 사용이나 일반적인 의학적 조건에 따라 발생하는 정신병의 특징을 가지고 있습니다. 예를 들어, 만성 알코올 사용 장애 환자의 경우 금주할 때 섬망이 발생하는데, 이때 몸집이 작은 동물을 보거나 극도로 작은 사람을 본다는 보고가 있습니다. 환자의 망막에 이미지가 남아 있는 것처럼 보이는 후행 현상은 때때로 환각제 사용으로 발생합니다. 조현병에서 발생하는 대부분의 시각적 현상은 실제 자극에 대한 착각이나 변형(색상의 극화, 대상의 변화 등)이지만 때때로 환자는 실제로 환시를 경험하기도 합니다.

**환촉**(tactile hallucination), **환후**(olfactory hallucination), **환미**(gustatory hallucination)에 대한 환각은 정신장애인에게도 드물게 나타나는 증상입니다. 이러한 증상은 대개 조현병에서 신체 감각에 대한 환각으로 일어나기도 하지만 뇌종양, 독성, 발작 장애 등의 질환으로 발병하는 정신장애임을 암시하기도 합니다. 시각, 청각, 촉각에 대한 환각은 잠에 들거나 각성할 경우 정상인에게도 일어날 수 있는 증상들입니다. 환각이 나타나는 발생 기간 및 시간만 보아도 실제 환각과 쉽게 구별될 수 있습니다.

한 여성이 제게 "당신은 내가 미쳤다고 생각할 거예요. 작년 어느 이른 아침, 악마가 내 침대에서 저를 내려다보고 있는 것을 보았어요. 나는 완전히 마비되어 팔과 다리를 움직일 수 없었지만, 완전히 깨어 있었어요! 나는 너무 무서워서 그 후에 한 시간 동안 떨었어요."라고 말한 적이 있습니다. 그녀는 각성 시 이미지(각성 시 발생하는 청각이나 촉각이 될 수 있는 경험)와 수면 마비의 조합을 경험하게 되면서 때때로 일어날 수 있는 가위눌림 현상을 경험한 것이었고, 그녀가 온전한 정신이라는 것을 알 수 있게 되어 기뻤던 적이 있습니다.

정신건강 영역에서 일하는 즐거움 중 하나는 누군가의 경험을 정상 범위 안에 있다고 안심시켜 줄 수 있을 때입니다.

## 불안 증상

불안(anxiety)은 환자가 파악할 수 있는 특정한 것에 의해 발생하지 않는 두려움입니다. 일반적으로 다양하고 불쾌한 신체 감각이 동반됩니다. 기타 정신적 증상으로는 불안정성, 집중력 곤란, 정신적 긴장, 걱정, 과잉 놀람 등이 있습니다.

다음 질문을 통해 불안 증상을 점검하십시오.

> "당신은 지나치게 혹은 실제적인 위험도에 비해 과도하게 걱정하지는 않습니까?"
> "가족들이 당신에게 걱정이 많은 사람이라고 말합니까?"
> "당신은 대부분의 시간에 불안하거나 긴장합니까?"

만약 어떤 대답이 "예."라면 제13장의 불안에 관한 절에서 다룰 몇 가지 질문을 후속으로 다루길 바랍니다.

공황 발작(panic attack)은 환자가 급격한 심장 박동, 호흡 곤란, 떨림 및 발한과 같은 신체 감각과 함께 갑자기 강렬한 불안을 경험하는 별개의 에피소드이며 그 밖의 다양한 신체적 증상이 동반됩니다. 환자들은 종종 재난, 정신적인 이상 또는 임박한 죽음에 대한 두려움을 보고합니다. 에피소드는 일반적으로 몇 분 내에 최고조에 달하고 30분 이내에 사라집니다.

다음과 같이 질문하여 공황 발작을 점검하십시오.

> "당신은 갑자기 극도로 겁먹거나 불안함을 느끼는 시점에 공황 발작을 경험한 적이 있습니까?"

다른 불안 장애를 물어볼 때 사용되는 질문들을 후속으로 사용하시길 바랍니다 (제13장 및 부록 D). 가끔 현저히 안절부절못하면서 내적 긴장에 대해 불편함을 표현한다면 항정신병 약물을 사용한 환자들에게서 발견되는 정좌불능증(akathisia)일 수 있습니다.

## 공포증

공포증(phobia)은 어떤 대상이나 상황과 관련된 강력하고 불합리한 공포입니다. 일반적인 **특정 공포증**(specific phobias)은 다양한 동물에 대한 두려움, 비행기, 고소 공포증, 폐쇄 공포증입니다. 일반적인 유형의 **사회 공포증**[현재 DSM-5에서는 사회 불안 장애(social anxiety disorder)라고 함]에는 대중 앞에서의 연설이나 공공장소에서의 식사, 공중 소변기 사용 또는 다른 사람들이 환자의 손이 떨리는 것을 볼 때 글을 쓰는 것에 대한 두려움이 포함됩니다. **광장 공포증**(agoraphobia)은 집을 떠나 있거나 공공장소에 있는 것에 대한 두려움입니다.

어떤 사람들은 공포증이 망상만큼 비합리적으로 보인다고 생각할 수도 있습니다. 공포증과 망상의 차이점은 공포증 환자는 이러한 감정이 얼마나 불합리한지 인식하고 있지만, 망상 환자는 그렇지 않다는 것입니다.

다음의 질문을 통해 공포증을 점검하십시오.

> "비합리적이거나 현재의 상황에 어울리지 않음에도 불구하고 떨쳐낼 수 없는 두려움을 느꼈던 적이 있으신가요?
>
> "혼자 집을 떠나거나 군중 속에 있거나 상점 또는 다리와 같은 공공장소에 있는 것을 두려워한 적이 있습니까?"

대중 앞에서 이야기하는 것에 대한 두려움과 같은 사회적 불안의 경우, 반드시 예기 불안의 발생 과정을 물어보십시오. 이 상태에서는 환자가 두려워하는 행동을 하기 전 종종 강력하고 환자를 무력하게 만드는 불안이 발생할 것입니다.

**신체이형 장애**(dysmorphophobia)는 신체의 가벼운 결함을 지나치게 우려하고 있음을 설명하기 위해 사용된 용어입니다. 보통 이러한 결함은 얼굴(주름, 코 모양)이지만, 모든 신체 부위에 대해서 보고되기도 합니다. 사실 환자는 문제의 신체 부위를 걱정하지 않을 수 없기 때문에 결코 공포증이라고 부를 수 없습니다. 현재는 DSM-5에서 신체이형 장애라고 불리고 있으며 강박 및 충동 장애 내에 포함되고 있습니다.

## 강박사고 그리고 충동

강박(obsession)은 환자가 자기 생각의 비현실성을 인식하고 있어 그것에 저항하려고 시도하고 있음에도 불구하고 환자의 사고 내용을 지배하고 유지하는 어떤 믿음, 관념 또는 사고를 뜻합니다. 예를 들어 보면, 한 중년 남성은 교회 예배 중에 일어서거나 비명을 지르는 것과 같은 당혹스러운 일을 해야겠다는 강박사고 및 충동을 가지고 있습니다. 보통 강박사고에는 오염, 시간 또는 돈과 관련된 내용이 포함됩니다.

충동(compulsion)은 환자가 유용하거나 적절하지 않다는 것을 인식하지만 반복적으로 수행되는 행위를 뜻합니다. 흔히 충동은 강박사고를 중화시키기 위해 수행하는 행위입니다. 몇 가지 예는 다음과 같습니다.

- 반복해서 숫자를 세는 것
- 근거 없는 미신들에 주의를 기울이는 것
- 의식적인 행위를 준수하는 것(정해진 규칙에 따르지 않으면 처음부터 다시 시작해야 하는 것과 같은 행동, 정해진 취침 시간 등)

강박과 충동의 핵심적 측면은 환자가 보통 이러한 생각이나 행동이 무의미하다는 것을 깨닫고 종종 그것에 저항하려고 시도한다는 점입니다.

다음과 같이 질문하여 강박관념과 강박사고를 파악하십시오.

> "당신은 강박적인 사고나 생각을 경험해 본 적이 있습니까? 제 말은, 당신에게는 의미가 없는 것처럼 들릴지도 모르지만, 어쨌든 생각이 계속되고 떠오르는 것이 있습니까?
> "당신은 하지 않으려고 시도할지라도 당신이 반복해서 수행해야 한다고 느끼는 생각 혹은 의식적인 일과 같은 충동을 가진 적이 있습니까?" (예를 인용하여 환자에게 물으셔야 합니다.)

어떤 사람들은 자신의 행동(예: 지나치게 깔끔함)이 전혀 특이하다는 것을 깨닫지 못합니다. 이와 같은 부분을 파악하기 위해서는 신중하게 질문할 필요성이 있습니다.

> "집이 얼마나 정돈되어 있습니까? 개인 소지품은 어떻습니까?"
> "당신은 싱크대에 더러운 접시를 남겨 두고 침대에 간 적이 있습니까?"
> "당신이 침대를 정리한 후 누군가 당신의 침대에 앉으면 그것을 다시 바로잡을 필요성을 느낍니까?"

경미한 수준의 강박사고가 매우 흔하므로 심각도를 평가하는 것은 중요합니다. 공포증과 마찬가지로 이것은 학교, 직장 및 가정 생활과 같은 활동 영역에서 부적응 수준이 가장 잘 측정됩니다. 심할 경우, 환자는 하루에 많은 시간을 무의하게 손을 씻거나, 옷을 갈아입거나, 화장실에서 의식적인 행동을 합니다. 공포증과 마찬가지로 발병, 지속 기간, 치료 및 심각도를 물어보시길 바랍니다.

## 폭력적 사고

이전에 자살 시도나 다른 사람을 폭행하였는지와는 상관없이 환자가 지금 무슨 생각을 하고 있는지를 파악해야 합니다. 다음과 같이 질문하여 **자살 사고**를 점검하십시오.

> "어떤 식으로든 자해를 하거나 자살을 시도할 계획이나 생각이 있습니까?"

우리 중 대부분은 이러한 생각을 한 번쯤은 해 본 적이 있고 자해나 자살에 대한 질문에 "예."라고 대답하는 것은 스트레스나 삶의 무게와 같이 덧없다는 생각이 반영된 결과일 수도 있습니다. 그러나 환자의 모호한 대답에 주의를 기울이지 않는 것은 잠재적으로 비극을 초래할 수 있습니다. 따라서 그러한 생각들이 발견되면 철저히 탐색해야 합니다.

과거부터 실시한 자살 시도와 관련된 모든 자료를 검토하길 바랍니다(제9장 참조). 환자에게 현재 계획과 실행 방법이 있는지 확인하십시오. 여러분은 다음과 같이 질문해야 합니다.

> "자살 충동에 사로잡히지 않으려면 어떻게 해야 할까요?"

"아무것도 소용없었어요."라는 대답과 같은 유사 반응은 심각하고 불길한 것으로 생각하셔야 합니다. 이런 종류의 생각을 접하게 되면, 특히 현재의 음주나 우울증(무가치한 느낌, 절망감, 사고 문제, 에너지 손실, 죄책감) 문제가 증거로 뒷받침될 경우, 여러분은 하루빨리 입원을 권유해야 할지도 모릅니다.

살인이나 기타 폭력에 대한 생각(ideas of homicide or other violence)은 자살 사고 보다 훨씬 덜 빈번하게 접하는 것으로 가볍게 생각될지도 모르지만, 앞의 상황과 유사하게 긴급한 조치가 필요한 사항입니다. 다음 질문을 통해 살인 또는 폭력에 대한 사고를 파악해 보셔야 할 것입니다.

> "다른 사람을 해칠 생각을 할 정도로 분노하거나 화가 난 적이 있습니까?"
> "혹시 그 충동을 참는 데 어려움을 겪은 적이 있습니까?"

환자가 예라고 답변할 경우 즉시 후속 조치를 취해야 하며, 이미 획득한 과거의 정보와 현재를 비교해야 합니다. 자살할 계획을 가지고 있습니까, 아니면 생각만 가지고 있습니까? 환자가 이 계획을 수행할 수단(총기, 치명적인 약물)을 가지고 있습니까? 실행 예정 날짜(예고 날짜)가 있습니까? 위협은 특정 사람, 특히 친밀한 파트너에게 협박을 하거나 대면할 경우 위협적인 행동을 할 가능성이 더 큽니다. 그러나 저는 모든 위협을 심각하게 여길 것을 경고합니다(제9장에서 다룬 폭력에 대한 자세한 자료를 반드시 검토하십시오).

## 우려되지만 일반적으로 정상적인 경험

일반적으로 물어볼 필요가 없는 몇 가지 경험[1]이 있습니다. 내원한 환자 중 몇몇은 정상이거나 진단을 부여할 수 없는 상태일 것입니다. 그러나 212~213쪽에서의 각성 단계에서 이미지를 형성화한 여성과 같이 환자들은 때때로 그 증상에 대해 걱정하고 면담 시간에 문제로 호소하기도 합니다. 그럴 경우, 여러분은 설명을 해 줘야 할 것입니다.

착각(illusion)은 실제 감각 자극을 잘못 해석할 때 발생하는 것입니다. 보통 시각적인 경우, 감각 입력이 저하될 때(어두운 조명에서와 같이) 가장 자주 발생합니다. 유순한 성격의 환자들은 자신의 잘못을 깨닫게 되면 즉시 인정할 것입니다. 아마 여러분 또한 벽에 갈라진 부분이 무서운 뱀처럼 보이는 경험을 직접 해 보셨을 겁니다. 일단 불을 켜면 즉시 안도감을 느낄 것입니다. 착각과 환각을 구별하기 위해 환경적 상황과 시기(아마도 잠들 때만)와 같은 문제 상황에서의 세부 정보를 얻으시길 바랍니다. 평소에는 정상이지만 치매나 섬망이 있는 환자는 착각을 자주 경험할 수 있습니다.

프랑스어로 '이미 보았다'는 뜻의 데자뷰(Déjà vu)는 이전에 경험했던 상황이나 장소(locale)가 아니지만 경험했다고 느끼는 흔한 감각입니다. 측두엽 간질에서 데자뷰가 발생할 수 있지만, 대부분의 정상인도 가끔 이런 느낌을 받은 적이 있습니다.

과대평가된 사고(overvalued ideas)는 그 가치에 대한 증거는 부족하지만 그들이 계속 가지고 있는 신념을 의미합니다. 망상처럼 대개 주장이나 논리로 반박할 수 없습니다. 망상과는 달리 그것들은 분명히 거짓이 아닙니다. 이러한 것은 자신의 성별, 인종, 정당, 종교의 우월성에 대한 신념을 예로 들 수 있습니다. 때때로 과대평가된 사고는 개인의 기능을 훼손시킬 정도이며 그 사람이나 주변 사람들에게 고통을 주기도 합니다. 대표적인 예가 인종 차별주의입니다.

---

1  만약 이 경험이 정상이라고 간주되면 증상은 아닙니다.

경계선(기준점)을 정하기 어려울 수 있습니다. 지나친 종교적 신념은 종교적 선입견으로 만들 수 있고, 거기서부터 망상이 발생할 수 있습니다. 추후 검토를 할 때 환자가 사용한 정확한 단어를 기준으로 검토할 수 있도록 기록하시길 바랍니다.

비인격화(depersonalization)는 자신에 대한 인식 변화입니다. 보통 사람들은 그것을 몸이나 마음으로부터 분리되는 불편한 느낌이라고 보고합니다. 그들은 자기 자신을 보거나 꿈에 있는 듯한 이상한 느낌을 경험한다고 보고합니다. 통찰력은 온전한 상태이지만 환자들은 자신이 미칠지도 모른다고 생각하거나, 통제력을 잃을지 몰라 걱정합니다. 이것과 유사한 관계인 비현실감(derealization)에서는 사람들은 환경이 비현실적이라고 느낍니다. 다음과 같이 질문하여 이러한 (흔히 일치하는) 경험을 판별하도록 해야 합니다.

> "비현실적이라고 느낀 적이 있습니까? 마치 로봇처럼요."
> "주변의 일들이 비현실적이라고 느껴 본 적이 있습니까?

비현실감과 비인격화는 상당히 흔하고 정상적입니다. 이것들은 때때로 심각한 수준의 스트레스 상황이나 수면 부족으로 발생하기도 합니다. 에피소드는 단 몇 초 동안만 지속될 수 있지만, 장기화되거나 반복될 경우와 고통을 일으킬 정도로 심각할 때는 비인격화/비현실감 장애를 진단받을 수 있습니다. 이러한 경험들은 PTSD나 뇌 질환에서도 자주 발생합니다. 아울러 우울증이나 불안은 종종 이런 증상들과 동반되는 경우가 많습니다.

## 의식과 인지

사고의 내용, 지각을 다룬 뒤 살펴봐야 하는 MSE 영역은 의식과 인지입니다. 이 영역에서는 환자의 정보 입력, 처리 및 전달 능력을 평가합니다. 우리가 흔히 사용하는 임상 평가는 대략적인 것뿐이지만 이것은 매우 유용한 지침서의 역할을 할 수 있습니다.

이제 시작할 작업을 소개하기 위해 여러분은 새로운 환자에게 일상적인 질문을 할 것이라고 말하여 안도감을 제공해야 합니다. 초임 임상가들은 아마도 이런 질문을 해야 하는 것이 어색해서 '유치하지만'이라고 흔히 말하는 것 같습니다. 저는 여러분이 이런 실수를 하지 않기를 바랍니다(논리적인 환자는 '유치하다면서 왜 물어보지?'라고 생각할 수 있습니다). 이 작업을 평가절하하게 되면 신중하게 대답하려는 동기가 감소할 수 있습니다. 어떤 사람들은 여러분이 왜 이러한 질문을 하는지 알고 싶어 할 것입니다. 그때 정답은 "당신을 평가하는 데 도움을 받기 위해서."입니다. 또한 질문이 어렵다고 느끼는 환자에게 '단순한' 질문이라고 말하여 대답에 불편함을 가중시켜서는 안 됩니다. 특히 실패에 대한 두려움이 있는 환자의 경우, MSE는 환자에게 외상이 될 수 있음을 기억하십시오. 잘하지 못하는 것은 항상 스트레스를 주는 일이기 때문에 힘들어하는 환자에게는 약간의 지지가 필요합니다.

> "사람들은 압박감을 느낄 때 최고의 성과를 낼 수 없습니다."
> "대부분의 환자는 이것을 수행하는 것에 어려움을 겪습니다."

어떤 경우든 다음과 같이 할 수 있다는 것을 강조하십시오.

> "100-7 과제를 잘 해냈군요."
> "당신은 이 검사를 하였던 다른 많은 사람보다 더 잘하였습니다."

(물론 여러분은 절대 사실인 경우 외에는 이런 종류의 지지적인 언급을 하지 말아야 합니다.)

## 주의와 집중

면담을 진행하는 시점에서 여러분은 이미 환자의 **주의력**(attention, 현재 작업이나 주제에 집중하는 능력으로 정의할 것입니다)과 **집중력**(concentration, 그 집중력을 유지하기 위해 일정 기간 동안 유지할 수 있는 능력으로 정의할 것입니다)을 잘 파악하셨을 것입니다. 여러분은 자극에 집중할 수 있는 능력을 평가하는 계산 과제를 활용하여 표준화된 방식으로 주의력과 집중력을 평가할 수도 있습니다. 환자에게 100에서 7을 빼도록 요청하십시오. 이 작업이 완료되면 그 결과에서 다시 7을 빼도록 요청하고, 0을 향할 때까지 계속하십시오. 대부분의 성인은 1분 이내로 4개 미만의 오류를 보이는 것으로 끝날 것입니다. 성과를 평가할 때 환자의 나이, 교육 수준, 문화, 우울증과 불안의 정도를 고려하는 것을 잊지 마십시오.

개인적으로는 면담을 진행하는 동안 주의력을 평가하는 것을 선호합니다. 예를 들어, 환자가 과거의 날짜를 이야기하지 못해 "어디 보자."라고 말할 가능성이 있습니다. 그럴 경우 저는 "그때 몇 살이었습니까?"라고 질문합니다. 환자가 정확한 나이를 생각해 낼 수 있고, 우리의 (아마도 오래 이어진) 대화 중에 집중을 잘 하는 것처럼 느껴진다면 더 이상 이런 종류의 추가적인 검사를 실시하지 않을 것입니다.

환자에게 뺄셈이 너무 어렵다고 판단되면(예: 수학과 관련된 교육이 부족한 것으로 가정합시다), 예를 들어 환자에게 87에서 63까지 1씩 거꾸로 세어 보도록 요청하십시오. 이 주의력 검사는 연속하여 뺄셈하는 것보다 문화에 영향을 덜 받습니다. 때때로 우리는 환자에게 세상(world)이라는 단어를 거꾸로 쓰라고 요청하는데, 어떤 환자들은 당황하여 아무런 생각 없이 반응할 수 있습니다. 끈(strap)이나 시계(watch)와 같은 다른 단어로 시도하되, 먼저 환자가 단어를 정확하게 쓸 수 있는지부터 확인하시길 바랍니다. 아울러 5에서 7까지의 숫자를 앞으로, 뒤로 회상하는 과제를 수행하는 것은 교육에 영향을 덜 받을 수 있습니다. 주의 집중력의 감소는 간질 및 인지장애 환자뿐 아니라 조현병 및 양극성 장애 환자에게서도 흔히 발견됩니다. 정신적 처리의 많은 부분이 주의 집중력에 달려 있으므로 주의 집중력이 약할 때는 나머지 MES 결과를 신중하게 해석해야 할 것입니다.

## 지남력

장소에 대한 환자의 지남력이 올바른지 확인하려면 다음의 질문을 하십시오.

"우리가 현재 있는 [도시, 주, 시 설명]이/가 어디인가요?"

만약 이 질문에 정확하게 말하지 못한다면, 어떤 유형의 시설에 있는지 물어보십시오. "A 도서관."이나 "그라운드 제로(역자 주: 뉴욕에 위치한 세계 무역 센터가 있는 곳)."와 같은 대답은 심각한 병리를 암시하지만, 비협조적인 환자에게서 들은 내용이라면 과도하게 해석하지 않도록 주의해야 합니다.

> "오늘이 며칠인가요?"

환자는 정확하게 일과 월을 말할 수 있지만, 때때로 연도를 부정확하게 이야기할 때가 있습니다. 시간에 대한 지남력을 평가할 경우, 시간의 구성요소에 맞추어 시간 단위로 질문하시길 바랍니다. 환자는 종종 하루나 이틀 정도의 날짜를 부정확하게 이야기합니다. 이것은 일반적으로 중요하지 않습니다. 특히 일상생활에서 단절된 입원 환자들의 경우 시간이 어떻게 지나가는지를 잘 알지 못하기 때문에 더욱 조심해서 살펴봐야 할 것입니다.

환자가 자신의 이름을 알고 있는지에 대한 여부(사람에 대한 지남력)는 면담의 초기 부분에서 분명히 파악해야 합니다. 시간이나 장소에 대해 혼동을 느끼면 사람에 대한 지남력에 대해 물어보십시오.

> "다시 한번 이름과 성을 말해 주시겠습니까?"

## 언어

언어(language)는 단어와 상징을 통해 의미를 이해하고 표현하는 수단입니다. 일반적으로 평가되는 언어 영역에는 이해력, 유창성, 명명, 반복, 읽기 및 쓰기가 포함되고, 이 영역은 신속하게 수행할 수 있습니다. 특히나 노인 환자와 신체적으로 고통을 경험하는 환자에게는 중요할 것입니다. 실제로 언어 장애를 가지고 있을 때는 신체화 장애, 인지장애 및 기타 정신장애로 오진되는 경우가 드물지 않게 발생합니다.

- 언어 **이해력**(comprehension)의 정도는 이미 환자와 면담하는 과정에서 쉽게 파악되었을 것입니다. 간단한 검사로서 다음과 같은 어느 정도의 복잡한 행동을 수행하도록 요청하십시오. "이 펜을 들고, 당신의 주머니에 넣으십시오. 그다음에 펜을 책상 위에 올려 두십시오."

- 언어 **유창성**(fluency)은 환자가 정상적인 어휘와 운율을 사용하고 정상적인 길이의 문장을 생성할 때 분명하게 살펴볼 수 있을 것입니다. 망설임, 중얼거림, 말더듬기 그리고 특이한 부분에 강세를 보이는 것에 주의 깊게 살펴보시길 바랍니다.

- **명명**(naming)의 문제를 지닌 환자가 일상적인 것들을 묘사할 때 그 사물의 이름을 명확히 말하는 대신에 여러 단어를 사용해서 에둘러 묘사한다면, 환자는 명명(naming)하는 데 문제가 있는 게 분명할 수도 있습니다. 이러한 **명명 실어증**(naming aphasia)의 예는 다음과 같습니다.

  −손목시계 줄: 손목에 그것을 지탱하는 것
  −펜: 무언가 쓰기 위한 것

  환자에게 볼펜의 부품 이름을 말하도록 요청하여 명명 실어증을 검사하십시오. 촉(혹은 끝부분), 핀, 몸통.

- **반복 말하기**(repetition)를 시험하기 위해 환자에게 "내일은 맑을 것입니다."와 같은 표준적이고 간단한 문구를 반복하도록 요청하십시오.

- **읽기**(reading)는 한 문장 혹은 두 문장을 읽도록 환자에게 요청하여 빠르게 확인할 수 있을 것입니다. 선진국에서도 소수의 성인은 기능적으로는 문맹이라는 점에 주목하시길 바랍니다. 여러분이 알고 있는 환자의 학력을 기준으로 이 검사와 다른 검사의 결과를 비교해야 할 것입니다. 이 수행에 어려움을 가진 환자는 당혹스러움을 경험할 수 있으므로 정서적 지지를 제공해야 합니다.

- 한 문장을 쓰도록 환자에게 요청하여 **쓰기**(writing)를 검사하십시오(만약 환자가 생각하는 것에 문제가 있다면 어떤 것을 받아쓰게 해야 합니다).

- 볼펜과 시계의 이름을 질문함으로써 **표현성 실어증**(expressive dysphasia)을 환자에게 검사합니다. 그래서 환자의 선택으로 한 문장을 자세히 쓰도록 요청하십시오.

- 환자에게 다음과 같은 간단한 기하학적 도형을 똑같이 그리도록 요청하여 **실행**

증(운동 문제가 손상되지 않았음에도 불구하고 자발적인 행동을 수행할 수 없는 경우)
에 대한 검사를 진행해야 합니다.

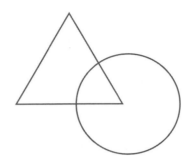

이 그림의 기본요소(불확실한 선과 회전은 무시)를 재현할 수 없는 것은 **관념운동
실행증**(ideomotor apraxia)일 수 있습니다. 실행증은 뇌의 오른쪽 병변에서 비롯
됩니다.

이러한 선별 검사에서 문제가 발생하면, 환자의 정신 상태가 심각한 신경기능
장애로 손상된 가능성이 있으므로 신경학적 평가를 의뢰해야 할 것입니다.

## 기억

기억(memory)은 보통 3~4개의 부분으로 구분합니다. 편의상 즉시, 단기, 장기의
세 가지 기억에 대해서만 논의하겠습니다. 이러한 질문을 하는 것에 불편함을 느낀
다면 여러분은 다음처럼 안내할 수 있습니다.

> "당신은 이전에 기억과 관련된 문제가 있었습니까? 저는 기억 능력을 알아보고 싶습니다."

**즉시 기억**(immediate memory, 5초 또는 10초 후에 정보를 등록하고 재현하는 능력)은
사실 주의력 검사에 더 가까운데, 이 검사들을 살펴보면 100에서 7을 순차적으로 빼
는 과제(100−7), 거꾸로 숫자 세기 과제와 환자가 면담에 집중하는 방식으로 평가할
수 있습니다. 이러한 검사들은 이미 끝냈을 것입니다. 그러나 이러한 검사는 단기

기억 검사를 실시하기 전에도 재평가할 수 있습니다. 이름, 색상 및 주소와 같은 관련 없는 여러 항목의 이름을 환자에게 말하십시오. 그런 다음 환자에게 이러한 항목을 따라 말하도록 요청하십시오. 따라서 말하는 것은 즉시 기억을 평가할 뿐만 아니라 환자가 여러분의 말을 이해했음을 근거로 사용될 수 있습니다.

나중에 앞서 따라서 말한 내용을 물어볼 예정이라고 환자에게 알려야 할까요? 이 질문에는 두 가지의 견해가 있습니다. 하나는 여러분이 미리 알려 줘야 한다는 견해인데, 저는 그 이유에 대해 작성된 자료를 읽어 본 적이 없으므로 그렇게 해야 한다고 생각하지 않습니다. 또 다른 견해는 미리 경고할 경우, 인지적 리허설이 발생하기 때문에 어떤 환자들은 여러분이 질문하는 내용에 대해 충분히 주의를 기울이지 않고 머릿속으로는 과제 수행을 생각하여 이익을 얻을 수 있음을 경고하고 싶습니다. 비록 저는 후자의 입장을 지지하고 있지만, 아무도 그 문제사항을 보편적인 문제가 아닌 단지 일부의 문제라고 말하고 있습니다. 즉, 여러분이 일관성 있게 한 가지 방법을 수행하는 한 어느 방법을 사용해도 상관이 없습니다. 여러분이 원하는 것은 여러분의 질문 방식에 대한 정상적인 반응을 얻는 것입니다.

5분 뒤, 환자에게 세 가지 항목을 기억해 내도록 요청하여 단기(최근) 기억을 검사합니다. 5분 안에 대부분 사람은 이름, 색상 및 주소 일부를 기억해 내야 합니다. 이 검사의 결과를 해석할 때는 환자의 동기 수준을 고려해야 합니다. 세 가지를 모두 기억하지 못하였을 때는 심각한 인지장애나 우울증, 정신병 또는 불안으로 심각한 스트레스 경험하여 주의력이 저하된 결과일 수도 있습니다.

장기(과거) 기억을 활용하면 현 병력과 관련된 조직화된 정보를 가장 잘 평가할 수 있습니다. 특히 환자가 이용했던 시설에서 기록된 정보인 일련의 사건이나 자녀의 출생 등과 같이 환자가 이전에 보고한 과거력을 입수하는 과정에서 도출된 자료는 환자의 능력 수준을 파악할 수 있는 좋은 자료입니다. 단기 기억과 장기 기억의 구분점에 대해 전문가들 간에 다양한 의견이 존재합니다. 대부분의 사람은 12~18개월 사이에 정보의 통합이 이루어지기 때문에 장기 기억에 저장된 기억은 쉽게 잊히지 않는다는 것에 의견을 합치하고 있습니다. 알츠하이머와 같은 중증 치매 환자는 일반적으로 단기 기억보다 장기 기억이 더 잘 유지되지만, 질병이 진행되면 장기 기억 또한 결국 손상됩니다.

종종 신체적 혹은 심리적 트라우마에 기인하는 일시적인 기억 상실인 기억 상실증

(amnesia)은 치매와 매우 다릅니다. 기억 상실증은 모든 심각한 두부 외상, 알코올 관련 의식 불명, PTSD 그리고 해리 장애에서 접하게 될 수 있습니다. 기억 상실증을 확인하는 것은 어려울 수 있습니다. "기억 상실증에 걸린 적이 있습니까?"란 질문에 대부분의 환자는 "기억이 안 나는데요."라고 답하기 때문입니다. 그럴 경우 다음과 같은 시도를 해 보시길 바랍니다.

> "지금까지 살아오면서 전혀 기억이 나지 않는 기간이 있었나요?"
> "다른 사람들이 당신의 기억력에 문제가 있다고 말한 적이 있습니까?"

기억 상실증이 발생하면 이것이 **단편적인지**(환자는 영향을 받은 기간으로부터 일정 부분을 기억할 수 있음) 또는 **일괄적인지**(해당 시간에 대한 완전한 기억 상실)를 확인하십시오. 여러분은 기억이 상실된 부분에서 양쪽에 있는 기억을 활용하여, 기억이 상실된 내용을 메우려는 시도를 할지도 모릅니다("기억 상실 기간이 시작되기 직전에 기억할 수 있는 마지막 것은 무엇인가요? 나중에 가장 먼저 기억할 수 있는 것은 무엇인가요?"). 또한 다음과 같이 질문할 수 있습니다. "그때 당신은 일어난 일을 기억할 수 있도록 친구나 친척에게 도와달라고 부탁한 적이 있습니까?"

기억 공백이 있다는 것이 어떤 나쁜 일이 있었다는 것을 의미한다고 가정하지 마십시오. 임상가들은 기억 상실증을 소위 거짓 기억 증후군(false memory syndrome)이라고 부릅니다. 기억의 공백이 있다고 해서 환자에게 폭행 혹은 추행이 의심된다고 가정하게 되면 완전히 잘못된 결과를 이끌어 낼 수도 있습니다.

때때로 여러분은 지남력(역자 주: 시간, 장소, 사람에 대한 인식 기능)이 상실된 환자를 만날 뿐만 아니라, 꽤나 논리적인 반응으로 꾸며내어 기억의 결함을 숨기려는 환자를 만날 수 있습니다. 이러한 무의식적인 기억은 **작화증**(confabulation)이라고 불리는데, 이것은 거짓말이라고 말할 수 없습니다. 환자는 대부분 자신이 말하고 있는 내용이 진실이라고 생각합니다. 여러분이 환자에게 이전에 만난 적이 있는지 묻는다면, 초면이지만 환자는 이전에 만났다고 말할 것입니다. 작화증은 티아민 결핍이 있는 만성 알코올 중독과 같은 장애에서 기억력이 심각하게 손상된 환자들에게 주로 나타나는 특징이 있습니다.

한 학생이 망상과 작화증의 차이를 물어본 적이 있습니다. 좋은 질문입니다! 망상적인 사람은 실제 기억을 잘못 해석할 수 있지만, 작화증이 있는 사람은 실제적인 기억에 그렇지 않은 기억을 추가하는 것입니다.

## 문화 정보

일부의 문헌에서는 환자의 과거 기억과 전반적인 지능을 평가하는 문화적인 정보를 묻는 과제를 언급조차 하지 않습니다. 하지만 이러한 작업의 내용은 MSE의 전통적인 부분이기 때문에 여러분은 전통적인 질문에 익숙해져야 합니다.

> "현재 대통령부터 시작하여 가장 최근 5명의 대통령[또는 총리 또는 다른 국가 원수]의 이름을 말하십시오."

대부분의 환자는 역행해서 4~5명의 대통령(또는 이와 유사한)을 말할 수 있을 것입니다. 한 번에 하나씩 물어보십시오. 당연히 많은 환자는 "최근 5명의 대통령을 역순으로 이야기해 주세요."라는 질문이 어렵다고 생각합니다. 환자가 한 사람을 놓치게 되면 기억을 되살리기 위해 "어디 봅시다, 빠뜨린 사람이 있습니까?" 또는 "2명의 Bush 대통령 사이에 그 사람이 있어요."라고 말하는 것이 좋습니다.

> "우리 주의 주지사는 누구입니까?"
> "대도시 5개를 말하십시오."
> "강 이름 5개를 말해 보세요."

해석에 대한 주의사항은, 이전에 언급된 숫자 세기와 연속해서 7 빼기와 동일합니다. 이에 대한 대안으로 여러분은 현재 사건을 질문함으로써 환자의 관심사, 지능 그리고 기억의 정확성에 대한 그림을 상당히 얻게 될 것입니다. 환자에게 주요 스포츠 사건의 결과나 다음 선거에서 출마하는 사람의 이름 그리고 유명하면서도 중요한 문화적 내용을 질문하여 정확한 능력을 평가해야 합니다.

## 추상적 사고

특정한 예로부터 원리를 추상화하는 능력은 문화와 지능 및 교육에 크게 영향을 받으며 이 추상적 사고를 질문하는 것은 오래전부터 수행된 검사 항목 중 하나입니다. 이 능력은 우리가 지난 반세기 동안 알려진 것과는 달리 정신 능력에서 정상과 이상을 구분하는 것과는 전혀 관계가 없습니다. 일반적으로 묻는 추상화 질문은 속담, 유사점 및 차이점에 대한 내용이 포함됩니다. 다음은 해석해야 할 몇 가지 전형적인 속담들입니다.

> "유리로 된 집에 사는 사람들에게 돌을 던지면 안 된다는 말이 무슨 뜻입니까?"
> "구르는 돌에는 이끼가 끼지 않는다는 것은 무슨 뜻인지 말씀해 주시겠습니까?"

일부 속담은 두 가지 이상의 해석을 가지고 있다는 점(예: 이끼를 모으는 것이 가치 있거나 가치 없는 것 중 하나로 판단될 수 있습니다)에 유의하십시오. 저는 논리적인 해석일 경우 받아들이기도 합니다.

유사점과 차이점은 속담보다 문화에 덜 영향받기 때문에 여러분은 다음의 내용으로 질문하는 것이 더 좋을 것입니다.

> "사과와 오렌지는 어떻게 비슷합니까?" (둘 다 과일이고, 둘 다 동그랗고, 둘 다 씨앗을 가지고 있습니다.)
> "아이와 난쟁이의 차이점은 무엇입니까?" (아이는 자랄 것입니다.)

## 인지 능력의 검사

Mini-Mental State Exam(또는 MMSE라고 불립니다. MSE와 혼동하지 마십시오)은 2명의 개발자를 기리기 위해 Folstein 검사라고 합니다. 검사를 수행한 후 채점까지 몇 분이면 충분하고, 인지 검사를 정량화 및 확장시킨 검사 도구입니다. 검사 점수가 24점 미만일 경우(30점 만점에서)는 치매를 시사하지만, 고등교육을 받았거나 지적 능력이 좋은 환자들은 더 높은 점수를 획득하여도 경미한 수준의 신경인지 장애를 파악하기 위해서 정밀한 수준의 신경심리 검사가 필요합니다. MMSE의 활용에 좋은 용도는 치매 환자에게서 인지 변화를 추적하고 관찰하는 것입니다.

몇 년 동안 MMSE는 무료로 이용할 수 있었고 그래서 일상적인 정신건강 평가의 중요한 검사로 사용하고 있었습니다. 그러나 안타깝게도 현재는 Psychological Assessment Resources(www.minimental.com 참조)을 통해 판매되기 때문에 더 이상 무료로 사용할 수 없게 되었습니다. 그러나 원본 논문을 통해 여러분은 규준을 찾을 수 있습니다. 부록 F에 참고 자료를 포함하였습니다.

인지 능력에 대한 또 다른 검사인 몬트리올 인지평가(Montreal Cognitive Assessment: MoCA)는 MMSE보다 경미한 수준의 인지장애에 더 민감하게 반응합니다. 게다가 온라인에서는 무료로 이용할 수 있습니다(www.mocatest.org 참조). 이 검사 또한 최대 점수는 30점이며, 26점 이하의 점수는 인지장애를 의미합니다.

이 두 가지 검사는 인지 능력 수준에 대한 근사치의 결과만 제공합니다. 정확성을 높이기 위해서는 자격을 갖춘 심리학자에게 공식적인 신경심리 검사를 의뢰해야 합니다.

## 지능에 관한 특별 참고사항

지능에 대한 정확한 추정(모순이 있습니다!)은 환자와의 상호작용에 중점을 둔 첫 면담의 범위를 벗어나는 것이기 때문에 면담 시간 이외의 구조화된 검사를 시행하여 평가되어야 합니다. 대부분의 책에서는 이 주제의 중요성을 간과하는데, 이 주제는 평가적 측면, 특히 인지 상태와 성격에 매우 큰 영향을 미칠 수 있으므로 지능을 고려하는 것이 중요합니다.

1983년에 심리학자 Howard G⬛⬛⬛⬛ 다중지능이론을 제안했습니다. 그는 언어적, 논리적–수학적 지능(표준적인 검사에서 측정되는 것의 대부분을 구성하는 2개의 영역) 외에 공간적, 신체운동, 음악, 대인관계, 개인적, 자연주의적, 실존적 지능이 있다고 주장하였습니다. 비록 몇몇 학자는 **지능**과 **능력**이 섞여 있다는 비판의 목소리를 냈지만, 지능의 여러 측면을 살펴보면 모든 사람이 각자 잘하는 특정 영역이 있다는 것을 알려 주므로 우리에게 큰 위안을 줍니다.

그렇지만 여전히 고려되고 있는 의견은 다중지능이론은 전반적인 지능의 요소 중 하나로 평가되고 있다는 것입니다. 지능은 이 책의 페이지에 제시되어 있는 숫자를 뛰어넘어 삶의 목표를 추구하고 환경 변화에 대처할 수 있는, 즉 인간의 문제 해결 능력을 평가할 수 있도록 수치화된 정보를 알려 줍니다. 사실 지능은 표준화된 검사를 통해서만 정확하게 측정할 수 있지만, 우리는 초기 평가의 일환으로 최소한 대략적인 추정치를 얻어야 할 것입니다.

여러분은 환자의 나이, 문화적 배경, 각성, 협력 수준, 우울증 및 정신병 정도를 고려하여 과거 정보(교육, 직업)와 면담에서 관찰된 환자의 인상을 통해 환자의 지능(우수, 평균, 낮음)을 추정할 수 있을 것입니다. 그러나 이와 같은 자료가 있지만 보다 명료하게 규명할 필요가 있다고 생각한다면, 반세기 전 Ian Wilson이 발표한 검사를 통해 빠르게 전체 지능을 추정할 수 있습니다(부록 F 참조). 환자에게 2×3을 한 후 2×6, 2×12 등등을 하도록 요청하십시오. 환자가 2×48에서 정답으로 반응하게 된다면, 표준 지능 검사인 Wechsler 성인 지능검사 또는 WAIS(현재 WAIS–IV)에서 정상 범위 또는 더 높은 점수를 받을 확률이 85%가 됩니다.

## 통찰력과 판단

정신건강 평가의 맥락에서 **통찰력**은 평가 중인 문제에 대한 환자의 생각이 얼마나 타당한가를 나타냅니다. 통찰력이 있는 환자는 ① 무엇이 잘못되었는지, ② 미래의 삶에 어떤 영향을 미칠 수 있는지, ③ 원인이 생물학적 · 심리적 또는 사회적인지(악마 또는 외계인의 영향과 반대로), ④ 어떤 형태의 치료가 필요한지를 인식할 수 있습니다. 심리치료에 참여하거나 정신역동을 이해하는 능력은 일반적으로 이 평가로는 판단할 수 없습니다.

　미숙한 통찰력은 중요한 의미가 있습니다. 입원 혹은 후견인이나 수탁자의 임명이 필요하거나, 많은 환자가 거부하는 항정신병 약물치료 또는 다른 치료가 필요하다는 것을 암시할 수 있습니다. 반면에 좋은 통찰력은 환자가 치료 계획에 협조하고, 충실하게 약을 복용하며, 예약 시간을 엄수할 것이라는 확신을 줍니다.

　통찰력을 확인하기 위해서 다음과 같이 질문할 수 있습니다.

> "당신은 자신에게 어떤 문제가 있다고 생각하십니까?"
> "당신이 들은 목소리가 질병 때문일 수 있습니까?"
> "당신은 증상이 무엇 때문에 발생하였다고 생각하십니까?"
> "여기에 오는 사람들이 어떤 종류의 문제를 가진다고 생각하십니까?"
> "자신이 어떤 식으로든 장애가 있다고 생각하십니까?"
> "당신은 치료가 잘 될 것이라고 생각하십니까?"

　환자는 통찰력이 완전할 수도 있고, 부분적일 수도 있으며, 전혀 통찰을 하지 못할 수도 있습니다. 예를 들어, 부분적인 통찰력을 가진 환자는 무언가 잘못되었다는 것을 깨닫고 다른 사람을 비난할 수 있습니다. 통찰력은 또한 유동적인 경향이 있습니다. 즉, 통찰력은 질병이 악화되면 저하되기도 하고, 차도가 있는 동안에는 개선되기도 합니다. 통찰력이 없는 장애에는 신경인지 장애, 중증 우울증 및 모든 정신병(특히 조현병 및 정신병적 특징이 있는 양극성 장애 I형)이 전형적인 예입니다.

　또한 다음 질문을 통해 환자의 자아상에 대한 이미지를 파악하도록 노력해야 합니다.

> "당신에게 어떤 강점이 있다고 생각하세요?"
> "자신의 어떤 점이 마음에 드십니까?"
> "다른 사람들이 당신을 어떻게 본다고 생각하세요?"

환자가 자신의 장점(자신이 잘한다고 생각하는 것)을 평가하는 내용은 치료를 권고하고 예후를 추정하는 데 중요할 수 있습니다.

판단력은 권고된 치료법을 환자가 수용하게 만드는 역할 외에도, 우리가 현실적인 목표를 추구하고 적절한 행동 방침을 결정할 수 있게 만드는 능력이라고 생각할 수 있게 합니다. 일부 임상가는 여전히 "도장이 찍힌 편지를 발견하면 어떻게 할 것인가요?" 또는 "공연 관람 중 극장에서 화재가 발생하면 어떻게 대응해야 하나요?" 등의 가상적인 질문을 통해 환자의 판단력을 평가합니다. 그러한 추상적인 질문들은 아마도 세상에서 잘 지낼 수 있는 능력과 관계가 없습니다. 그러므로 이와 같은 질문을 하지 않는 것이 더 좋습니다. 대신 환자의 판단력을 평가하기 위해서는 현실적인 질문을 하시길 바랍니다.

> "치료에서 무엇을 기대합니까?"
> "미래에 대한 당신의 계획은 무엇입니까?"

최종 분석 과정에서 여러분이 환자의 판단력을 평가할 가장 좋은 시점은 아마도 한 시간 혹은 그 이상의 면담이 진행된 후일 것입니다.

환자의 통찰력과 판단력을 보고서에 작성할 경우 반드시 상세하게 설명하시길 바랍니다. 통찰의 결여 측면을 구체적으로 서술하고, 왜 그렇게 생각하는지 예를 들어 설명하십시오. 흔히 우리는 엄격함과 잘못된 관행(환자의 통찰력을 구체적으로 평가하지 않고 통찰력이 제한되어 있다)을 고치지 않고 행동할 때가 있습니다.

## 언제 정신 상태 검사를 생략할 수 있을까

이 질문에 대한 분명한 대답은 '절대 불가능'이라고 할 수 있습니다. 그 이유는 환자의 모든 정보가 인쇄로 된 기록에서 나오지 않는 한, 대화할 때마다 수많은 정신 상태 정보가 관찰되기 때문입니다. 실제로 우리가 제기하는 질문은 다음과 같습니다. MSE의 인지 부분에 포함된 질문(즉, 이 장의 대부분에서 다룬 질문)을 언제 안전하게 생략할 수 있을까요?

어떤 검사일지라도 생략하는 것은 위험성이 존재합니다. 여러분이 생략하려고 할 때마다 언제든지 이익(시간이 절약되고 환자의 당혹스러움이 제거되는 것)과 손실(진단 정보를 덜 얻는 것)의 균형을 맞출 수 있도록 숙고해야 할 것입니다. 일반적으로 대부분의 검사는 빠르게 진행할 수 있고, 어떠한 질문에도 환자들은 기꺼이 응하기 때문에 검사의 시간이 소요된다는 이유로 MSE를 실시하지 않는 것은 비논리적입니다. 그럼에도 불구하고 지남력, 지식, 주의력 및 기억력에 대한 몇 가지 공식적인 검사를 생략함으로써 MSE를 축약할 수 있는 몇 가지 상황은 다음과 같습니다.

환자가 자세하고 잘 구성된 병력을 말한 경우입니다. 예를 들어, 상대적으로 위협적이지 않은 문제(인생 스트레스 또는 결혼 생활의 어려움)에 대해 상담하는 외래 환자들은 일관되고 빈틈이나 불일치 없이 명확하게 자신의 문제를 설명합니다. 또 다른 경우는 검사 결과를 사용할 수 있을 때입니다. 최근에 실시한 심리검사 보고서를 가지고 있다면, 이는 약식 검사보다 훨씬 더 정확할 것입니다. 환자는 이미 괴로워하고 있습니다. 환자가 최근에 다른 검사자에게 검사를 받은 적이 있고, 반복된 질문에 당황하거나 화를 내는 경우라면 검사를 단축하는 것이 좋습니다. 이는 특정 검사에 문제가 있는 환자에게 특히 해당될 수 있습니다.

다음과 같은 상황에서는 공식적으로 수행하는 MSE의 일부를 생략해서는 안 됩니다.

- 법의학적 검사: 이러한 보고서는 법정에서 면밀히 조사될 수 있으며, 돌이킬 수 없는 상황에 놓일 수도 있습니다.
- 기타 법적 요구사항: 특정 시술(예: 전기 경련 치료)에 대해 의무적으로 시행되는 위임 절차, 역량 평가 및 검사는 거의 항상 완전한 보고서가 필요합니다.
- 기준점 기록: 예를 들어, 나중에 치료 결과를 평가해야 한다는 것을 알고 있다면 환자가 '이전'에 어땠는지 정확하게 기록하는 것이 좋습니다.
- 자살 생각이나 폭력 위협에 대한 징후: 환자에 대한 개인적인 결과 및 잠재적인 법적 문제는 일반적으로 전체 검사를 요구합니다.

- 주 진단: 모든 주요 질환(특히 정신병, 기분, 불안, 신경인지 장애, 물질 사용 장애)은 철저히 조사해야 합니다.
- 입원 환자 상태: 입원할 만큼 아픈 환자는 완벽히 정밀검사를 받아야 합니다.
- 뇌 손상 가능성: 머리 부상이나 신경계 질환의 병력이 있을 때는 항상 완전한 MSE를 수행하셔야 합니다.
- 초임 임상가: 완전한 평가를 반복해서 수행하면 익숙함과 편리함을 동시에 얻게 될 것입니다.

제**13**장
# 임상적 관심 영역에서의 징후 및 증상

임상적 관심 영역은 환자의 개인력과 정신 상태 정보를 종합적으로 생각하여 임상적 진단이 무엇인지를 찾아내는 방법입니다. 이 장에서는 임상가가 접할 수 있는 8개의 임상적 관심 영역의 증상과 징후를 제시합니다. 임상적 관심 영역은 감별진단을 고려할 수 있게 해 주며, 여러분이 어떤 정보에 집중하여 질문할지를 안내해 줍니다.

여러분은 임상면담에서 필연적으로 접하게 되는 중요한 임상적 정보를 파악하여 환자를 평가하게 될 것입니다. 각각의 임상적 진단은 공통적인 증상을 지닌 여러 장애로 구성되어 있음을 명심하시길 바랍니다. 정확한 임상적 진단을 위해 여러분은 각 장애의 증상을 미리 파악하고 있어야 합니다.

그 예로 우울하거나, 침체되거나, '풀이 죽은' 느낌을 호소하는 한 환자가 있다고 생각해 보십시오. 그러한 환자들에게서는 다음과 같은 기분 장애의 증상들이 발견될 수도 있습니다. 울음, 절망, 식욕 및 수면 패턴의 변화, 하루 중 특정 시간에 더 우울한 느낌, 에너지 저하, 집중력 저하, 비관적 사고, 자살 사고 또는 행동. 우리는 환자들이 이 중 몇 개의 증상만을 호소하더라도 우울증을 앓고 있음을 파악할 수 있습니다. 이후 우리는 증상과 질병의 진행 경과가 기분 장애의 진단 기준 중 하나에 해당하는지를 파악해야 합니다. 즉, 먼저 정보들을 탐색해야 하며, 모든 정보를 파악하게 되었을 때 여러분은 어떤 진단이 가장 적합한지 결정할 수 있을 것입니다.

각각의 임상적 관심 영역을 논의하면서 저는 다음과 같은 특징을 설명할 것입니다.

① 유용한 정보(tip-offs) 또는 '경고(red flag)'는 더 자세히 살펴볼 것을 권함을 의미합니다.
② 주 진단: 임상적인 관심 영역에서 주 진단과 감별진단을 다룰 것입니다. 부록 B에 있는 진단의 내용에 대해서는 별표(*)로 표시하였습니다.
③ 과거력: 여기에서는 여러분이 물어봐야 할 각각의 중요한 과거력에 대해 간략하게 설명합니다.
④ MSE의 전형적인 특징: 현재의 MSE는 일반적으로 감별진단을 선별하는 과정에서 과거력만큼 유용성이 높지 않기 때문에 각 장애에서 보이는 전형적인 MSE 증상을 나열하였습니다.

가끔은 언제 발병되었고, 언제 증상이 사라졌는지 파악하기가 어렵습니다. 비슷한 이유로 여러분은 환자가 한 회기에서 보고한 내용이 다른 특정 회기에서 언급된 내용보다 더 적합하다고 여길 수 있습니다. 예를 들어, 여러분이 면담하는 동안 환자는 여러분이 파악하지 못한 기분 문제를 이야기할 수도 있습니다.

부록 D에서 주요 정신장애를 진단하기 위해 사용되는 반구조화된 면담을 살펴볼 수 있습니다. 이것은 여러분이 면담 과정에서 다루어야 할 기본내용을 점검할 때 유용하게 사용될 것입니다. 하지만 저는 여러분이 진단을 위한 목적으로 면담하는 것에 주의를 주고 싶습니다. 첫 면담의 목적은 무엇이 잘못되었는지를 판단하는 것이지 여러분의 선입견이나 이미 다른 임상가가 주장한 내용을 재확인하는 것은 아닙니다. 즉, 특정 종류의 물고기를 잡기 위해 특정한 미끼를 낚싯바늘에 걸지 말고 여러분이 그물을 던져 어떠한 물고기를 잡았는지를 살펴봐야 합니다.

## 정신병

**정신병**은 환자가 현실과 동떨어져 있다는 것을 의미하며, 이는 환각, 망상, 현저하게 느슨해진 사고 연합의 문제가 있음을 뜻합니다. 이 상태는 일시적이거나 만성일 수 있지만 오늘날의 치료 방법에서는 환자가 장기간 정신병 상태를 유지하는 것은 보기 드문 일입니다.

## 유용한 정보

정신병을 임상적 관심의 영역으로 고려하게 만드는 증상들은 다음과 같습니다.

- 둔마된 정동 또는 부적절한 정동
- 기괴한 행동
- 혼란
- 망상
- 판타지나 비논리적인 생각
- 환각(어떤 감각이든)
- 통찰력 또는 판단력의 문제
- 침묵
- 지각 왜곡 또는 오해석
- 사회적 철수
- 일관성이 없거나 이해하기 어려운 말

## 주 진단

정신병을 앓고 있는 환자는 세 가지 주 진단 중 하나를 진단받게 될 가능성이 있습니다. 기질적 정신증(의학적인 질환이나 물질 사용으로 인한 것), 조현병 또는 몇몇 기분 장애 분류로 주요 우울 장애에 동반된 정신증(주요 우울 장애 또는 양극성 장애 I형의 신호일 수 있음) 또는 심각한 수준의 조증(양극성 장애 I형). 그중 여러분은 기분 장애 또는 조현병인 환자를 가장 많이 접하게 될 것입니다. 그 밖에 여기에는 주 진단에 대한 더 자세한 목록이 있습니다.

- 조현병*
- 주요 우울증 삽화*
- 조증 삽화*
- 다양한 원인에 의한 섬망과 같은 신경인지 장애*
- 물질/약물에 의한 정신장애*(예: 알코올로 인한)
- 단기 정신증적 장애
- 조현형 장애*
- 조현정동 장애*
- 망상 장애*

## 과거력

- **발병 연령**: 조현병은 일찍 시작되는 경향이 있으며(10대 후반 또는 20대), 망상 장애는 중년에서 노년에 시작됩니다.
- **술 또는 마약**: 많은 정신병 환자가 약물을 사용합니다. 환자의 음주 및 약물 복용 이력을 확인하시길 바랍니다. 정신병이 먼저 시작되었다면 이차 물질 오남용을 동반한 조현병일 가능성이 더 높습니다. 약물 사용이 먼저 시작되었다면 조현병은 이차 진단이 될 수 있습니다. 즉, 조현병일 가능성이 적어집니다.
- **우울증**: 과거 또는 현재에 심한 우울증이 있었다면 정신병이 있는 기분 장애의 진단을 고려하십시오.
- **환경 스트레스**: 정신병이 시작되기 전 심한 스트레스는 단기 정신병 진단을 암시합니다.
- **가족력**: 조현병과 기분 장애의 가족력이 있는 환자에게 발병하는 경향이 있습니다. 둘 중 하나의 질환을 가진 친척이 있다면 환자의 진단 가능성은 높아지게 됩니다.
- **질병의 기간**: 정신병이 오래 지속될수록 최종 진단으로는 조현병이 될 가능성이 큽니다.
- **욕구 상실, 의욕 상실, 관심 상실**: 이러한 증상은 조현병의 후기 단계에서 전형적으로 나타납니다.

- **발병**: 갑작스러운 발병(수일에서 수 주)은 정신병적 증상이 동반된 인지장애 또는 기분 장애를 암시합니다. 발병이 더 길고 점진적일수록(어떤 경우에는 최대 몇 년까지) 조현병일 가능성이 더 큽니다.
- **신체 질환**: 정신증은 내분비 또는 대사 장애, 종양, 독성 물질 노출, 외상, 다양한 신경 및 의학적 질병과 같은 여러 건강 위험 요소와 관련이 있습니다.
- **회복과 관련된 이전 에피소드**: 기분 장애는 일시적 질병인 경향이 있습니다. 이 환자들은 조현병 환자보다 완전히 회복될 가능성이 더 큽니다.
- **조현성 또는 조현형의 병전 성격**: 냉담함, 정서적 철회, 친구가 거의 없거나 이상한 신념이나 행동과 같은 오래된 성격 특성은 때때로 조현병이 발병하기 전 선행되기도 합니다.
- **실업 또는 불완전한 고용**: 실업이나 불완전 고용이 몇 년째 지속된다면, 특히 급성 에피소드에서 회복된 후에도 불완전한 고용 상태 상황이 계속될 경우라면 환자는 최근까지 매우 힘든 일을 하였을 가능성이 더 큽니다.
- **1급 증상에 대한 주의**: 많이 논의되고 있는 증상 중 환각과 망상은 Kurt Schneider가 말한 1급 증상에 해당되며, 이러한 증상은 조현병을 시사하는 것이라 믿어져 왔습니다. 후속 연구에 따르면 다른 장애가 있는 환자 또한 이러한 증상을 보고할 수 있음이 밝혀졌지만, 여러분은 종종 1급 증상의 사람을 자주 접하게 될 것이고, 이러한 증상의 목록은 여러분에게 도움을 줄 것입니다.
  - 청각사고
  - 망상적 지각: 정상적으로 관찰되는 것들이 환자에게는 비정상적인 의미를 갖게 되는 것을 뜻합니다. 예를 들어, 점심 메뉴로 그릴에 구운 치즈 샌드위치를 받은 환자가 곧 있으면 자신의 고모가 죽을 것이라는 것을 알았다고 믿는 것입니다.
  - 망상의 영향력
  - 사고통제 망상
  - 환자에 대해 이야기 하는 둘 이상의 목소리
  - 환자의 행동에 대해 언급하는 목소리
  - 체내환각(외부의 영향으로 발생하는 신체 감각)
  - 사고전파

## MSE의 전형적인 특징

| 외모와 행동 | 환각 |
|---|---|
| 움직임의 이상 | 청각 |
| 　활동 감소 | 　목소리가 들리는가? |
| 　보행 속도 | 　그렇다면 누구의 것인가? |
| 　자세 | 　생각을 들을 수 있는가? |
| 　경직성 | 시각 |
| 　음성 증상 | 촉각 |
| 　찡그린 표정 | 미각 |
| 　상동증 | 후각 |
| 옷이 괴상하거나 헝클어진 경우 | **망상** |
| 과민반응 | 죽음 |
| 위생불량 | 성욕 이상, 색정광 |
| **기분** | 웅대한 |
| 단조로운 정동 또는 실실 웃는 | 죄책감 |
| 정체성에 대한 복잡성 | 건강 또는 신체 변화 |
| **사고의 흐름** | 질투(심), 시샘 |
| 발화량의 제한 | 수동성 |
| 침묵 | 박해 |
| 일관되지 않은 | 가난 |
| 연상의 이완 | 관계 |
| 비논리적 사고 | **언어는 보통 손상되지 않음** |
| 환상에 사로잡힌 | **인지는 일반적으로 보존됨** |
| **사고의 내용** | **잦은 통찰력의 결여** |
| 환각: 언제? 어디서? | **급성기에 판단력이 저하될 수 있음** |

# 기분 장애: 우울증

　우울증은 '우울함'뿐만 아니라 '슬픔' '침체된' '멜랑콜리'와 같이 다양하게 묘사되는 기분을 의미합니다. 이 저하된 기분은 일반적으로 최소 1~2주 동안 지속되고 정상적인 기분과는 확연한 차이가 있습니다. 어떤 사람들은 우울하지 않다고 말할 것입니다. 그들은 단지 즐거움을 느끼지 못할 뿐이라고 합니다(이 상태를 무감동증이라고 합니다). 현 병력을 평가하기 위해 필요한 정보로써 우울증의 원인(나중에 참고하기 위해)과 심각도 모두를 다뤄야만 합니다.

## 유용한 정보

환자가 다음과 같은 증상을 보일 경우 우울증을 탐색해야 합니다.

- 현저하게 감소 또는 증가(초조)된 활동 수준
- 불안 증상
- 식욕의 변화
- 집중력 저하
- 죽음에 대한 소망
- 우울한 기분
- 평소보다 감소된 활동성(성관계 포함)
- 불면증 또는 과다수면
- 자살 사고
- 눈물을 자아냄
- 약물 또는 알코올의 사용
- 체중의 감소 또는 증가
- 무가치함

## 주 진단

정신병을 유발할 수 있는 신체 질환 중 다수가 우울증으로 이어질 수 있습니다. 그러나 진단의 주된 문제는 **일차성** 우울증(시간순으로 가장 먼저 나타나는 우울증)과 **이차성** 우울증(정신병 또는 성격장애 등에 의해 시작되는 우울증)을 구별하는 것입니다. 고려해야 할 주 진단은 다음과 같습니다.

- 주요 우울증 에피소드*(주요 우울증 또는 양극성 장애 I형 또는 양극성 장애 II형의 일부로)
- 멜랑콜리아*
- 기분부전 장애(지금은 DSM−5에서 지속성 우울 장애라고 함)*
- 월경 전 불쾌감 장애
- 계절성 우울
- 이차성 우울증

## 과거력

- 술과 마약: 물질 사용의 문제는 이차성 우울증이 발병하기 이전에 발견할 수 있는 주요한 징조입니다.
- 무감동증: 환자는 즐거움을 느낄 수 없습니다. 일부 환자에게는 이 느낌이 우울한 기분을 대체하여 발생됩니다.
- 비정형 특징: 스트레스와 관련된 우울증은 과수면, 식욕 증가, 체중 증가의 증상을 보일 수 있습니다. 환자는 아침 그리고 그들이 좋아하는 사람들과 함께 있을 때 기분이 나아질 수 있습니다. 이러한 특징을 보이는 경우는 **비정형 우울**이라고 합니다. 반면, 우울증 환자는 일반적으로 저녁에 기분이 나아지며 불면증, 식욕 감소, 체중 감소의 증상을 보이고, 쾌적한 환경에서도 기분이 나아지지 않습니다.
- 평소와 달라진 자신의 변화: 심도의 양극성 장애 우울증 에피소드 또는 단극성 우울증이 있는 환자는 종종 자신이 느끼는 방식에 대해 "내가 느껴 왔던 방식과 완전히 달라졌습니다."라고 보고합니다.
- 환경 스트레스: 심각한 환경 스트레스 요인은 우울한 기분과 관련될 수 있습니다. 스트레스 요인이 발생하자마자 심해지고, 상황이 완화되면 회복되는 우울증을 **반응성 우울증**이라고 부릅니다. 스트레스와 관련 없이 발생하는 우울증은 **내인성**(내면에서 발생)이라고 합니다. 사람들은 그들을 '난데없이 튀어나오는 것들'이라고 묘사합니다. 일반적으로 반응성 우울증은 내인성 우울증보다 치료가 필요할 가능성이 적습니다.

- **일시적인 질병:** 이전에 우울증을 앓았던 적이 있습니까? 환자가 완전히 회복되었습니까? "예."라는 답변은 양극성 우울증 에피소드, 단극성 우울증 또는 계절성 우울을 나타냅니다(다음 '계절 패턴' 참조). 수년 동안 존재해 온 만성적이면서 저강도의 지속적인 우울증은 전형적인 지속성 우울 장애(기분저하증)입니다.

- **기분 장애 가족력:** 이것은 심각한 기분 장애에서 전형적으로 발견되는 것인데, 부분적으로 유전이 되기도 합니다.

- **우유부단:** 사소한 세부 사항에 대해서도 마음을 정할 수 없다는 것은 심한 우울증을 의미합니다.

- **고립:** 친구나 가족과의 관계에서 철회된 양상은 우울증 또는 심각한 멜랑콜리아를 암시합니다.

- **조증:** 양극성 우울 삽화와 주요 우울 장애의 구별은 이전의 조증 삽화를 통해 쉽게 알아볼 수 있습니다.

- **취미와 활동성의 저하:** 일상적인 활동의 관심 상실은 심각한 우울증을 암시합니다.

- **월경 전 패턴:** 주로 생리가 시작되기 전에 우울증 증상이 나타나는 여성의 경우 월경 전 불쾌감 장애가 있을 수 있습니다.

- **최근 상실(사별):** 이것은 우울증을 유발할 수 있는 또 다른 일반적인 환경 스트레스 요인입니다.

- **계절 패턴:** 일부 환자는 1년 중 특정 계절(일반적으로 가을이나 겨울)에 정기적으로 우울증이 시작되고 나중에(일반적으로 봄) 완전히 감소하였다고 보고합니다. 이러한 환자는 계절 패턴이 있는 계절성 우울증으로 진단될 수 있습니다.

- **성에 대한 관심 감소:** 성욕 상실은 중등도에서 고도 우울증 사이에 나타나는 전형적인 증상입니다.

- **자살 사고 및 시도:** 우울증이라면, 이전에 자살을 시도하였을 때 심리적/신체적 심각성에 대해 물어보십시오. 현재 자살에 대한 사고가 있습니까? 환자는 자살 사고에 따른 행동 계획과 수단이 있습니까?

- **사고와 집중의 문제:** 이러한 증상은 보통 중등도에서 고도 우울증 사이에서 발견됩니다.

- **자율신경계 증상:** 우울증을 동반한 중증 우울증의 전형적인 모습은 불면증(환자가 일찍 깨어나 수면을 취할 수 없음), 식욕 감소, 체중 감소, 낮은 에너지 또는 피

로입니다. 환자는 아침보다 저녁에 기분이 나아지는 경향이 있으며, 평소와 같이 사람들과 함께 있을 때는 우울증이 별로 호전되지 않습니다.

## MSE의 전형적인 특징

| 외모와 행동 | 사고의 내용 |
|---|---|
| 눈물 | '죽는 것이 낫다' |
| 외모에 대한 관심 저하 | 죽음에 대한 소망 |
| 일상적인 활동에 대한 관심 감소 | 자살 사고, 계획 |
| 느린 동작 | 기분 일치성 망상 |
| 흥분 | 　죄책감 |
| **기분** | 　죄 |
| 슬픈 얼굴 | 　무가치함 |
| 불안 | 　건강 악화 |
| **사고의 흐름** | 　가난 |
| 지연 | **일반적으로 언어는 영향을 받지 않음** |
| **사고의 내용** | **인지** |
| 죄책감 | 보통 손상되지 않음 |
| 반추 | '가성 치매'가 있을 수 있음 |
| 절망 | **통찰력과 판단력** |
| 무가치함 | 우울을 부인 |
| 쾌락의 상실 | 개선 가능성을 부인 |

## 기분 장애: 조증

조증 환자는 자신의 기분을 '좋다' '들뜨다' '의기양양하다' '흥분된다' 또는 '다행감(이상 황홀감)'으로 설명합니다. 때때로 그들은 짜증을 내기도 합니다. 조증 상태는 100년 이상 인식되어 왔지만 이러한 환자들은 종종 조현병으로 오진되기도 합니다. 인지장애는 때때로 조증 증상이 동반될 수 있습니다.

## 유용한 정보

다음 증상 중 하나에 직면하면 조증을 고려하십시오.

- 활동성 증가
- 주의 산만
- 과장된 자신감
- 판단력 악화
- 기분 다행감(이상 황홀감) 또는 불안정감
- 많은 활동 계획
- 수면 감소(수면의 필요성 감소)
- 말이 빠르고, 크며, 방해하기 어려움
- 최근의 물질 사용 시작 또는 증가
- 생각들이 한 생각에서 다른 생각으로 빠르게 이동

## 주 진단

대부분의 조증 환자 또한 (종종 심한) 우울증을 겪습니다. 정신병적이지 않은 기분과 경조증 및 우울한 기분이 번갈아 가면서 나타나는 것은 순환성 장애일 가능성이 큽니다. 감별진단에는 다음과 같은 내용이 포함됩니다.

- 조증*(양극성 장애 I형, 조증 기간)
- 양극성 장애 II형
- 순환성 장애
- 기질적 기분 장애

## 과거력

- **알코올 남용**: 때때로 알코올 남용은 자신을 불편하게 만드는 빠른 감정의 변화

를 통제하기 위한 시도일 수 있습니다.

- **집중력 감소**: 조증 환자들은 종종 그들이 완성하지 못할 프로젝트를 시작합니다.
- **일시적인 질병**: 이전에 조증과 우울증 증상이 완벽하게 회복된 경우라면 일반적으로 진단은 확정될 것입니다. 그렇다면 특히 빠른 순환기(1년 동안 고점과 저점 사이에서 4개 이상의 변화) 문제가 있었는지를 찾으시길 바랍니다. 며칠 정도로 짧을 수도 있지만 이러한 에피소드는 치료 유형을 효과적으로 선택하는 데 도움을 줍니다.
- **불면증**: 수면 필요성이 감소함에 따라 종종 경험됩니다.
- **판단력 악화**: 과소비 행위, 법적 문제 또는 무분별한 성행위로 나타납니다.
- **리비도(libido) 증가**: 조증은 난잡함, 임신 및 성병의 위험을 초래할 수 있습니다.
- **성격 변화**: 평소에는 조용하고 겸손한 사람이 갑작스럽게 극도로 떠들거나 논쟁적이거나 성질이 나빠집니다.
- **신체 상태**: 조증과 유사한 탈억제 양상은 두부 외상 후 뇌종양 및 내분비 장애와 같은 다양한 조건에서도 발생할 수 있습니다.
- **관계 파탄**: 친구와 가족은 현저하게 변화된 환자의 행동에 대처하기 어려워합니다.
- **사교성 증가**: 조증 환자는 파티와 기타 사교 모임을 지나치도록 즐기는 모습을 보일 수 있습니다.
- **업무 관련 문제**: 집중력 상실과 웅장한 계획에 대한 집착은 직장이나 학교에서의 수행 저하에 영향을 끼칩니다.

## MSE의 전형적인 특징

| 외모와 행동 | 사고의 흐름 |
|---|---|
| 흥분, 동요 | 말장난, 농담 |
| 과잉 활동성 | 산만성 |
| 증가된 에너지 | **사고의 내용** |
| 큰소리 | 자신감 |
| 화려하거나 기괴한 복장 | 지나친 종교성 |
| 위협적이거나 공격적일 수 있음 | 책략과 계획으로 가득 차 있음 |

| 기분 | 망상일지도 모르는 거창함 |
|---|---|
| 　다행감(이상황홀감) | **언어는 일반적으로 영향을 받지 않음** |
| 　불안정한 | **인지는 보통 온전함** |
| 　급변하는 기분 | **통찰력과 판단력** |
| **사고의 흐름** | 　병에 걸렸다는 사실에 대한 통찰력 결여 |
| 　사고의 질주 | 　판단력 손상(입원 및 치료 거부) |
| 　사고의 비약 | |
| 　언어 압박 | |

# 물질 사용 장애

　물질 오남용은 물질을 사용하는 문화에 따라서 정의가 달라지게 됩니다. 우리 문화(예: 모르몬교와 같은 일부 종교는 중요한 예외)에서 대부분의 성인은 카페인만 사용하고 있습니다. 물질 남용의 판단 여부는 단순히 사용의 양이나 빈도뿐만 아니라 행동의 결과에 따라 달리 구분됩니다. 이러한 결과는 행동적·인지적·법적·재정적·신체적 결과일 수 있습니다. 그중 다수는 사회 전체에 영향을 미칩니다.

## 유용한 정보

　다음 증상이 있다면 물질 사용 장애의 진단을 고려할 수 있습니다.

- 하루에 한두 잔 이상의 알코올 사용량
- 구속 또는 기타 법적 문제
- 재정 문제: 환자는 다른 목적으로 사용해야 할 돈을 물질 구매로 사용
- 건강 문제: 정신을 잃음, 간 경화, 복통, 구토
- 불법적인 물질 사용
- 실직, 지각, 강등
- 기억력 손상(음주 또는 약물 사용으로 인한 차단)
- 사회 문제: 싸움, 교우 관계 손상

## 주 진단

DSM-5에서는 이러한 장애를 [물질] 사용 장애 및 [물질/약물]로 유발된 [기분, 정신병적 등] 장애라고 합니다. 물질을 많이 사용하는 사람들이 한 번쯤은 겪게 되는 뇌 증후군인 물질 유도성 신경인지 장애는 '난해한 생각(인지적 문제)' 영역에서 고려될 것입니다.

남용 대상으로 인정되는 물질의 종류는 다음과 같습니다. 많은 물질을 사용하는 사람들은 이러한 종류 중 하나 이상을 사용할 것입니다.

- 알코올
- 암페타민
- 대마초
- 코카인
- 환각제[펜시클리딘(phencyclidine: PCP) 포함]
- 흡입제
- 니코틴
- 아편
- 진정제, 최면제, 항우울제

물질 사용은 단일 진단으로 사용될 수 있지만 종종 다른 주요 정신장애나 성격장애와 연관되는 경우가 많습니다. 특히 찾아야 하는 것들에는 다음과 같은 것들이 있습니다.

- 기분 장애(우울증, 조증)
- 조현병
- 신체화 장애(DSM-5에서는 신체화 증상 및 관련 장애)
- 반사회적 성격 장애

## 과거력

- **남용**: 과거에는 물질 사용으로 문제가 있었지만, 실제로는 중독되지 않은 상태를 나타내기 위해 사용된 이 용어는, 개인에게 필요 이상으로 더 많은 물질을 사용한다는 의미로 이해되어야 합니다.
- **물질을 얻기 위해 행하는 활동**: 여기에는 마약 판매, 절도, 강도 및 매춘이 포함됩니다.
- **발병 연령**: 물질 사용이 시작되었을 때 환자는 몇 살이었습니까? 알코올 사용의 경우 여성은 남성보다 훨씬 늦게 발병할 수 있습니다.
- **병력**: 관련된 정신장애가 있다면 먼저 어떤 장애가 발병하였습니까? 예를 들어, 알코올 중독이 우울증보다 시간순으로 선행된다면 우울증은 이차성인 것으로 간주될 것입니다.
- **의존성**: 의존성은 본질적으로 그 사람의 물질 사용으로 행동이 변한다는 것을 의미합니다. 다음의 증상은 DSM-5에서 물질 사용 장애를 정의하기 위해 사용되는 일종의 행동 변화입니다(처음 두 가지는 보통 대마초 또는 환각제에 적용되지 않습니다).
  - 내성(환자는 동일한 효과를 내기 위해 더 많은 물질이 필요하거나 동일한 용량으로 더 적은 효과를 얻습니다)
  - 금단(환자는 물질에 대한 전형적인 금단 증상을 경험하거나 금단을 피하기 위해 물질을 더 많이 복용합니다)
  - 환자가 의도한 것보다 더 많은 물질을 사용합니다.
  - 환자는 물질 사용을 조절하기 위해 노력하지만 성공하지 못합니다.
  - 환자는 물질을 얻거나 사용하거나 그 효과에서 회복하는 데 많은 시간을 보냅니다.
  - 물질 사용으로 환자는 중요한 업무/교육, 사회 또는 여가 활동을 포기하게 됩니다.
  - 신체적 또는 심리적 문제를 일으켰다는 인식에도 불구하고 환자는 약물을 계속 사용합니다.
  - 환자는 신체적으로 위험한 경우(예: 취한 상태에서 운전)에도 반복적으로 물

질을 사용합니다.

- 반복 사용으로 환자는 집이나 직장/학교에서 중요한 의무를 수행하지 못합니다(반복 결석, 자녀 또는 집 방치, 업무 수행 불량).
- 환자는 그 물질이 사회적 또는 대인관계 문제(다툼, 논쟁)를 유발하거나 악화시켰음을 알고 있으면서도 계속 사용합니다.
- 마지막으로 환자는 물질을 갈망합니다. 물론 이러한 강렬한 욕구는 그 자체가 문제 행동의 목적이 아니라 앞에 나열된 행동 문제의 원동력으로 사용됩니다.

- **정서/행동 장애**: 특히 빈번히 발생하는 문제에는 정신병, 기분 증후군, 불안 증후군, 망상 장애 및 금단에 대한 섬망이 포함됩니다.
- **사용 빈도**: 각 물질이 얼마나 자주 사용되었습니까? 현재 기간에서는 패턴이 변경되었습니까?
- **건강 문제**: 간 경화, 위장 장애, 쇠약(서서히 전신 쇠약 상태를 가져오는 질환으로 만성 감염증, 악성종양, 소화관 흡수부전 등), 결핵 또는 호흡기 문제와 같은 증상으로 건강 악화 소견을 들은 적이 있습니까?
- **법적 문제**: 환자가 소지, 판매 또는 공급 자금 조달을 위한 범죄 행위로 체포되거나 수감된 적이 있습니까? 약물 구입 비용을 충당하기 위해 가담한 범죄 활동의 과거력은 반사회적 성격 장애와 구별되어야 할 것입니다(환자가 약물과 술을 하지 않았지만 불법 활동을 했다면 정확한 진단이 될 수 있을 것입니다).
- **주삿바늘 공유**: 정맥 주사 사용이 보고될 경우, 환자는 더러운 바늘을 사용한 적이 있습니까? 간염이 된 적이 있습니까? 최근에 HIV 검사를 한 적이 있습니까?
- **사용 패턴**: 지속적, 일시적 또는 폭음이 있었습니까? 만약 둘 이상의 약물이 관련된 경우, 각각의 패턴은 무엇입니까?
- **성격 변화**: 약물 사용이 환자와 다른 사람과의 관계에 어떤 영향을 미쳤습니까? 일반적인 동기 상실이 있었습니까(특히 대마초 또는 환각제를 장기간 사용했을 가능성이 있습니까)?
- **관계 문제**: 여기에는 이혼, 별거 및 싸움이 포함됩니다. 일부 부부는 약물 사용이 공통의 관심사이기 때문에 함께 지냅니다.
- **투여 방법**: 삼키기, 코로 흡입, 흡연, 피하, 정맥, 직장, 질 등의 방법으로 투여할

수 있습니다.

## MSE의 전형적인 특징

| 외모 | 언어 |
|---|---|
| 홍조 | 유창성 감소(중얼거림, 말 더듬기) |
| 떨림 | **인지** |
| 헝클어진 | 부수적인 신경인지 장애가 있으면 인지 증후를 |
| **기분** | 보일 수 있음 |
| 우울 | **통찰력과 판단력** |
| 불안 | 진단을 거부할 수 있음 |
| 공격적인 | 환자들은 종종 치료를 거부하거나 조언을 거절 |
| **사고의 흐름** | |
| 수다스러운 | |
| **사고의 내용** | |
| (특히 술에 취해) 넋두리를 하는, 감성적인 | |
| 공갈 | |
| 환각 | |
|   자주 환시 | |
|   대체로 환청 | |

# 사회 및 성격 문제

성격 특성은 성인기 내내 지속되는 행동 또는 사고의 패턴을 의미합니다. 성격장애로 진단하기 위해서는 환자의 기능장애(일/교육, 사회적 또는 정서적) 또는 개인적 고통이 발생하고 있어야 합니다.

## 유용한 정보

환자에게 다음과 같은 성격이 있을 때 사회 및 성격 문제를 고려해야 합니다.

- 불안
- 이상하거나 기괴해 보이는 행동
- 극적인 언어적 표현
- 약물 오남용 또는 알코올 남용
- 대인관계 갈등
- 일자리 문제
- 법적 문제
- 부부 갈등

성격장애는 정신장애가 아닌 일상적인 생활상의 문제와 구별되어야 합니다. 후자는 경계선 지적 장애, 학업 문제, 결혼 및 기타 가족 문제, 직업 문제, 비복합적 사별이 포함될 수 있습니다.

## 주 진단

과거부터 수많은 성격장애가 제안됐지만, 현재는 10개의 성격장애만이 공식적인 진단으로 인정받고 있습니다. 다음에 제시된 10개의 성격장애 진단 기준에는 완전히 충족되지 못하지만, 장기적인 자기손상(즉, 정체성 또는 자기지향)과 대인관계(공감 또는 친밀감) 손상이 있는 성인 환자의 경우, 불특정 성격 장애로 진단될 수 있습니다.

- 반사회성*
- 회피성*
- 경계선*
- 의존성

- 연극성
- 자기애성*
- 강박성(성격장애)*
- 편집성
- 조현성
- 조현형*

공식적으로 인정된 이 10개의 성격장애 이외의 성격장애에 대한 중요한 감별진단에는 다음과 같은 정신장애가 포함됩니다.

- 양극성 장애 I형*
- 주요 우울 장애*
- 기분부전 장애(지속성 우울증)*
- 조현병*
- 망상 장애*
- 물질 사용 장애
- 강박 및 충동 장애*
- 다른 의학적 질환으로 인한 성격 변화

## 과거력

성격 장애는 여러 특성과 관련이 있으므로 구체적 설명을 위해 여러 특성을 이용해 다음과 같이 나열하였습니다. 이 특성들은 성격장애를 정의할 때 통용되며 중요하다고 생각되는 것들이지만, 이것들이 완벽하다고 할 수는 없습니다. 이것은 여러분이 성격장애를 진단하기 위해 파악해야 하는 중요한 정보 중 일부입니다.

- **냉혈함**: 다른 사람에게 성행위를 강요합니다. 개인적인 이익을 위해 다른 사람을 이용하며, 공개적으로는 다른 사람을 모욕하는 행위와 가혹한 규율을 사용합니다. 다른 사람의 고통을 즐깁니다.

- 원한을 품음
- 유년기 비행: 무단결석과 싸움을 하고, 무기를 사용하며, 도망치거나, 동물이나 사람에게 잔인한 행동을 하고, 재산을 파괴하며, 불을 지릅니다.
- 과도한 순응: 다른 사람에게 호감을 사기 위해 힘든 일을 자원해서 합니다. 사람들로부터 거절을 당하지 않기 위해 타인의 의견에 동의하는 모습을 보입니다.
- 타인에 대한 배려 부족: 자기중심적입니다. 다른 사람들의 감정을 인식할 수 없습니다.
- 비판을 받아들이지 않음: 유용한 제안에도 쉽게 불쾌감을 느끼고, 쉽게 상처받기도 합니다.
- 정직성 결여: 빈번한 거짓말, 절도, 강도 또는 다른 사람을 속인 이력이 있습니다.
- 충동성: 고정된 거주지 없이 방황합니다. 무분별한 성관계, 도둑질, 개인의 안전을 고려하지 않는 위험한 행위를 합니다.
- 우유부단: 의사결정을 피하거나 다른 사람에게 의존하여 결정을 내립니다. 목표가 모호합니다.
- 칭찬에 대한 무관심
- 비유연성: 평소와 다른 일을 하는 것을 꺼립니다. 작업 달성을 방해하는 완벽주의, 규칙, 목록, 순서에 대한 집착으로 나무만 보다가 숲을 놓칩니다. 다른 사람이 시키는 방법으로 수행하지 않습니다. 도덕성, 윤리에 대해 엄격한 태도를 취합니다.
- 불안정: 혼자 있을 때 불편함을 느낍니다. 확실하지 않으면 참여하지 않습니다. 사회적 상황에서 자신이 경험하게 될 당혹감을 두려워합니다. 익숙하지 않은 무엇인가를 수행하는 것에 대한 위험성을 과장합니다. 버려지는 것을 두려워합니다. 무기력하거나 불편함을 느끼므로 혼자 있는 것을 피합니다.
- 무책임: 가족 부양 또는 부채와 같은 재정적 의무를 불이행합니다. 직업을 가질 수 없는 상태이며, 업무에서는 자신의 몫을 합리적으로 하지 못하는 상태이고, 의무를 '잊어버립니다'. 일을 미룹니다.
- 기분 불안정: 일반적으로 기분은 어떤 상황에서 정상적으로 보일 수 있는 반응들보다 더 빠르고, 또는 더 광범위하게 변합니다. 분노 반응이 매우 빠르게 나타납니다. '발끈하는 성질을 보입니다.'

- 신체적 공격성: 싸움이나 폭행
- 가치 없는 물건을 저장
- 낮은 성욕
- 제한된 관계: 외톨이(혼자 하는 활동을 선호), 사회적 상황이나 낯선 사람에게 불편함을 느낍니다. 가까운 관계를 피합니다.
- 인색함: 돈이나 시간에 대한 관대함이 부족하다는 것을 보여 줍니다.
- 자살 사고 또는 행동, 비자살적 자해
- 의심: 다른 사람에게 털어놓는 것을 꺼리고 쉽게 경멸합니다. 관련 없는 말이나 상황에서 숨겨진 의미를 찾습니다. 타인에 의해 자신이 착취를 당하거나 피해를 입을 것이라고 예상합니다. 친구의 신의 또는 배우자/파트너의 정절을 의심합니다.
- 타인을 과도하게 신뢰: 만성적으로 실망으로 이어질 수 있는 동료나 상황을 선택합니다.
- 불안정한 대인관계
- 일중독

## MSE의 전형적인 특징

| 외모와 행동 | 기분 |
|---|---|
| 유머 감각이 부족 | 적대적 또는 방어적 |
| 과도하게 불안해하는 | 성미, 부적절하고 격렬한 분노 |
| 논쟁적 | 과장되게 감정적인 말투, 행동 |
| 긴장된 상태로 등장 | 강한 감정 경험 거부 |
| 털어놓기를 꺼림 | 허전하거나 지루함을 느낌 |
| 부적절한 성적 유혹 | 타인에게 상처 준 것에 대한 양심의 가책이 부족 |
| 외모, 매력에 지나치게 신경을 씀 | |
| **기분** | **사고의 내용** |
| 피상적이고 변화무쌍한 감정 | 안심 또는 승인을 요청하는 경우가 많으며, 칭찬받고 싶어 함 |
| 무관심 | 당황할까 봐 두려워함 |
| 제한적 또는 부적절한 감정 | |

냉정함, 냉담함 또는 어리석음

**사고의 흐름**

모호한 말투

이상한 말투(모호함, 외설적, 결핍된)

**사고의 내용**

악용될 것으로 예상

친구의 의리에 대한 의심

숨은 의미를 의심

성공에 대한 환상, 권력

관계사고(예: 낯선 사람이 환자에 대해 '마냥' 말하는 것)

이상한 믿음, 미신 또는 마술적인 생각, 환상

정체성의 불확실성(자기이미지, 성적 지향, 장기 목표, 가치)

자기 및/또는 타인의 판단

불합리하게 권위자의 권위를 평가절하함

**언어: 어떠한 이상도 전형적이지 않음**

**인지: 어떠한 이상도 전형적이지 않음**

**통찰력과 판단력**

성취에 대한 과장

행동에 대한 자책감 부족

다른 사람들이 부당한 요구를 한다고 느낌

자신의 작업을 과대평가하는 경우, 자기 중요성, 문제가 독특하다고 느낌, 특권의식

# 난해한 생각(인지적 문제)

다양한 신체적·화학적 문제는 사고 능력을 저하시킬 수 있습니다. 이러한 문제의 원인은 다음과 같은 요소들에 의해 영향을 받습니다.

- 뇌종양
- 두부 외상
- 고혈압
- 감염
- 대사 장애
- 수술 후 합병증
- 발작 장애
- 독성 물질 또는 정신 활성 물질로부터의 금단
- 비타민 결핍증

## 유용한 정보

다음 중 어떤 하나의 문제가 발생할 경우 인지 문제를 추가적으로 탐색해야 합니다.

- 이상한 행동
- 혼란
- 판단력 저하
- 망상
- 환각
- 기억 손상
- 기분 변동
- 독소 섭취의 이력

## 주 진단

신체적 또는 화학적 뇌기능 장애는 일시적이거나 영구적으로 행동 또는 사고의 문제를 일으킵니다. 문제의 유형들은 다음과 같습니다.

- 기억 상실 증후군
- 불안 장애
- 섬망*
- 망상증후군
- 치매(DSM-5는 이것을 주요 신경인지 장애라고 부름)*
- 해리성 장애
- 중독과 금단
- 중독 또는 금단에 의한 정신증
- 기분 증후군
- 다른 의학적 질환으로 인한 성격 변화

중요한 감별진단에는 이전 그룹의 별표로 표시된 진단/증후군이 포함되며, 여기에는 다음과 같은 것들이 추가됩니다.


- 우울증*
- 조현병*
- 물질 사용 장애*


섬망과 치매가 공존할 수 있다는 점에 유의하십시오.

## 과거력

- **발병 연령**: 치매는 노인에게서 가장 흔하게 발생합니다. 섬망은 아이와 노인에게 흔히 발생하며, 어느 쪽이든 연령대 전반에 걸쳐 발생할 수 있습니다.
- **경과**: 안정적일 수도 있고, 변동이 있을 수도 있으며, 악화되거나 개선될 수도 있습니다. 손상이 구조적(예: 심한 뇌 외상)인 경우 개선이 일어날 수도 있지만, 영구적인 장애가 나타나는 경향이 있습니다. 치매 환자(예: 알츠하이머병)는 점차적으로 악화되는 경향이 있습니다.
- **우울 장애**: 과거 우울증의 병력과 현재 경험하고 있는 우울증의 특징에 대해 아는 것이 특히 중요합니다. 심도의 우울증에서 발생하는 증상 중 하나인 가성 치매는 신경인지 장애가 아닌 완전히 치료 가능한 기분 장애이기 때문입니다.
- **자기관리의 문제**: 종종 이러한 문제로 가족 구성원은 치매 환자를 치료하기 위해 병원에 데려옵니다.
- **변동되는 증상과 정신 상태**: 특히 이러한 변동되는 증상은 섬망의 특징에 해당합니다.
- **머리 외상**: 외상은 경막하혈종을 만들 수 있는데, 이것은 며칠에서 몇 주 후에 증상이 발생할 수 있습니다. 두개골 내부의 출혈은 경막외혈종을 일으켜 몇 시간 또는 며칠 내에 증상을 일으킬 수 있습니다. 또한 뇌진탕으로 발생할 수 있는 기억 상실에 주의하시길 바랍니다.
- **충동**: 치매 환자는 어떤 행동이 타인에게 수용 가능한 행동인지를 판단하지 못

하게 됩니다. 결과적으로 치매 환자들은 이전에는 억제할 수 있었던 충동을 억제하지 못하고 행동합니다. 섬망 또는 치매 환자들은 두려움이나 혼란에 대한 반응을 제어할 수 없습니다. 치매 환자는 부주의하게 돈을 사용할 수 있지만, 이 행동은 조증에서 보이는 과대적 사고 없이 발생합니다.

- **검사실 검사**: 검사실에서 실시된 평가의 결과는 인지 증후군으로 의심되는 원인들과 일치해야 합니다.
- **기억 손상**: 기억의 손상은 치매의 특징입니다. 최근 기억이 가장 많이 손상받지만 장기 기억의 손상은 심도 치매와 관련될 수 있습니다. 어떤 환자들은 의식적으로 이야기를 꾸며 냄으로써 기억의 손상을 보상하려고 노력합니다.
- **발병**: 증상의 발달은 장애의 원인과 특성에 따라 빠르거나 교묘하게 발생할 수 있습니다. 급속한 발병은 뇌졸중, 감염 또는 외상으로 인한 장애의 특징입니다. 비타민 결핍 및 뇌종양으로 인한 결함은 점진적으로 발생할 수 있습니다.
- **성격 변화**: 인지 증후군의 많은 증상 중 하나는 환자의 성격이 병전 성격과 달라진다는 것입니다. 여기에는 분노 또는 폭발적 반응, 사회적 철수, 거친 행동(잔소리), 몸치장 또는 위생관리에 대한 소홀 등이 있습니다. 과거 인종의 다양성을 존중하였던 환자는 알츠하이머 치매가 발병한 후 인종 차별적 발언을 합니다. 때로는 과도하게 깔끔해질 수도(때때로 유기적 질서정연함이라고 부름) 있습니다.
- **정신병적 증상**: 일반적으로 피해망상은 치매에서 발생할 수 있습니다(알츠하이머 환자는 종종 사람들이 자신의 물건을 훔친다고 믿습니다). 치매의 망상은 조현병의 망상과 구별할 수 없습니다. 환각은 일반적으로 섬망에서 발생하지만 대체로 환시로 나타납니다.
- **수면-각성 주기 변화**: 비록 섬망이 있는 몇몇 환자는 잠들기 힘들지만, 전형적으로 기면 양상을 보입니다. 일부는 잠을 자지 못합니다. 생생한 꿈이나 악몽이 발생하기도 합니다.
- **자살 시도**: 치매에서 자살 시도(및 완료)가 발생할 수 있지만, 자살 행동이 있으면 주요 우울증 진단을 고려하시길 바랍니다.

## MSE의 전형적인 특징

| 외모와 행동 | 언어 |
|---|---|
| 흐트러진 | 치매가 진행되면 이해력이 저하됨 |
| 떨림 | 중등도 치매에도 불구하고 유창함은 종종 보존 |
| 안절부절못함 | 명칭 실어증 |
| 옷과 침구류를 뜯음 | **인지** |
| **기분** | 기면, 깨어 있기 힘듦 |
| 정동의 단조로움 또는 피상적인 | 지남력 장애 |
| 화 | 　날짜를 모르는 것은 섬망의 초기 증상일 수 있음 |
| 걱정 | 　장소에 대한 지남력 손상 후 사람에 대한 지남력 손상이 나타 |
| 무감동 | 　나는 증상(특히 치매) |
| 의기소침 | 추상적 사고력 손상(공통성) |
| 다행감(이상 황홀감) | 특히 섬망일 경우 주의 폭의 저하(쉽게 산만함)가 발견 |
| 두려움, 공포 | 기억 손상 |
| 불안정한 | **통찰력과 판단력** |
| **사고의 흐름** | 판단력 저하 |
| 불분명한 발음 | |
| 사고보속 | |
| 횡설수설, 일관성이 없음 | |
| 연상의 이완 | |
| **사고의 내용** | |
| 의심스러움 | |
| 현재 자살 충동을 일으키는 생각 | |
| 착각 | |
| 정신병적 특징 | |
| 　망상 | |
| 　환각(특히 시각적) | |

# 불안, 회피 행동 및 각성

　임상적인 관심의 영역에서 불안 증상은 일반적으로 자극을 회피하려는 시도일 수 있습니다.

## 유용한 정보

이 임상적 관심 영역을 탐색하게 만드는 증상으로는 불안 또는 두려움뿐만 아니라 우려할 만한 근거는 없지만, 과호흡 혹은 심장 박동 문제가 암시되는 신체 증상이 나타날 때입니다.

- 불안
- 가슴 통증(통증, 무거움, 호흡 곤란, 두근거림)
- 강박적 행동
- 사물에 대한 두려움, 상황, 죽어 가는 것, 임박한 파멸, 미쳐 가는 것
- 초조함
- 강박사고
- 공황
- 외상(심각한 정서적 또는 신체적 경험이 있는 이력)
- 우려

## 주 진단

임상적 관심 영역을 다루는 주요 장애는 다음과 같습니다.

- 공황장애*
- 범불안 장애*
- 특정 공포증*
- 광장 공포증*
- 강박 및 충동 장애*
- 외상 후 스트레스 장애(PTSD)*

대부분의 정신장애에서 불안 증상이 발견되지만 중요한 감별진단에는 다음의 것들이 포함됩니다.

- 우울(다양한 구체적인 진단)*
- 물질 유도성 장애
- 조현병*
- 신체화 장애(DSM-5에서는 신체 증상 및 관련 장애)*

## 과거력

- **발병 연령**: 대부분의 환자는 비교적 어린 시절부터 불안을 경험하게 됩니다. 동물 공포증은 어린 시절부터 시작됩니다. 상황에 대한 공포증은 보통 30대에 시작됩니다.
- **광장 공포증**: 공황장애의 유무에 관계없이 발생할 수 있습니다. 집에서 멀리 떨어져 있거나, 군중 속, 차 안 또는 다리 위에서 벗어나는 것이 어렵거나 당황함을 느끼는 상황에서 발생합니다.
- **알코올 또는 약물 사용**: 이것은 불안 증상의 원인 또는 결과일 수 있습니다.
- **예기 불안**: 공포증에서 흔히 볼 수 있는 이 공포의 감각은 두려움을 불러일으키는 자극(예: 대중 앞에서 말하기)을 경험하기 전부터 몇 분에서 몇 시간 동안 발생합니다.
- **카페인 섭취**: 과도한 커피(또는 차)를 마시면 불안 증상이 나타날 수 있습니다.
- **공황 발작의 상황**: 몇 번의 공황 발작이 있었습니까? 몇 분 동안 발생했습니까? 예상치 못한 상황에서 발생하였습니까? (공황장애의 발작은 자연스럽게 발생하는 경향이 있습니다.)
- **강박 행동**: 가장 일반적인 강박에는 손 씻기, 점검, 숫자 세기 및 반드시 따라야 하는 일상적 규칙(예: 취침 시간)이 있습니다. 이러한 행동들은 의식(규칙) 또는 '대체 행동' 또는 강박사고에 대한 반응으로써 발생할 수 있습니다.
- **우울증 증상**: 이 우울 증상이 불안 증후군의 이전에 나타났는지(일차성 우울증을 암시) 또는 이후에 나타났는지(이차성 우울증을 암시)를 파악해야 합니다.
- **공황 발작 기간**: 개별 공황 발작은 몇 분 동안만 지속되지만 몇 주, 몇 달 또는 몇 년에 걸쳐 재발할 수 있습니다.
- **공황 발작의 빈도**: 보통 일주일에 여러 번 발생합니다.

- **생활양식의 제한:** 불안의 결과로 환자가 집에 머물거나 특정한 상황이나 물건을 피합니까? 이것은 특정 공포증, 강박 장애, PTSD, 광장 공포증 및 공황장애에 해당할 수 있습니다.
- **공황 발작의 정신적 내용:** 환자는 자신이 죽거나 통제력을 잃거나 정신을 잃을까 봐 두려워할 수 있습니다.
- **강박사고:** 가장 흔한 것에는 ① 해를 끼치거나 살인하는 것과 ② 욕설을 하는 것 (모독)에 대한 사고입니다. 이러한 사고는 무의미하고 비현실적이라는 것을 환자가 인식하고 있지만 지속됩니다.
- **불안의 신체적 증상:** 동일한 신체 감각의 대부분은 공황 발작과 불안 및 관련 장애에서 발생합니다.

  - 숨 막힘                - 심장 두근거림
  - 가슴 통증              - 목이 메이는 듯함
  - 오한 또는 화끈거림      - 근육의 긴장
  - 현기증                - 메스꺼움
  - 입마름                - 안절부절못함
  - 피로                  - 식은땀
  - 잦은 배뇨              - 떨림

- **처방약 사용:** 임상가는 종종 약을 처방하고, 불안감을 느끼는 환자는 종종 증상을 억제하기 위해 약물에 의지합니다.
- **사회 불안 장애:** 일반적으로 이 장애는 공공장소에서 수행하기, 말하기 또는 식사하는 것에 대한 두려움 등의 문제가 포함됩니다. 공중화장실 이용 또는 누군가가 보고 있을 때 글을 작성하는 것도 어려워합니다.
- **특정 공포증:** 가장 흔한 것은 비행기 여행, 동물, 피, 폐쇄된 장소, 높은 장소, 부상에 대한 두려움입니다.
- **스트레스 요인:** 심각한 외상성 신체적 또는 정서적 경험은 PTSD에 악영향을 끼치는 촉진 요인입니다.
- **걱정:** 여러 실제 상황을 과도하면서도 부적절하게 걱정하는 것이 범불안 장애의 특징입니다. 주택 담보 대출금을 갚기 몇 달 전부터 은행에 집을 빼앗길 수 있다고 생각하는 것과 사장이 가장 좋아하는 사람이 나타나면 자신은 해고될

것이라고 결론짓는 사람들이 그 예가 될 수 있습니다.

## MSE의 전형적인 특징

| **외모와 행동** | **통찰력과 판단력** |
|---|---|
| 과잉 각성(주변 환경을 살핌) | 병식은 보통 두려움이나 행동이 불합리하다는 |
| **기분** | 것을 알고 있음 |
| 우울 | 저항하려고 노력함 |
| 불안 | |
| **사고의 내용** | |
| 강박사고 | |
| 죽음 | |
| 모독 | |

# 신체적 고통

임상가에게 있어 환자가 고통을 호소하는 신체 질환(해부학적으로 입증 가능한 심장 마비, 천식, 궤양, 알레르기 등)은 항상 주요한 관심사여야 합니다. 그러나 많은 환자는 생리학, 화학 또는 해부학적인 문제로 나타날 수 없는 신체적 증상을 호소하여 정신건강 문제를 치료받기 위해 내원합니다. 그러한 증상은 역사적으로 건강 염려증 또는 심신 장애라고 불려왔습니다. 종종 이러한 환자들이 마지막으로 임상가의 도움을 구할 때는 이미 모든 의학적 검사는 이루어진 상태로 찾아옵니다. 그리고 특정한 인구통계학적 증상과 관련된 특징들이 공통적으로 존재하기 때문에 저는 이 그룹에 신경성 식욕 부진증과 신경성 폭식증을 포함시켰습니다.

## 유용한 정보

환자에게 다음과 같은 문제가 발생하는 경우 이 임상적 관심의 영역을 고려하십시오.

- 섭식장애
- 만성적인 우울증
- 복잡한 이력
- 복합적인 통증
- 알려진 질병으로 설명할 수 없는 신체적 증상(특히 통증, 경련, 감각 상실과 같은 신경학적 증상)
- 아동기의 성적 또는 신체적 학대
- 여성의 물질 오용
- 반복되는 시술 실패
- 모호한 과거력
- 만성적인 취약성
- 체중 변화(증가 또는 감소)

## 주 진단

이 임상적 관심 영역의 주요 진단은 다음과 같습니다.

- 신경성 식욕 부진증(거식증)*
- 신체이형 장애
- 신경성 폭식증(폭식증)
- 건강염려증(DSM-5에서는 질병 불안 장애)
- 통증 장애 또는 만성 통증 증후군(DSM-5에서 지속적 신체형 통증장애)
- 신체화 장애(DSM-5에서는 신체 증상 및 관련 장애)*

신체적 증상을 호소하는 환자에게서 고려해야 할 다른 장애는 다음과 같습니다.

- 우울증*
- 공황장애*
- 신체적 질병

- 이차 이득: 이것은 환자가 병에 대한 관심이나 지원을 받을 때 발생합니다. 신체화 장애 및 기타 신체 증상 장애에 대한 전형적인 모습입니다.
- 자살 사고, 행동: 이 환자들은 종종 자살할 것임을 위협하거나 시도하며 때때로 자살에 성공합니다.
- 물질 사용: 알코올이나 약물의 남용은 종종 이 그룹이 가진 증상들을 악화시키는 경우가 많습니다.

## MSE의 전형적인 특징

| 외모와 행동 | 사고의 내용 |
|---|---|
| 　과장된 언변 | 　신체적인 부분에 중점을 둠(가끔 상상됨) |
| 　화려한 옷차림 | **언어: 이상 징후가 없음** |
| 　배은망덕한 태도 | **인지: 이상 징후가 없음** |
| 　과장된 버릇 | **통찰력과 판단력** |
| 　현저한 낭비 | **신체적 증상을 지나치게 해석함** |
| **기분** | |
| 　증상에 대한 무관심(만족스러운 무관심) | |
| 　걱정 | |
| 　우울 | |
| **사고의 흐름: 이상 징후가 없음** | |

제**14**장
----------
# 면담 종료

일반적으로 1시간의 면담은 환자의 내원 사유와 관련된 정보를 파악할 수 있고, MSE 또한 수행하기에 충분한 시간일 것입니다. 여러분이 환자에 대해 아직 알고 싶은 것이 많더라도 면담을 너무 오래 진행해서는 안 됩니다. 여러분이 진행하고 있는 것은 면담이지, 인내심 검사가 아닙니다. 그리고 여러분은 파악된 정보를 계속 점검할 수 있는 새로운 정보가 필요할 것입니다. 다음 환자가 도착하게 되면, 여러분은 환자에게 다음 주 또는 내일 다시 면담을 진행할 것을 제안할 수도 있습니다. 여러분과 환자 모두 계속 면담을 진행하길 바란다면, 면담을 이어 가기 전 잠시 휴식을 취하시길 바랍니다.

## 면담을 마무리하는 기술

첫 면담을 마무리할 때에는 주의사항이 있습니다. 좋은 마무리는 면담의 내용을 요약하고 환자(그리고 여러분 또는 다른 임상가)에게 앞으로 진행될 치료를 준비할 수 있도록 하는 것입니다. 환자는 여러분과 면담을 하게 되면서 어떤 식견을 얻을 수 있을 것이라고 기대하게 되며, 희망과 확신을 가지게 될 것입니다. 이것은 여러분과 환자가 어떠한 관계를 형성했는지에 달려 있습니다.

환자를 치료하는 임상가라면 아마도 다음 단계를 따를 것입니다. ① 면담의 결과를 요약하십시오. ② 환자와 협력하여 향후 치료 계획을 세우십시오. 그리고 ③ 다음 회기의 면담 시간을 정하십시오. 환자가 면담에 참여하는 것을 당연하게 여기게 되면 ④ 여러분은 다음번의 치료가 진행되기를 희망한다는 이야기를 해야 합니다. 다음은 그 예입니다.

> "당신이 저에게 말한 내용을 요약하면, 당신과 배우자는 딸의 죽음을 받아들이고 적응하는 데 상당한 어려움을 겪는 것처럼 보입니다. 이것은 당신이 의사소통의 부족으로 인해 고통을 주게 되는 것으로 생각됩니다. 저희가 치료 계획을 결정하기 전, 다음 회기에서는 남편분과 이야기를 해 보고 싶습니다. 배우자분이 치료에 참여할 의향이 있을 것이라 했으니 배우자에게 다음 주 방문해 줄 것을 부탁해 줄 수 있나요?"

초보 임상가인 경우 첫 면담의 마지막 단계에서 다음과 같이 진행할 수 있습니다.

> "오늘 저와 함께 많은 시간을 보내 주셔서 감사합니다. 제가 당신의 우울증을 이해하는 데 많은 도움이 되었습니다. 그리고 당신은 치료사인 저에게 도움이 될 수 있는 모든 것을 하고 있는 것처럼 들립니다. 괜찮으시다면 내일은 가족에 대한 내용을 좀 더 여쭤 보고 싶습니다."

첫 면담에서 환자에게 모든 내용을 들을 수 있다고 생각해서는 안 됩니다. 일반적인 첫 면담은 전형적으로 긴장감이 있고 환자에게 중요한 무언가를 파악하지 못할 수도 있습니다. 따라서 즉시 다루어져야 할 내용이 생략되었는지를 확인하는 것이 좋습니다. 면담을 마무리하기 전, 면담에 대한 의견이나 질문을 유도하는 말을 하십시오.

> "지금까지 우리가 나누었던 내용에 대해 추가적으로 이야기할 내용이 있습니까?" (주의: 환자에게 질문이 있다고 가정하여 표현할 수 있도록 격려해야 합니다. 일부 환자의 경우 "질문이 있으십니까?"라는 표현이 의사소통을 차단하는 요인으로 작용할 수 있습니다.)
> "우리가 다루지 않은 또 다른 중요한 문제가 있습니까?"

여러분이 제안한 치료의 구체적인 정보와 다음 진료 시간의 재방문 여부와 같은 불확실성 또는 치료 예후에 대한 확신과 같이 지금 당장 언급하지 않은 내용이 있다면 추가적인 조치가 필요함을 알게 될 것입니다. 앞으로 발생할 수 있는 문제에 현실적으로 대처하도록 노력하십시오.

물론 한 번의 면담을 통해 모든 것을 다룰 수는 없습니다. 대부분의 환자는 한 번의 면담을 통해 모든 것을 다룰 수 없다는 것을 이해하며, 다음 면담에서 남겨진 문제를 이야기 나눌 것에 동의할 것입니다.

가끔 면담이 마무리될 때쯤 환자는 복잡한 문제를 보고합니다. 이 문제는 상당한 시간이 소요되기 때문에 제한된 시간 내 제대로 다룰 수 없습니다. 예를 들어 보겠습니다.

> "나 같은 사람의 미래는 어떨까요?"
> "아들의 알코올 중독에 대해 어떻게 대처해야 한다고 생각하세요?"

여러분과 환자 모두 시간이 충분히 있을 때 이러한 질문을 받는다면 적절히 처리할 수 있을 것입니다. 그러나 그다음 일정이 있는 경우에는 다음 면담이 있을 때까지 환자가 호소하고 있는 현 문제에 대한 추가적인 탐색을 연기시켜야 합니다.

어떠한 경우에도 면담의 후반에 새로운 질문이 발생한다면, 그 이유를 생각해 볼 필요성이 있습니다. 일부 환자는 면담이 끝날 때쯤 중요한 정보를 습관적으로 말하는 경우가 있습니다. 아마도 환자는 중요한 문제를 이야기할 용기를 내기 위해 면담의 전체 회기 동안 고민할 정도로 많은 시간이 필요했을 수도 있습니다. 환자는 여러분이 면담을 마무리하고자 할 때 두려워합니까? 어떤 환자들은 자신의 치료 시간이 너무 소중하여 무의식적으로 치료 시간을 연장하려는 태도로 이와 같이 반응할 수 있습니다.

여러분은 환자에게 여러분의 관심을 표현한 후 치료 회기의 마지막 순간에 다음 치료 회기에서 그 정보를 다룰 것임을 약속할 수 있습니다.

> "그렇게 말씀해 주시니 기쁘네요. 제가 좀 더 파악하고 싶었던 부분이에요. 다음번에는 첫 번째 순서로 진행하도록 하겠습니다."

만일 면담이 종료될 때쯤 환자가 생명을 위협하는(자살 또는 살인에 대한 사고) 내용을 이야기한다면 추가적인 상담을 진행할 수밖에 없습니다. 이런 일이 습관적으로 발생한다면 면담 초기에 민감한 주제부터 먼저 다뤄야 합니다.

## 조기 종결

매우 드물게, 어떤 환자는 면담이 끝나기 전에 면담을 그만두려는 모습을 보입니다. 일반적으로 성격장애, 정신병, 중독 또는 극심한 스트레스(아마 수면 부족 또는 신체 질환으로 인한)를 지닌 환자들이 이러한 모습을 보입니다. 때때로 앞의 모든 사항이 해당될 때가 있습니다! 원인이 무엇이든 간에 여러분은 코트를 입고 면담실을 나가려는 사람에게서 정보를 얻으려는 여러분의 모습을 발견할 때가 있을 것입니다. 이럴 경우 우리는 어떻게 반응해야 할까요?

면담 시간이 거의 끝나가는 경우, 끝날 때까지 몇 분의 시간이 더 남아 있음을 알려 주십시오. 그런 다음 가장 중요한 질문을 선택하여 환자에게 물어보고, 환자가 흥분하는 반응을 수용하십시오.

새로운 환자의 경우 여러분이 환자에게 큰 영향력을 발휘할 가능성이 많지 않기 때문에 직접적인 대립은 피하시길 바랍니다. 특히 첫 면담(시작하기 직전이라면)에는 환자가 면담의 이유를 완전히 이해하지 못할 수 있기 때문에 다시 설명해야 하고 그때 여러분은 공감을 제공해야 할 것입니다.

> "당신이 상당히 화났다는 것을 알 수 있습니다. 불편함을 가중시켰다면 죄송합니다만, 우리에게는 대화가 필요합니다. 제가 당신을 돕기 위해 필요한 정보를 얻을 수 있는 유일한 방법이기 때문입니다."

환자의 이성에 호소하는 방법은 대개 좋은 결과를 만들어 낼 것입니다. 만약 이 방법이 성공하지 못한다면 협력을 방해한 감정을 이야기의 주제로 전환해 보십시오. 이전과 마찬가지로 공감적 진술로 이끌어 가야 합니다.

> "당신은 꽤 불편해 보입니다. 기분이 어떤지 말씀해 주시겠습니까?"

　　여러분은 환자가 느끼는 많은 두려움, 분노 또는 불편함에 대해 파악할 수 있을 것입니다. 여러분은 방금 환자에게 들었던 말을 따라감으로써 다시 면담을 편안하게 진행할 수 있을 것입니다.

**임상가:** 이번 일로 속상하신 것 같네요. 지금 기분이 어떤지 말씀해 주시겠어요?
**환　자:** (떠나려고 일어선다.) 참을 수가 없어요. 지난번과 똑같아요!
**임상가:** 그때도 많이 속상했나요?
**환　자:** 당연히 그랬죠! 그 치료사가 나를 대했던 것처럼 제가 당신을 대했다면 당신도 이런 반응을 보일 겁니다.
**임상가:** 몹시 불편하게 만들었나 보군요.
**환　자:** (또 엎드리면서) 굴욕감을 느꼈어요. 그리고 무서웠어요.

　　이 예시와 같이 여러분은 이전의 잘못된 치료에 대한 이야기를 많이 들을 것입니다. 현재 평가의 이유와 이전의 치료법(관련이 없을지라도)을 탐색하는 데 많은 시간(첫 면담 및 이후 모두)을 할애할 준비를 하셔야 합니다(이전 임상의를 비난하거나 폄하하지 않도록 주의하시길 바랍니다. 지금까지의 정보는 일방적일 수 있습니다).

　　만약 여러분이 최대한의 노력을 하였지만 환자로부터 중요한 내용을 파악해 내지 못하였더라도 환자의 안정과 사생활을 존중해 주시길 바랍니다. 구체적으로 변명하거나, 위협하거나, 수치심이나 죄책감을 암시하지 않길 바랍니다. 만약 환자가 방을 나가려고 일어나면 막으려고 하지 마시길 바랍니다. 대신, 환자가 결정한 행동에 대한 권리와 의사를 존중하고 인정하시길 바랍니다. 그러나 정보 수집이라는 이 중요한 작업을 조만간 다시 한번 시도할 것임을 명심하셔야 합니다.

> "지금은 우리가 일단 잠시 헤어져야 할 것 같아요. 괜찮습니다. 이렇게 기분이 안 좋을 때는 신경 쓰지 않아도 될 권리가 있어요. 하지만 어떤 어려움으로 병원에 입원하셨는지 알아내는 것은 정말 중요합니다. 휴식을 취한 후 오늘 오후에 다시 오셔도 됩니다."

때때로 여러분은 한 시간도 되지 않지만 면담을 일찍 그만둘 수도 있습니다. 다음과 같은 상황에서는 이러한 행동이 훌륭한 결정일 것입니다.

- 밤이 늦었고, 여러분의 환자는 막 입원한 상태이며 두 사람 모두 지쳤습니다.
- 심각한 정신병이나 우울증으로 인해 환자는 한 번에 몇 분 이상 면담 상황에 집중할 수 없습니다.
- 분노는 환자가 협조하지 못하게 만듭니다.
- 여러분은 꼼꼼하게 짜인 스케줄로 정신없이 환자를 진료하였습니다. 환자의 동의하에 여러분은 다시 만날 것을 약속하게 될 것이고, 추후 충분히 긴 시간 동안 환자의 주요 문제를 발견하고 이야기하게 될 것입니다.

제**15**장
--------
# 정보 제공자와의 면담

대부분의 환자는 여러분이 파악하고 싶은 것들을 이야기해 주지만, 제3자의 정보 제공은 환자의 정보를 더욱 풍부하게 만들어 줄 것입니다. 그러나 어떤 상황에서는 정보 제공자를 통해서만 추가 정보를 얻을 수 있고, 환자가 언급한 내용을 점검할 수도 있습니다. 다음은 몇 가지 예입니다.

- 아동과 청소년들은 종종 자신의 행동에 대한 적절한 시각이 부족합니다.
- 심지어 일부 성인도 가족사의 중요한 내용을 알지 못합니다.
- 지적 장애가 있는 환자들은 종종 자신의 정보와 관련된 내용을 정확하게 전달하지 못하기 때문에 도움이 필요합니다.
- 과거의 행동에 부끄러움을 느끼는 환자는 가족이나 친구로부터 파악할 수 있는 개인력에 관한 정보를 숨길 수 있습니다. 그 예로는 성적 무분별, 물질 사용, 자살 시도, 폭력, 범죄 행위 등이 있습니다.
- 정신증 환자는 사실 그 자체보다 사실에 대한 망상적인 해석을 이야기할 수 있습니다.
- 환자가 알지 못하는 유년기 시절의 병력은 지적 장애 또는 특정 학습 장애와 관련이 있을 수 있습니다. 예를 들어, 몇몇 조현병 환자는 출산 과정에서 합병증

에 의한 병력일 수 있습니다.
- 알츠하이머 치매와 같은 인지장애 환자는 병력에 대해 적절한 정보를 제공해 주지 못할 수 있습니다.
- 정보 제공자는 환자의 문화적 특성을 이야기해 줄 수 있습니다. 이것은 환자의 가족이 점성술을 믿거나 교회에서 주로 이해할 수 없는 방언으로 기도하는 것이 환자의 문화적 특성이라는 것을 알아낼 수 있는 유일한 방법입니다.
- 성격장애(특히 반사회적 성격 장애)가 있는 일부 환자는 진실을 정확하게 말하지 않습니다.
- 일부 성격장애는 환자 스스로를 크게 힘들게 하지 않습니다. 고통받는 것은 가족과 친구들입니다.
- 일부의 경우, 가족의 비밀을 보호하는 것이 환자의 진단이나 치료에 도움이 될 수 있는 정보를 얻는 것보다 더 중요할 수 있습니다.
- 가족의 상호작용 패턴이 드러날 수 있습니다. 예를 들어, 친척들의 **감정표현 수준이 과도한**(자주, 소리를 지르면서 논쟁) 경우에 이러한 친척과 함께 사는 조현병 환자에게서는 재발을 예측할 수 있습니다.
- 명백한 이유로 법적인 상황에서 환자의 자기보고에만 의존하는 것은 현명하지 않습니다.

따라서 가능하다면 친척, 친구, 이전 임상 기록 및 다른 임상가들과 같은 여러 출처로부터 환자의 현재 질병에 대한 정보를 얻으십시오. 기존 정보를 확인하고 새로운 사실을 파악하면 환자와 환자를 둘러싸고 있는 환경에 대해 명확하고 포괄적이며 균형 잡힌 시각을 얻을 수 있을 것입니다.

대다수의 경우 부모가 데려온 아동 및 청소년, 자신의 상황을 표현하는 데 어려움이 있는 성인의 경우를 제외하면 먼저 환자와 면담하는 것이 좋습니다. 예외적으로 부모가 데려온 아동 및 청소년, 자신의 상황을 표현하는 데 어려움이 있는 성인, 만성 조현병, 치매, 지적 장애, 외국어를 사용하는 사람의 경우, 제3자와 먼저 면담을 진행할 수 있습니다. 하지만 환자와 의사소통이 잘 될 때조차도 여러분은 친척들과 짧은 시간의 면담을 통해 환자의 장애에 대한 여러분의 관점을 폭넓게 만들 수 있습니다. 특히 친척이 처음 방문에 따라온 것은 자신의 도움 없이 전체 이야기가 전해질 수 없다는 두려움이 나타난 결과입니다. 때때로 불안정한 모습을 보이는 환자에게는 면담 이유를 설명해야 할 때 친척의 도움이 필요한 경우도 있습니다.

## 먼저 허락받기

일반적으로 친구나 친척과 면담을 하기 전, 환자에게 먼저 허락을 받아야 합니다. 대부분은 쉽게 동의할 것입니다. 몇몇 환자는 자신이 비밀로 유지하고 싶었던 내용을 임상가가 타인에게 전달할까 싶어 걱정합니다. 여러분의 일은 정보를 분산시키는 것이 아니라 정보를 탐색하는 것이고, 다른 사람의 보고가 필요한 이유는 환자를 돕기 위한 것임을 안내함으로써 종종 이러한 환자의 두려움을 잠재울 수 있습니다. 다음은 안심을 시킬 수 있는 방법들입니다.

> "당신이 제게 말한 것은 비밀사항이며, 저는 당신의 믿음을 존중하겠습니다. 당신은 그럴 권리가 있습니다. 당신은 제가 줄 수 있는 최선의 도움을 받을 권리가 있습니다. 이를 위해서는 당신에 대해 더 많은 것을 알아야 합니다. 그래서 저는 부인과 이야기하고 싶습니다. 부인은 당연히 무엇이 잘못되었고 우리가 그것에 대해 무엇을 할 계획인지 알고 싶어 할 것입니다. 저는 우리가 부인에게 모든 것을 말해야 한다고 생각하지만, 당신이 동의한 것만 말할 것입니다. 사전에 허락하지 않는 한, 부인에게 우리가 논의한 다른 어떤 것도 말하지 않겠습니다."

합의에 도달하면 추가 정보를 누설하지 않도록 세심한 주의를 기울이시길 바랍니다. 비밀이 드러나면 어떤 방식으로든 그 비밀의 출처가 밝혀질 수도 있기 때문입니다. 드문 경우이지만 환자가 정보 제공자와의 개별 면담을 허락하지 않는 경우, 친구 또는 친척을 환자의 옆에 앉혀 놓고 같이 면담을 하자고 제안할 수 있습니다. 그럴 경우에 환자는 여러분이 환자의 뒤에서 모종의 음모를 꾸미고 있다는 두려움을 해소해 주는 데 큰 도움이 됩니다.

그러나 원칙적으로 환자가 없을 때 정보 제공자와 면담을 해야 합니다. 개인정보를 보호함으로써 완전하고 정확한 정보를 얻을 수 있는 기회를 만들 수 있을 것이며, 여러분과 정보 제공자 모두 더 편안함을 느낄 것입니다.

먼저 환자의 동의를 얻어야 하지만, 동의 없이 진행할 수 있는 몇 가지 중요한 예외사항이 있습니다. 여기에는 다음과 같은 특성을 가진 환자가 포함됩니다.

- 미성년자(동의를 위해 노력해야 하지만)
- 금치산자 또는 동의를 할 수 없는 상태
- 폭력적인
- 침묵
- 자살 충동이 심한
- 기타 급성 의료 또는 정신건강 응급상황을 경험한 경우

환자가 자율성을 행사할 만큼의 판단력이 없다는 것이 분명한 경우, 여러분은 가능한 모든 방법을 활용하여 정보를 얻어야 합니다.

친구나 친척들이 자신이 말한 정보나 출처를 환자에게 이야기하지 않을 것을 요청하는 것을 어떻게 생각하십니까? 그런 약속을 하는 것이 여러분을 복잡한 거미줄에 엉키게 할 수 있으므로 저는 이러한 상황을 피하려고 합니다. 확실히 불필요한 비밀정보를 이야기함으로써 문제를 일으키는 것은 의미 없는 행동입니다. 왜냐하면 그들의 비밀을 지키겠다고 약속하는 것은 여러분을 힘들게 만들기 때문입니다.

## 정보 제공자 선택

여러분의 목표가 가능한 한 많은 자료를 얻는 것이기 때문에 여러분은 환자를 가장 잘 알고 있는 정보 제공자를 선택해야 합니다. 일반적으로 배우자나 파트너는 최신 정보를 가지고 있으므로 환자가 결혼한 상태이거나 오랜 기간 밀접한 관계를 유지하고 있을 경우, 가장 먼저 그 사람과 이야기해야 할 것입니다. 그러나 필요한 정보의 종류에 따라 다른 정보 제공자가 필요할 수 있습니다. 예를 들어, 어린 시절의 과잉행동을 알고 싶다면 환자의 부모와 면담해야 합니다. 또 다른 고려사항은 다음과 같습니다. 연구에서는 환자와 유사한 질병을 앓은 친척이 증상과 병의 진행 과정

을 경험한 적이 있으므로 증상을 더 잘 인식할 수 있다는 사실이 밝혀졌습니다. 마지막으로 나중에 논의하겠지만, 여러분은 여러 친척, 친구, 심지어 동료 또는 영적 상담자와의 집단 면담을 진행할지도 모릅니다.

## 무슨 질문을 하겠는가

여러분은 면담의 목적을 간단하게 설명하는 것부터 시작해야 합니다. 친척들은 여러분이 환자의 개인력을 확인하는 이유와 자신들이 환자의 정보를 제공해야 한다는 것을 쉽게 이해할 것입니다. 그러나 그들은 임상가들이 친척들을 비난하거나 환자를 책임지라고 하는 등과 같은 문제 상황을 걱정할 수 있습니다.

첫 면담에서 풍부한 정보를 획득하였으므로 정보 제공자들과의 면담은 대개 보통 30분 이내로 간단하게 마무리될 것입니다. 면담 과정에서 여러분이 알고 있다고 생각한 내용일지라도 정보 제공자들과의 면담을 통해 이전에는 미처 알지 못했던 새로운 사실을 알게 되어 놀랄 수 있습니다. 따라서 정보 제공자가 알고 있는 정보를 파악하려면 낚시하듯이 탐색하는 방식으로 시작하시는 것이 좋습니다. 개방형 질문을 미끼로 사용하십시오.

다음 예에서 환자는 첫 면담 시간의 대부분 동안 자신의 이전 우울증 에피소드를 이야기하였습니다. 이후 남편이 들어왔을 때 임상가는 환자의 우울증 증상, 치료 및 반응을 질문할 생각이었습니다. 다행스럽게도, 이 임상가는 첫 번째 질문을 개방형 질문으로 시작하였습니다.

> **임상가:** 부인의 어려움에 대해 말씀해 줄 수 있을까요?
> **환자의 남편:** 음, 저는 단지 선생님이 그녀의 음주에 대해 뭔가 조치를 취해 주시기를 바라요. 제가 퇴근해서 집에 돌아오면 거의 매일 술에 취해 있지만, 그녀는 자신이 문제가 있다고 인정하지 않아요.

환자와 정보 제공자 모두 동일한 문제를 언급했다면 여러분은 추가적으로 특정 정보를 파악해야 할 것입니다. 이것에는 두 종류가 있습니다. ① 환자가 대답할 수 없는 질문과 ② 종종 환자가 말하는 내용 중 불일치한 내용이 있으므로 환자의 마음 속에 혼란이 있는 내용을 질문해야 합니다. 다음은 각각의 몇 가지 예입니다.

- 부모의 정신장애 병력
- 환자 자신의 발달사
- 환자의 물질 사용 이력에 대한 재평가
- 정신장애를 경험하는 동안 환자의 증상
- 환자가 자기관리를 수행할 수 있는 능력
- 퇴원 후 친척의 지원 의지
- 결혼 불화의 원인에 대한 배우자의 견해
- 범죄 내력을 암시하는 행동
- 환자의 성격 특성에 대한 평가
- 환자의 치료 순응도
- 행동 변화가 가족에 미치는 영향

환자에 관한 새로운 내용을 많이 파악하지 못하였을지라도 정보 제공자와의 면 담을 통해 다음의 질문에 대한 답을 알 수 있을 것입니다.

- 가족은 환자의 질병을 얼마나 잘 이해하고 있는가?
- 환자는 그 증상에 대해 정보 제공자에게 뭐라고 말했는가?
- 마지막으로 완전히 기능했을 때와 비교하면 지금 환자는 어떠한가?
- 환자는 그 변화를 어떻게 해석하는가?
- 환자가 당신이 말한 것을 왜곡하고 있는가?

정보 제공자의 정보가 환자로부터 얻은 정보와 상충할 경우, 어떤 정보를 믿을지 결정해야 할 것입니다(해당하는 경우). 만약 정보 제공자가 말한 내용을 숙고 없이 받아들일 경우 위험할 수도 있습니다. 정신장애인이라는 이유로 환자가 말한 근거 들을 신뢰할 수 없다고 생각해서는 안 됩니다. 오히려 상충되는 이야기를 평가할 때 에는 환자와 각 정보를 제공해 준 사람을 다음의 요소로 평가해 보시길 바랍니다.

- 정보 제공자는 환자와 얼마나 접촉했는가?
- 정보 제공자는 얼마나 잘 기억하고 있는가?
- 정보 제공자는 누군가(자기, 환자 또는 다른 사람들)를 보호하고 있는 것 같은가?
- 정보 제공자가 민감한 내용(가족의 금기사항)을 이야기하지 못하는 것처럼 보이는가?
- 희망적인 생각(예: 흔들리는 결혼 생활에서의 행복을 상상)에 의해 이야기가 얼마나 왜곡되어 있는가?
- 환자의 모든 행동에 영향(긍정적 또는 부정적)을 주는 '후광 효과'의 증거가 있는가?
- 정보 제공자가 완전하고 정확한 이야기를 제공하려는 동기가 있는가?

그 후 환자와 면담을 하면서 상충되는 내용을 이야기하는 것이 좋습니다. 여러분은 환자와 비밀로 한 내용을 타인에게 이야기하지 않았다는 확신을 주기 위해 정보 제공자와 나눈 대화 중 몇 가지 내용을 연결시켜 이야기해야 합니다. 여러분이 이야기할 때에는 환자의 욕구나 여러분 자신의 취향에 따라 얼마만큼 구체적으로 혹은 일반적으로 이야기할지가 결정될 것입니다. 또한 친척에게도 신뢰가 깨지지 않도록 주의해야 할 것입니다.

다음은 환자에게 제공할 수 있는 피드백의 예입니다.

"Crenshaw 씨, 저는 배우자분과 아주 좋은 이야기를 나누었습니다. 지난주 당신이 제게 우울하다고 말씀하신 것이 사실임을 아내분이 확인해 주셨고, 저와 아내분은 당신에게 치료가 필요하다는 것으로 의견 일치를 보았습니다. 요청하신 대로 저는 그녀에게 코카인 사용에 대해서는 아무 말도 하지 않았지만, 일단 용기를 내어 직접 그녀와 의논해 보면 기분이 나아질 것이라고 생각합니다."

# 집단 면담

환자의 가족이 많고 근처에 많은 구성원이 살고 있는 경우, 집단 면담을 할 수도 있습니다. 일부 임상가는 가족 구성원들의 형편이 좋지 않고, 가족들이 자신에 대해 격렬하게 표현할 때에는 집단 면담이 어렵다고 생각합니다. 실제로 많은 가족을 면담하는 것은 어려울 수 있지만 이 방법에는 여러 가지 장점이 있습니다.

- 가족 구성원들과 개별적으로 이야기를 하는 것보다 훨씬 더 효율적입니다. 여러분은 때때로 가족들의 동의하에 대표인 1명을 만날 수도 있으나, 1명이 전달하는 정보는 전달 과정에서 생략되거나 왜곡될 수 있습니다.
- 가족은 환자의 환경에서 중요한 부분입니다. 집단 면담과 논리적인 추론을 통해 친척들이 환자와 어떻게 상호작용하는지 관찰할 수 있습니다. 그들은 서로를 배려합니까? 1명 이상의 정보 제공자에게서 비난이나 희생 또는 죄책감이 발견됩니까? 가족들의 관심사는 일반적으로 환자에 대한 것입니까, 아니면 자신의 위안에 대한 것입니까?
- 어떤 경우에는 가족과 환자를 동시에 면담할 수도 있습니다. 이 방법은 모든 사람이 각각의 사람이 말하는 것을 듣기 때문에 비밀 유지 문제가 배제될 것입니다. 또한 환자와 가족이 어떻게 상호작용하는지 직접 관찰할 수 있는 기회를 제공합니다. 친척이 환자를 무시하거나 환자 대신 대답합니까? 그들은 서로 의견이 엇갈리지 않습니까? 고함을 지르며 이야기를 하지 않습니까? 싸웁니까?
- 가족 역동이 환자의 어려움에 부분적으로 영향을 끼친다고 판단되면, 모든 사람과 만나는 것은 치료의 보조물로서 작용하여 가정환경의 궁극적인 변화를 위한 토대를 마련하는 데 도움이 될 수 있습니다.
- 이 방법이 환자의 어려움에 대한 유용한 접근 방식이 될 수 있다면 여러분은 나중에 가족 치료의 기초를 확립할 수 있을 것입니다.

한 번에 1명 이상의 정보 제공자를 만난다면, 모든 사람이 이야기할 수 있도록 격려하셔야 합니다. 종종 누군가는 수동적이면서 침묵할 것입니다. 여러분은 이 사람을 더욱 격려해야 할 것입니다. 여러분이 도움을 줄 수 없는 상황에서 나중에 그들이 스스로 생각을 정리하도록 내버려 두는 것보다는 처음부터 모든 사람의 의견을 듣고 도움을 제공하는 것이 더 낫습니다. 여러분은 그들을 위해 결정을 내리거나 편을 들어서는 안 됩니다. 여러분의 목표는 모든 가족 구성원이 환자와 그들의 일반적인 문제를 이해할 수 있도록 대화를 촉진하는 것이어야 합니다. 그러나 무엇보다도 환자가 정보를 공개하기를 꺼린다면 여러분만 알고 있어야 합니다.

## 기타 면담 환경

### 전화면담

여러 연구에 따르면 전화면담을 통해 양질의 정보를 얻을 수 있다는 사실이 밝혀졌습니다. 대면 면담만큼 정보 파악이 강력하지는 않지만 서면 설문지보다 훨씬 낫습니다. 특히 친척과 대면해서 면담할 수 없다면 아무것도 하지 않는 것보다 더 낫습니다. 그러나 대면 접촉 없이 첫 번째 시기에 누군가와 전화면담을 하는 것은 어려울 수 있습니다. 단어와 어조에만 의존해야 하는 경우라면, 보디랭귀지를 통해 쉽게 전달될 수 있는 의미와 뉘앙스를 파악할 수 없을 것입니다. 더욱이 친척들이 화상 면담에 참여하지 않는다면, 전화상의 친척들은 여러분에 대해 판단을 내리지 못할 것입니다.

최근 몇 년 동안 Skype 및 FaceTime과 같은 인터넷 기반 서비스로 화상 통화가 훨씬 더 보편화되었습니다. 그럼에도 불구하고 개인 면담은 친척들이 여러분을 비밀스럽고 민감한 정보를 다루는 데 있어 신뢰할 수 있는 사람이라는 것을 알 수 있게 해 주고, 따뜻한 감정이 훨씬 더 잘 전달될 수 있습니다. 마지막으로 비밀 유지법에 대한 강령을 고려하시길 바랍니다. 만약 시각적인 접촉이 없다면, 여러분이 배우자라고 생각하였지만 실제로는 고용주에게 정보를 제공할지도 모릅니다. 이럴 경우 환자의 직업과 여러분 자신의 평판 모두를 손상시킬 수 있습니다.

## 가정방문

일반적으로 가정방문은 사라진 형태이지만, 이 방법은 환자의 모든 환경적인 측면과 최대한의 정보를 원하는 임상가에게는 여전히 유용한 방식이 될 수 있습니다. 그곳에서 여러분은 환경(거주 유형, 이웃)과 가족 구성원들에 대한 느낌을 얻을 수 있으며, 집에서 휴식을 취할 경우 환자는 사무실이나 병원 환경에서보다는 '정상적으로' 행동할 수 있습니다.

제**16**장

# 면담에서의 저항

대부분의 면담에서 임상가와 환자는 공통된 목표를 찾기 위해 노력합니다. 대다수의 환자는 협조적이고 지식이 풍부하며 어느 정도의 통찰력을 가지고 있습니다. 그러나 모든 환자는 개인적인 문제를 가지고 있고 때로는 이러한 문제들이 첫 면담의 목표와 상충하는 경우도 있습니다. 그렇기 때문에 많은 환자는 다양한 방법으로 여러분에게 정보를 제공하지 않곤 합니다. 그에 따른 결과로 여러분은 환자와 라포를 형성하는 동안 환자에게서 완전한 정보를 얻지 못하는 경우가 있습니다.

저항은 면담의 주제를 회피하려는 의식적 또는 무의식적 시도입니다. 대부분의 사람들은 특정 주제에 불편함을 느끼고 있으며, 저항은 아마도 임상가가 다루어야 하는 가장 빈번한 문제 행동입니다. 여러 가지 이유로 저항이 나타났을 때 원인을 파악하여 즉각적으로 해결하는 것이 중요합니다.

## 저항을 인식하기

저항에 맞서려면 먼저 저항을 인식할 수 있어야 합니다. 특히 "그것에 대해 이야기하지 않겠습니다."와 같은 명백한 진술의 형태라면 저항을 쉽게 인식할 수 있습니다. 그러나 많은 환자는 공개적으로 저항을 표현하는 것에 대해 불편함을 느낍니다. 때때로 그들이 너무 미묘한 방식으로 저항하여 여러분은 감지하기 어렵습니다. 면담에서 저항을 나타내는 다음과 같은 행동이 있는지를 살펴보시길 바랍니다.

- **지각**(tardiness): 면담에 늦는 것은 전형적인 저항의 신호입니다. 이러한 태도는 첫 면담보다는 후속 면담에서 더 흔하게 나타납니다.
- **수의적 행동**(voluntary behavior): 시선을 피하거나, 시계를 흘끗 쳐다보거나, 휴대전화나 호출기에 응답하거나, 안절부절못하게 앉아 있는 것은 환자가 현재 논의 중인 주제에 대해 불편함을 느낄 수 있음을 시사합니다.
- **불수의적 행동**(involuntary behavior): 홍조, 하품 또는 마른 침을 삼키는 행동은 불편함을 의미할 수 있습니다. 플래시백(flashback)을 경험하는 PTSD 환자의 멍한 응시는 수의적 행동과 불수의적 행동 사이의 어딘가에 있습니다.
- **건망증**(forgetfulness): 일부 환자는 간단한 상황에 대한 기억력이 부족하고, 특정 질문에는 "모르겠어요." 또는 "기억이 안 나요."로 대답할 수 있습니다.
- **생략**(omissions): 환자는 특정 정보를 생략합니다. 신뢰할 수 있는 정보 제공자와 면담하지 않는 한, 경험 많은 임상가조차도 이러한 종류의 저항을 감지하는 데 어려움을 겪습니다. 환자가 "나는 문제가 없습니다."라고 말하는 것은 우리가 탐색해야 할 문제를 생략하기 위한 명백한 시도입니다.
- **모순**(contradictions): 이전에 알게 된 내용과 모순되는 정보는 비교적 쉽게 찾을 수 있으나, 모순된 내용을 조정하기는 어려울 수 있습니다.
- **주제 변경**(changing the subject): 대화의 주제를 다른 주제로 전환하려는 시도는 환자가 피하고 싶은 주제로부터 벗어나려는 시도일 수 있습니다. 예를 들어, Blocker 씨에게 임박한 이혼 문제를 어떻게 생각하는지 물어보았을 때 그는 아내의 변호사가 자신의 돈을 갈취하고 있다고 대답할 수도 있습니다.
- **과장**(exaggerations): 자신의 업적을 부풀리는 것은 일부 사람이 자신의 문제를 회피하는 방법 중 하나입니다. 아마도 환자의 과장된 주장을 개별적으로는 감지할 수 없겠지만, 시간이 지남에 따라 비현실적인 주장들의 패턴은 식별되기 시작할 것입니다.

- **교란 작전**(diversionary tactic): 여기에 해당하는 것에는 농담하기, 술 마시기, 화장실을 사용해도 되는지를 묻는 것이 포함될 것입니다. 일부 환자는 임상가의 사생활을 질문하면서 면담을 통제하려고 합니다.
- **침묵**(silence): 이것은 저항의 주요 지표가 될 수 있습니다. 일부 환자가 복잡한 질문에 답하기 전 생각의 시간을 가진 후에 반응하는 것과 혼동해서는 안 됩니다.
- **약간의 망설임**(slight hesitation): 가장 미묘한 것은 특정 질문에 답하기 전에 약간의 주저함을 보이는 것일 수 있습니다.

## 환자가 저항하는 이유는 무엇인가

환자는 다양한 이유로 임상가에게 저항할 수 있습니다. 저항의 이유를 파악하게 되면 저항을 해결할 수 있는 열쇠를 얻게 될 것입니다.

- 아마도 가장 일반적인 이유 중 하나는 특히 첫 면담 중에 있을 수도 있는 당혹스러운 상황을 미연에 방지하기 위함일 것입니다. 완전히 낯선 사람에게 속마음을 털어놓는 것은 자기보호와는 정반대의 부자연스러운 행위입니다. 특히 성관계, 불법적인 활동 및 판단 과실에 대한 행동과 같은 민감한 내용은 낯선 사람에게 쉽게 공개할 수 없습니다.
- 일부 환자(또는 그 가족)는 비판을 두려워하거나 그들의 이야기를 들으면 임상가가 충격받을 수 있다고 걱정합니다. 그들은 그저 위험을 감수하지 않음으로써 타인에게 반감을 사지 않는 법을 배웠습니다. 그러므로 그들은 비난을 받을 것 같다고 생각되는 개인적인 내용을 숨기고 있습니다.
- 일부 환자는 진단, 예후 또는 치료에 미치는 영향을 너무 두려워하여 정보를 이야기하지 않을 수 있습니다. 정신장애의 오명(아마 '미쳤다'는 것으로 여겨지는)이 한 가지 예입니다.
- 환자는 여러분과 진솔한 대화를 나눌 정도의 충분한 신뢰를 아직 느끼지 못할 수 있고, 이에 따른 문제로 여러분이 자신의 친밀한 관계를 손상시키거나, 직업 또는 법적 문제를 만들어 위태로운 삶을 살게 만들 것이라고 생각할 수도 있습

니다. 불행하게도 이전에 다른 정신건강 전문가가 비밀을 누설한 경험이 있어 두려움이 부추겨졌을지도 모릅니다.

- 이타주의는 환자가 앞서 언급한 사항으로부터 친구나 사랑하는 사람을 보호하려는 동기에 따른 결과일 수 있습니다.
- 일부 사건이나 사고는 너무 사소한 것으로 생각되어 관련이 없어 보일 수 있습니다.
- 환자는 여러분이 (의식적이든 아니든) 환자가 숨기고 있는 정보를 알아낼 만큼 충분히 똑똑한지 혹은 끈기 있게 접근하는지(환자에게 충분히 신경을 쓰고 있는지) 확인하기 위해서 여러분을 시험할 수 있습니다.
- 환자는 의식적이거나 또는 무의식적인 분노로 정보를 제공하지 않을 수 있으며, 그 감정에는 여러 가지 원인이 있을 수 있습니다. 여러분이 의도치 않게 뭔가 기분이 상한 말을 했을 수도 있고, 과거에 다른 사람에게 가졌던 감정을 여러분에게 느낄 수도 있습니다. 그러한 행동을 전이라고 합니다. 물론 전이는 결코 분노에 국한되지 않습니다.

원인이 무엇이든 간에 여러분은 원인을 파악하고 문제를 해결하기 위해 노력해야 합니다. 중요한 주제를 건너뛰거나 환자가 이끄는 대로 수동적으로 따르는 것은 심각한 문제로 이어질 수 있습니다.

## 저항에 대처하는 방법

무엇보다도 행동의 이면에 있는 원인을 파악(그리고 가능한 경우 개선)하는 것이 가장 중요합니다. 첫 번째 단계는 여러분의 어떠한 행동이 저항을 불러일으켰는지를 고민하는 것입니다. 여러분이 직접 처리할 수 있는 무엇인가가 분명히 있을 것입니다.

임상가: 갑자기 조용해진 것 같군요. 무슨 문제가 있나요?
환　자: 아, 모르겠어요.

임상가: 제가 남편분과 통화하고 싶다고 해서 화나신 건 아닌지 궁금하네요.

환　자: (긴 멈춤) 글쎄요, 왜 당신이 남편과 통화를 원하는지 이해가 안 돼요.

임상가: 뭐가 두려우신지 말씀해 주시겠어요?

환　자: 그는 내가 당신에게 말한 그 일에 대해 이해하지 못할 거예요. 그 사람은 마음이 넓은 사람이 아닙니다.

임상가: 아, 당신이 왜 불만족스러워하는지를 알 것 같네요. 제 생각에는 누구나 다 그럴 수 있다고 생각합니다. 누구든지 걱정할 수 있어요. 아마도 당신의 치료사가 당신이 가지고 있는 확신을 깨뜨릴 수 있다고 생각할 수도 있어요. 하지만 제가 생각했던 것은 그게 아니었어요. 제가 그와 이야기를 나누고 싶은 이유는 그가 두 분이 겪고 있는 결혼 문제에 대해 어떻게 생각하는지 알기 위해서입니다. 전체 그림을 더 잘 이해하는 데 도움이 될 것 같아서였어요. 다음 약속 시간에 같이 가자고 그에게 부탁할 수 있을까요?

이 임상가는 환자에게 여러 가지를 설명하고 있습니다. ① 임상가가 그녀를 이해했다는 것, ② 그녀가 자신의 감정에 대한 권리가 있다는 것, ③ 그녀의 두려움이 근거가 없다는 것 그리고 ④ 면담에 남편과 함께 참석이 필요하다는 것에 대해 말하였습니다.

그러나 여러분은 너무나 흔하게도, 빠르게 수정할 수 있는 특정 문제를 식별하지 못할 수도 있습니다. 저항의 문제를 파악하였다면 저항의 몇 가지 특징에 따라 접근 방식이 달라질 수 있습니다.

- 저항의 원인
- 저항의 심각도
- 저항의 형태
- 찾고 있는 정보의 중요성

## 침묵 관리

가벼운 저항에 대한 일반적인 예는 어색한 침묵일 것입니다. 성에 관한 질문을 하면 이런 반응을 보일 수도 있겠지만(제9장 참조) 대부분의 면담 상황에서도 발생할 수 있습니다. 환자의 침묵에 대해 여러분이 대처할 수 있는 가장 좋은 첫 번째 반응은 여러분도 조금 침묵해 보는 것입니다. 여러분은 환자에게 기다리겠다는 의지를 강조하기 위해 눈길을 주었다가 거두는 시도를 할 수 있습니다. 잠시 아무 말도 하지 않음으로써 환자에게 생각할 시간을 더 줄 수 있습니다. 어쩌면 그것이 애초에 침묵이 가진 의미의 전부일 수도 있습니다. 하지만 침묵이 초기의 저항인 경우에 여러분은 환자와 대립을 해결할 시간을 가져야 합니다.

그러나 장시간 동안 반응이 없는 것은 이후의 면담에서 추가 정보를 주지 않는 것에 대한 선례가 될지도 모르며, 이것은 환자에게도 득이 되지 않습니다. 만약 적당한 간격(10~15초 이하)으로 환자의 반응을 끌어내는 데 실패한다면 여러분은 개입해야 할 것입니다.

잠시 침묵의 시간을 가지는 동안 환자의 생각이 방황했을 수 있으므로 다음 단계는 약간 다른 방식으로 질문하여 다시 질문에 초점을 맞추는 것입니다. 다음에 간단한 예가 있습니다.

> **임상가**: 성에 대한 관심은 어떤가요?
> **환  자**: (15초 동안 조용히 바닥을 쳐다본다.)
> **임상가**: 성생활에 문제가 없었는지 궁금합니다.

질문이 중요하다면(환자가 대답할 수 없다는 것은  그 상황에서는 그럴 수도 있음을 시사합니다) 여러분은 기다려야 합니다. 환자에게 말할 내용의 통제권을 주고, 안심시키는 것으로 시작하시길 바랍니다.

> **임상가**: 성생활에 대한 당신의 느낀 점을 편안하게 말해 주세요.
> **환  자**: 이것은 저에게 정말 힘든 일입니다.
> **임상가**: 이해합니다. 그러나 그것은 중요하고 여기에서 그것을 이야기하는 것은 안전합니다.

또 다른 전략은 여러 가지 접근법을 결합하는 것입니다. 다음과 같은 식으로 표현할 수 있습니다.

> "많은 사람이 이번처럼 민감한 문제로 어려움을 겪고 있습니다. 이런 일을 겪게 해서 정말 죄송합니다만. 제가 당신에게 큰 도움이 되기 위해서는 제가 얻을 수 있는 모든 정보가 필요합니다. 저를 도와주시길 바랍니다."

이 한 번의 이야기에서 여러분은 환자에게 ① 연민을 표현했고, ② 환자의 감정은 정상적임을 강조하였으며, ③ 완전한 정보를 파악하는 것이 중요함을 다시 강조했고, ④ 환자의 도움이 필요하다고 부탁했습니다.

또 다른 접근 방식은 환자가 느낄 수 있는 감정을 명명하는 것입니다. 정확하게 표현할 수 있다면 환자는 여러분을 예리하고, 공감 능력이 좋으며, 자신의 비밀을 터놓을 수 있는 좋은 임상가로 여길 것입니다. 다음의 예처럼 여러 감정의 이름을 명명하게 되면 성공의 가능성을 극대화시킬 수 있습니다.

> "당신이 정말로 큰 어려움이 있다는 것을 그 질문을 통해 알 수 있었습니다. 때때로 사람들은 부끄러움을 느낄 때 질문에 대답하는 것이 어렵습니다. 아니면 때로는 불안이나 두려움과 같은 감정 때문일 수도 있습니다. 지금 그런 감정을 느끼고 있습니까?"

비록 여러분은 원래 질문과는 다른 것을 물었지만, 그 두 가지 질문은 서로 관련성이 있습니다. 환자는 두 번째 질문에서 더 쉽게 반응할 수 있을 것입니다. 그리고 여러분이 몇 가지 가능성이 있는 부정적인 감정을 제시함으로써 올바른 감정을 추측할 수 있는 기회를 가지게 된 점을 주목하시길 바랍니다.

여러분은 환자가 여러분의 질문에 잘 반응하도록 습관화되기를 원할 것이고, 환자에게 하나의 제스처가 있는 것이 없는 것보다는 나을 것입니다. 환자가 조용히 어깨를 으쓱하거나 눈살을 찌푸리는 등의 어떠한 반응을 보인다면, 여러분은 그것을 이용해 또 다른 표현으로 연결시킬 수 있을 것입니다.

임상가: 당신은 이것에 대해 꽤 화가 났나 보군요. 제 말이 맞나요?

환　자: (고개를 끄덕인다.)

임상가: 우리는 대신 당신의 학업에 대해 이야기해야 할 것 같습니다. 그게 좋은
생각 같나요?

환　자: (고개를 끄덕인다.)

임상가: 그것은 당신이 말할 수 있다고 생각하는 건가요?

환　자: 네…… 그런 것 같아요.

임상가: 다른 주제의 내용이 꽤나 중요하지만, 지금은 그것에 대해 말할 때가 아
닌 것 같습니다. 이것에 대해서는 나중에 다시 살펴보겠습니다.

　이 예에서처럼 어려운 주제를 논의하는 상황에서 심각한 저항이 나타날 때 지연
시키는 방법은 저항을 다루는 데 가장 자주 사용되는 방법 중 하나일 것입니다. 이
기술은 라포와 온전한 면담을 수행하기 위해 사용되나 정보를 희생시키기 때문에
가급적 이 기술은 적게 사용해야 합니다. 환자가 뒤로 미루어진 내용이 종결된 것이
아님을 이해하는 것이 중요합니다. 이 임상가의 의도는 나중에 그 문제를 논의하기
로 약속한 것이었기 때문입니다.

　"모르겠습니다."라고 응답하는 것은 환자의 침묵 반응보다 정보를 파악하는 것이
더 어렵습니다. 만약 이러한 반응이 자주 반복되면 면담이 중단될 수 있습니다. 경
우에 따라 다음과 같이 대응하면 환자가 사용하고 있던 부동적 반응으로부터 벗어
나게 할 수 있습니다.

> "음, 그것에 대해 어떻게 생각하십니까?"

　불행하게도, 종종 이러한 질문은 "잘 모르겠어요."라는 뻔한(그리고 화가 나는) 반
응만 나타날 것입니다.

　흔치 않은 경우지만 많은 정보를 얻지 못한다면 여러분은 직면을 시키는 위험을
감수해야 합니다. 여러분은 저항의 이유에 대한 단서를 얻게 될 것입니다. 다음 예
는 16세 소녀 Julie에 대한 예시입니다.

**임상가:** (앞으로 기대고 미소 짓는다.) "모르겠어요."라고 여러 번 말했는데 이것은 당신이 대답을 알고 있다고 생각하는 질문에 관한 것이었습니다. 만약 비밀로 하지 않으면 어떻게 될 것 같아요?

**줄  리:** 모르겠어요.

**임상가:** 많은 사람은 무언가에 화가 났기 때문에 말하는 것을 좋아하지 않습니다. 기분이 언짢았나요?

**줄  리:** 아마도요.

**임상가:** (웃음) 어쩌면 우리는 그것을 이해하려고 노력해야 할 것입니다. 조금 전까지만 해도 어떤 느낌이었나요?

**줄  리:** 멍청한 어머니가 저를 오게 했어요. (잠시 멈춤)

**임상가:** 그래서 어머니가 여기에 온다고 생각한 건가요?

이 예는 이미 언급된 감정의 직면과 감정 명명하기를 함께 사용하고 있습니다. 이 것은 또한 저항을 해결하는 데 도움이 될 수 있는 몇 가지 다른 기술이 있음을 제안 하고 있습니다.

- 증상을 설명하는 데 집중: 현재로선 증상이 무엇을 의미하는지 걱정하지 마십 시오.
- 사실에서 감정으로의 전환: 저항은 대개 감정적 근거를 가지고 있습니다. 임상 가는 개인력을 탐색하기 전, 감정을 탐색해야 한다는 것을 생각해야 합니다.
- 정상 강조: 때때로 환자들은 임상가에게 치료를 받으면서 자신들이 꽤나 이상 한 것이 틀림없다고 결론짓습니다. Julie는 자신의 임상가가 이전에 이와 같은 반응을 경험했고, 임상가가 이상하게 여기지 않는다는 점을 알게 되었을 때 기 분이 나아졌습니다.
- 환자 수용: 몸을 앞으로 기울이고 따뜻한 말과 다정한 어조를 사용하십시오. Julie의 임상가는 ① 환자를 한 사람으로서 무조건적으로 수용하였고, ② 다른 반응들이 바람직할 수 있다는 점을 명확하게 나타냈습니다.
- 언어 및 비언어적 격려 모두 사용: 환자가 말을 시작하자 임상가는 미소를 지으 며 그녀에게 '어쩌면……'이라는 말을 사용함으로써 여러 가지의 내용을 제안

하여 그녀의 반응을 촉진하였습니다.

- 환자의 반응 칭찬: 다른 격려(고개 끄덕임, 쉬운 다른 말로 바꿔서 표현)는 제4장에서 논의하였습니다.
- 환자의 관심사에 초점을 맞춤: 이 환자가 강제로 오게 된 것을 싫어한다는 것이 분명해지자 임상가는 어머니와의 관계로 초점을 옮겼습니다. 그 결과 면담이 훨씬 더 생산적으로 변했습니다.
- 또 다른 기술은 문제의 행동이나 감정에 덜 영향을 주는 예시를 찾고, 그 예시에 대해 먼저 논의하는 것입니다. 종종 이것은 오래전에 환자에게 일어났던 사건이지만 현재 상황과 유사할 수 있으며, 친구나 친척에게 영향을 미칠 수도 있습니다. 이 과정을 실시하는 방식은 다음과 같습니다.

**임상가**: 스스로에게 해를 끼칠 생각을 했을 정도로 기분이 안 좋으셨나요?

**환  자**: 저…… 저는 말할 수 없어요.

**임상가**: 꽤나 화가 나는 주제인가 보군요, 그렇지 않습니까?

**환  자**: (고개를 끄덕인다.)

**임상가**: 몇 년 전에 자살 시도를 했다고 하지 않았나요?

**환  자**: 네. (길게 멈춤)

**임상가**: 그때 무슨 일이 일어났나요?

**환  자**: 아내의 심장약을 과다 복용했어요. 하지만 다 토해 버렸어요.

**임상가**: 당신은 꽤나 절망적이었나 보네요.

**환  자**: (고개를 끄덕인다.)

**임상가**: 당신은 지금 그렇게 느끼고 있나요?

**환  자**: 그런 것 같아요. 하지만 저는 그것에 대해 말하고 싶지 않아요. 아내가 무서워해요.

직접적인 접근 방식이 실패한 후, 이러한 기술을 사용하면 때로는 유익한 대화로 이끌 수 있습니다. 그러나 그 결과가 더 많은 저항을 불러일으킨다면, 환자에게 위험을 초래하지 않는 완전히 새로운 주제로 전환해야 할 것입니다.

때로는 환자 스스로가 이 기법(영향을 덜 받는 예시로의 전환)을 자발적으로 선택하는 경우가 있습니다. 그런 일이 생긴다면 과거의 사례를 듣고 난 후 다음과 같이 질문합니다.

> "그때 일어난 일과 방금 전의 행동 방식 사이에 어떤 연관성이 있는지 알 수 있나요?"

대부분의 환자는 요점을 알게 될 것입니다. 그렇지 않은 환자에게는 여러분이 유사점을 말해 줘야 합니다.

## 지각

단 한 번 지각하였다는 이유로 이것이 만성적인 문제인지는 알 수 없습니다. 환자가 첫 면담에서 지각하였지만, 여러분이 시간적인 여유가 있다면 면담을 조금 더 진행하여 평가를 마치는 것도 나쁜 선택은 아닙니다. 그렇지 않다면 여러분의 최선의 선택은 "우리가 가진 시간을 최대한 활용합시다."라고 말하고 바로 면담을 진행하는 것입니다.

그러나 치료 장면에서 치료 시간에 엄수하지 않는 환자는 상당한 골칫거리입니다. 지각이 한두 번만 발생했다면 무시할 수 있을 것입니다. 어떤 사람들은 습관적으로 모든 약속에 늦는 모습을 보일 수도 있고 그러한 모습을 받아들이는 것은 치료 장면에서는 유용하지 않습니다. 만성적인 지각은 치료뿐만 아니라 그 이상의 것들에 악영향을 끼칩니다. 저는 항상 지각하는 사람에게 추가 시간을 주는 것을 권장하지 않습니다. 추가 시간을 제공하는 것은 환자가 치료 장면에서 행해야 하는 의무를 이행하지 않아도 괜찮다는 메시지를 주는 것이며, 다음 시간에 치료가 예약된 환자에게 불이익을 주는 것입니다. 여러분은 이러한 행동을 저항으로 간주하여 다룰 필요가 있습니다.

첫째, 환자가 여러분이 불쾌감을 느낀다는 생각을 하지 않도록 행동에 주의하십시오. 그리고 여러분은 다음과 같이 생각할 필요가 없습니다. 지각은 여러분과 관련된 것이 아닙니다. 지각은 환자의 문제에 관한 것입니다(아마도 처음에 치료를 촉발시킨 바로 그 문제일 것입니다). 오히려 여러분은 환자에게 "당신이 필요한 도움을 받지 못할까 봐 걱정됩니다."라는 말과 태도를 보이시길 바랍니다. 그런 다음 환자에게 '치료 중 발생할 수 있는 우려사항'의 다양한 이유를 살펴보도록 하고, 잘못된 행동을 교정하는 데 집중해야 합니다. "치료 시간에 맞춰 정확히 여기에 올 수 있도록 하기 위해서는 무엇을 할 수 있을까요?"라고 질문한 후 환자와 알람시계 사용에 대해 논의하고, 스마트폰에 있는 무료 앱이나 알람 시계 및 알림을 활용할 수 있음을 상기시켜야 할 것입니다.

## 특별한 기술

때때로 몇몇 다른 면담 기술은 저항에 대응하는 데 유용합니다. 대부분의 경우 이러한 전략은 특정 상황이나 특정 유형의 환자에게 적용됩니다. 초보 임상가는 이러한 전문 기술을 거의 사용하지 않습니다.

• 여러분이 환자의 입장에 서서 불리한 상황을 변명해 줍니다. 여러분이 그럴듯한 이유를 제시함으로써 환자는 당혹스럽거나 고통스러운 문제를 솔직하게 말할 수 있습니다.

임상가: 최근에 술을 얼마나 마셨어요?
환　자: 별로 없어요. 저는 정말 잘 모르겠어요.
임상가: 남편의 죽음을 둘러싼 모든 스트레스로 인해 몇 년 전에 어머니가 돌아가셨을 때 일어난 일처럼 다시 술을 많이 마시기 시작했을 것이라고 생각했습니다.
환　자: 당신 말이 맞아요. 너무 벅차서요. 매일 저녁 서너 잔씩 마시지 않으면 잠을 전혀 못 이룰 것 같았습니다.

• 발생하지 않은 부정적인 결과를 과장합니다. 가능한 한 행동의 최악의 결과를 강조함으로써 실제 일어난 일에 대한 환자의 불안을 줄입니다.

임상가: 그 싸움 중에 정말 아내를 다치게 했나요?

환　자: 음……. (침묵)

임상가: 당신이 그녀를 죽였나요?

환　자: 아뇨, 그냥 조금 때렸어요.

- 환자에게 자랑하도록 유도하십시오. 드물게 환자는 임상가가 파악하고 싶은 정보를 숨기고 있지만, 속으로는 이 정보를 자랑스러워할 수 있습니다. 일부 임상가는 문제가 되는 행동의 일부 측면을 미묘하게 감탄함으로써 환자가 솔직하게 말할 수 있도록 격려해야 할 것입니다.

임상가: 그때는 얼마나 마시고 계셨나요?

환　자: 이런, 그건 말하기 어려워요.

임상가: 몸집이 꽤 좋은 분이라서 그런지, 저는 당신이 많은 술을 해치워 버릴 수 있을 것 같았거든요.

환　자: 저는 하루에 몇 병 정도는 마셨습니다.

임상가: 저는 당신이 테이블 아래에 있는 모든 술을 다 마실 수 있을 거라고 장담해요!

환　자: 네, 제가 단숨에 술을 들이켜면 대회에서 우승할 수 있을 것 같아요.

이 기술은 정보를 얻는 동안 라포를 구축하는 데 도움을 받을 수 있습니다. 이 기술은 약물과 관련된 환자에게 적용하면 문제가 없지만 성적 문제, 싸움, 범죄 행위 등의 활동을 한 성격 장애 환자에게는 환자의 행동을 승인하는 메시지로 전달될까 봐 걱정됩니다. 이 기술을 사용하는 경우, 행동 자체를 묵인하거나 장려하지 않도록 주의하십시오. 솔직히 말해서, 저는 거의 사용하지 않았습니다.

## 예방

다른 문제와 마찬가지로 저항의 해결책은 처음부터 예방하는 것입니다. 다음 전략은 방금 논의한 기술을 사용하지 않도록 도와줄 것입니다.

- 면담을 시작하기 전 환자의 성격이나 상호작용 방식에 대한 정보를 얻을 수 있다면 여러분은 어려운 주제에 잘 접근할 수 있을 것입니다. 정보를 획득하는 방법에는 임상가들에게 전해 듣는 방법과 이전 입원 기록을 살펴보는 것이 있습니다.

- 때로는 환자가 말하기를 꺼린다는 사실을 즉시 알 수 있을 것입니다. 여러분이 말하기 전부터 환자가 여러분을 째려보거나, 한숨을 쉬거나, 시선을 위로 향하는 것 등의 행동을 보인다면 그것은 말하기를 꺼린다는 행위라고 볼 수 있습니다. 그렇다면 지금은 제1장의 규칙을 깨고 잡담을 나눠야 하는 때입니다. 여러분이 잡담(날씨 또는 스포츠 관심사 등)을 잠시 하면 여러분은 '친절한' 사람으로 인식되고, 환자의 적대감을 줄이는 데 도움이 될 것입니다. 이와 같은 잡담의 목적은 어려운 환자와의 생산적인 면담을 진행하기 위함입니다. 잡담 시 두 가지의 세부적인 내용은 다루지 않을 것을 경고합니다. ① 정치와 종교는 결코 '작은' 주제가 아닙니다. 예민한 주제에 대해서 이야기하는 것은 피하시길 바랍니다. ② 어떤 주제에 대해서도 강력하거나 논란의 여지가 있는 입장은 취하지 마시길 바랍니다. 이러한 문제는 여러분을 곤경에 빠뜨릴 수 있습니다.

- 파악된 정보에 대한 여러분의 반응을 주의 깊게 살펴보십시오. 말이나 표정이 놀라움이나 거부를 나타낼 경우 심각한 관계 손상으로 이어지게 되고, 정보의 양과 질의 제한이 발생할 것입니다.

- 최대한 환자의 질문에 정직하게 대답하시길 바랍니다. 정직하게 이야기하는 것은 모든 환자에게 사용되어야 하는 접근 방식이지만, 여러분의 의도를 신중하게 이야기하고 치료 장면에서 협력의 이점을 솔직하게 이야기하는 것은 특히 편집증이나 정신병적인 환자의 의심을 줄이는 데 도움이 됩니다.

- 개인력을 파악하는 기법을 개별화하십시오. 일부 환자는 서두르지 않습니다. 그들은 정신병적이거나 치매가 아닙니다. 그들은 단순히 자신의 방식으로 이야기를 합니다. 그런 환자를 만나면 여러분은 스케줄을 잠시 잊고 긴장을 푼 상태에서 여행을 즐기는 것처럼 천천히 진행하는 것이 좋습니다. 여러분은 한 번에 조금씩의 개인력을 얻을 수 있을 것이고, 친밀감을 유지할 수 있을 것입니다.

- 망상, 환각 및 지남력에 대한 MSE 질문을 할 때, '일상적인 질문'이라고 말하면서 통상적인 평가의 일부라는 말을 MSE를 진행하기 전에 이야기하십시오. 이

렇게 할 경우, 환자가 스스로를 지적 능력 및 정신병 문제로 의심하는 우려를 완화시키는 데 도움이 됩니다.

- 망상이나 환각과 같은 정신병적 증상을 가진 환자와 접하게 된다면 논쟁하지 마십시오. 환자가 사실이라고 '알고' 있는 것을 반박함으로써 우리가 얻을 수 있는 것은 아무것도 없습니다. 그러나 여러분이 거짓이라고 알고 있는 것에 동의해서도 안 됩니다. 여러분은 정신병을 강화하고 싶지 않을 것입니다. 대신 환자가 얼마나 오랫동안 그렇게 느꼈는지 물어보거나 수반되는 불편함에 대한 우려를 강조하시길 바랍니다. 예를 들어, 환자는 환각의 내용에 겁을 먹을 수 있습니다.

## 여러분의 태도

앞서 언급한 것처럼 모든 환자와 함께 자신의 감정을 이해하는 것이 중요합니다. 만약 여러분이 환자에게 지루해하거나, 화를 내거나, 혐오감을 느낀다면 스스로에게 "왜?"라고 질문해야 합니다. 이 환자는 여러분에게 상사, 부모 또는 배우자 같은 다른 누군가를 상기시켜 줍니까? (환자에 대한 치료사의 감정이 개인적인 관계에서 이어질 때, 우리는 그것을 **역전**이라고 부릅니다.) 아마도 이 환자의 성격의 일부는 여러분의 미숙한 점을 상기시킬 것입니다. 여러분은 자신의 건강, 결혼 또는 가족에 대한 걱정이 있으십니까? 이러한 감정은 어디에서나 경험할 수 있는 만큼 흔한 것이기 때문에 경험이 풍부한 임상가들 또한 치료 관계에 이러한 요소가 개입되지 않도록 노력해야 합니다.

비협조적이거나 다른 면에서 문제가 있는 환자는 면담을 어렵게 만듭니다. 환자의 수동-공격적인 행동, 빈정거림 또는 분노가 여러분을 자극하게 만들어서는 안 됩니다. 특히 관계 초기일 때, 이는 면담을 위태롭게 하며 남은 면담에 부정적인 영향을 끼칠 수 있습니다. 면담 중 불편함을 느낀다면 다음과 같이 자문해 보십시오.

"내가 왜 그렇게 화가 났을까?"

"내가 놓치고 있는 메시지는 무엇인가?"

"이 환자는 누구를 생각나게 하지?"

이러한 질문에 대한 여러분의 답변은 어떤 부분을 개선해야 할지를 결정하는 데 도움이 될 것입니다.

제**17**장

# 특수하거나 도전적인 환자의 행동 및 문제

모든 환자는 각자 특별하면서도 독특한 특성을 가지고 있습니다. 그러나 일부 환자의 언행은 모호하거나, 적대적이거나, 거짓말을 하거나, 혼란스럽게 할 수 있으며, 심지어 폭력적일 수도 있으므로 다루기가 어렵습니다. 그리고 이러한 행동 외에도 특정한 환자의 특성(예: 신체적 특징)에 대해서는 사려 깊은 주의가 필요합니다. 환자의 도전적인 행동과 문제는 우리에게 수용과 설득의 기술을 연마하게 만들고, 인내와 관용의 미덕을 실천할 수 있는 기회를 제공합니다.

## 모호함

환자는 구체적인 정보 대신 모호한 말만 할 수 있습니다. 다음은 몇 가지 예입니다.

- **구체적이지 않은 주 호소 내용**: 다양한 우려사항을 언급할 수 있지만, 그 어느 것도 치료를 받아야만 하는 적절한 이유가 아닐 수도 있습니다.
- **과잉일반화**: 질병의 단일 에피소드가 전형적이지 않을 때도 전형적인 질병의 에

피소드로 다루어질 수 있습니다. 예를 들어, 친구의 한 가지 행동을 가지고 '항상' 그리고 '절대'라고 말하는데, 이때 사용되는 단어는 과잉일반화로 귀결될 수 있습니다.

- 대략적인 답변: 여러분은 환자에게 어떤 문제를 수치화한 정보로 파악하기를 원하지만, 환자는 종종 형용사로 응답합니다.

임상가: 술을 얼마나 오래 마셨습니까?

환　자: 오랜 기간 마셨습니다.

임상가: 얼마나 오래 마셨는지 알 수 있을까요?

환　자: 음, 꽤 오래됐네요.

때때로 환자는 정확한 설명을 할 수 없는 것처럼 보입니다.

임상가: 의붓딸이 오랜만에 방문했을 때 기분이 어땠나요?

환　자: 형편없었어요.

임상가: 그럼 당신의 감정을 묘사할 수 있나요?

환　자: 기분이 안 좋았어요.

## 모호함 다루기

환자가 왜 모호하게 반응하지를 파악해 보십시오. 경우에 따라서는 환자의 특정한 정신장애로 인한 기능 문제일 수도 있습니다. 막연한 말투는 특히 지적 장애나 정신장애, 성격장애를 가진 환자의 특징이기도 합니다. 그러나 정확한 용어로 사고하는 것에 익숙하지 않은 사람들에게서도 흔히 접할 수 있습니다. 아마도 이것은 환자가 처음으로 괴로운 감정을 표현하였던 노력일지도 모릅니다. 아울러 이러한 반응은 면담에 대한 저항의 반응으로 나타날 수도 있습니다. 이 사람은 무엇을 숨기려고 하는 것일까요?

여러분이 추측할 수 있듯, 환자에게 '모호하다'는 점을 직접적으로 지적하는 것은 도움이 되지 않습니다. 환자가 모호한 반응을 한다는 것을 나타내기 위해 '과잉일반화'를 시도해 볼 수 있습니다. 예를 들어, **"제가 이해할 수 있도록 도와주세요."**라고 요청할 수도 있습니다. 또한 다음과 같은 구조를 사용하여 모호한 반응을 해결할 수도 있습니다. 여러분이 기대하는 답변의 유형은 무엇인지 또는 어느 정도 수준의 정밀한 답변을 기대하는지 명확하게 표현해야 합니다.

> 임상가: 교도소에서 얼마나 오래 복역했나요?
> 환  자: 오, 꽤 오래됐군요.
> 임상가: 몇 달 또는 몇 년이 되었습니까?

끔찍하다는 것과 같은 모호한 설명을 계속하는 환자에게는 다음과 같이 질문할 수 있습니다.

> **"끔찍하다**는 것에 대해 설명해 주시겠습니까?"
> **"끔찍하다**는 것에 대한 예를 들어 주실 수 있겠습니까?"

아마도 여러분은 임상 관심 영역(제13장 참조)에 기반을 두거나, 특정 정신장애에 대한 지식을 토대로 질문하여 몇몇 환자에게는 응답을 받아야 할지도 모릅니다.

> 임상가: **끔찍하다**는 게 무슨 뜻이죠?
> 환  자: 나는 몰라요. 그냥 기분이 안 좋았어요.
> 임상가: 예를 들어 주실 수 있나요?
> 환  자: (멈추며) 정말 끔찍해요.
> 임상가: 음, 우울했나요?
> 환  자: 가끔요.
> 임상가: 당신은 불안을 느꼈나요?
> 환  자: 네, 바로 그거예요! 저는 시계처럼 묶여 있는 것 같아요!

어떤 기술을 사용하든 여러분은 환자의 의미를 명확히 파악해야 하며, 여러분이 이해한 것을 확신하기 위해 요약을 사용하셔야 합니다.

> "그래서 의붓딸이 방문하러 왔을 때 '무서운 기분'이라고 했고, 약간 우울했지만 주로 이런 압도적인 불안감을 느꼈다는 말씀이군요."

대략적으로 답변하는 것을 선호하는 환자에게 정확한 반응 방법을 습관들이게 하려면 많은 훈련이 필요합니다. 객관식 질문을 반복하는 방법이 필요할지도 모릅니다. 환자가 면담 초반부터 초점이 맞지 않고 방황하면 집중적인 질문인 폐쇄형 질문을 사용해야 할지도 모릅니다. 최선의 노력에도 불구하고 모호함이 계속되면 근본적인 저항의 원인을 고민해 보십시오. 이 저항에 대한 이유를 탐색하려면 대립의 위험을 감수해야 할지도 모릅니다. 그때는 다음과 같이 시도해 보십시오.

> "당신을 돕기 위해 더 명확한 답변이 필요합니다. 제 질문에 대답하는 것이 어려운 이유가 있나요?"

## 일반화하는 능력 부족

모호한 반응을 보이는 일부 환자의 문제는 자신의 경험을 일반화하지 못하기 때문입니다. 여러분이 환자에게 "**큰 그림을 볼 수 있게 해 주세요.**"라고 부탁을 하면, 그들은 구체적인 예와 작은 그림으로 반응할 수 있습니다.

여러분이 파악하고 싶은 것을 재정립함으로써 이 문제를 처리할 수 있습니다. 흔히, 자주 그리고 **보통**과 같은 단어를 사용하면 환자에게 무엇을 원하는지를 알릴 수 있고 그것을 표현하는 데 도움이 될 수 있습니다.

**임상가:** 화를 다스리는 게 많이 어려우신가요?

**환　자:** 지난주에 시어머니가 심하게 화가 났고, 그때 저는 발작을 했어요.

**임상가:** 제가 알고 싶은 것은 이러한 문제가 당신에게 흔한 일이냐는 겁니다.

환자가 단순히 일반화할 수 없는 경우 여러분은 몇 가지 예를 사용해야 할 것입니다. 그런 다음 요약한 내용을 언급하면서 올바른지 확인하시길 바랍니다.

## 거짓말

모든 임상 장면에서는 치료 계약의 일부로서 환자가 진실하게 면담에 임해야 합니다. 환자와의 면담은 환자가 면담에 진실하게 임하고 있다는 가정하에 진행됩니다. 불행하게도, 환자는 여러 이유에서 항상 진실을 말하지 않습니다.

환자는 두려워하고 부끄러워하거나 걱정이 될 때 또는 화가 날 경우 거짓말을 할 수 있습니다. 대부분의 환자는 이와 같은 감정을 경험하게 되면서 임상가에게 도움을 요청합니다. 실제로 이런 감정은 우리 모두에게도 어느 정도는 영향을 미치지 않습니까? 다른 환자는 일자리를 구하고 유지하기 위해, 처벌을 피하기 위해, 더 많은 존중을 받기 위함과 같은 사회적 이익을 획득하기 위해 거짓말을 합니다. 일부 환자는 진실하게 면담에 임하는 것과 사회적 이익 사이의 내재된 갈등을 어떻게 다뤄야 하는지를 어려워할 수 있습니다. 흔히 '병적(또는 강박적인) 거짓말쟁이'라고 불리는 사람들처럼 뚜렷한 이유나 이득 없이 습관적으로 거짓말을 하는 사람들은 아마 소수에 속할 것입니다.

다양한 단서는 환자들이 진실을 말하고 있지 않음을 경고합니다.

- 환자의 병력과 여러분이 의심하고 있는 병의 진행 과정이 일치하지 않을 때가 있습니다. 예를 들어, 환자는 장기간 심한 조증 증상이 있었음에도 불구하고 입원한 적이 없다고 주장하는 경우가 있습니다.
- 대부분의 임상가는 환자가 부끄러워하는 것과 죄책감을 느끼는 행동을 질문합니다. 일반적인 예로서 마약, 성적인 문제, 자살 행위, 폭력을 들 수 있는데, 이 모든 것이 진실을 가리는 이유가 될 수 있을 것입니다.
- 환자가 정신적으로 일관성이 없는 이야기를 합니다. 극단적인 예를 들어 보면, 정규 교육과정을 졸업한 적이 없는 사람이 고위 임원직을 맡았다고 주장하는 경우도 있습니다.

- 거짓말과 관련된 몇 가지 행동을 발견합니다. 여기에는 시선 접촉 불량, 하품, 말더듬기, 땀을 흘리는 것과 과호흡, 운동 불안 또는 안절부절못함, 홍조, 고조된 목소리, 빠르게 말하는 것, 어떤 말이 가장 좋은 대답처럼 들릴지 고민하며 시간을 지연시키는 것 등이 포함될 수 있습니다. 이러한 행동에는 다른 원인이 있을 수 있으므로 쉽게 결론을 내리면 안 됩니다. 오히려 추가 관찰이나 정보 제공자로부터 여러분의 의심되는 내용을 추가 점검하시길 바랍니다.
- 심각한 성격장애가 의심되는 경우가 있습니다. 예를 들어, 성인기에 범죄로 진행되는 유년기 시절의 비행 이력은 반사회적 성격 장애를 의심하게 만듭니다. 이 환자들은 거의 진실을 말하지 않습니다.
- 충분한 계기와 실제적인 기회가 있었음에도 환자는 모든 부정적인 개인의 특성을 부인합니다. 예를 들면 다음과 같습니다.

    한 40세 여성은 대학을 졸업하였고, 현재 지루한 비서직으로 일하고 있습니다. 그녀의 삶은 사랑도 없으며 친구도 없습니다. 그러나 그녀에게 다시 바꿀 수 있는 일이 있다면 자신의 삶 중 무엇을 바꿀 것인지를 묻자 그녀는 "아무것도 없습니다."라고 대답합니다.

- 환자는 평생의 성과를 과장하는 것 같습니다.

## 거짓말 다루기

다른 문제가 있는 행동과 마찬가지로 거짓말로 의심되는 내용을 다루기 위해서는 섬세한 손길이 필요합니다. 진단을 내리기 위해서는 정확한 정보가 필요하지만, 공공연한 대립은 초기 관계의 불화를 발생시킬 위험이 있습니다(결국 치료가 진행 중이라면 관계에 대한 신뢰의 필요성에 대해 논의해야 할 것입니다. 첫 면담의 주요 목표가 치료는 아니지만, 나중에는 환자와의 치료에 있어 방해될 요소를 만들지 않는 것이 좋습니다).

어떤 행동 방침을 결정하기 전, 환자에게 방금 한 말을 다시 이야기해 줄 것을 요청하는 것이 좋습니다.

"방금 전에 말한 것을 다시 한번 저에게 들려주실 수 있겠습니까?"

아마도 여러분이 오해했을 수도 있습니다. 또는 환자가 실수한 것일 수도 있습니다. 어떤 경우든 세부 사항들을 추가로 파악하면 그 문제를 명확하게 할 수 있습니다.

또 다른 접근 방식은 거짓말을 무시하고 다른 곳에서(예: 기록이나 정보 제공자로부터) 진실을 찾는 것입니다. 직장, 교육 및 사회 활동에 대한 정확한 연도별 내용을 조합하면 진실에 도달할 수 있습니다. 시간은 걸리지만, 항상 저는 환자의 과거력을 탐색하는 작업이 흥미롭고 보람 있습니다.

잘못된 정보를 직면하는 것이 타당하다고 생각하게 되면 비난적이지 않은 말투로 질문하십시오. 오히려 오해를 풀거나 혼란을 해소한다는 관점으로 환자들을 설득하는 방식을 채택하시길 바랍니다.

"저에게 있어 이 이야기는 뭔가 혼란스러워요. 음주에 문제가 없다고 방금 말씀하셨지만, 여기 환자분의 건강관리 기록에는 중독으로 지난 1년 동안 두 번의 응급실 방문이 언급되어 있습니다. 제가 이해할 수 있도록 도와주실 수 있겠어요?"

기꺼이 싸우겠다고 의지를 보이는 사람("당신은 나를 거짓말쟁이라고 부르나요?")에게는 여러분이 제시하는 문제가 환자에게 있는 것이 아니라 면담 내용에 있다고 답할 수 있습니다.

"일부의 모순된 점을 제가 이해할 수 있도록 도와주세요."

이와 같이 이해를 돕기 위한 부드러운 요청과 같은 접근 방식을 사용한다면 환자가 증상을 과장하거나 혹은 증상을 최소화하려는 행동을 해결하는 데 큰 도움을 줄 것입니다.

그리고 환자가 거짓말을 하고 있다고 의심되거나(제가 피하려고 하는 단어를 사용하자면) 꾀병이 의심된다면 유도 질문을 하지 않도록 각별히 주의하시길 바랍니다. 물론 환자가 면담 과정에서 잘못된 내용을 말하는 것은 나쁜 일이지만, 임상가가 속임수를 쓰는 것은 더 나쁜 일입니다.

# 적대감

일반적으로 모든 문제 행동 중 누군가를 향한 적대 행위, 즉 누군가를 향한 분노 및 적대감은 흔히 발견되는 것입니다. 환자의 불편한 감정은 얼굴을 찌푸리거나 주먹을 움켜쥐거나 화난 목소리 또는 비꼬는 내용으로 명확하게 드러날 것입니다. 부정적인 감정에도 불구하고 단호하게 미소를 짓는 환자들조차도 턱이나 목소리의 긴장감으로 근본적인 감정을 보일 수 있습니다. 그 표현이 무엇이든, 적대감은 즉각적이고 효과적으로 처리되어야 합니다. 이 감정을 처리하지 않는 것은 다음의 면담을 위험하게 만들 수 있기 때문입니다.

적대감의 원인은 수없이 많을 것입니다. 여기에 몇 가지가 있는데, 그중 일부는 이미 다른 문제 행동을 유발하는 것으로 지적되고 있습니다.

- **질병에 대한 두려움**: 이런 환자들은 간병인의 필요를 거부함으로써 자신이 아프지 않다고 생각합니다.
- **감정 전치**: 아마도 적대감 뒤에 숨어 있는 표적은 현재 상황이 아닌 과거의 상사, 배우자 또는 이전에 자신을 치료한 임상가일 수 있습니다. 여러분은 부정적인 전이의 무고한 표적이 되기도 합니다.
- **친밀감에 대한 두려움**: 환자는 이야기하고 싶지 않은 면담의 내용에 스스로를 '보호'하기 위한 방법으로 적대감을 발휘할 수 있습니다.
- **숨겨진 감정**: 화를 내는 사람은 어쩌면 불안 또는 우울과 같은 훨씬 더 무서운 감정을 감추기 위해서 그렇게 표현할 수도 있습니다.
- **의존에 대한 두려움**: 몇몇 환자는 어떤 문제일지라도 도움을 청하는 것을 싫어할 수 있습니다. 그들에게 적대감은 권력을 휘두르는 것으로 보이는 사람들로부터 안전한 거리를 유지하기 위한 방어 체계일 수 있습니다. 아마도 이것은 오

랜 시간 동안 사회적 열등감을 경험한 것에서 비롯될 수 있습니다.

- **습관**: 초기의 원인이 무엇이든 간에 일부 사람은 습관적으로 공격적 및 적대적으로 반응하는 것을 다른 사람을 통제하려는 수단으로 사용합니다.
- **임상가의 공감 부족**: 앞서 언급한 '환자 중심'의 원인에 더하여, 무관심하거나 무성의한 태도를 보이는 임상가의 반응을 고려하셔야 합니다. 대부분의 환자는 이미 상당한 부정적인 감정을 지니고 있습니다. 여러분은 치료적인 태도로 행동해야 하지만, 만약 차갑거나 공감하지 않는 방식으로 환자에게 접근한다면 환자는 자연스럽게 적대감을 보일 수 있습니다.

적대감이 환자와의 관계에서 자주 영향을 미치는 경우, 이와 같은 마지막 가능성을 고려할 수 있습니다. 이 경우 수련 감독자나 지도교수로부터 진단적 자문을 받아야 합니다. 이와 같은 사람들에게 환자와 면담한 비디오 촬영물을 검토받을 수 있도록 도움을 요청하십시오. 임상 전문가라면 누구나 반복되는 분노 또는 적대감의 패턴을 명백하게 파악해 볼 필요성이 있습니다. 이 부분은 어떤 책에서 언급된 내용보다 더 정밀한 교정이 필요하기 때문입니다.

## 적대감 다루기

부정적인 감정은 대개 감정의 주인과 친구, 지인까지도 불편하게 만듭니다. 이 불편한 반응이 임상가에게도 적용되기 때문에, 여러분은 환자가 적대감을 표현할 경우 주제를 빠르게 바꾸려고 할 것입니다. 문제가 여러분의 질문에 의해 유발된 분노 또는 분개라면 그 전략은 성공할 수 있습니다. 그러나 진정한 적대감은 분노보다 더 일반화된 경향이 있습니다. 여러분이 적대감을 무시하는 방법을 선택할 경우 부정적인 감정을 성공적으로 다루지 못할 것입니다.

적대감에 대한 단서가 조금이라도 드러난다면, 이 감정이 계속 진행되기 전 환자의 감정을 직시할 필요성이 있습니다. 면담을 효과적으로 진행하려면 적대감을 위협적이지 않고 심판하지 않은 방식으로 다룰 필요성이 있습니다. 이를 달성하기 위한 방법의 예는 다음과 같습니다.

임상가: 어떤 이유로 방문하셨나요?

환　자: [키가 크고 뚱뚱한 체격의 28세 남자] 내가 왜 여기 오게 됐겠어요? 그리고 내가 왜 당신에게 말해야 하죠? 오늘 오후에 이야기 나눈 사람은 당신이 세 번째예요!

임상가: 당신이 화나는 것은 당연하다고 생각합니다. 했던 이야기를 반복하는 것은 분명 화가 나는 것이지요.

환　자: 당신은 나를 비난하지 않네요. 그냥 나를 귀찮게 할 뿐이에요.

임상가: 귀찮게 할 의도는 아니었습니다. 당신처럼 화가 난 사람은 분명 많은 생각이 있을 거예요.

환　자: 당신 말이 맞아요.

임상가: 그것은 무엇일까요? 이렇게 화나게 하는 것은 정말로 끔찍한 일이 있었던 것 같아요.

환　자: 그거예요, 좋아요. (멈추며) 아내가 저를 떠났어요.

비록 이 환자의 분노감은 임상가에게 향하고 있었지만, 적대감의 근본적인 원인은 훨씬 더 개인적인 곳에 자리 잡고 있었습니다. 임상가는 환자의 편을 들어 행동을 변명하고 감정에 공감함으로써 적대감의 핵심을 파악할 수 있었습니다. 적대감 뒤에 있는 두려움에 대응하는 것은 종종 적대감에 대한 훌륭한 대응책으로 사용됩니다. 이 임상가가 세부 사항을 어떤 방식으로 질문하여 환자의 욕설에서 벗어났고, 어떻게 대화를 이끌었는지 확인하시길 바랍니다.

아마 임상가가 다른 식으로 반응했다면 아마도 부정적인 감정을 유발하였을 것입니다.

"이봐요, 난 당신을 도우려는 것뿐이에요."(죄책감)

"얘기하지 않으면 절대 극복하지 못할 거예요."(불안)

"나한테 뭐라고 하지 말아요! 난 당신에게 아무 짓도 안 했어요."(더 심한 적대감)

마지막 반응은 우리가 가끔 잊고 있었던 점에 대해 알려 줍니다. 적대감은 전염성이 있습니다. 경계하지 않으면 심지어 여러분까지도 감염될 수 있습니다. 이런 상황에서는 당연한 반격이라고 느낄 수 있겠지만, 여러분의 감정은 면담을 망칠 수 있습니다. 어쩌면 환자가 면담 내내 도발하려고 했던 결과일지도 모릅니다. 만약 여러분이 짧은 시간 동안 환자를 봤고, 여러분이 반감을 일으켰을지도 모른다고 인지하면 평정심을 유지하는 것에 도움이 될 것입니다. 그러므로 환자의 어떤 언어적인 공격이든 임상가에 의한 것이 아닌 환자 자신이 가진 문제의 산물로 인식되어야 합니다.

　여러분은 의도적으로 면담을 중단하길 요구하는 환자를 만나게 되면 절대로 면담을 완료할 수 없을 것입니다. 그러나 환자가 자신의 의사와 다르게 폐쇄 병동에 입원하게 되었다면 시간은 여러분 편이 될 것입니다.

　20세의 한 남성이 자신의 의지와 다르게 입원한 사례가 있습니다. 다음 대화에서는 임상가가 어떻게 논쟁하지 않는지에 주목해야 하고, 환자의 모든 이야기에 동의하면서 환자의 요청사항을 어떻게 피해 가며 협조로 이끌었는지를 살펴보십시오.

환　자: 이봐요, 난 당신이나 다른 임상가와는 얘기하고 싶지 않아요. 여기서 나가게 해 줘요!

임상가: 그게 바로 제가 하려는 것입니다. 제 일은 당신이 여기서 나갈 수 있도록 돕는 거예요. 하지만 법에는 안전하다는 것을 알기 전에는 당신을 보낼 수 없다고 되어 있습니다. 그리고 저는…….

환　자: 그런 헛소리는 집어치워요. 당장 여기서 나가고 싶어요!

임상가: (떠나기 위해 일어나며) 면담에 필요한 내용을 말씀해 주시는 대로 곧 시작하도록 하겠습니다.

환　자: 여기서 밤을 새워야 한다는 말인가요?

임상가: (문쪽으로 이동한다.) 글쎄요, 며칠이 걸릴 수도 있어요.

환　자: 잠깐만요! 날 그냥 여기 놔둘 순 없어요!

임상가: 당신이 얘기할 준비가 되면 다시 올게요.

환　자: 나는 내가 가진 모든 돈으로 당신을 고소할 거예요!

임상가: 내일 법정 대리인을 선임할 수 있도록 도와드리겠습니다. 하지만 당신이 협조만 한다면 더 빠르게 퇴원할 수 있을 거예요.

이 임상가는 방을 나갔지만 20분 후 환자의 요청으로 돌아왔습니다. 이후 환자는 완전히 협조했으며 몇 시간 후에 퇴원하였습니다. 환자가 자신의 행동을 변화시킴으로써 원하는 것을 얻었고, 임상가는 환자 편인 것처럼 태도를 취하면서 대립은 완화되었습니다.

적대감을 해소하는 것은 어떤 임상가의 전문성을 시험하는 최고의 시험대라고 할 수 있습니다. 이를 통과하기 위해서는 자신의 감정을 지속적으로 살펴보고 환자의 감정적 욕구를 해소하는 방식으로 대응해야 합니다.

## 잠재적 폭력

환자가 폭력을 가할 정도로 적대적인 경우는 드물게 나타납니다. 임상가가 환자에 의해 심각한 부상을 입는 경우는 드물지만, 우리 중 많은 사람은 경력을 쌓는 동안 적어도 한 번은 맞아 봤거나 충격을 받았을 것입니다. 이 상황은 불안을 유발하는 경험이기 때문에 이런 일은 반드시 경계하여 예방해야 합니다.

불행하게도 누가 폭력적으로 변할지 예측하는 것은 매우 어렵습니다. 중증 정신장애인의 대다수는 다른 사람에게 전혀 위협적이지 않지만, 미국에서는 살인 사건의 약 5%가 정신장애인에 의해 발생하였습니다. 조현병 및 기분 장애로 인한 정신병 외에도 인지장애, 성격장애(특히 반사회적 성격 장애) 및 급성 물질 중독이 있는 사람들은 폭력적인 반응을 보일 수 있습니다. 이러한 진단을 받은 남성 또는 여성을 면담할 경우 특히 주의해야 합니다.

진단과 관련 없이, 보험통계를 활용한 접근 방식은 누가 폭력적인 행동을 할지에 대한 몇 가지 예측 요인으로 사용할 수 있습니다. 이 요인에는 상대적으로 청소년, 이전의 폭력 사건, 어린 시절 신체적 학대를 받은 이력, 폭력적인 행동을 하도록 명령하는 지시형 환각(다른 유형의 환각은 폭력을 예측하지 못합니다) 등이 포함됩니다. 이러한 요인 중 하나가 환자에게 해당된다면 저는 특별히 경계하는 경향이 있습니다.

면담 중에는 몇 가지 지켜야 할 안전수칙이 있음을 명심하시길 바랍니다. 모든 임상가에게 적용되지만, 특히 일부 환자는 취약한 대상으로 간주되는 여성 임상가에게 위협을 가할 수 있으므로 주의가 필요합니다. 아무도 여러분만큼 여러분의 안전에 신경을 쓰지 않는다는 것을 기억하시길 바랍니다. 다음은 여러분이 채택해야 할 예방책 중 몇 가지를 나타내고 있습니다.

- 새 환자를 면담하기 전, 모든 관련 서류를 검토하십시오. 과거 폭력 전력이 있거나 충동 조절이 좋지 않은 상태를 보이는 사람들이라면 특히 조심하십시오. 다시 말하지만, 정신병, 현재의 중독, 반사회적 행동이 명백한 예측 요인입니다.

- 이상적인 정신건강 응급시설의 면담실에는 2개의 문이 있으며 둘 다 바깥쪽으로 열려 있을 것입니다. 그렇지 않더라도 제1장에서 언급했듯이 환자가 여러분의 잠재적인 탈출 경로 사이에 있지 않도록 모든 방의 좌석을 적절하게 배치하십시오.

- 처음으로 새로운 환자를 만날 때, 특히 늦은 밤이나 주변에 다른 사람이 거의 없는 경우에는 경비원을 대기시키십시오.

- 많은 클리닉에는 사무실 책상 아래에 비상 버튼이 설치되어 있습니다. 진료실 안의 환경이 이러한 환경 중 하나인 경우, 작동 방식과 예상되는 행동 수칙에 익숙해져야 합니다.

- 문제 행동이 의심스러운 상황에서는 면담실 문을 열어 두면 안정감이 생기고 환자로 하여금 문제 행동을 자제해야 할 이유를 더해 주게 될 것입니다.

- 긴장이 고조된 징후를 주의 깊게 관찰하십시오. 주먹을 움켜쥐거나, 큰 목소리로 말하거나 목소리가 떨리거나, 화를 표현하거나 좁은 시선 처리 또는 갑작스러운 폭발적인 행동이 있는지를 살펴보십시오.

- 환자가 동요하거나 위협적인 행동을 보일 때에는 침착함을 유지하십시오. "자리에 가만히 앉아 주시겠습니까?"라고 조용히 말할 수 있습니다. 일부 상황에서는 임상가가 힘을 과시하여 해결할 수도 있겠지만, 여러분의 침착한 대처 능력을 보여 준다면 끓어 넘칠 것 같이 위태로운 솥을 솥뚜껑으로 잘 덮어 놓을 수도 있습니다.

여러분은 반드시 인명 피해 또는 재산 피해의 가능성에 대처할 준비가 되어 있어야 합니다. 몇몇 사람은 다른 사람을 괴롭히면서 살아가고 있습니다. 종종 그들이 가하는 위협은 실행하지 않아도 성공하지만, 실제로 누구를 상해 입힐지 또는 어떤 상황에서 위협 행동을 할지를 미리 예상하는 것은 어렵습니다. 따라서 다음과 같이 세 부분으로 계획을 세우는 것이 중요할 것입니다.

① 앞에 나열된 원칙과 지원의 힘으로 자신과 주변 사람의 안전을 확보하십시오.
② 환자에게 추가 위협 또는 행동을 할 경우에 예상되는 결과에 대해 알리면서 침착함을 유지하십시오.
③ 필요에 따라 설정 기준의 한계까지 준수할 수 있도록 충분히 준비하십시오.

라포 형성을 위해 최선을 다했지만 환자가 끊임없이 적대감을 드러내고 있다고 가정해 봅시다. 그렇다면 면담을 중단해야 할지도 모르지만, 미래의 관계를 위해 약간의 여지를 남기도록 노력하십시오. 여러분은 다음과 같이 말할 수 있습니다.

> "죄송합니다. 정말 당신과 함께 면담을 진행하고 싶지만, 지금 당신은 꽤 화가 난 것 같아요. 아마 나중에 다시 만나는 게 좋을 것 같아요."

그런 다음 신속하게 방을 떠나 보안 직원과 동료에게 알립니다. 적대적이고 폭력적인 환자를 대면하는 것은 누구의 일도 아님을 기억하십시오. '사람 많은 곳이 안전하다'는 말은 진부한 이야기로 들릴 수 있겠지만 사실입니다. 그리고 환자, 동료, 자신의 안전을 도모하는 것은 전문가로서 항상 지켜야 할 여러분의 책임입니다.

## 혼란

치매 또는 섬망으로 인지적 혼란[1]이 있는 환자는 이례적으로 임상가를 성가시게 만듭니다. 그들은 천천히 생각한 후에 말하고, 사건의 순서가 뒤섞이며, 중요한 사

---

1 혼란(confusion)은 적절한 의학 용어는 아니며, 생각이 애매하거나 그들 스스로 매우 혼돈스러워하는 사람들에게 유용하게 사용할 수 있는 언어적 표현입니다.

실을 잊어버리고, 여러분의 지시를 이해하는 데 어려움을 겪습니다. 여러분은 그들과의 면담에서 저조한 성과에 좌절감을 느끼고, 이것은 때때로 적대감을 촉발합니다. 그들로부터 얻은 정보는 신뢰할 수 없고 얻을 수 있는 정보가 제한되어 있기 때문에 유효한 진단을 내리기가 어렵습니다. 때때로 여러분은 노력의 결과를 거의 보여 주지 못한 채 면담이 마무리될 것입니다.

이 실망스러운 경험에 대한 최선의 해결책은 예방입니다. 면담 전, 여러분이 얻을 수 있는 여러 부수적인 출처(예: 친척, 의사, 기타 정신건강 종사자 및 이전 병원 기록)로부터 많은 정보를 확보하시길 바랍니다. 최근 조사에 따르면, 만성 정신병과 같은 일부 장애의 경우 병력은 여러분이 필요로 하는 많은 양의 정보를 제공할 수 있습니다. 그러면 여러분은 환자의 정신 상태 평가에 철저하게 집중할 수 있을 것입니다.

부수적인 정보가 없더라도 인지적 혼란이 있는 환자와의 면담을 용이하게 하기 위해서는 몇 가지 조치가 필요합니다.

① 천천히 또렷하게 여러분을 소개하십시오. 질문을 시작하기 전 환자가 자신이 누구이며, 왜 여기에 있는지를 이해하고 있는가를 확인하셔야 합니다.

② 서두르지 마십시오. 여러분은 뒤섞여 있는 부정확한 정보를 가지고 있는 것보다 믿을 만한 몇 가지 사실을 가지고 있는 것이 낫습니다.

③ 짧은 문장을 사용하십시오. 길게 이야기하는 것은 인지적 혼란을 가중시킬 뿐입니다.

④ 신중하게 단어를 선택하십시오. 전문 용어와 속어는 인지적 혼란을 경험하는 환자에게 특히 위험할 수 있습니다.

⑤ 축약된 표현은 사용하지 마십시오. 예를 들어, 인지적 혼란이 있는 환자는 문자 그대로 "목소리를 들어 본 적이 있습니까?"라는 질문으로 받아들일 수 있습니다.

⑥ 반복해서 말해 달라고 요청하십시오. 환자가 질문을 반복할 수 있다면 아마도 이해된 것입니다.

⑦ 하루 일과를 물어보십시오. 일반적인 질문을 통해 많은 정보를 획득하지 못하였다면 그날의 활동에 대한 설명이나 평소 하루 일과에 대해 이야기하도록 요청하십시오.

⑧ 환자를 잘 알고 있는 정보 제공자와 면담을 진행할 수 있습니다. 특히 중등도 치매 환자의 경우, 정보의 신뢰성을 높일 수 있고 환자에 대한 정보를 제공할 수 있습니다. 먼저 허락을 구하십시오.

⑨ 공식적인 MSE를 너무 빨리 진행하지 마십시오. 경미한 인지장애가 있는 일부 환자는 과정을 뛰어넘음을 알아차리고 화를 낼 수 있습니다.

⑩ 계속 웃으십시오. 여러분은 정보가 부족하여 짜증을 냄으로써 라포가 손상되는 것을 원하지 않을 것입니다.

# 노인 환자

고령이라고 해서 장애가 발병한다는 것은 아닙니다. 임상가들은 이것을 너무 자주 잊어버려 노인 환자는 인지적 혼란감과 청력이 저하되었거나 쇠약하다고 생각하는 경우가 많습니다. 여러분은 항상 적절한 관심을 보이려고 노력해야 하지만, 노인 환자들은 자신을 가르치려 들거나(깔보거나), 신체적 이동이 필요한 상황이거나, 고함을 지르는 소리를 들을 때 정당하게 분노할 것입니다. 여러분은 환자가 고령이라고 해서 보통 젊은 사람들이 흔히 하는 활동과 관련된 질문을 생략하면 안 됩니다. 노인 환자들은 단지 나이가 들었을 뿐이지 더 이상 존재하지 않는 것이 아닙니다. 그들 중 많은 사람은 여전히 마약이나 술을 남용하고, 성관계를 즐기며, 심지어 부모를 돌보는 것을 걱정합니다.

그러나 고령의 환자와 면담할 때 염두에 두어야 할 몇 가지 특별한 고려사항이 있습니다.

• 방대한 양의 자료를 검토하기 위해서는 면담 시간이 더 필요할 것입니다. 수십 년에 걸친 일생 동안, 평균적으로 노인 환자들은 젊은 사람들보다 더 많은 긍정 및 부정 경험을 하였습니다. 특히 노인 환자의 경우, 개인력과 사회력에 더 많은 시간을 사용하여 탐색해야 합니다. 또한 노인의 정신건강 문제는 의학적 장애로 복잡해질 가능성이 더 크므로 일반 건강 정보를 얻는 데 더 많은 시간을 사용해야 합니다.

- 삶의 7~8년 동안, 어떤 기간에서는 삶의 양식 변화가 일어납니다. 이런 상황에서는 성격 특성이 부각됩니다. 게다가 노인 환자는 많은 것을 회상하는 경향이 있습니다. 아마도 그들이 삶의 초기 기간을 탐색할 때는 기분이 나아질 것입니다. 젊은 임상가들은 이 느린 속도에 적응하기 위해 노력해야 합니다. 정보 수집을 마치기 위해서는 명확하게 질문하고, 길게 응답하는 반응들을 허용해야 합니다. 필요한 경우 추가적인 면담을 제안하시길 바랍니다.

- 고령의 환자는 젊은 임상가가 다루기에 어려울 수 있는 몇 가지 독특한 문제를 가지고 있습니다. 예를 들어, 젊은 임상가들은 비어 있는 진료 시간을 채우기 위해 노력하는데, 이것은 개인적 경험의 부족에 따른 문제입니다. 환자들은 향후 소득 증대에 대한 기약이 없으므로 저소득에 대한 스트레스가 있습니다. 심지어 환자들은 식사 준비나 교통수단 이용과 같은 일상적인 활동에서도 고립되어 있거나 철수되어 있으므로 치료를 받으러 오는 것이 부담될 수 있습니다.

- 노인 학대 사례에 대해서 유의하십시오. 신체적 · 심리적 학대뿐만 아니라 방임, 착취, 권리 침해 등을 포함할 수 있는 이 문제는 아마도 매년 100만 명 이상의 65세 이상 미국인에게 영향을 미치고 있습니다. 특히 최근 노인이 간병인(종종 학대를 관리하는 사람)에게 더 많이 의존하게 되었을 때 이와 같은 문제가 발생할 가능성이 큽니다. 다음 질문을 통해 노인 학대의 사례를 선별할 수 있습니다.

> "집에 있는 사람이 두렵습니까?"
> "집에 있는 누군가가 당신을 해치려고 한 적이 있습니까?"
> "당신이 하고 싶지 않은 일을 하게 만든 사람이 있습니까?"

학대는 해당 주 또는 관할 구역의 적절한 성인 보호 기관에 보고해야 합니다. 일부 주에서는 의료 종사자가 노인 환자의 신체적 학대를 신고하지 않을 경우 벌금형 또는 징역형에 처해질 수 있는 범죄사항에 해당합니다.

- 노인 환자는 여러 해를 겪으면서 건강, 직업, 소득, 지위, 친구 및 가족의 상실을 경험하였습니다. 자녀들은 이사를 하였고, 오랜 세월 지냈던 집은 실버타운

으로 이사할 때 매도되었습니다. 아마도 전화도 없고 인터넷을 사용하지 않아 다른 사람과의 연락이 끊길 수 있습니다. 이와 같은 각각의 문제에는 매우 민감하게 반응할 필요성이 있습니다. 이것에 대해 동정심을 가질 뿐만 아니라 부정적인 측면의 가능성에도 주의를 기울이는 것이 필요합니다. 일부 환자는 자신의 능력과 잠재력 저하를 스스로 인정할 수 없습니다. 그 결과 지나치게 일반화하거나 모호하게 반응하기 때문에 여러분이 정확한 정보를 파악하기 위해서는 신중하게 대처해야 합니다. 다음은 그 예입니다.

**임상가**: 가족들을 얼마나 자주 봅니까?

**환　자**: 오, 꽤 자주요.

**임상가**: 예를 들어, 아들을 마지막으로 본 게 언제인가요? 나는 그가 마을 건너편에 산다는 것을 알고 있습니다.

**환　자**: 글쎄요, 사실 6개월 정도 됐어요.

# 아동 환자

　아동 환자들과 면담하는 것은 꽤나 어려운 일입니다(과거 저는 아동 환자에 관한 책을 썼습니다). 주로 소아 정신건강 전문가가 어린아이를 평가하기 때문에 저는 놀이치료실 또는 손가락 인형을 활용하여 면담을 하는 내용에 대해서는 언급하지 않을 것입니다. 그러나 대부분의 임상가는 특별한 문제가 발생하는 청소년과 초기 청소년기의 아동 환자를 평가할 수 있습니다. 여기에 있는 대부분의 의견은 제가 이미 언급한 내용 중 일부를 다시 강조할 뿐입니다.

　첫째, 성인 대부분과 소수의 청소년은 평가를 받는 것이 좋은 생각이라 여기지만 아동과 대부분의 청소년은 평가를 위해 자발적으로 참여하는 경우가 거의 없습니다. 평가에 참여하는 대부분의 청소년이 다른 사람의 권유로 참여하기 때문에 여러분은 그들이 면담에 참여할 수 있도록 설득해야 합니다. 그러므로 여러분은 좋은 관계를 형성하기 위해 평소보다 더 많은 노력을 기울여야 합니다. 이런 경우에는 면담 초반에 잡담하며 관계를 형성하는 것이 도움이 됩니다.

많은 10대는 면담을 하게 된 이유를 알고 있습니다. 그래서 여러분은 첫 번째로 내담 사유를 이야기하고 싶을 것입니다. 더 어린 아이들(정확한 연령 범위는 개별 아동, 가족 및 제시된 문제의 성격에 따라 약간 유동적)은 자신이 왜 이곳에 있는지 알지 못하므로 부모와 먼저 이야기해야 합니다. 모두를 위해 적어도 한 번은 집단 면담을 진행하는 것이 좋습니다. 이 방법은 아동 환자가 적어도 1명의 부모, 가급적이면 둘 다와 상호작용하는 것을 관찰할 수 있는 좋은 기회가 됩니다(집단 면담 시 부모의 외도나 임박한 실직 등 잠재적으로 유해한 정보로부터 자녀를 보호하도록 주의하십시오).

특히 청소년들은 마약이나 섹스와 같은 사적인 내용에 대해서는 이야기하기 꺼리며, 비밀이 누설될 것이라는 두려움을 느끼기도 합니다. 솔직하게 이야기할 수 있도록 돕기 위해서는 아이들에게 성인들보다 면담 및 치료 상황에 대한 구체적인 안내가 필요합니다. 저는 다음과 같이 말합니다.

> "이제 [섹스, 마약]에 대해 질문할 거예요. 때때로 이러한 주제는 [아동, 청소년]에게는 불편한 느낌이 들게 해서 이것에 대해 말할 수 없을지도 모릅니다. 나에게 사실대로 말할 수 없다는 생각이 든다면 다른 것으로 넘어가고 싶다고 말해 주세요. 알겠죠?"

대부분의 경우 환자는 곧바로 대답을 하지만, 환자가 그에 대해 말하고 싶지 않다고 이야기를 한다면 나중에 다시 다루어야 할 문제로 체크해 두어야 합니다.

비밀 유지에 관해서는 처음 시작부터 바로 다루시길 바랍니다. 저는 다음과 같이 시작합니다.

> "우리는 [아동, 청소년]이 겪고 있는 모든 문제에 대해 이야기하기 위해 여기에 있는 겁니다. 나는 [아동, 청소년]을 위해 여기에 있고, 우리가 말하는 것이 우리 사이에서만 이야기될 것임을 의미하는 것입니다. [아동, 청소년]이 공유하고 싶지 않은 것에 대해 내가 누군가에게 말을 할 수 있는 것은 두 가지 경우에 한해서입니다. 첫 번째는 그 일로 인해 [아동, 청소년]이 위험에 처해 있다고 생각이 되거나 [아동, 청소년]이 다른 누군가를 위험하게 만들 수 있다고 생각할 때입니다. 그렇지 않다면 나는 부모님에게 비밀을 알리지 않을 테지만, 내가 알려야 할 내용이라 생각되면 언제나 [아동, 청소년]에게 사전에 동의를 구할 것입니다."

대부분의 아이는 이러한 이야기를 있는 그대로 받아들일 것입니다. 공유해야 한다고 생각되는 문제가 발견되면, 사전에 미리 이야기를 하고 선택지를 선택할 수 있도록 이야기하시길 바랍니다.

> "이 일에 대해 당신이 부모님께 말씀드리고 싶나요, 아니면 제가 말할까요?"

# 기타 문제 및 행동

다양한 상황, 태도 및 행동이 첫 면담의 성공에 영향을 미칠 수 있습니다. 여러분은 아마도 이러한 문제를 자주 접하지 않겠지만, 환자의 반응에서 나타날 수 있는 영향은 조절할 수 있습니다. 저의 전반적인 접근 방식은 저와 환자 사이에 위협이 되는 문제나 행동을 함께 직면하는 것입니다. 실제로 저는 문제를 한쪽에 놓고 환자와 저를 같은 팀으로 여기도록 상황을 재구성합니다.

## 환자 요구사항

나르시시즘 때문인지 또는 지위 상실에 대한 불안, 배우자 또는 상사에 대한 분노 같은 다른 문제 때문인지는 모르지만, 일부 환자는 자신이 특별한 치료를 받아야 한다고 생각합니다. 이에 환자는 다른 병실, 흡연 특권, 면담에 대한 기록(또는 녹음) 또는 특별 예약 시간을 요구하는 형태를 보일 수 있습니다. 이와 같은 환자의 요구는 원칙을 위배하기 때문에 임상가는 한 발짝 물러서고 싶은 충동을 느끼기도 합니다. 저는 각각의 상황을 개별적으로 평가하려고 노력하였으며, 환자에게 과도한 특권이 주어지지 않는 한 환자의 편안함을 향상시키기 위해 합리적으로 편의를 제공하려고 노력합니다.

Rodney는 면담 내용을 자서전에 포함시키기 위하여 첫 면담에 녹음기를 가져왔습니다. 임상가는 면담이 불편해지고 정보의 손실로 이어질 수 있으므로 면담 내용을 녹음하지 않았으면 좋겠다고 설명했습니다. 그는 녹음기를 치웠고 면담은 정상적으로 진행되었습니다.

　　Elaine은 첫 면담에서 메모를 할 수 있는지 물었습니다. 그녀는 자신의 걱정 중 하나가 예전처럼 일을 잘 기억하지 못한다는 것이라고 말했습니다. 그녀는 나중에 그들이 논의한 중요한 개념을 잊어버릴까 봐 두려워하였습니다. 그녀의 임상가는 면담을 방해하지 않는 한 괜찮을 것이라고 말했습니다. 시간이 끝날 무렵 그녀는 몇 줄의 메모만 모았고, 임상가는 그녀의 감정적 문제를 잘 파악할 수 있었습니다.

　　또한 경제적 부와 사회적 명성 또는 영향력이나 권력에 따른 위치 때문에 VIP 치료를 요구하는 환자에게는 유사한 합리적인 접근 방식을 적용할 것입니다. 여러분은 그들의 특별한 지위를 인정할 수 있지만, 환자들이 여러분으로부터 얻을 수 있는 것은 보통의 환자에게 제공하는 정직함과 배려라는 점을 강조해야 합니다.

## 실명/심도 시각 장애

　　실명 또는 현저한 시각 장애가 있는 환자는 비장애인과 마찬가지로 자신의 생각, 감정 및 경험을 전달할 수 있습니다. 그들이 할 수 없는 것은 일반적으로 사람들이 염려와 욕구를 표현하는 데 사용되는 보디랭귀지를 읽는 것뿐입니다. 시각 장애 환자와 면담할 경우, 여러분이 관심을 가지고 있음을 나타내기 위해 목소리 톤을 사용해야 하며, 여러분이 그들에게 무엇을 원하는지를 말하기 위해서는 특히 여러분이 사용하고 있는 단어에 주의를 기울여야 합니다. 만약 일어나서 서랍을 뒤적거리거나 폴더를 열면 여러분의 움직임에 관해 설명하셔야 합니다. 이렇게 하면 환자에게 질문을 받기 전 환자의 질문에 대답하는 데 도움이 될 것이며, 환자에게는 특별한 요구사항에도 민감하게 반응할 수 있는 배려심이 많은 임상가라는 것을 보여 줄 수 있습니다.

## 청력 손상/심도 청각 장애

청각 장애나 심각한 청력 손상을 지닌 환자에게 여러분의 입 모양을 정확하게 파악할 수 있도록 그들을 똑바로 바라보면서 명확하고 천천히 말한다면 의사소통이 잘 이루어질 것입니다. 손이나 종이 뒤로 입이 가려지지 않도록 주의하시길 바랍니다. 물론 면담 중 평소에도 어떤 음식이나 음료를 먹거나 마시지 않겠지만, 이것 외에도 하지 말아야 할 또 다른 행동들이 있습니다. 여러분은 크게 소리를 지르면 안 됩니다. 청각 장애가 있는 대부분의 환자는 보청기를 사용하기 때문에 큰 소리는 소리만 왜곡할 뿐입니다. 청각 장애 환자의 청력이 남아 있든 없든 간에 환자들에게 반말을 하지 않는 것이 중요합니다. 환자는 청각 장애가 있는 것이지 어린아이가 아닙니다.

또한 환자 중 많은 사람이 청각 장애라는 의학적 모델에 발끈한다는 것을 명심하셔야 합니다. 그것은 그들이 병리로 고통받고 있다는 것을 암시하는 것입니다. 청각장애 환자들은 그들의 문화적 정의, 즉 공통의 신체적 특징과 공통의 언어(미국과 캐나다에서는 미국식 수화, 즉 ASL)를 통해 사람들을 하나로 모을 수 있다는 것에 자부심을 가지고 있으며 이를 고수합니다. 여러분의 환자가 어떤 관점을 가지고 있는지 확인해야 합니다. 많은 청각 장애인은 그들이 장애를 가지고 있다는 것을 적극적으로 부인하고, 일말의 부정적인 암시 자극을 경험할 때 몹시 분개합니다. 이러한 환자를 면담할 경우 다음과 같은 방법으로 정보를 요청할 수 있습니다.

> "저는 많은 사람이 청각 장애를 문화적인 문제로 여기는 것을 이해합니다. 이것에 대해 저에게 말해 줄 것이 있나요?"

## 여러분과 다른 배경

우리 모두는 인류라는 점에서 하나로 단결되어 있지만 우리가 가지고 있는 많은 특징은 서로를 구별할 수 있게 만듭니다. 정신건강 전문가로서의 훈련은 다양한 삶의 조건을 가치 있게 여기도록 도움을 주지만, 우리는 자신과 다른 삶의 방식에 대해 끊임없이 경계심을 가져야 합니다.

　명백한 특징인 연령, 성별, 민족 및 언어 외에도 다양한 요인의 속성에 대한 본질적인 의미를 찾음으로써 여러 요인에 적용할 수 있을 것입니다. 이 환자는 시골이나 도시 환경에서 자랐습니까? 대학 졸업자입니까, 아니면 고등학교 중퇴자입니까? 채식주의자입니까, 아니면 육식주의자입니까? 우리는 스포츠광, 환경운동가, 창조론자, 진화론자, 와인 애호가, 금주주의자, 정치광들이 있는 나라에 살고 있습니다. 이러한 다양한 특성과 특징이 있으므로 임상가들은 그들의 다름을 인정하고 축복해 줘야 합니다.

　몇몇 환자는 여러분과의 견해 차이로 여러분을 거부할 것입니다. 제가 좋아했던 한 환자의 가족이 종교적 신념이 자신들과 비슷하다는 이유로 다른 임상가에게 간다고 말하여 저의 기분이 상했던 적이 있습니다. 이렇게 과감하게 행동하는 사람은 소수겠지만 환자들은 자신들과 여러분이 다르다는 이유로 여러분을 완전히 신뢰하지 않을 수도 있습니다.

　문화적 격차를 해소하기 위해 환자의 과거력을 활용할 수 있습니다. 예를 들어, 현재는 모병제이기 때문에 60세 미만의 대부분의 미국인은 전쟁을 경험한 적이 거의 없습니다. 관계를 공고히 하기 위한 방법으로 환자의 군 복무 생활을 질문하고, 전시 상황에 대해 세부적으로 질문하면서 환자가 세상에 접근하는 방식을 파악할 수 있습니다. 이러한 방식은 임상가에게 큰 선물로 작용합니다.

　환자에게 관습, 민족, 언어, 의식 등과 관련된 내용에 대해 알려 달라고 질문하는 것은 환자에 대한 여러분의 관심을 보여 주게 되며, 환자는 향상된 효능감과 가치감을 얻게 될 것입니다. 다른 국가에서 출생한 환자의 경우, 어떻게 해서 최근에 이민을 오게 되었는지, 그리고 이민을 오는 과정에서 얻게 된 긍정적 혹은 부정적 경험을 파악해 볼 수도 있습니다. 여러분은 성적 취향과 관련된 문제를 직접 탐색하는 것을 꺼릴 수 있겠지만, 자발적으로 문제를 제기하는 환자로부터는 더 많은 정보를 들을 수 있고, 관심을 표명하기가 쉽습니다. 관심을 표명할 다양한 기회는 각 개인의 경험들에 의해서 주어지는데, 앞에서 언급한 것은 그중 극히 일부에 불과합니다.

## 통역사 사용

조사에 따르면, 미국 거주자의 약 1/5이 영어가 아닌 다른 언어를 사용합니다. 이 중 거의 절반이 영어에 능통하지 않습니다. 이 상황은 캐나다(이중 언어를 사용하는 국가)에서도 흔합니다. 이와 같은 상황은 영어를 모국어로 사용하는 대부분의 임상가에게 도전적인 상황이 됩니다. 다른 언어를 사용하는 환자를 이해하고 치료의 필요성을 인식시키기 위해 우리는 제3자를 통해 의사소통을 해야 합니다.

편의와 비용상의 이유로 친구나 가족에게 의존하고 싶은 마음이 들겠지만, 그것은 또 다른 문제를 불러일으킬 수 있습니다. 아마추어 통역사는 숙련된 전문가보다 더 많은 오류를 범하고, 민감한 문제에 대해서는 당혹감을 느끼며, 환자와 임상가에게 불완전하게 전달하거나 완전히 정보를 누락시키는 문제를 일으킬 수 있습니다. 그리고 환자 스스로는 민감한 주제를 친척들에게 공개하길 꺼리거나 청소년기에 들어선 자녀들에게 부담을 줄 수 있으므로 주저할 수 있습니다. 대체로 즉시 이루어지는 통역은 정보의 질을 떨어뜨려 환자의 만족도를 낮아지게 만듭니다.

의학적/심리적 문제를 이해하는 전문 통역사를 이용할 경우 만족도가 높을 가능성이 큽니다. 그들은 종종 환자와 같은 문화의 출신이기 때문에 환자가 직면하는 상황에 대해 특별한 통찰력을 가질 수 있습니다. 선택의 여지가 있다면 과학이나 의료 분야의 배경 지식이 풍부한 것보다는 따뜻함과 진정성의 자질을 가진 통역사가 더 좋을 것입니다(인터넷 검색은 해당 지역의 통역사 서비스를 찾는 데 도움이 될 수 있습니다). 통역사가 전문가일지라도 면담 중 드러나는 개인정보에 대해서는 완전히 비밀유지를 할 수 있도록 잠시 시간을 할애하셔야 합니다.

면담 상황에서는 환자에게 말을 걸고 눈을 마주쳐야 합니다. 예를 들어, 통역사를 보고 "그녀에게 ……를 물어봐 주세요."라고 말하지 않고, 환자를 보고 질문을 한 다음 통역사가 말하게 하십시오. 어떤 전문가는 삼각형으로 앉는 것을 추천하여 각각의 사람들이 서로를 볼 수 있도록 권장합니다. 또 다른 전문가는 통역사가 환자 옆 또는 약간 뒤에 앉을 것을 권장합니다. 이는 환자와 임상가 간의 의사소통에 초점을 맞출 수 있고, 환자와 통역사 사이의 확장된 대화를 예방할 수 있습니다. 유머나 비유는 번역이 잘 안 되는 경우가 많기 때문에 차라리 하지 않는 게 더 좋습니다.

만약 전문가가 없다면 여러분은 가용 자원을 활용하여 일을 처리해야 할 것입니다. 비밀 유지에 대해 주의를 기울인 후, 임시 통역사에게 여러분이 말한 내용의 의미를 **설명하지 말고**, 여러분이 말한 것을 가능한 한 정확하게 같은 느낌의 어조로 즉시 반복해서 말해 달라고 요청하십시오. 여기서는 짧고 명확하게 개방형 질문을 사용하는 것이 그 어느 때보다도 중요합니다.

일부 환자는 통역사에게 민감한 정보가 노출되는 것을 거부할 수 있습니다. 그들은 같은 문화를 가진 사람이, 예를 들어 강간이나 배우자 학대의 사례에 대해 알기를 원하지 않을지도 모릅니다. 여러분의 언어를 어느 정도 유창하게 할 수 있는 환자는 그런 내용이 나올 경우 통역사에게는 병실에서 나가도록 요청할 수 있습니다. 만약 우리의 제한된 의사소통 능력으로도 이야기의 요지를 이해할 수 있다고 느낀다면 저는 환자의 요청사항을 따를 것입니다. 하지만 환자가 어느 정도 이해할 수 있는 능력이 있지만 통역을 사용하고 싶은 반대 상황도 가끔 발생합니다. 그것은 환자들이 복잡한 문제를 모국어가 아닌 다른 언어로 설명하기 어렵기 때문입니다.

## 울음

때때로 초보 임상가는 환자의 울음에 대처하는 데 어려움을 겪습니다. 확실히 눈물은 잠시 동안 면담을 더디게 만들지만 장기적으로는 감정에 대한 정보의 흐름을 촉진시키게 만듭니다. 어깨를 다독여 주면(환자와 임상가 사이에서 악수 이외의 몇 안 되는 신체 접촉 사례 중 하나) 환자는 여러분의 우려를 느낄 수 있습니다. 깨끗한 티슈를 제공하는 것도 같은 목적 중 하나입니다. 이후 잠시 침묵하는 것만으로도 환자는 이전처럼 품위 있고 평정한 모습을 되찾을 수 있습니다. 환자가 너무 많이 울어서 여러분의 우려를 인지하지 못한다면 다음과 같이 말하십시오.

> "이것이 당신을 화나게 한다는 것을 알겠네요. 잠시 마음을 가다듬을 시간을 가지시겠어요?"

## 유머

농담은 긴장을 줄이는 데 큰 도움이 될 수 있지만, 때때로 환자는 그들의 우려를 유머로 숨겨 임상가에게 문제의 심각성(따라서 잠재적으로 위협적인)을 고려하지 않게 만듭니다. 어떤 경우든 환자가 민감한 주제를 가볍게 여기는 것처럼 이야기할 때 주의를 기울이시길 바랍니다. 처음에 고려되었던 것들보다 더 많은 우려의 원인들을 발견할 수 있을 것입니다. 그리고 여러분이 재치 있게 말하는 것에 대해서도 항상 조심하시길 바랍니다. 특히 서로를 잘 알지 못하는 첫 면담에서 새로운 환자에게 여러분이 민감한 문제를 진중하게 받아들일 수 없는 장난꾸러기라는 잘못된 인상을 심어 줄 여유 따위는 없습니다.

## 과도한 말이나 횡설수설

일부 환자는 두드러지게 우원화된 반응을 보일 수 있습니다. 환자가 하고 싶은 대로 마음대로 놔두면 그들은 여러분이 알고 싶어 하는 것보다 훨씬 더 많은 것을 말할 것입니다. 특히 환자가 평소 말을 많이 하지 않는다면, 때로 이는 용납할 수 없는 감정에 직면된 상황이거나 민감한 내용을 드러내는 것에 대한 회피 반응일 수 있습니다. 그러나 대부분의 경우 그것은 단지 습관일 뿐입니다. 상세하게 이야기하는 것이 병적인 요인은 아니지만 주어진 밀의 양에 비해 너무 많은 겨를 쓸어 버리는 꼴이 됩니다. 환자가 목적 없이 하는 이야기를 듣기만 할 경우에는 관계가 손상될 수 있습니다. 개입을 시도할 때는 환자가 말한 내용에서 살짝 벗어날 수 있도록 하십시오. 예를 들어, 약물 사용에 대한 질문에 이 환자는 사촌의 음주 습관을 몇 분 동안 이야기하였습니다.

> 환　자: ……그러니까 그녀의 가방이 없어졌을 때……. 오후 6시 이후로는 그녀를 본 적이 없는 것 같아요.
> 임상가: (방해) 그런데 당신의 음주는 어떻습니까?

임상가는 이 환자가 요점을 말하지 못하여 원하는 반응을 이끌어 내기 위해 여러 번 개입을 시도하였고, 원하는 내용을 얻기 위해 다시 질문을 해야만 했습니다.

의도하지 않았더라도 수다스러운 환자들은 면담을 지배하는 것처럼 보입니다(이러한 모습은 조증 환자들에서 많이 나타납니다). 여러분은 일련의 질문을 계속할 때 인정하는 듯한 미소를 짓는 것으로도 관련 없는 내용을 다룰 수 있습니다. 입술에 손가락을 대는 것과 같은 보다 노골적인 행동은 조증 환자의 말을 줄일 수 있도록 유도할 수 있습니다. 때로는 직접적으로 표현함으로써 명확히 한계점을 설정해 줘야 합니다.

> "아주 흥미로운 이야기가 많으시군요. 하지만 우리의 시간은 짧고, 아직 할 일이 많습니다. 지금 다루고 있는 주제를 충실히 이야기해 보도록 노력해 봅시다."
>
> "이러한 세부 사항들은 주목할 만하지만, 우리의 첫 번째 일은 광범위한 내용을 이해하는 것입니다."

주제 전환을 시도할 때, 환자가 한 가지 주제만 고수한다고 가정해 봅시다. 이 경우, 환자에게 이 주제의 중요성을 재평가할 필요가 있을 것입니다. 직면은 가장 직접적인 방법이지만 세련되게 표현되어야 합니다.

> "제가 보기엔 성관계 주제가 당신을 사로잡는 것 같습니다. 제 말이 맞나요?"
>
> "우리는 아드님의 사고 문제에 갇혀 있는 것 같습니다. 그 밖에 당신에게 중요한 것은 무엇입니까?"

극도로 수다스러운 환자에게는 '예−아니요'로 대답할 수 있도록 하고, 또다시 수다스럽게 이야기하려는 시도를 할 경우 이전과 같이 강하게 반응해야 합니다.

## 신체 증상에 대한 걱정

일부 환자와 심지어 신체 증상 장애가 없는 사람들도 자신의 증상이 본질적으로는 신체적 문제라고 굳게 믿는 경우가 있습니다. 의사들이 그들에게 말한 내용이 있음에도 불구하고, 그들은 약물이나 수술로 문제를 해결할 수 있다고 생각하여 집착적인 태도를 보입니다. 이러한 불편한 감정의 기원 가능성을 설명하는 것은 유용하지 못합니다. 환자는 반복적인 실패 후에도 계속해서 자신을 구제해 줄 수 있는 약 혹은 수술에 대해 검색할 것입니다. 논쟁의 여지 없이 여러분의 목표 중 하나는 환자의 동반자가 되는 것임을 기억하십시오. 여러분의 신체적 접근법이 도움이 되지 않았음을 지적할 수 있고(어쨌든 충분하지 않지만), 환자의 감정에 대해 논의하는 것이 질병에 동반되는 불안을 감소시킬 수 있음을 이야기해야 합니다. 또한 여러분은 환자의 다른 주치의와 협력하여 신체적·정서적/행동적 문제가 간과되지 않도록 하는 것이 좋습니다.

## 정신증

응급실과 병동에서는 의사소통이 적절하게 이루어지지 않을 정도로 심한 수준의 정신장애인을 만날 수 있습니다. 그들의 생각은 너무 무질서하게 얽혀 있고, 그들의 생각과 생각 사이에는 개연성이 없으며 비논리적이기 때문에 환자의 이야기를 잘 이해할 수 없을 것입니다. 여러분은 그러한 환자들에게 자신의 생각을 이야기하도록 요청해야 하지만, 그들의 어떠한 과거력보다 그들이 보이고 있는 정신병리학적 반응이 더 흥미로울 수 있습니다. 정확하고 관련성이 높은 기록을 얻으려면 정보 제공자나 이전 입원 차트를 이용하시길 바랍니다. 정신증이 안정화된 후 나중에 환자를 면담할 수도 있을 것입니다.

물론 환자의 잘못된 믿음을 믿지 않는 것이 중요할 것입니다. 여러 문제 중에서 환자가 신뢰할 수 없는 모습을 보일 때는 피하고 싶을 것입니다. 심도의 정신병적인 환자와 대화할 경우, 환자의 의심이나 신념에 동의하지 않고 환자의 행동과 감정에 초점을 둘 수 있는 방법이 여기에 있습니다.

> "당신이 미행당했다고 느끼는 것이 얼마나 무서운 일인지를 이해할 수 있습니다. 그때 어떤 마음이 들었는지 말씀해 주시겠어요?"

여러분은 환자가 지각한 경험을 보고할 때 실제적으로 믿고 있다는 표현을 제공함으로써 안심을 줄 수 있습니다.

> "정확히 무슨 일이 일어났는지 알려 주기 위해 최선을 다한 것을 알고 있습니다. 원인에 대해 다른 가능한 해석이 있는지 궁금합니다."

정신병은 아니지만 일부 환자는 반사회적 성격 장애 또는 통찰력에 문제가 있는 다른 성격 장애일 수 있습니다. 환자들은 과도한 물질 사용을 부인할 수 있습니다. 통찰력이 없는 환자는 면담을 진행해야 하는 이유를 느끼지 못합니다. 법적 명령이나 가족의 압력과 같은 외부의 영향이 없는 한 그들로부터는 유용한 정보를 많이 얻지 못합니다. 다음은 여러분이 기대하고 유일하게 믿을 수 있는 정보가 부수적인 정보일 수도 있다는 또 다른 예가 있습니다.

## 침묵

청각 장애, 실명 및 기타 신체적 특성과 마찬가지로 침묵은 다양한 수준으로 존재할 수 있으며 여러 가능한 원인이 있을 수 있습니다.

- 신경학: 많은 신경학적 문제로 환자가 침묵할 수 있습니다. 환자가 완전히 의식이 있고 깨어 있는지 확인하십시오.
- 우울증: 심한 우울증을 앓고 있는 환자는 완전히 침묵하지는 않습니다. 단지 긴 시간 동안의 반응 지연을 보일 뿐입니다.
- 전환: 전환 증상으로 함묵증이 있는 환자라도 끙끙거리거나 목을 푸는 소리를 (자발적으로) 낼 수 있습니다. 인내심, 설득, 발전에 대한 칭찬을 통해 결국 이러한 소리를 음절, 단어, 구 및 문장으로 분류할 수 있을 것입니다.
- 정신병: 심각한 정신병을 앓고 있는 사람들은 실제 현실의 사람들과 대화하는 것을 보복당할지도 모른다고 생각하여 위협적인 목소리에 귀 기울일 수 있습니다. 그럴 경우, 질문에 '예–아니요'로 대답하거나 고개를 끄덕이거나 고개를 젓게 하는 방법을 통해 진단을 내리는 데 도움을 받을 수 있을 것입니다. 연필과 종이를 제공하여 환자가 여러분의 질문에 답변을 작성할 수 있도록 하는 방법도 있습니다.

- 이득: 환자가 완전히 또는 부분적으로 침묵하는 것처럼 보이는 실질적인 이유가 있습니까? 처벌을 피하고 재정적 이득(보험, 산재 보상)을 획득하는 것과 같은 동기가 가장 명백할 수 있습니다. 만약 환자가 다른 환자나 직원과 정상적으로 대화하는 것이 우연히 관찰된다면, 침묵은 자발적인 원인임을 알 수 있습니다. 저는 꾀병(malingering)이라는 단어를 사용하는 것을 주저합니다. 왜냐하면 이 단어는 비난적이며 증명하기가 어렵기 때문입니다. 침묵 상태를 평가하려면 면담을 계속하기 전, 동행한 친구나 친척에게 떠나 달라고 부탁하십시오. 사람들이 없을 때 환자는 때때로 가족과 공유할 수 없는 비밀을 드러냅니다. 다음과 같이 지적함으로써 일부 사람을 설득할 수 있습니다.

> "이전 간병인 또는 친구나 친척으로부터 당신에 대한 정보를 얻을 수 있습니다. 그러나 저는 당신이 자신의 관점으로 저에게 이야기하는 것을 더 좋아할 것이라 생각합니다."

완전한 침묵보다 상대적으로 언어적 표현의 양이 저하된 것은 두려움의 결과일 수도 있고, 공포, 수치심, 혼란, 이해력의 부족 또는 권위자(아마도 바로 여러분)와 모순되는 것을 꺼리는 태도에 의해 나타날 수도 있습니다. 이럴 경우 아마도 저는 다음의 접근 방식으로 시도해 볼 것입니다.

> "이 상황은 대다수 사람이 많은 이야기를 하는 편인데, 당신은 상당히 조용한 것처럼 보입니다."

굉장히 느리게 말하는 것은 어떤 장애와 관련이 있습니다. 흔히 우울증으로 인한 것일 수 있으므로 이 경우 면담의 균형을 유지해야 할 것입니다. 대답하는 데 충분한 시간을 허용하되 환자가 무력함을 느끼거나 부끄러움으로 끙끙거리며 고민하지 않도록 대처하시길 바랍니다. 그럴 경우, 환자에게 '예-아니요'로 반응하는 것을 선호하는지 물어볼 수도 있습니다. 그렇지 않으면 긴 오후를 보낼 준비를 하셔야 합니다.

드물게 여러분은 말문이 막힐 뿐만 아니라 굳은 표정으로 앉아 있는 환자를 만날 수 있는데, 아마도 이것은 난처한 상황 중 하나입니다. 최근 사건에 대한 기억 상실일지도 모릅니다. 환자의 이 행동은 저에게 두 가지의 주요 가능성을 고려하게 할 것 같습니다. 측두엽 간질과 같은 발작 장애 또는 해리성 상태와 같은 것들입니다. 그러한 환자들은 아마도 여러 사건을 경험하였겠지만 이것은 면담을 통해 접근할 수 없을지도 모릅니다. 이럴 경우 다음과 같이 질문하십시오.

> "가끔 자신의 생각이나 몽상에 몰두하는 경향성이 있습니까? 만약 그렇다면 그것에 대해 말씀해 주실 수 있겠습니까?"

그러한 사건들은 신경학적 면담을 통해 철저히 조사할 필요성이 있습니다. 그리고 확실히 여러분은 정보 제공자로부터 정확하게 확인해야 할 것입니다.

## 유혹적인 행동과 다른 부적절한 행동

유혹적인 행동은 첫 면담보다 후속 치료 과정에서 문제가 될 가능성이 높습니다. 그러나 유혹의 가능성은 항상 존재합니다. 특히 임상가가 남성이고 환자가 여성인 경우에는 더욱 그렇습니다(연구에 따르면 여성 임상가는 문제가 없지만, 환자와 문제가 되는 의료 종사자의 대다수는 남성입니다).

만약 환자의 유혹적인 행동이 여러분을 향하고 있음을 발견한다면 여러분은 스스로에게 이와 같이 질문해 봐야 합니다. 이 환자는 왜 이런 식으로 행동할까? 매력적으로 보여야 할 필요성이 있을까? 사랑받기 위해서인가? 수년에 걸쳐 적극적인 성행위는 물질적 또는 정서적 보상으로 강화되었을까? 이러한 질문에 대한 해답은 단 한 번의 면담을 통해서 파악하는 것이 어려울 수 있으며, 1년 안에 밝혀내기에는 너무 먼 기억 속에 묻혀 있을지도 모릅니다. 때때로 이것은 성격장애 문제이기도 한데, 경험이 풍부한 임상가에게도 이러한 사람은 도전적일 수밖에 없습니다.

유혹적인 행동은 곁눈질처럼 미묘할 수도 있고, 도발적인 옷을 입거나, 몸짓을 하거나, 안아 달라고 말하거나, 키스해 달라고 요청하는 것처럼 직접적일 수 있습니다. 그것의 형태에 상관없이 유혹적인 행동의 의미는 항상 같습니다. 그것은 임상가와 환자 모두에게 위험합니다. 이와 같은 유혹적인 행동의 노골적인 메시지("날 안아 주세요.")는 환자가 실제로 느끼는 것("도와주세요. 나를 지켜 주세요.")과 상당히 다를 수 있기 때문입니다. 임상가가 환자의 요구에 그대로 반응한다면 환자는 결국 격분하여 그에 따라 보복을 할 수 있습니다. 기껏해야 관계와 치료 모두에서 위태로워질 것뿐입니다.

유혹적인 행동에 대한 최선의 예방적 접근 방법은 항상 적절한 거리를 유지하는 것입니다. 직함과 성으로 각 환자를 언급하고, 환자도 여러분에게 똑같이 표현할 수 있도록 하십시오. 여러분이 면담에 집중하고 여러분의 개인사를 이야기하지 않을 경우 과도한 친밀감을 피할 수 있습니다. 업무의 일환으로 신체검사를 하는 남성이라면, 여성 환자를 검사할 경우 연령에 상관없이 항상 여성 수행원을 방 안에 두어야 합니다. 여러분이 남성을 검사하는 여성이라면 남성 수행원을 데리고 가셔야 합니다.

전화를 사용해도 되는지 묻거나, 선반에서 책을 펼치거나, 의자에 앉거나, 점심을 가져오는 것과 같은 부적절한 환자의 행동은 방해가 됩니다. 이럴 경우, 보통 환자의 정확한 진단(여러분이 알아내려고 하는 것입니다)과 문제의 성격에 따라 여러분의 반응을 결정해야 할 것입니다. 예를 들어, 저는 필요한 경우 조증 환자에게는 조심스럽게 어깨에 손을 얹어서라도 주의를 환기시키려고 합니다. 이미 성격장애가 있다고 생각하는 사람에게는 아마도 (아마 조금 날카롭게) "그렇게 하지 마세요."라고 말할 것입니다. 대부분의 경우 여러분은 지시하려고 할 것입니다. 환자와의 면담 과정 중 초기 단계에서 해석을 하는 것은 좋은 시기가 아닙니다.

## 지적 장애

정식 검사 없이도 여러분은 흔히 일반 지능(general intelligence)이라고 불리는 지능의 수준에서 하위에 해당하는 환자를 선별할 수 있을 것입니다. 연구에서는 개방형 질문은 지능이 낮은 환자가 보고하는 내용에 오류를 유발할 수 있는 반면, 폐쇄형 질문에서는 긍정 반응 편향이 시사되고 있음이 밝혀졌습니다. 종종 객관식으로 질문하는 것이 좋을 수도 있습니다("당신이 들은 목소리는 낯선 사람입니까, 아니면 아는 사람입니까?"). 환자가 응답했지만, 환자를 잘 아는 사람을 통해 사실을 확인하는 것이 그 어느 때보다 중요합니다. 예상할 수 있겠지만, 지적 장애 환자보다 당연히 높은 기능을 가진 사람이 더 신뢰할 수 있는 면담의 대상자이기 때문입니다.

지적 장애(또는 과거에 정신지체라고 함)가 있는 환자는 감정보다는 사건으로 이야기할 때 더 좋은 의사소통이 이루어집니다. 환자들은 문자 그대로 말을 해석할 수 있으므로 (어린이라고 얕잡아 보지 않고) 명확하게 말하고 은유를 사용하지 않으셔야 합니다. 현재에 초점을 맞추는 것이 가장 좋습니다. 이러한 환자는 과거 또는 미래 계획을 이야기하는 것에 상대적으로 어려움을 겪습니다. 그들의 감정이 표면화될 때 여러분은 그들에게 약간의 여유를 주는 것이 필요합니다. 평생 동안 이 환자들은 형제자매, 학교 친구 및 거의 모든 사람이 자신이 주장할 수 있는 것보다 더 많은 자유를 누리는 것을 지켜봤습니다. 환자들이 자신의 표면적인 감정 아래, 그리 멀지 않은 곳에서 원망의 감정을 가지고 있는 것은 그리 놀랄 일이 아닙니다. 예를 들어, 여동생의 결혼식에 참석하기를 거부한 지적 장애 여성은 자신이 결코 의미 있고 로맨틱한 관계를 누리지 못하리라는 것을 알고 고통스러워하였습니다.

지적 장애를 가진 사람들은 또한 다른 사람들의 몸짓들을 모방할 수 있고, 부적절한 시점에 그것들을 사용하기도 합니다. 예를 들어, 그들은 일반적인 슬픔의 순간에 '하이파이브'를 시도할 수 있습니다. 제 지인 중 한 젊은이는 자신이 좋아하는 야구팀의 경기를 관람 중이었지만 상대팀의 관람석 안에 있었습니다. 환자가 좋아하는 팀이 뒤처지자 옆에 있는 팬들은 열광적으로 환호했고, 격분한 그는 일어난 후 주변 사람들에게 "이봐요! 대체 왜 그러는 거야?"라고 말하였습니다.

또 다른 위험은 지적 장애를 가진 사람들은 그들 자신이 확인할 수 없는 사실을 보고할 수 있다는 것입니다. 예를 들어, 어떤 임상가는 한 천사가 환자의 머리를 만졌고, 긴 겨울밤 동안 그에게 복을 주었다는 보고를 들었을 때 정신증이라고 생각했습니다. 환자는 그 믿음에 집요하게 매달렸습니다. 오랜 노력 끝에 환자의 장난꾸러기 룸메이트가 그 이야기를 만들어 냈다는 것이 밝혀졌습니다. 그 환자는 결국 "글쎄, 나는 실제로 그런 일이 일어나는 것을 보지 못했어요. 그것은 룸메이트 Jeremy가 나에게 말한 것이었어요."라고 인정했습니다. 같은 맥락에서 모든 자해가 자살 시도의 증거가 되는 것은 아닙니다. 그것은 자기처벌일 수도 있고, 다른 사람들을 통제하려는 시도일 수도 있으며, 정형화된 운동 장애의 한 예일 수도 있습니다.

## 임박한 죽음

즉시 또는 가까운 미래에 곧 사망할 것으로 예상되는 환자는 종종 화를 내거나 우울해합니다. 때때로 그들은 그들에게 일어나는 일을 부정할 수 있습니다. 만약 친구와 친척들이 그들을 피하기 시작한다면 슬픈 일일 것입니다. 치료사들도 죽음과 미래에 대해 솔직하게 이야기하지 않는다면 그것 또한 비극일 것입니다. 죽어 가고 있는 환자의 기분 장애를 파악하는 것은 어렵지 않습니다. 불치병 환자를 대상으로 한 연구에 따르면 우울증을 확인하는 가장 유효한 방법은 한 가지 질문을 하는 것입니다. "우울한가요?"

이와 같은 보편적인 경험에 대한 감정과 반응을 말로 표현하고 싶어 하는 환자에게는 항상 말을 할 수 있도록 격려하시길 바랍니다. 모든 범위(종종 상충되는)의 감정 외에도 두려움, 시기, 사랑, 희망 및 기쁨을 포함한 일상적인 감정을 찾을 수 있을 것입니다. 이와 같은 환자들은 삶에 대한 많은 후회를 가지고 있습니다. 어떤 사람들은 외로움을 느낄 수도 있을 것입니다. 그리고 각각의 환자들은 평생의 기억과 감정을 가지고 있으므로 마치 환자가 영원히 살 것처럼 세심하게 정리를 해 줘야 합니다.

## 환자가 요청할 때 응답하는 방법

환자들이 쉴 새 없이 질문하는 것은 모두 유익한 것입니다. 질문을 통해 안심을 얻을 수 있고, 불안을 해소하며, 건설적인 결심을 강화할 수 있는 풍부한 기회가 제공됩니다. 몇 가지 질문에 대해 여러분이 신중하게 생각하지 않는다면 실언을 할 수도 있습니다.

- "나에 대해 어떻게 생각하나요?" 이 질문은 대개 여러분이 환자를 좋아하는지 또는 수용해 줄 수 있는지를 통해 자신을 안심시켜 달라는 요청입니다. 여러분은 안도감을 줄 수 있지만, 더 실질적인 도움을 줄 수 있는 몇 가지 정보나 지침을 제시할 수 있도록 노력하시길 바랍니다. 여기에 두 가지 예가 있습니다.

> "당신은 결혼 생활에 끔찍한 문제를 겪고 있지만 아주 좋은 사람인 것 같아요. 남편분께서 몇 차례의 면담에 참여하시는 것은 매우 중요할 것입니다."
>
> "병원에 입원하기 위해 많은 용기가 필요했던 것 같아요. 이제 그 음주 문제를 해결하기 위해 함께 열심히 노력합시다."

- "내가 미쳤다고 생각합니까?" 이에 대한 답은 환자가 정신병이 있는지 여부에 따라 어렵거나 쉬울 수 있습니다. 정신병이 없다면 아니라고 말하십시오. 만약 있다면, 직접적으로 표현하지 마시길 바랍니다(정신병이라고 말하는 여러분의 주장을 아마 부인할 것입니다). 대신, 여러분은 질문으로 응답할 수 있을 것입니다.

> "왜 그런 걸 묻는 것이죠?"
>
> "그게 두려우신가요?"

또는 질문에 회피하는 대답으로 대처할 수 있습니다.

> "당신에게 일어난 일로 분명히 고민하는 것 같군요."
>
> "당신은 몇 가지 특이한 경험을 하고 있지만 저희는 이것을 도울 수 있습니다."

만약 궁지에 몰리게 된다면("이봐요, 내가 정신병자라고 생각합니까?") 진실을 선택하여 이야기해야 하겠지만, 제가 경험한 바에 의하면 환자는 이를 받아들이기 어려울 수 있습니다.

- "[환자의 염려사항]에 대해 어떻게 해야 합니까?" 이 질문에 간단하게 대답할 수 있다면 그렇게 하십시오. 그러나 이는 임상가가 첫 면담에서 합리적으로 제공할 수 있는 것보다 더 많은 도움을 요청하는 것일 수도 있습니다. 이 경우 필요한 사항(더 많은 정보, 더 많은 시간)과 제공할 수 있는 시기를 명확하게 이야기하십시오.

- "나에게 뭐가 문제입니까?" (그리고 당신은 모를 것입니다.) 우선 불안감을 느끼지 않도록 노력하십시오. 첫 면담의 약 20%에서는 확고한 진단을 내릴 수 없으며 경험이 많은 임상가조차도 처음에는 당황스러워합니다. 만약 환자를 놀라게 하거나 위협적이지 않게 할 수 있는 좋은 방법이 있으면 그것을 환자에게 이야기해 주십시오. 더 많은 자료가 필요하다면 그렇다고 말하십시오. 좋은 일반적인 응답은 다음과 같습니다.

> "당신에게 [환자의 주 호소 내용]을 포함한 심각한 문제가 있는 게 분명합니다. 더 많은 정보가 필요할 것 같습니다. 그래야 함께 최선의 계획을 세울 수 있습니다."

- "저를 도와주실 수 있겠어요?"와 같은 질문에 대한 응답은 "그렇기를 바라지만 먼저 더 많은 정보가 필요합니다."라는 방식으로 이루어져야 할 것입니다.
- 환자가 "사람들이 왜 나를 좋아하지 않을까요?"라고 물어본다면, 때로는 그 환자와 첫 대면이라 하더라도 여러분 눈에 그 답이 분명해 보일 수 있습니다. 환자는 자기중심적이거나, 위압적이거나, 편견이 있거나, 증오로 가득하거나, 불쾌하다고 생각되는 기타 태도와 행동을 가지고 있을 것입니다. 환자가 이렇게 이야기할 때는 있는 그대로의 의견을 과감히 내놓지 말아야 할 때입니다. 한 가지 예로, 우선 첫인상은 종종 잘못될 수 있습니다. 여러분은 특히 환자가 기분 좋지 않은 날에 행동한 것을 표본으로 삼았을 수도 있고, 분명한 것은 스트레스를 받고 있는 누군가를 상대하고 있다는 사실입니다. 또 다른 예로, 첫 면담의 두 가지 주요 목표는 정보를 얻는 것과 라포를 형성하는 것입니다. 질문에 직접 답하는 대신 불행에 대한 동정을 표현하고 미래에 대한 희망을 제시할 수 있습니다.

> "저는 그렇게 느끼는 것이 얼마나 고통스러울지 상상할 수 있지만, 그것이 사실인지 아닌지는 잘 모르겠습니다. 우리가 실제로 문제를 가졌는지 함께 알아봅시다." (이 대답이 여러분과 환자를 문제의 같은 입장에 놓이게 하는 방법이기 때문에 주목하셔야 합니다.)

- "이런 일을 직접 경험해 본 적이 있나요?"라고 말하는 것과 같이 대부분의 환자는 임상가의 사생활에 관심이 있고, 때로는 임상가가 자신의 무언가를 환자와 공유하고 싶은 유혹을 느낄 수도 있습니다. 몇 번의 면담을 통해 서로를 더 잘 알게 된 후에는 그런 유혹이 증가할 수 있습니다. 비록 저는 임상가가 어떤 상황에서도 개인적인 것을 드러내지 말아야 한다고 믿는 사람 중 1명은 아니지만, 특히 초보 임상가에게는 자기개방이 어려울 수 있다는 것에 동의합니다. 확실히 첫 면담에서 여러분의 삶의 태도와 성격이 이 상황을 큰 문제로 느끼지 않는다면, 관계는 발전되고 더 편안하다고 느끼게 될 것입니다. 면담의 목적을 부드럽게 재정립하면 어떤 개인적인 질문에도 대답할 수 있습니다. 동시에 환자의 질문에 화나지 않았음을 보여 주기 위해 주의하셔야 합니다.

> "많은 환자는 임상가에 대해 궁금해합니다. 호기심이 생기는 것은 지극히 정상적인 일입니다. 하지만 문제 해결에 필요한 정보를 얻는 데 집중해 봅시다."

- "제 생각이 옳다는 것에 동의하지 않습니까?" (여러분은 동의하지 않습니다.) 정신병, 약물 사용, 불법 활동, 심지어 배우자와의 다툼까지 모든 종류의 문제를 겪고 있는 환자로부터 이 질문을 받게 됩니다. 첫 면담에서 여러분은 갈등을 피하고 싶겠지만, 제시된 주장에 동의한다면 나중에 불거질 여러 일을 대비해야 할 것입니다. 이러한 상황에서는 환자에게 문제가 있거나 불편할 수 있다는 내용만 동의하면 됩니다.

> "나는 이것이 당신을 많이 [아프게 하는, 신경 쓰이게 하는, 괴롭히는] 것임을 알 수 있습니다. 나중에 더 자세히 알아보고 싶습니다."

환자가 계속해서 동의를 요구하는 경우 다음의 방법을 시도할 수 있습니다.

"우리가 모든 사실을 확인하기 전에 저는 그 상황에 직접 관여하지 않을 것 같습니다. 그러니 계속해서 더 많은 정보를 얻어 보도록 합시다."

- 가끔 환자들은 "당신이라면 나만큼 문제가 있는 [변호사, 의사, 회계사]를 원할 것 같나요?"라고 질문하여 자신의 병의 수준을 강조할 것입니다. 초보 임상가들은 이 질문에 대한 대답으로 자신의 솔직한 감정과 환자에게 대답하기 좋을 것 같은 말 사이에서 균형을 맞추느라 씨름할 수 있습니다. 최선의 접근 방식은 직접 대답하는 것이 아니라, 정치인들과 같이 때때로 대답하고 싶지 않은 질문에는 문제를 재구성하는 다음과 같은 방법을 사용하는 것이 좋습니다. "만약 제가 이 정도로 해야 할 일이 많다면 다른 사람의 문제를 어떻게 처리해야 할지 모르겠네요."
- 그리고 어떤 질문에 최선의 대답을 알지 못하는 상황에서는 "지금 당장은 말할 수 없지만 알아낼 방법은 다음과 같습니다."라고 실행 가능한 답변으로 말합니다. 그런 다음 저는 인터넷 검색, 동료들과의 토론, 더 많은 자료를 찾기 위해 노력하거나 다른 어떤 접근법이 타당해 보이는지를 살펴볼 것입니다.

다시 한번 강조하지만, 환자와 맞서지 않고 환자와 함께 작업하는 방법을 알아내는 것이 중요합니다. 일반적으로 이러한 방법은 쉬울 수 있지만, 때로는 창의력, 유연성, 인내심이 충분해야 수행할 수 있습니다.

제**18**장
----------
# 진단 및 권장사항

여러분은 모든 면담을 마친 후 수집한 정보를 평가하게 될 것입니다. 수집한 정보를 토대로 작성하는 제언은 환자 및 다른 전문가와 의사소통하는 데 유용한 형식으로 작성되어야 할 것입니다. 이 책의 제19장에서는 제언에 대한 내용을 중심으로 다룰 것입니다.

## 진단과 감별진단

과거에 혹자들은 진단을 '비둘기집 분류법'이라고 조롱하며 환자 개개인의 특성을 부정한다고 주장했습니다. 현대에는 진단이 임상 활동의 필수적인 토대라는 다수의 의견에 따라 그런 과거의 관점들이 점점 사라진 것으로 보입니다. 즉, 필수사항을 토대로 치료를 제언하고, 질병의 경과를 예측하며, 친척들에게 조언하고, 다른 전문가들과 의사소통해야 합니다. 이 관점이 여러분의 평소 사고방식과 일치하는지는 모르겠지만, 현재 정신건강과 관련된 업무 상황(병원 진료기록실, 환자와의 관계에서 제3자이지만 돈을 지불하는 자 및 때로는 환자 자신)에서는 종종 진단을 요구합니다. 전문 분야와 관계없이 주 진단을 내리는 방법을 배우는 것은 여러분에게 도움이 될 것입니다.

정확한 진단의 중요성은 아무리 강조해도 지나치지 않습니다. 오진단은 효과적인 치료를 지연시킵니다. 최악의 경우 효과가 없거나 심지어 위험한 치료로 이어질 수도 있습니다. 또한 부정확한 진단은 각각의 환자들을 너무 우울하게 만들거나 지나치게 낙관적인 관점을 가지게 할 수 있으므로 예후가 위험할 수 있습니다. 그리고 추후 결혼, 직업, 출산, 보험 가입 및 정신장애의 문제로 기타 일을 계획하는 데 어려움을 겪을 수도 있습니다.

오진단을 하게 되면 걷잡을 수 없는 사태가 발생할 수 있습니다. 진단은 한 임상가에서 다른 임상가에게로, 하나의 기록에서 다음 기록으로 전달되기도 합니다. 부정확한 정보는 환자와 가족들에 의해 가족 신화(때로는 수십 년 동안)로 이어집니다. 새로운 시각을 가진 임상가는 만성 정신장애인의 병력을 검토하는 데 몇 년이 걸릴 수도 있습니다. 그러나 처음부터 올바른 진단을 내리기 위해서 주의를 기울이게 되면 이러한 모든 어려움을 피할 수 있습니다.

정확한 진단을 내리는 것은 일반적으로 그렇게 어려운 일은 아닙니다. 대부분의 환자는 대다수 전문가가 내린 진단 기준을 충족하고, 대체로 다른 감별진단 기준에는 충족하지 못합니다. 하지만 약 20%의 상황에서는 그다지 명확하지 않을 수 있습니다. 진단을 내리기에 충분한 정보가 없거나 환자가 여러 진단 기준을 동시에 충족하는 것처럼 보일 수 있습니다. 그리고 여러분이 처음으로 고려했던 생각들은 환자와 추가적인 면담을 통해 사라지거나 변화할 수도 있습니다.

그러므로 대부분의 임상가는 환자에게서 고려되어야 하는 가능한 진단 목록인 감별진단의 측면으로 자신의 소견을 서술합니다. 아주 적은 가능성이 있다고 생각될지라도 정확한 진단에 대해 어느 정도의 의구심이 있다면 고려되는 모든 장애를 감별진단의 목록에 포함시켜야 합니다. 여러분의 진단 목록이 광범위하고 포괄적이라면, 궁극적으로는 더 정확하게 진단할 수 있는 좋은 기회를 가지게 될 것입니다.

감별진단 시 때때로 상충될 수 있는 부분이 있으므로 두 가지 원칙을 고려해야 합니다.

① 첫 번째 원칙은 가장 가능성이 높은 진단을 먼저 기록하고, 나머지는 가능성이 낮은 확률의 진단 순으로 기록하는 것입니다. 때로는 가장 가능성이 높은

진단을 주 진단이라고 부릅니다. 왜냐하면 주 진단은 질병의 모든 기록 자료와 징후, 병의 증상을 가장 만족스럽게 설명하기 때문입니다. 이상적인 주 진단은 환자의 개인력과 MSE의 모든 요소가 주 진단을 지지하는 것입니다. 그러나 주 진단이 틀리지 않을 가능성이 적다고 생각될지라도 배제하거나 반증할 수 있는 다른 진단을 기록해 줘야 합니다. 결국 이 목록은 다양한 가능성이 있는 진단을 우선순위로 배치한 여러분의 추론과 감별진단으로 구성되는 것입니다.

② 두 번째는 안전원칙이라고 부릅니다. 즉, 감별 목록 내에서 몇몇 진단은 잠재적으로 실제일 가능성이 있으므로 감별진단을 무시하는 것은 안전하지 않음을 의미합니다. 실제로 여러분이 생각한 감별진단이 증상을 유발하였는지와는 상관없이, 가능성 없는 진단을 배제하기 위해 감별진단은 목록 맨 위에 배치해 줘야 합니다. 일반적으로 안전원칙상의 감별진단은 여러분이 파악한 환자의 증상을 설명할 가능성이 있는 물질 관련 장애 및 일반 의학적(신체적) 질환에 해당합니다. 따라서 감별진단은 항상 최선의 진단이 아닐 수 있습니다. 만약 감별진단들을 처음부터 고려하지 않는다면, 감별진단들이 정확한 것으로 밝혀질 때마다 환자들은 계속 고통받을 것입니다.

저는 기본적으로 원칙 1에 원칙 2를 중첩시킴으로써 이 두 원칙 사이의 명백한 충돌을 해결하고 있습니다. 예를 들어 설명해 보겠습니다.

얼마 전에 몇몇 학생과 저는 Amanda를 면담했습니다. 37세인 그녀는 자신과 자신의 파트너가 '마약상과 그 조직의 중심인물'로 FBI에게 의심받는다고 믿었습니다. 그녀는 자신의 근거를 절대적으로 확신하였고 다른 해석은 불가능하다고 주장하였습니다. 그녀는 다소 언어압박이 있었고, 이따금 생각과 말을 반복하는 모습을 보였습니다. 그녀의 생각은 이리저리 널뛰는 것 같았고, 그녀의 말을 따라가기가 힘들었습니다. 그녀는 "약간의 마리화나를 흡입하는 것은 인정하지만 많이 하지 않았습니다."라고 말했습니다. 그녀의 신체 건강은 양호하였습니다. 그녀는 '조금 우울하다'고 느꼈지만 자살 충동을 느껴 본 적은 없다고 말하였습니다.

우리는 Amanda의 가능성 있는 진단 목록을 내림차순으로 배열했지만 맨 위에 어떤 진단을 올려놓았는지에 주목해 볼 필요가 있습니다.

- 알코올 사용으로 인한 정신장애
- 미확정된 신체장애로 인한 편집증적 정신장애
- 편집증적 조현병[이것이 우리의 주 진단이었습니다.]
- 정신병적 특징을 가진 기분 장애[양극성 장애 I형 또는 주요 우울증]
- 망상 장애

우리는 처음 2개의 진단을 그다지 신뢰하지 않았지만, 안전원칙을 인용하여 우선 배제되어야 할 감별 목록을 맨 위에 올려놓았습니다. 그렇지만 우리는 마음속으로 조현병이라고 생각했습니다.

저는 과거에 진단 과정의 구조를 구체적으로 설명하는 『한결 쉬워진 정신장애 진단(Diagnosis Made Easier)』이란 책을 썼습니다. 이제 이 책은 두 번째 판으로 출간되었습니다.

## 치료 선택

다행히도 오늘날의 정신장애인들은 다양하고 효과적인 생물학적·심리적 및 사회적 치료법을 사용할 수 있습니다. 이들 중 대부분은 특정 진단 범주에만 해당되는 것이 아니라 다양한 진단에서도 사용될 수 있으며, 물리(신체) 및 비물리 치료 중 일부는 〈표 18-1〉에 나열되어 있습니다. 대부분의 진단에는 다른 치료법보다 효과적인 치료법이 하나 또는 두 가지가 있습니다. 현재의 글에서는 특정 진단에 도움이 될 가능성이 가장 높은 치료법을 설명할 것입니다.

각 환자의 문제에 접근하기 위해 체계적인 계획을 세우는 것이 얼마나 중요한지를 강조하고 싶습니다. 우선, 이 접근은 환자에게 무엇이 문제인지를 알려 주고, 어떻게 치료가 진행되는지를 이해하는 데 도움을 줍니다. 또 다른 예로, 치료를 할 때 이와 같은 문제를 염두에 두는 것은 도움이 됩니다. 또한 이와 같이 참조할 수 있는 치료 계획을 세우면 환자의 경과를 판단할 수 있는 기준점이 만들어지며, 한편으로는 다른 방법을 시도할 시기를 인식하는 데 도움이 될 수 있습니다. 다음은 치료 계획을 수립하는 데 도움이 되는 몇 가지 질문입니다.

**표 18-1** 정신건강 치료 양식의 개요

<u>심리적</u>

**개인**

　인지 또는 인지행동

　통찰 지향적

　정신분석

　단기

**집단**

　질병 중심(익명의 알코올 중독자들, 리튬 클리닉)

　종합의학 클리닉

　가족치료

　일반 지지 집단

**행동**

　상담

　상호 억제를 통한 체계적 둔감화

　집중 연습

　강화 모델

　사고중지

<u>생물학적</u>

**약물**

**전기 충격 요법**

**경두개 자기자극법(TMS)**

**불안 신경 자극**

**광선 요법**

**정신 수술 정신외과(뇌수술로 정신적 장애 치료)**

<u>사회적 개입</u>

**직업재활**

**사회기술 훈련**

**가족 교육**

**급성, 중간 또는 만성 관리를 위한 시설에 배치**

**강제입원**

**후견인 제도**

주: Morrison, J., & Muñoz, R. A. (2009). *Boarding Time: A Psychiatry Candidate's New Guide to Part II of the ABPN Examination* (4th ed., p. 110). Washington DC: American Psychiatric Press, Inc.에서 각색되었습니다. 2009년도부터 American Psychiatric Press가 저작권을 가지고 있습니다. 허가하에 각색하였습니다.

- 첫째, 이 장애를 회복시킬 수 있는 치료법이 있을까요? 불행하게도, 그 대답은 때때로 "아니요."입니다. 헌팅턴병으로 인한 치매와 같은 질환의 경우에는 그럴 수 있습니다. 많은 환자는 더 편안해질 수 있고, 증상으로 인한 사회적 문제가 줄어들 수 있지만, 질병의 현 상황을 유지할 수 있는 특별한 치료법은 없습니다. 반면, 도네페질(donepezil)과 같은 콜린에스테라제 억제제 중 하나를 사용하면 알츠하이머 치매의 진행을 한동안 늦출 수 있습니다. 젊은 남성의 1%(그리고 훨씬 적은 젊은 여성)에 영향을 미치는 만성 성격장애인 반사회적 성격 장애에서는 현재까지 더 효과적인 치료법이 있다는 것이 입증되지 않았습니다.

- 진단이 얼마나 정확합니까? 치료는 신뢰할 수 있는 진단을 받은 환자의 임상 연구를 기반으로 할 때 가장 높은 성공 확률을 가집니다. 모든 치료 프로그램은 올바른 진단이 내려졌다는 사실에 비례하여 신뢰 수준이 증가합니다. 일반적으로 모험적이고, 복잡하며, 비용이 많이 들거나 많은 시간이 소요되는 치료 방법은 정확하게 진단이 잘 내려진 환자에게만 사용되어야 합니다.

  실험적 치료법(experimental treatments)을 사용하는 것은 어떤가요? 여기에는 저만의 규칙이 있습니다. 이에 대해 여러분은 유용하다고 생각할지도 모르지만, 제 규칙은 다음과 같습니다. 불확실한 진단을 받은 환자에게는 입증된 치료법(proven treatment)을 사용할 수 있으며, 진단이 확실할 때는 실험적인 치료법을 사용할 수 있습니다. 그러나 진단이 불확실한 경우라면 입증되지 않은 치료법을 사용하지 않습니다. 이 경우에 여러분은 두 가지 미지의 상황으로 도박을 할 수 있는데, 그 결과는 재앙이 될 수 있습니다. 만약 여러분이 이 규칙을 위반하게 된다면 환자와 가족에게 정확히 상황을 알려야 합니다.

  진단은 치료를 결정하는 데 중요하지만 그것이 유일한 결정 요인은 아닙니다. 어떤 환자들은 너무 문제가 심각하므로 명확한 진단 없이도 치료를 시작해야 하는 경우가 있습니다. 대표적인 예로 급성 정신병이 해당될 수 있습니다. 임상가는 한 환자의 진단으로 양극성 장애 I형과 조현병에 대한 논쟁이 있더라도 환자의 안전과 안정을 위해 항정신병 약물로 치료를 시작해야 합니다. 일부 문제에서는 적절하게 진단을 하지 못할지라도 개입할 가치가 있는 것이 있습니다. 부부싸움이 그 예입니다.

- 얼마나 치료가 시급합니까? 입원 환자 대부분의 경우, 이 질문의 대답은 "즉시

시작해야 하는 만큼 매우 시급하다."입니다. 외래 환자의 경우, 필요성은 덜 할 수 있습니다. 일반적으로 치료의 긴급성은 다음 세 가지 조건 중 하나에 해당할 경우 증가합니다.

- 증상의 수가 증가하고 있습니다. 예를 들어, 수년간 불안 증세를 겪은 환자는 최근 우울증, 식욕 부진 및 수면 장애에 대해 호소합니다.
- 증상이 점점 심해지고 있습니다. 가정해 봅시다. 지난 며칠 사이에 이 환자는 자살에 대한 생각이 재발하기 시작하였습니다.
- 증상은 걱정스러운 결과를 이끕니다. 그리고 바로 지난 주, 이 환자는 일을 할 수 없다고 느꼈고, 현재는 13년 동안 근무한 곳에서 퇴사하였습니다.

이 세 가지 규칙은 환자에게 여러 개의 진단이 있을 경우 가장 먼저 치료해야 할 장애가 무엇인지를 결정하는 데 도움이 될 수 있습니다.

• 치료 비용이 얼마입니까? 불행하게도, 21세기인 지금도 우리는 여전히 환자의 지불 능력을 고려해야 합니다. 의료 보험이 없는 학생에게는 장기간의 심리치료를 권장하지 않습니다. 건강유지기구(Health Maintenance Organization: HMO) 또는 개인 혹은 정부 보험 프로그램의 적용을 온전히 받는 사람은 최신 항우울제 약물을 구입할 수 있는 반면, 자부담을 해야 하는 환자는 더 오래되고 보편적으로 사용되는 약물을 처방받게 될 것입니다. 이러한 종류의 문제에서 건강 보험 개혁 법안(오바마 케어)이 어떤 영향을 미칠지는 지켜봐야 할 것입니다.

환자를 만나기 전에 보험 정보를 파악할 수 있을 것입니다. HMO와 VA 및 기타 정부 기관은 환자가 이미 잘 알고 있는 관점에서 요금의 비율을 책정했습니다. 여러분이 개업했다면, 아마도 여러분의 사무실에서는 첫 번째 예약 환자에게 보내는 초기 정보 안내문에 수수료 및 기타 '경제력'에 대한 정보가 포함되어 있을 것입니다. 그렇지 않은 경우, 첫 면담이 끝날 무렵이 정보를 검토하기에 적절한 시간일 것이고, 이를 통해 앞으로 있을 환자의 불쾌감이나 당황스러움을 미연에 방지할 수 있습니다.

아울러 여러분이 치료 방법을 선택할 경우, 기대되는 치료 효과가 기대되지 않은 효과보다 더 크다고 확신할 수 있어야 합니다. 특히 이러한 경고는 처방되는 약에 적용될 것입니다. 심장 박동 수 증가와 각성으로 환자는 저녁 약 복용을 잊어버리지 않았습니까? 몇몇 다른 부작용이 손상 혹은 심지어 사망을 초래합니까? 다른 약물과의 상호작용은 어떻습니까?

- 고려 중인 치료의 금기사항은 무엇입니까? 여러분은 금기시하는 치료 방법을 꺼릴 수도 있지만 이것이 절대적으로 금지되는 것은 아닙니다. 일반적인 예로는 약물 알레르기, 다른 약물과의 상호작용 가능성, 심장병 환자에 대한 전기경련 요법의 사용이 있습니다. 또한 환자 중 통찰력이 부족하거나 약속을 지키는 것을 신뢰할 수 없는 사람에게는 집중적인 심리치료를 권유하는 것이 꺼려집니다. 사실 치료를 준수하지 않은 병력은 모험적이거나 복잡한 치료의 바람직성을 더욱 감소시킵니다.
- 가능한 모든 치료 방법을 고려해 보셨습니까? 각 분야의 임상가들은 자신이 사용하는 접근법을 추천하는 것이 가장 편하다고 느낍니다. 이에 대해서는 충분히 이해할 수 있지만, 임상가가 경험하지 못한 효과적인 치료법을 환자에게 제공하지 못할 위험성이 있습니다. 이와 같이 틀에 박힌 치료에 대한 최선의 예방법은 유연한 태도를 가지는 것입니다.
  - 신경정신약리학 분야의 정신건강의학과 전문의들은 가족치료가 약물치료보다 빠르고 안전하며 효과적일 수 있다는 가능성에 대해 고려해야 합니다.
  - 심리치료를 제공하는 심리학자, 사회복지사 등은 약물치료가 효과적일 수 있는 지표임을 명심해야 합니다.

  모든 임상가는 대부분의 정신장애가 여러 원인이 있다는 사실을 고려해야 하며 환자에게 하나 이상의 치료법을 사용할 수 있도록 권장해야 합니다.


## 예후 평가


예후(prognosis)라는 용어는 '미리 안다'라는 뜻의 그리스어에서 유래하였는데, 사실 미리 알 수 있는 것은 거의 불가능합니다. 그러나 지난 수십 년 동안 과학의 발전은 환자에게 일어날 수 있는 결과를 예측할 수 있는 우리의 능력을 크게 향상시켰습니다. 우리가 예측하려고 하는 것이 무엇인지를 먼저 정의한 후, 잠시 뒤에 이 문제를 논의하도록 하겠습니다.

## 예후라는 용어로 정의된 영역

예후라는 용어는 다음과 같이 여러 가지를 의미합니다.

- **증상**: 증상들을 추후 부분적으로 또는 완전히 경감시킬 수 있을까요?
- **병의 과정**: 병의 과정은 만성적일까요, 아니면 일시적일까요? 후자의 경우라면 에피소드가 하나일까요, 아니면 여러 개일까요?
- **치료에 대한 반응**: 치료를 시작하고 얼마나 빨리 반응이 나타날까요? 치료에 대한 반응은 성공적인가요? 보통인가요? 경미한가요? 아니면 전혀 반응이 나타나지 않나요?
- **회복 정도**: 급성 에피소드가 사라지면(치료 또는 시간 경과로) 환자는 이전의 성격으로 완전히 회복되거나, 아니면 이전과 다른 잔여의 손상이 있을까요?
- **질병 경과**: 회복하는 데 얼마의 기간이 걸립니까? 그 질병이 일시적인 경우라면 환자의 에피소드 기간은 얼마나 됩니까?
- **질병의 사회적 결과**: 환자의 업무 수행에 어떤 영향을 미칠까요? 가정생활에서는요? 독립적인 생활에서는요? 재정적인 지원이 필요할까요? 만약 그렇다면 얼마나 오랜 시간이 필요할까요? 이 질병은 후견인이나 다른 특별한 법적 절차가 필요하다는 것을 의미하나요? 환자의 투표 능력과 자동차 운전 능력, 계약 체결 능력에는 어떤 영향을 미칠까요?
- **다른 가족 구성원이 이 질병에 걸릴 위험이 있는가**: 만약 이 질환이 유전력이 있다면, 가까운 친척에 대해서는 어느 정도의 위험이 있다고 예상하십니까? 자녀를 갖는 것을 묻는 환자에게는 어떻게 조언해야 할까요?

## 예후에 영향을 미치는 요인

여러 가지 요인은 정확한 예측을 하는 데 도움을 줍니다. 불행히도, 어떤 경우에는 한 요인이 결과에 얼마나 큰 영향을 미치는지 아무도 알지 못합니다. 각각이 중요할 수 있으므로 저는 특정한 순서 없이 모든 것을 기록하려고 노력합니다.

- 주 진단: 일반적으로 주요한 영향(예: 기분 장애, 치매 및 조현병 등)이 있는 진단은 상대적으로 협소한 영향이 (섭식 및 배설 장애, 수면 및 성관계 장애) 있는 진단보다 예측력이 높습니다. 주 진단이 없거나 확실하게 진단할 수 없는 경우라면, 특히 성격장애는 예후가 중요할 수 있습니다. 환자가 하나 이상의 진단을 받았다면 예후의 다양한 측면을 논의할 때 모든 진단을 염두에 두어야 합니다.
- 주요 장애에 대한 치료의 유효성: 만약 효과적인 치료법이 있다면 그것들이 사용될 가능성이 있습니까? 지리적인 부분은 중요한 요소에 해당될 것입니다. 환자는 효과적인 치료를 제공하는 센터와 충분히 가까운 곳에 살고 있습니까? 또 다른 요인으로는 이전부터 논의된 바와 같이 환자의 재정 상태와 관련이 있을 것입니다. 조현병에 효과적인 약물인 클로자핀(Clozapine)은 1990년대 초에 환자 1인당 연간 거의 1만 달러의 비용으로 도입되었습니다(당시에는 막대한 비용이었습니다). 많은 환자는 제조업체가 실험실 관리 비용을 절감하도록 유도하였고 압력을 행사하기 전까지는 약물을 구매할 여력이 없었습니다.
- 질병의 지속 기간 및 경과: 과거의 행동은 미래의 행동을 예측합니다. 환자가 이전에 질병 에피소드를 경험한 적이 있다면(예: 기분 장애), 여러분은 향후 환자에게 또 다른 에피소드가 있을 것임을 어느 정도 확신을 가지고 예측할 수 있습니다.

  이전의 오진을 수정하지 않는 한, 수년 동안 병을 앓은 환자는 완치될 가능성이 거의 없습니다.
- 치료에 대한 이전 반응: 예측변수로서 이전 치료가 효과적인 만큼 이전 치료법에 대한 반응은 좋게 나타날 것입니다. 과거에 환자가 항정신병 약으로만 조증 치료를 받았다면 기분안정 요법을 시작할 경우 여러분이 가지고 있는 예후를 향상시킬 수 있습니다.
- 치료 준수: 환자가 받아들이기를 거부하면 매우 효과적인 치료법조차도 쓸모가 없을 것입니다. 치료 순응도를 평가할 때 주 진단과 성격장애 및 치료 기록을 모두 고려해야 합니다.
- 이용할 수 있는 사회적 자원: 예후는 환자에게 남겨진 사회적 관계의 수에 따라 곧장 달라집니다. 도움이 필요하다면 다음의 자원들을 고려해 보시길 바랍니다. 가족, 배우자/파트너, 자녀, 친구, 지지 집단, 사회 기관, 의사 및 종교 단체 등이

있습니다. 이러한 자원들은 환자에게 위안을 제공하는 것 외에도, 환자가 치료를 계속하고 물질 사용과 같은 유해한 것을 하지 않도록 도울 수 있습니다.

- **병전 성격**: 예후는 환자가 발병 전 얼마나 잘 기능했는지와 밀접한 관련이 있습니다. 환자가 정신장애의 급성 에피소드에서 회복되면 병전 수준의 기능을 보이는 경향이 있습니다. 친구들과의 우정을 유지하고, 직장에서 적응적으로 일하며, 발병 전 가족을 위해 부양한 사람은 아마도 다시 그렇게 할 수 있을 것입니다. 다른 조건이 모두 같다면 발병 전부터 기능 수준이 낮았던 환자들의 경우에도 보통은 유사한 맥락에서 예측해 볼 수 있습니다.

- **가장 최근의 기능 수준**: 지난 한 해 동안 직장이나 학교에 다니고 있었고 현재 질병 에피소드가 해결된다면, 아마도 환자는 과거처럼 생활할 수 있을 것입니다. 물론 이러한 이야기는 질병이 악화되거나 만성적으로 되지 않았다는 가정하에 전제되는 내용입니다. 전반적 기능 평가척도는 환자의 현 능력을 평가하기에 편리합니다. 이 척도는 저의 책 『쉽게 배우는 DSM-5(DSM-5 Made Easy)』에서 찾을 수 있고, 온라인 검색을 통해 찾을 수도 있습니다.

- **기타 요인**: 진단 범주 내에서 개별 요인은 종종 특정 환자의 예후에 영향을 줄 수 있습니다. 예를 들어, 조현병 환자에게 상대적으로 좋은 예후를 암시하는 몇 가지 특징이 있습니다. 비교적 늦은 발병(30대 이상), 결혼, 여성성, 고등학교 이후의 교육, 치료되지 않은 기간 내 짧은 증상과 치료에 대한 이전의 좋은 반응이 있습니다.

# 추가 탐색 권고

특정 진단을 확인하거나 배제하기 위해 추가 탐색이 필요할 수 있습니다. 이 정보에 대한 내용은 다음과 같습니다.

- 이전 병원 및 기타 기록 검토
- 방사선 검사를 포함한 검사실 검사
- 공식적인 신경심리 검사

- 친척과의 면담

기존 기록에 대한 추가 면담과 조사는 일반적으로는 비용이 들지 않습니다. 이것들은 새롭거나 확증적인 정보를 제공하여 환자에 대한 이해도를 빠르게 증진시킵니다. 검사에는 시간과 비용이 들기 때문에 각 개별 검사는 사실에 의거하여 사용의 정당성이 존재해야 합니다. 필요에 의한 검사가 아닌 정형화된 절차의 일부로 실시되는 검사는 비용과 효율성의 문제가 있습니다.

검사실 검사 또는 심리평가가 관련된 경우에는 다음 요소를 토대로 검사 실시가 정당해야 합니다.

- 검사 비용: 그 범위는 돈이 들지 않는 것부터 시작해 수천 달러까지 엄청날 수 있습니다.
- 검사의 위험성: 연필과 종이로 실시하는 심리검사는 기본적으로 위험하지 않습니다. 일부 외과적인 시술은 건강과 심지어 생명 자체를 위태롭게 만들 수 있습니다.
- 검사의 가치: 그 결과는 진단에 관련된 증거를 얼마나 제공합니까? 어려운 진단일 경우, 값비싼 검사를 진행할 가치가 있을 것입니다. 진단과 관련이 없는 정기적인 소변 검사는 비용이 너무 많이 듭니다.
- 장애의 유병률: 희귀 질환에 대한 정기적인 검사는 비용 대비 효율적이지 않습니다. 그러나 이것은 과거력 혹은 신체검사에 근거하여 발병 가능성이 있는 희귀장애를 확인하기 위해 검사 처방을 피해야 한다는 것을 의미하지 않습니다.
- 진단 문제의 복잡성: 환자의 질병이 비교적 간단하다면 검사실에서 진행되어야 할 검사를 완전히 생략할 수도 있습니다.
- 과정이 치료를 용이하게 할 수 있는가: 무엇이 잘못되었는지 아는 것은 좋은 일입니다. 검사를 통해 문제를 해결하는 방법을 파악하는 것이 좋습니다.

# 추천하기

　여러분은 환자의 주 호소 문제를 구체적으로 다룰 수 있는 치료를 추천할 수 있습니다. 또한 주 호소사항을 관리하거나 주요 문제에서 발생하기 쉬운 사회적 · 심리적 · 생물학적 문제를 다루기 위해 필요할 수 있는 다른 치료와 의뢰의 범위도 염두에 두어야 할 것입니다.

　많은 조직과 개인은 여러분이 직면할 수 있는 모든 문제를 다루는 데 도움을 줄 수 있습니다. 이것은 정말 다행스러운 일입니다. 왜냐하면 어떤 임상가도 혼자서 이러한 일을 할 수 있는 훈련과 경험이 없기 때문입니다. 자기 능력의 한계를 알고 다른 사람들이 더 잘 치료할 수 있도록 외부에 도움을 의뢰하는 것이 중요합니다.

　외부의 도움이 얼마나 필요한지는 다음 요소에 따라 다를 것입니다.

- 문제 유형: 행동치료 기법에 대한 훈련을 소홀히 한 임상가에게는 강박증이나 공포증을 앓고 있는 환자를 돕기 위해 몇몇 전문가의 도움이 필요할 수 있습니다.
- 문제의 심각도: 경미한 우울증은 인지치료에 반응할 수 있습니다. 심한 우울증은 정신약리학에 숙련된 임상의의 서비스가 필요합니다.
- 서비스 지원의 강도와 범위: 분명한 예로, 노숙자인 환자는 친척과 함께 사는 사람보다 더 많은 사회복지 서비스가 필요합니다.
- 환자의 동기와 협력: 명백하게 환자가 입원을 거부하는 경우, 제공할 수 있는 서비스의 범위가 제한됩니다.
- 임상가의 훈련과 경험 및 시간의 여유: 저는 초심자들에게 가능한 한 많은 유형의 치료에 익숙해지고 경험을 쌓을 것을 강력히 추천합니다.

　이 장에서 언급된 많은 자료는 전통적으로 사회복지사가 제공하거나 주체적으로 진행하였지만, 모든 정신건강 전문가는 자신이 근무하는 지역에서 사용할 수 있는 서비스 유형을 알고 있어야 합니다. 아울러 개업한 임상가는 종종 자신이 필요시 의뢰를 할 수 있도록 준비가 되어야 함을 알고 있어야 합니다. 물론 여러분이 알고 있는 서비스만 사용할 수도 있습니다. 따라서 추천할 수 있는 목록은 다음과 같습니다.

## 기타 치료사

누구도 모든 것을 알 수 없습니다. 현명한 임상가는 자신의 한계를 알고 있습니다. 집단치료를 시행해야 하고 환자가 올란자핀(olanzapine)이 필요한 경우라면, 물론 환자를 의사에게 의뢰해야 할 것입니다. 약물치료가 여러분의 강점이지만 인지행동치료를 제공하지 않았다면 인지 왜곡에 따른 문제 상황이 나타났을 때 환자에게 그러한 치료를 받을 수 있도록 의뢰하는 것이 중요할 것입니다.

## 정신병원

비록 몇몇 사람은 입원을 최후의 수단으로 생각하지만 몇 가지의 상황에서 현대의 정신병원은 가장 현명한 수단일 수 있습니다.

- 환자가 스스로에게 위험성이 있을 때
- 환자가 다른 사람에게 위험을 끼칠 수 있을 때
- 환자가 자신을 돌볼 수 없을 때
- 원하는 치료가 입원 환자만 가능한 경우
- 환자를 환경에서 벗어나게 해야 하는 경우
- 의료 또는 법적 목적을 위해 집중적인 평가가 필요한 경우

임상가들은 환자의 생명을 보호하기 위해 보수적으로 의사결정을 하는 경향이 있습니다. 적어도 입원에 대한 가장 빈번한 이유인 자살 충동에 관해서 대부분 임상가는 과잉으로 입원시키는 측면이 실수를 범하는 것보다 더 낫다는 데 동의할 것입니다.

## 쉼터

입원할 필요는 없지만 여러 가지 이유로 쉼터는 집에서 살 수 없는 환자들에게 필수적인 자원입니다. 학대받는 아동, 폭행을 당한 여성, 가출 청소년, 노숙자 남성과

여성, 가족 보호를 위한 전문 쉼터가 운영되고 있습니다.

## 법률 지원

정신장애를 유발하거나 정신장애로 인해 발생할 수 있는 문제에 대해서는 법적 도움이 필요할 수 있습니다. 때로는 법적 문제와 관련이 없을 수도 있습니다. 환자에게 적절한 자원이 부족하고 유언장을 작성하거나 형사 고발로 싸우는 등의 문제로 다양한 서비스가 필요한 경우 법률 구조 전문가에게 의뢰할 수 있습니다. 노인 학대 또는 아동 학대와 관련된 문제인 경우 성인 보호 서비스 또는 아동 보호 서비스를 각각 참고하시길 바랍니다. 이러한 기관의 연락처 정보는 대개 온라인 검색 또는 대부분 주요 도시의 전화번호부, 지자체 정부 목록을 통해 찾을 수 있습니다.

## 지지 집단

많은 지지 집단이 유명한 '익명의 알코올 중독자들(AA) 12단계'를 모델로 만들어졌습니다. 대부분의 집단은 가입 비용이 들지 않으며 많은 단체는 어디서나 흔히 볼 수 있는 만큼 전국의 여러 지부를 보유하고 있습니다(경우에 따라 전 세계). 일반적으로 단체 이름은 해당 기능을 설명합니다. 지지 단체의 전체 목록은 실용적이지 않지만(이름들은 아주 많습니다), 다음은 대표적인 몇 가지 예입니다.

- 알코올 중독자의 성인 자녀
- 성인에게 추행당한 어린이 연합
- 알아논(Al-Anon, 가족용)
- 알라틴(Alateen, 알코올 중독자들의 10대 자녀를 위한 익명 모임)
- 익명의 알코올 중독자들(Alcoholics Anonymous: AA)
- 익명의 습관성 폭행자들
- 익명의 도박 중독자들
- 익명의 약물 중독자들(Narcotics Anonymous: NA)
- 익명의 섭식 장애인들

- 익명의 학대 부모들(자녀를 학대해 온 부모를 위한)
- 파트너 없는 부모들(Parents Without Partners: PWP)
- 회복 주식회사(정서적 문제가 있는 사람들을 위한)

## 다른 지원

- **급성 물질 사용 치료**: 해독 서비스는 일반적으로 지역에 있는 정신건강 센터에 의뢰되어야 이용할 수 있습니다.
- **의학적 평가**: 모든 유형의 강간, 외상, HIV 상태 및 질병을 평가하기 위해 지역 사회 내 주, 시 및 개인 병원에서 평가를 받을 수 있습니다.
- **직업 서비스**: 장애에 대한 평가, 직업 훈련, 실업급여 등을 포함해 주·군 고용 사무소를 통해 서비스를 이용할 수 있습니다.

제**19**장

# 환자와 함께 소견 공유

임상 결과 및 권고사항은 다른 사람들과 공유될 때 훨씬 더 유용해집니다. 주된 정보 공유자는 환자이지만 종종 가족에게도 확대 적용되기도 합니다.

## 환자와의 협의

결과에 상관없이 환자는 아마도 여러분의 임상적 소견을 불안해할 것입니다. 그러므로 가능한 한 빨리 이에 대해 논의 계획을 세워야 합니다. 많은 임상가는 첫 면담이 끝날 때마다 논의 계획을 수립해야 합니다. 복잡한 문제일 경우, 더 많은 면담과 자료 검토 시간이 필요할 수 있습니다. 하지만 여러분이 단 몇 문장이라도 환자에게 중간 보고를 해 주면 환자들은 여러분에게 고마워할 것입니다.

여러분의 중간 보고는 환자의 이해 능력에 따라 수용 정도가 좌우됩니다. 이것은 장애 그 자체의 문제에 의해 많은 영향을 받을 수 있으나, 대부분의 환자는 여러분이 전하려는 진실된 내용을 이해하고 수용할 수 있습니다. 초심자였을 때, 저는 환자에게 제 소견이 조현병이라고 말하기가 어려웠습니다. 왜냐하면 그것은 종종 불길한 예후를 수반하기 때문이었습니다. 그러나 그러한 만남을 몇 차례 겪은 후, 저는 환자들이 다른 장애들을 받아들이는 것과 마찬가지로 이 진단을 받아들일 수 있다는 사실을 발견했고, 제가 옳다고 확신하는 한 이러한 걱정을 하지 않게 되었습니다.

여러분이 파악한 정보를 전달할 때 몇 가지 간단한 규칙을 따른다면 환자들이 여러분의 이야기를 듣거나 수용할 가능성이 더 높아질 것입니다.

- 문제를 요약할 것: 문제를 요약함으로써 환자가 어떤 이유로 도움을 받기 위해 내원하였는지를 정확히 이해하였음을 알려 줄 수 있습니다. 환자와 이야기하는 과정에서 여러분이 완전히 이해하지 못하였다는 것을 환자가 알게 되면, 환자는 여러분에게 더 정확한 정보를 제공할 수 있는 기회가 될 것입니다.
- 진단을 제공할 것: 환자에게 적절한 용어로 주 진단을 설명하고 세련되고 정확하게 말하시길 바랍니다. 진단이 확실하지 않다면 그렇게 말한 다음 불확실성을 해결하기 위한 계획을 세우십시오(추가 검사가 필요한지? 치료를 실행할지?).
- 간단명료하게 할 것: 환자가 현재 알아야 할 사항을 염두에 두고 전달하시길 바랍니다. 지금은 대학원 세미나에서 진단을 가르치는 상황이 아닙니다.
- 전문용어를 사용하지 말 것: 정보는 일반적인 언어로 표현되어야 합니다. 여러분이 어려운 단어를 많이 사용하면 환자가 용어를 해독하는 동안 여러분이 전달하고 싶은 내용 일부가 가려질 위험이 있습니다.
- 피드백을 계속 요청할 것: 문제에 대한 설명과 제안된 접근 방식을 이해하고 있음이 질문을 통해 확인되면, 환자는 권장사항을 더 잘 준수할 수 있고 환자의 만족도도 높일 수 있습니다.

> "이것에 대해 어떻게 생각하세요?"
> "지금까지 궁금한 것이 있나요?"

- 긍정적인 면을 강조할 것: 임상가는 선택할 수 있는 치료 방법이 다양하기 때문에 조현병 및 양극성 장애 I형과 같은 심각한 문제에도 도움이 될 수 있습니다.

• 동정심을 보일 것: 여러분이 정보를 제공할 때 환자의 감정에 변화가 있는지 살펴보십시오. 환자가 느끼고 있는 감정을 인정하고 상황이 개선될 수 있는 방법을 제안하고 동정을 제공하시길 바랍니다. 모든 사람은 희망적인 느낌이 필요하다는 것을 기억하시길 바랍니다.

## 치료 논의

여러분이 설정한 치료 계획은 임상가와 환자 간 긴밀한 협력이 필요하고, 치료 계획 설정 시 초기에 많은 노력이 필요합니다. 올바른 치료 계획을 수립하게 되면 장기적으로 모두에게 이득을 주며, 첫 면담에서 환자와 이 계획을 공유하는 것은 중요한 부분이 될 것입니다.

환자는 임상가에게 무엇을 원합니까? 저는 이 중요한 질문을 다른 관점으로 하는 편입니다. **제가 환자라면 정확히 무엇을 원할까요?** 제가 환자라면 정확한 진단과 합리적 치료로 연결되는 치료 계획을 알고 싶어 할 것 같습니다. 또한 치료 과정, 위험 가능성, 치료의 대안 그리고 치료 성공에 대한 확률을 정직하게 이야기해 줄 것과 명확한 설명을 원할 것 같습니다.

추후의 탐색과 치료를 위한 구체적인 계획은 미래에 대한 희망을 느끼는 데 도움을 줄 것입니다. 이 과정은 다시 통제력을 찾는 것에 도움을 주기 때문에 저는 이 문제에 더 많은 열정을 쏟고 있고, 이것을 만들어 내기 위해서 시간을 지체하지 않습니다(다시 설명하자면, 계획을 수용하는 환자라면 치료에 협조할 가능성이 더 높습니다). 제가 환자라면 저는 임상가에게 질문하는 것을 권위에 도전하는 것이라 느끼지 않고, 환자를 치료 과정에 참여시키는 기회로 생각하면서 환자의 이해도를 높이기 위해 노력하는 임상가에게 치료받기를 원할 것 같습니다. 임상가가 이러한 태도를 유지하는 경우 환자는 제가 고수하고 있는 치료 규칙에 대한 순응도가 향상될 것입니다. 아마도 임상가와 한 약속을 기억하고, 약속된 활동을 시행하며, 약물 복용을 준수할 것입니다. 치료의 진행 과정은 지연되지 않을 것이고, 치료 실패와 치료 중단을 피할 수 있을 것입니다. 만약 어떤 문제가 발생하여 치료의 효과가 없다면, 환자는 처음 계획에 서명하지 않았을 때보다 임상가를 비난할 가능성이 훨씬 적을 것입니다.

치료에 대한 협의된 접근 방식에서 환자와 임상가는 함께 치료 계획을 수립해야 합니다. 이것은 환자가 원하는 모든 것을 주겠다는 의미가 아니라 임상가가 환자의 말을 경청한다는 의미입니다. 환자에게 '원하는' 계획과 가장 최선이라고 생각되는 계획을 선택하도록 격려할 수 있지만, 선택이 권장하는 것과 다른 경우 충분히 듣고 적절하게 대응해야 합니다. 예를 들어, 저는 10대가 우울증에 대한 약물치료를 거부할 경우 잘못 선택했다고 느낍니다. "저는 스스로 이겨 내고 싶어요."라고 표현하는 것은 10대 환자의 전형적인 반응입니다. 이럴 경우 저는 항상 제가 할 수 있는 최고의 품위 있는 행동으로 환자의 선택을 받아들였고, 이후 대다수 환자는 "제가 바라던 대로 잘되지 않네요, 아마도 결국 약을 복용해야 할지도 모르겠어요."라는 말을 스스로 하였습니다.

함께 치료 계획을 세울 때 고려해야 할 몇 가지 사항은 다음과 같습니다.

- 선택사항에 대해 논의합니다: 선택권이 있을 때 더 많은 통제력을 느끼는 것은 인간의 본성입니다. 따라서 치료를 할 수 있는 전체 목록을 살펴봐야 합니다. 언급하지는 않지만, 치료를 받지 않는 것도 분명한 하나의 선택사항입니다. 저는 종종 치료를 받지 않는 것도 하나의 선택사항이라는 말로 시작합니다. 그 이유는 전혀 또는 적절한 치료를 받지 않으면 어떤 결과가 예상되는지 아주 구체적으로 논의할 기회가 되기 때문입니다. 이것은 다른 선택의 잠재적인 단점과 강점을 측정하기 위해 유용한 기준점 역할을 할 수도 있습니다.
- 단점을 언급합니다: 환자들에게 진행되는 치료 중 부담이 없는 치료는 없습니다. 약에도 부작용이 있고, 심리치료는 시간이 오래 걸리며, 집단치료에는 다른 사람들이 참여하고, 행동 수정에는 노력과 불안이 필요합니다. 이러한 치료는 모두 비쌉니다. 치료의 부정적인 측면에 대해 고려하는 것은 불쾌한 일이지만, 환자는 이러한 사항을 알아야 합리적 선택을 할 수 있습니다. 일부 주에서는 환자에게 약물, 전기 경련 요법 및 기타 신체 치료에 대한 대안을 알려 줘야 하는 법률이 있습니다.
- 한 가지 선택사항을 선호할 수 있습니다: 대부분의 경우에는 여러분의 의견을 직접 전달할 것입니다. 그러나 환자가 권위에 저항하는 욕구를 보이거나 특정 형태의 치료를 강하게 원하는 경우, 아마 여러분은 환자에게 더욱 미묘한 영향력

을 행사하고 싶을지도 모릅니다. 예를 들어 보면, 약물치료가 필요한 환자에게 약물치료에 대한 좋은 소식을 알려 줄 수 있습니다.

> "여러분이 증상을 통제(제거)하기 위해 영원히 기다려야만 할 이유는 없습니다."

또한 약물치료가 필요하지 않은 성격장애 환자를 위한 좋은 소식을 전해 줄 수 있습니다.

> "당신은 자신의 몸에 대한 통제권을 포기할 필요가 없습니다."

두 진술 모두 사실은 아니지만, 각 진술은 임상가의 목표 중 하나를 촉진하게 됩니다. 임상가는 환자가 자신에게 도움이 되는 것을 받아들이도록 격려하는 것입니다.

- 환자가 선택사항을 이해하고 있는지 확인합니다: 대부분의 환자는 이해할 수 있지만, 스트레스를 받는 사람들은 대화 내용에 전적으로 집중하지 못할 수 있습니다. 치료에 대한 여러분의 설명을 정확히 이해하였는지 의심스럽다면, 환자에게 "제가 이야기했던 것을 분명하게 확인하기 위해"라는 표현을 사용하여 환자가 들은 설명을 다시 말해 보도록 요청하십시오. 여러분의 권장사항을 간략하게 요약한 후 다시 말해 주는 것은 환자가 여러분을 이해하도록 도울 수 있는 또 다른 방법입니다.
- 최선을 다해 돕겠다는 약속 이외의 약속은 하지 않습니다: 물론 여러분이 미래를 예측할 수 없다는 것을 어느 정도의 수준이 있는 환자들은 알고 있을 것입니다. 그러나 환자들(그리고 가족들)은 종종 미래를 너무 걱정하고, 그들은 우리가 가지고 있지 않은 능력을 가졌을 것으로 기대합니다. 임상가들은 데이터와 다른 전문가들의 경험에서 지지된 것보다 더 장밋빛으로 물든 미래에 대한 전망을 제시함으로써 심각한 어려움을 경험합니다. 여러분이 희망을 줄 경우는 상황에 대한 현실적 관점과 미래에 대한 합리적인 계획의 맥락 내에서만 이루어져

야 할 것입니다. 또한 환자에게는 모든 치료 측면에서 협력의 중요성을 강조해야 하는데, 여기에는 환자가 이해할 수 없는 치료의 결론이나 방향에 대한 모든 측면이 포함되어야 할 것입니다.

## 환자에게 동기 부여

물론 세계 최고의 치료 계획일지라도 실시하지 않으면 아무것도 성취하지 못할 것입니다. 그리고 이러한 일은 치료 장면에서 흔히 발생하는 일입니다. 임상가는 최선을 다하지만, 환자는 약 복용을 잊어버리거나 운동을 게을리하거나 계속해서 술을 마시거나 약물을 사용할 수 있습니다.

왜 이렇게 많은 환자가 개선될 의지가 없어 보일까요? 아마도 희망 부족으로 추측할 수 있습니다. 이것은 장기화된 정신건강 제도에 대한 환자들의 오랜 경험의 근거로 나타날 수 있습니다. 아니면 성격 장애 및 물질 사용 장애가 치료 계획과 맞서는 방식으로써 원인이 될 수도 있습니다. 비록 정신장애에 대한 더 많은 지식이 문제의 원인을 밝힐 수 있겠지만, 반드시 이것이 개인에게 통제감을 주는 것은 아니고, 연구 결과에 따르면 교육만으로는 변화를 촉진하는 데 크게 도움이 되지 않습니다(권고에서 이미 시도된 적이 있을 수 있고, 아마 권고사항에 대한 실패로 비밀로 묻어 둘 수 있습니다).

물질 사용 장애가 있는 환자에게는 내담자 중심 접근 방식인 **동기강화 면담**(Motivational Interviewing: MI)을 진행할 수 있습니다. MI는 사람들이 정신건강의 관리 또는 다른 이유로 필요한 새로운 행동을 채택할 수 있도록 도우며, 직면 대신 협력을 강조합니다. MI는 환자가 이미 가지고 있는 변화에 대한 내적 자원을 이끌어 낼 수 있도록 촉진하는 훈련을 의미합니다. MI는 사람들이 헛된 시간을 보내지 않도록 하거나, 과거의 양가감정에서 벗어나 자신의 내부 동기를 파악하는 데 도움을 줍니다. 통제된 연구에서 MI는 조현병을 앓고 있는 대다수 환자에게도 유용하다는 것이 반복적으로 입증되었습니다.

MI는 사람들이 부정적인 일을 하는 것을 예방하기보다 긍정적인 일을 하게 만드는 것이 더 쉽다는 원칙을 기초로 합니다. 그것은 '식초보다 꿀로 더 많은 파리를 잡는' 접근 방식과 같은 것입니다. 환자는 전반적인 변화에 전념할 필요가 없고 특정 행동에만 집중합니다. MI에 대한 전체 매뉴얼은 작성되어 있지만, MI는 네 가지 기본 단계로 요약할 수 있습니다.

① 공감하십시오. 비판하지 않음으로써 환자가 자신의 감정과 관점을 표현하도록 돕습니다. 환자의 관점에 동의할 필요는 없으며, 환자가 표현을 용이하게 할 수 있도록 공감하십시오. MI 분야의 종사자들은 이 단계를 '공감의 표현'이라고 부릅니다.

② 현재의 행동이 환자의 오래된 소망을 얼마나 좌절시키는지를 인식하도록 도와주십시오. 그 불일치에 대한 인식은 환자가 행동 변화를 추구하도록 동기를 부여합니다. '불일치감 만들기'가 그 이름입니다.

③ 저항에 논쟁하지 마십시오. 대신 이 상황을 환자가 감정을 더 깊이 탐구할 기회로 사용하십시오. MI에서 저항의 의미는 임상가가 기존의 방식이 아닌 다른 방식의 접근을 선택해야 함을 의미합니다. 이 단계를 '저항과 함께 구르기'라고 합니다.

④ 환자에게 성공할 수 있다는 믿음을 보여 줌으로써 희망을 제공하십시오. 환자에게 변화가 가능하다는 확신을 주십시오. 이 단계는 '자기효능감 지지'라고 부릅니다.

여기에는 경미한 지적 장애를 가지고 있고 룸메이트와 거주 중이며, 지역 식료품 가게에서 진열대를 정리하는 일을 하고 있는 한 여성과의 대화 내용이 간략하게 요약되어 있습니다. 오랜 시간 치료를 받고 있는 Misty란 환자는 다시 한번 재정 문제를 겪고 있습니다. 고딕체로 표시된 주석은 MI의 4단계를 사용하였음을 강조하기 위해 표시된 것입니다.

**임상가**: 은행으로부터 편지가 왔다는 소식을 들었습니다.

Misty: 맞아요, 또 너무 많이 썼대요. 그리고 Janice[환자 독립생활시설인 Seaview에 거주하는 매니저는 제가 계좌를 잃을 수도 있다고 말했어요.

**임상가**: 안됐네요.

Misty: 네, 당황스러워요.

**임상가**: 상상이 가네요. 누구나 그럴 것입니다. 초과 지출한 건 어떻게 된 상황이죠?

### 공감의 전통적인 표현—1단계

>Misty: 수표를 너무 많이 쓴 것 같아요.
>
>임상가: 수표는 어디에 쓰였나요?
>
>Misty: 제 케이블 TV 요금, 생수, 집세, 전화 요금요. 그게 다예요.
>
>임상가: 많지는 않은 것 같은데요.
>
>Misty: 많지 않지요. 저는 항상 제때에 돈을 지불합니다.
>
>임상가: 알아요, 그런 책임감을 가지고 정말 잘 해내셨어요. 난 항상 당신이 자랑스러워요.

임상가는 Misty의 이전 성공을 칭찬하며 과거의 관련성을 재확인하였고, 그녀의 능력에 확신하는 표현을 하였습니다. 4단계(지지)에서는 환자의 새로운 행동을 기다리면 안 됩니다.

>Misty: 그리고 일부 봉제 동물 인형을 샀어요. 컬렉션이 있거든요.

Misty와 임상가는 수입과 지출을 추가로 이야기합니다. 임상가는 휴일 이후로 Misty가 일하는 시간이 줄어들어 월급이 줄어든다는 사실을 알게 됩니다.

>임상가: 그래서 당신은 지금 돈을 더 적게 벌고 있군요.
>
>Misty: 맞아요.
>
>임상가: 당신이 할 수 있는 일이 무엇이라고 생각합니까?
>
>Misty: 엄마한테 돈 빌려 달라고 부탁할 수도 있어요.
>
>임상가: 그러면 어머니는 도와줄까요? 지난번에는 어떻게 하셨나요?
>
>Misty: 엄마는 안 된다고 했어요. 돈을 덜 써야겠어요.
>
>임상가: 그럼 어떻게 하는 게 좋을까요?
>
>Misty: 음, 집세를 내야 해요.
>
>임상가: 물론이죠. 이 목록에 있는 다른 항목은 어떻게 해야 할까요?

그들은 다른 청구서에 대해 이야기하였고, 전화기 사용이 필수적이라는 것에 동의하게 되었습니다. 임상가는 Misty의 생수에 대해 궁금해합니다.

> Misty: 이건 크리스탈 퓨어(생수 상표)에요.
>
> 임상가: Seaview에 있는 다른 사람들도 이 생수를 가지고 있나요?
>
> Misty: 아니요, 저와 Arlene만. [그녀의 룸메이트로 재정 상황은 Misty보다 훨씬
>       더 좋지 않다.]
>
> 임상가: 그리고 만약 당신이 그것을 가지고 있지 않다면 어떻게 될까요?
>
> Misty: 수돗물을 마셔야 할 것 같아요.
>
> 임상가: 다른 사람들처럼.
>
> Misty: 네.

임상가는 이어지는 침묵을 의미 있는 저항의 증거로 해석하고 간접적으로 접근하기로 결정했습니다(3단계).

> 임상가: 변하지 않는 게 낫겠네요. 그렇죠?
>
> Misty: 네.
>
> 임상가: 생수는 맛있고, 당신은 이것을 사용하는 데 익숙해져 있어요.
>
> Misty: 맞아요. 저희도 요리할 때 쓰거든요.
>
> 임상가: 케이블 TV에도 익숙하시군요.
>
> Misty: 음, 물론이지요. 우리 둘 다 요리 쇼를 많이 좋아해요.
>
> 임상가: 운이 좋으시군요. 요리 쇼와 요리 둘 다 좋아하시네요.
>
> Misty: 우리는 먹는 것을 좋아합니다.
>
> 임상가: 둘 다 가지고 계세요.
>
> Misty: 네, 우린 그것들이 필요합니다.

Misty와 Arlene은 모든 스포츠, HBO, Showtime 등 케이블 TV 회사가 제공하는 모든 프리미엄 서비스에 가입하고 있었습니다. Misty가 좋아할 만한 것과 감당할 수 있는 것(2단계)의 차이가 암묵적으로 드러났지만, 아마도 더 명확하게 나왔어야 했습니다.

임상가: 저도 예전에 HBO랑 Showtime이 있었는데 그중 하나를 취소했어요. 둘
　　　　다 필요 없다고 생각했어요.

Misty: 으음…….

임상가: 어떻게 생각하세요?

Misty: 저는 집이 있는 사람들은 돈이 많다고 생각해요. 그들은 그들이 원한다
　　　　면 선택할 수 있을 거예요.

임상가: 알겠습니다. 선택의 여지가 많지 않다고 느끼시나요? 그렇죠?

Misty: 네!

　Misty는 자신의 주장을 분명히 하였고, 그녀에게 강요된 선택에 대한 자신의 저항을 설명할 수 있을 정도의 놀라운 통찰력을 보였습니다. Misty는 자신이 감당할 수 있는 것과 원하는 것 사이의 차이를 인식하고 있지만, 임상가는 그녀가 무엇을 해야 할지 고민하기 위해서는 시간이 필요하다는 것을 깨닫고, 다음번에는 문제를 해결하기 위해 좀 더 생각해 보겠다고 말하였습니다. 이러한 지지의 표현은 Misty에게 미래에 대한 희망을 갖게 하는 느낌을 줍니다. 이번 주 후반에는 그녀로부터 전화가 왔는데, 그녀와 Arlene은 잠시 수돗물을 마시기로 결정했다고 이야기하였습니다.

　비록 MI 자체는 비교적 새로운 것이지만, 과거부터 임상가는 수 세대 동안 환자와 협력적인 관계를 취해 왔습니다. 이 기술은 80년 전 정신건강의학과 의사인 Adolf Meyer에 의해 지지되었습니다. 부모주의적인 태도를 피하고 치료 전 의사결정 과정에서 자율성을 부여하는 임상가에게 환자의 만족도가 더 높다는 것이 밝혀졌습니다. 게다가 임상가와 긍정적인 관계를 형성하고 있는 환자들은 심지어 전기 경련 요법과 같은 경우에서도 치료의 만족성을 표현하였고 그것이 도움이 된다고 생각할 가능성이 높습니다. 다른 연구에서는 임상가가 공감을 표현하고, 정보를 기꺼이 설명하고 공유하며, 환자가 자신의 방식으로 접근할 수 있을 때 치료를 받아들이고 더 잘 따라가는 것으로 나타났습니다.

　분명히 MI의 강점은 진행된 치매, 심각한 정신병, 급성 자살 계획 또는 생명을 위협하는 신경성 식욕 부진증 등의 환자들에게는 효과적이지 않을 것입니다. 그러나 Misty와 그녀의 임상가의 대화 내용에서 보여 주듯 지적 장애 환자에게는 효과가 있습니다.

# 친척과의 논의

친밀한 친척은 환자에게 도움이 될 수 있는 모든 것을 알고 싶어 할 것입니다. 친척 대다수는 임상가와 접촉해 본 경험이 있을 것입니다. 일부 친척은 임상가와의 접촉이 항상 만족스럽지 않을 수 있습니다. 친척이 임상가와 논의하는 과정에서의 질은 대개 다음과 같은 것에 정비례할 것입니다.

- 그들이 여러분과 가진 접촉의 양
- 그들이 가지고 있는 환자의 문제에 대한 느낌 정도
- 여러분이 얼마나 자상해 보이는가
- 여러분과 치료 계획에 대한 환자의 의견

환자와 함께 친척을 만나면 비밀 유지 문제를 피할 수 있습니다. 물론 환자가 제공한 것보다 더 많은 정보가 필요한 경우 가족 면담의 회기 중 일부는 환자가 없는 상태에서 진행해야 할 것입니다. 따로 만나는 경우에는 반드시 환자에게 따로 면담을 진행할 수 있는 충분한 기회가 있었으면 좋겠다는 이야기를 하시길 바랍니다. 이 면담이 어디에서 어떻게 진행되든지 간에 여러분은 환자와 비밀로 나눈 대화 내용을 누설하지 않도록 신중해야 합니다.

여러분이 환자의 친척들과 처음으로 논의하는 상황이라면 친척들이 해당 질환에 대해 알고 있는 정보가 어느 정도인지 파악하는 것부터 시작해야 합니다. 그러면 친척들이 이미 어떤 가정들을 상정하고 있는지를 판단하는 데 도움이 될 것입니다. 그래야 여러분은 친척들이 이전에 들은 내용과 직접적으로 모순되는 내용을 들어도 혼란스럽지 않게 될 것입니다. 예를 들어, 이전의 치료사가 조현병이라고 진단했고 여러분은 양극성 장애 I형이라고 생각한다면, 두 임상가가 핵심으로 고려하고 있는 정신병적 증상을 강조할 수 있습니다. 특히 친척이 도움이 될 수 있는 정보를 제공한 경우라면, 여러분이 가지고 있는 모든 진단의 고려사항에 대해 언급하시길 바랍니다. 환자가 우울증이 발병하기 전 또는 발병 후에 술을 마시기 시작한 것은 좋은 예가 될 수 있습니다. 이 첫 면담에서는 환자가 여러분에게 표현한 긍정적인 메시지를 전달하는 것과 질병이 친척에게 미치는 영향에 대한 우려를 표현할 수 있는 좋은 기회입니다.

필요한 정보를 얻은 후에는 나중에 문제가 발생할 수 있는 비난을 방지하기 위해 장단점을 포함한 치료 계획을 설명해야 합니다. 그때 친척과 친구가 도움을 줄 수 있는 측면을 강조하시길 바랍니다. 예를 들어, 행동이나 감정 상태의 변화는 환자보다 친척에게 더 분명하게 드러날 수 있습니다. 부작용이 발생하는 것은 그러한 문제 중 하나입니다. 예를 들어, 양극성 장애 I형의 환자가 현재 우울 삽화를 가진 경우에 '조증 경보'를 암시하는 지점으로 설명해야 할 것입니다.

비록 여러분은 빠르게 진행되는 치매 환자에게 효과적인 치료를 제공할 수 없더라도 가족이 대처하는 데 도움이 될 수 있는 자원을 논의할 수 있습니다. 환자의 정신장애에 대처하려는 가족이라면 사회로부터 어느 정도의 지원 혜택을 받을 수 있을 것입니다. 무엇이 필요한지, 그리고 그들이 사용하고 있는 자원이 무엇인지를 알아내십시오. 그들은 여러분에게 이전에 알지 못했던 일부를 언급할 수도 있습니다.

마지막으로 친척들에게 연락하는 방법을 알려 주고 환자, 친척 및 여러분 세 집단 모두가 문제 해결의 파트너로 협력하기를 원한다는 점을 강조하시길 바랍니다.

## 계획이 거부되면 어떻게 하겠는가

가족의 정신장애로 스트레스가 발생할 때 환자(때로는 친척)가 치료 계획을 반대하는 일이 종종 발생합니다. 만약 친척 또는 친구가 반대할 경우에는 여러분과 환자는 치료 진행에 동의했음을 말하고 치료 계획을 진행하시길 바랍니다. 하지만 여러분이 반대 관점을 고려했음을 보여 주기 위해 친척에게는 다음과 같이 말씀하시길 바랍니다.

"동생이 입원하는 것을 원하지 않는다고 말해 주셔서 감사합니다. 하지만 동생분과 저는 둘다 지금 당장 치료를 실시하는 것이 가장 안전한 일이라고 생각하기 때문에 치료를 계속 진행해야 한다고 생각합니다. 저는 추후 당신이 동생이 있는 곳을 방문하길 바랍니다. 당신은 그를 누구보다 더 잘 알고 있으므로 그의 진행 과정을 판단하는 데 도움이 되기 때문에 당신의 눈과 귀가 필요합니다."

만약 환자가 치료를 망설이는 사람이라면 난관을 해결할 수 있는 일련의 단계를 진행하시길 바랍니다.

① 그 계획을 받아들일 수 없는 이유를 파악한 후 안심시키십시오. 예를 들어, 치료의 부작용이 환자에게 단기적일 가능성이 높다는 것에 안심을 할 수 있다면 치료의 부작용을 견뎌 낼 수 있을 것입니다.

② 동의하는 부분을 파악하십시오. 치료가 필요한 경우 다음 단계를 진행하십시오.

③ 환자가 받아들일 수 있는 치료 기준을 알아보십시오. 여러분이 봤을 때 환자가 제시하는 치료들이 해롭지 않고, 도움이 되지도 않는다고 느끼는 경우일지라도(중등도의 심한 우울증에 대한 심리치료와 같은 경우), 특정 기간 동안 치료를 시도하는 것에는 동의할 수 있습니다. 그 시간이 끝나면 환자는 여러분과 원래 진행하기로 했던 권장사항을 계속 진행하는 데 동의할 수 있을 것입니다.

④ 환자가 불만을 느끼면 결과를 주의 깊게 살펴보고, 치료를 중단하거나 변경한다는 조건하에 환자는 검사실 검사에 동의할 수 있을 것입니다.

⑤ 두 번째 의견을 마련한 후 제안하시길 바랍니다. 만약 신뢰하는 친구나 친척이 환자에게 영향을 끼쳐 여러분의 추천을 거부하는 경우에는 이 방법이 특히 유용할 수 있습니다. 그러나 열린 마음을 가지시길 바랍니다. 여러분에게 자문하는 환자의 가족 및 주변인들은 여러분이 생각했던 것과 다른 것을 추천할 수 있습니다.

⑥ 마지막으로, 환자나 가족이 여러분은 필수적이라고 생각하는 치료를 거부할 수 있습니다. 제 규칙은 다음과 같습니다. 저는 가족이나 환자(자발적으로 입원한 환자의 경우)의 의사에 반하여 전적으로 정당하다고 믿는 치료 과정을 진행

할 수 있습니다. 그러나 환자와 가족 모두 저의 조언을 거부하면 보통 환자에게 효과적으로 치료를 할 수 없다고 느낍니다. 그런 경우에는 환자가 다른 임상가를 찾도록 도와드립니다.

제**20**장
----------
# 발견한 내용을 타인과 공유

때로 임상가는 환자 본인 이외의 누구와도 정보를 공유하지 않은 채 임상적 평가를 시행하며 완전한 치료를 진행할 수 있을 것입니다. 이 흔치 않은 상황은 아마도 독립적으로 개업한 장면에서만 일어나는 일일 것입니다. 그러나 여러분은 어디에서 일하든 혹은 여러분의 환자가 누구이든 간에 보험사, HMO 및 정부 기관의 요구로 여러분이 발견한 내용을 다른 누군가에게 전달해야 할 가능성이 점점 더 많아질 것입니다.

## 서면 보고서

전문가일지라도 다소 무턱대고 자료를 수집할 때가 있으므로 여러분은 결과를 공유하기 전 자료를 정리해야 합니다. 서면과 구두 보고의 경우 자료 구성은 대체로 동일합니다. 일반적으로 서면 보고서가 더 완전하므로 먼저 서면 보고서를 훨씬 더 자세히 다룰 예정입니다. 부록 C에서는 첫 면담의 예시와 첫 면담에 대한 서면 보고서의 예를 제시하였습니다.

## 개인정보

개인정보는 환자의 개인력을 토대로 정신 상태 이미지에 대한 틀을 여러분에게 제공합니다. 보고서의 첫 번째 또는 두 번째 줄에는 인구통계학적 자료인, 환자의 이름, 나이, 성별, 결혼 여부, 종교 및 관련성이 있는 기타 항목이 명시됩니다. 군 경력 사항은 환자의 계급까지 포함되고, 재향군인 병원(Veterans Affairs) 기록에서는 환자에게 군 복무 중 관련 장애가 있었는지를 주목해야 합니다.

어떤 경우든 환자가 여러분의 기관에 처음 왔거나, 이전에 진료를 받은 적이 있는지를 유의해야 합니다.

## 주 호소 문제

제2장에서 설명한 바와 같이, 주 호소 문제는 환자가 치료를 받으러 온 이유입니다. 종종 직접적으로 인용하여 작성되기도 하지만, 때로는 이를 의역하거나 요약하고 싶을 때가 있으며, 특히 모호하거나 장황하고 다면적일 경우에는 더욱 그럴 것입니다. 종종 임상가는 두 가지의 주 호소 문제를 인용합니다. 하나는 환자로부터, 다른 하나는 (구체적으로 확인이 된) 친척, 친구 또는 기타 정보 제공자로부터입니다. 이와 같은 이중의 보고는 환자가 너무 비협조적이거나 또는 너무 혼란스러워하여 (또는 너무 어린) 적절하게 반응할 수 없는 경우에 유용하게 사용됩니다.

## 정보 제공자

여러분이 얻은 정보들을 간략히 기술하고, 각각의 정보에 대한 신뢰성을 추정해 보십시오. 환자 외에도 언급된 친척, 친구, 기타 의료 종사자 및 오래된 차트와 어떤 것이든, 여러분이 이러한 자료들을 가지고 있다면 환자에 대한 그림을 그리는 데 도움을 받을 수 있습니다.

## 현 병력

현 병력은 전체 보고서에서 가장 중요한 부분입니다. 현 병력을 작성할 때 몇 가지 규칙을 명심하십시오.

- 현 병력은 연대기적인 내용이어야 합니다. 좋은 소설과 마찬가지로 이 이야기는 시작과 전개, 결말로 구성되어야 합니다. 대부분의 경우 첫 번째 발병 에피소드가 시작에 해당합니다. 일부 임상가는 다음과 같은 시작 문구로 그 지점을 주의 깊게 표시합니다.

> Turner 씨는 우울증의 여러 에피소드 중 첫 번째 에피소드를 겪게 된 32세까지는 건강하였습니다.

이와 같이 효율적인 하나의 문장에서 독자는 ① 임상의 주요 관심 영역, 임상적 관련 분야(기분 장애: 우울증), ② 발병 연령, ③ Turner 씨의 문제가 새롭게 발병하지 않았다는 사실, ④ 발병하기 전 성인이 된 12년 동안 환자는 건강했다는 사실을 알게 될 것입니다. 일단 이와 같이 서술하게 되면 시간의 흐름에 따라 작성해야 하고, 현재 시점에서 환자가 치료를 받게 된 이유로 끝맺음을 합니다. 동일한 상태로 한 시설에 반복적으로 입원한 환자의 경우라면 축약된 메모를 통해 불필요하면서도 반복적인 내용을 피할 수 있을 것입니다.

> Turner 씨는 32세부터 심도의 우울로 이 의료 기관에 다섯 번 입원했고, 각각 전기 경련 요법을 통해 성공적으로 치료되었습니다. 가장 최근에 퇴원한 시기는 2년 전인데, 이후 그는 독립적으로 살면서 상업적인 일러스트레이터로 일했습니다. 2주 전 그는 우울 에피소드의 시작을 예고하는, 일에 대한 무기력감과 관심의 상실이 일어나고 있음을 알아차리기 시작했습니다.

- 주 진단을 제공해야 합니다. 이것은 여러분이 생각하기에 가장 가능성이 높다고 생각되는 진단을 현재의 진단 기준(북미의 DSM-5)에 근거하여 충분히 반영

해야 함을 의미합니다. 예를 들어, 환자에게 우울증과 정신병 증상이 있다고
가정해 보겠습니다. 여러분이 가장 가능성이 큰 진단을 정신병적 증상을 동반
한 멜랑콜리아 양상(정신증적 증상 및 멜랑콜리아 양상이 동반된 고도의 주요 우울
장애)이라고 생각한다면, 현 병력은 현재의 심도 우울을 경험하고 있는 기간 외
에는 환자가 정신증적 증상이 전혀 없었음을 강조해야 합니다. 물론 저는 여러
분에게 감별이 요구되는 진단의 증거 또는 애매모호한 자료를 숨겨야 한다고
말하는 것이 아닙니다. 그러나 여러분의 기록은 자료를 구성하는 데 있어서 개
인력, 정신 상태 그리고 진단이 전체적으로 일관되어야 하고, 각 부분들은 서로
상호 지지적이어야 합니다.

- 과거력이 복잡하다면 그것을 구분해야 합니다. 이를 수행하는 한 가지 방법은
주 진단을 지지하지 않는 세부 정보를 나중에 설명될 때까지 남겨 두는 것입니
다. 아마도 관련성이 적은 정보는 나중에 개인력 및 사회력에 포함될 수 있습
니다. 여러분은 현 병력에서 별개의 주제를 별도의 단락(교차 가능성이 있을지라
도)으로 제시할 수도 있습니다. 입원의 실제 원인이었던 환자의 우울증을 설명
한 후 다음과 같이 제시할 수 있습니다.

　　우울증 외에도 Turner 씨는 여장을 하는 경향이 있었습니다. 이것은 6세부터 시작
　되었습니다.

- 자료를 편집하십시오. 한 시간 분량의 면담을 마치고, 미국 연방 예산서만큼
두껍고 오래된 차트를 읽었다면, 여러분이 파악해야 할 내용보다 훨씬 더 많은
내용을 알게 되었을 것입니다. 자료를 요약할 때 이전 치료를 한 줄 또는 두 줄
로 요약하며, 입원 기록을 열거하십시오(조증이 많은, 우울증이 매우 많은). 그리
고 독특한 에피소드의 증상을 작성하도록 하십시오. 이렇게 하면 여러분은 본
질적으로 동일한 정보를 여러 번 반복해서 읽지 않아도 됩니다.

　　그 당시[우울증의 첫 번째 에피소드에서] 그는 처음으로 무기력함과 상업 일러스트
　레이터로서의 작업에 대한 관심이 소멸되었음을 알아차렸습니다. 그 후 몇 주 동안 그
　는 점점 식욕이 감퇴하였고, 체중이 10파운드 감소하였으며, 불면증에 시달려 매일 이

른 아침에 일어나 방 안을 걷게 되었습니다. 이 증상 패턴은 그다음의 에피소드에서 반복되었습니다.

Platt과 McMath(1979)는 "현대의 질환은 의료 소설이 아니라, 이와 같은 기본적인 자료를 정교하게 다듬는 것"이라고 지적하였습니다.

• 중요한 의미가 있는 부정의 내용을 포함하시길 바랍니다. 다양한 임상적 관심 분야를 탐색할 때 특정 장애를 배제하거나 포함시키기 위해 많은 질문을 했습니다. 일부의 부정적인 답변은 감별진단 목록에서 가장 가능성이 높은 진단을 선택하는 데 도움을 줍니다. 그러한 대답을 **중요한**(또는 적절한) 부정이라고 합니다. 중요한 부정적 요소는 긍정적인 답변과 함께 현재 질병의 병력에 보고되어야 합니다.

비록 Leeborg 씨는 직장을 잃은 후 일주일 동안 심한 우울을 느꼈다고 말했지만, 불면증, 식욕 부진, 성에 대한 관심 저하를 부인했습니다.

• 쉬운 언어로 결과를 보고하십시오. 여러분의 독자는 정신건강 분야의 복잡한 전문용어에 익숙하지 않은 사람들이 포함될 수 있습니다. 전문 저널에서 일반적으로 사용되는 약어 이외의 약어는 사용하지 마십시오. 여러분의 생각을 짧은 문장과 능동형 동사를 사용하여 표현하면 명확하게 보일 수 있을 것입니다.
• 환자는 '사례'가 아니라 사람입니다. 많은 임상가는 환자를 '조증 환자' 또는 '조현병 환자'라고 부르는 것은 나쁜 형태라고 생각합니다. 항상 환자를 '조증을 지닌 환자' 또는 '조현병을 지닌 환자'로 부르도록 노력하십시오. 이러한 어휘 사용은 환자의 인간성을 지키고자 노력하는 여러분의 태도에 도움이 됩니다.

## 개인력 및 사회력

### 유년기를 통한 성인기의 생활

여러분은 정보를 제시할 때 최대한 충실하면서도 질서 있게 시간순으로 제시해야 합니다. 출생 및 유아기부터 시작하여 교육, 군대 경험(있는 경우), 성관계, 결혼,

직장 이력, 법적인 사건 및 종교를 처음부터 끝까지 다 나열하십시오. 여러분은 문단 또는 개요 작성 방식 중 하나를 사용할 수 있습니다. 만약 여러분이 구술해서 받아쓰게 한다면 전자가 편할 것이고, 여러분이 정보를 받아서 작성하거나 타자를 칠 경우에는 후자가 편할 것입니다.

이 부분에서는 환자의 배경에 대해 합리적으로 완전한 그림을 제시해야 하지만, 현 병력에서 이미 다룬 정보는 생략하셔야 합니다. 환자의 인생 이야기를 설명하는 일화와 사소한 세부 사항은 편집하시길 바랍니다. 그러나 여러분은 해리성 장애의 가능성이 있는 환자에게서 아동기 성적 학대 경험이 없다든지, 반사회적 성격 장애 가능성이 있는 환자에게서 완벽한 학교 출석 현황과 같은 가설에 반대되는 증거들을 포함시켜야 합니다. 또한 더 이상 환자의 삶에 영향을 주지 않기 때문에 현 병력에서 생략했을 수 있는 이전의 약물 또는 알코올 남용과 같은 중요하고 과거의 명백한 요소도 포함되어야 합니다.

### 가족력

비록 환자 자신의 인생 이야기 일부이지만, 가족력은 관례상 별도의 문단으로 보고합니다. 우리는 성장하는 개인에게 가족이 끼칠 수 있는 생물학적 및 환경적인 영향을 강조하기 위해 구분을 합니다. 신체 질환 및 정신장애에 대한 정보를 포함시키시길 바랍니다. 후자에 대해 보고할 때는 진단뿐만 아니라 그 진단을 입증(또는 반박)할 수 있는 정보를 모두 포함해야 합니다. 예를 들면 다음과 같다.

> Garwaith 부인의 아버지는 조현병을 진단받았지만 병원에서 두 번 치료를 받고 퇴원하였고, 분명히 회복되었기 때문에 노래하는 웨이터라는 힘든 직업을 다시 할 수 있었습니다.

나중에 요약에서 아버지의 병력은 기분 장애처럼 보인다는 결론을 내릴 수 있습니다.

만일 환자가 입양되었거나 가족력에 대해서 완강하게 거부적인 태도를 보인다면 그렇게 생각하고 다음 단계로 넘어가시길 바랍니다.

**병력**

정신건강과 관련이 없는 병력, 즉 수술, 주요 의학적 질병, 현재 및 최근 약물 복용 및 입원과 관련된 것들을 질문하시길 바랍니다. 특히 약물에 대한 모든 알레르기를 파악하시길 바랍니다. 아무것도 없다고 말하면 그렇게 작성하십시오. 약물치료가 환자에게 문제가 되는 경우 이 정보가 중요할 수 있습니다. 아직 그러한 문제가 없었다면 담배, 마리화나 또는 알코올 사용과 같은 습관을 언급하시길 바랍니다.

**체계적 문진**

여러분의 질문에 응답한 과거 또는 현재의 신체적인 문제 내용을 언급하시길 바랍니다. 만약 신체화 장애(신체 증상 장애)가 감별진단에서 고려되는 경우, 해당 장애의 전문화된 체계적 문진문항에서 문제가 시사되고 있는 증상들을 나열하시길 바랍니다(자세한 내용은 부록 B 참조).

## MSE

많은 환자의 경우 대부분 MSE가 정상적이므로 간단하게 다룰 수 있을 것입니다. 다양한 영역을 순서대로 보고하는 것은 여러분이 모든 영역을 고려했음을 보여 주기 위해서이며, 각 영역을 살펴봤다는 사실보다는 중요하지 않습니다. 환자의 정신 상태를 설명할 때 감별진단에 포함된 진단을 뒷받침하거나 반박하는 데 필요한 세부 정보를 염두에 두시길 바랍니다. 이때 여러분은 긍정적인 정보뿐만이 아니라 감별진단 리스트상에서 상위 또는 하위 진단에 배치할 수도 있는 중요한 부정적인 정보 또한 포함시켜야 합니다.

환자의 일반적인 외모와 의복 상태를 설명하시길 바랍니다. 외관상의 연령과 명시된 연령이 비교되어야 합니다. 정동의 모든 측면을 언급하시길 바랍니다. 정동의 유형이 눈에 띄게 명백하지 않으면 '어느 정도 중간'이란 기술어를 사용하고, 불안정성과 적절성에 대해서도 언급합니다. 이상함을 설명할 때에는 '기괴함' 또는 '특이함'과 같은 일반적인 용어를 사용하지 마십시오. 이 용어는 정확하지 않고 환자의 행동이나 외모의 풍미를 전혀 전달하지 못합니다. 그렇기 때문에 정확하게 설명할 수 있는 단어와 구문을 선택하는 데 많은 노력을 기울일 필요가 있습니다. "환자의 옷이 이상했습니다." 대신 "환자는 발레를 할 때 입는 치마와 낡은 밀가루 자루를 손으로 꿰매어 만든 옷을 무용수처럼 딱 달라붙게 입고 있었습니다."라고 말할 수 있습니다.

　서면으로 작성된 정신건강 기록은 법적 문서임을 기억하십시오. 변호사가 소환하고 환자가 직접 요청할 수 있으므로 여러분의 문체와 표현이 정밀한 검토 과정을 문제 없이 통과할 수 있도록 분명하게 기록하십시오. 농담, 불만 및 비공개로 유지해야 하는 기타 의견을 작성하지 마십시오. 경멸적인 것으로 간주될 수 있는 의견을 표현할 때에는 이것이 여러분의 추론임을 인정하는 방식으로 서술을 하시길 바랍니다.

　　그는 취한 것처럼 보였습니다…….
　　그녀의 태도는 매혹적인 것 같았습니다…….

　사고의 흐름(사고의 과정) 아래에서 반드시 연상의 이상과 말의 속도 및 리듬에 대해 언급하시길 바랍니다. 환자가 보이는 말의 특징을 제시하고, 이후의 변화를 판단하기 위해 기저선을 제시할 수 있도록 직접적인 인용구를 이용한 예를 작성하십시오.

　일반적으로 여러분이 사고 내용하에 보고한 발견들은 현 병력에서 이미 언급한 내용을 반영한 것입니다. 여러분은 현재 나타나지 않는 다른 가능한 사고의 내용을 언급해야 할 것입니다. 다른 면에 있어서 많은 환자는 정신병적 사고의 내용이 없지만, (완전히 침묵하는 사람들을 제외하고) 모든 사람은 무언가에 대해 말합니다. 그것이 무엇이든 간단하게 설명해야 합니다.

　　환자의 사고 내용은 과거에 있었던 간통과 그의 아내가 그를 곧 떠날 것이라는 사건과 관련이 있었습니다. 그는 망상, 환각, 집착 또는 공포증을 표현하지 않았습니다.

　환자에게 언어 결함이 있을 경우, 그 증상이 무엇인지 말하고 의미하는 예를 제시하시길 바랍니다.

　　Treat 부인은 간단한 지침을 이해하고 유창하게 말할 수 있었지만, 명명 실어증을 보여 주었습니다. 그녀는 볼펜의 클립과 심의 이름을 말할 수 없었고, 제 손목시계를 "시간…… 뭐더라."라고 불렀습니다.

인지 능력을 보고하는 데 있어 환자가 '정상' 또는 '손상되지 않았다'라고 언급하는 것만으로는 충분하지 않습니다. 어떤 검사를 했는지, 어떤 반응이 제시되었는지, 응답을 어떻게 해석하였는지를 기록해야 합니다. 오반응이 얼마나 되었습니까? 상황이 오류를 경감시켰습니까? 예를 들어, 환자가 5분 후에 이름, 색깔, 주소를 기억하지 못하였다면 우울증으로 인한 주의집중력 저하에 따른 문제라고 설명할 수 있습니까? 추상화 능력이 손상되었습니까? 그렇다면 사용한 검사 도구는 무엇이며 응답은 무엇이었습니까? 연속해서 7을 빼는 과제에서 실수의 횟수와 계산 시 수행된 속도를 기록하시길 바랍니다. 환자가 계산을 할 때 보조적 수단으로 손가락을 사용했습니까?

통찰력과 판단력을 보고할 때에는 일반적으로 해석(예: 우수, 좋음, 괜찮음 또는 나쁨)을 해야 하지만, 반드시 여러분의 논리를 인용해야 합니다.

Rafael 양의 통찰력은 그녀가 명백하게 조증 상태이지만 그녀가 인생에서 하루도 아프지 않았다고 말하는 점을 볼 때 빈약해 보였습니다. 그러나 그녀의 판단력은 상당히 좋았습니다. 그녀는 '검사를 위해' 병원에 머무는 것에 동의하였습니다. 그녀는 심지어 리튬 복용을 재개할 수도 있다고 말했습니다.

# 진단 기록

북미에서는 미국정신의학회(American Psychiatric Association)의 『정신질환의 진단 및 통계 편람(Diagnostic and Statistical Manual of Mental Disorders: DSM)』이 정신건강의학과 진단의 표준 간행물로 출판되었습니다. 세계의 많은 다른 국가는 『국제질병 분류(International Classification of Diseases: ICD)』의 판 중 하나를 사용합니다. ICD는 마찬가지로 전문가들의 연구와 의견에 기초하여 만들어졌습니다. DSM은 전문가 위원회에서 고안되었고, 경험적 연구에 강한 근거를 둔 것이며 각 환자는 여러 영역에서 평가되도록 명시되어 있습니다.

- 첫 번째는 주요 임상 증후군을 포함합니다. 대부분의 정신장애인은 이러한 진단 중 하나 이상을 진단받게 됩니다. 이러한 증후군에는 우울증, 정신병, 불안장애, 물질 사용 장애, 지적 장애, 성격 장애 및 다른 임상적인 장애가 포함되고 정신건강 전문의에 의해 진단되며 치료됩니다. 2개 이상의 진단이 적절한 경우, 모두 포함하되 현재 평가의 주된 원인을 먼저 나열하십시오.
- 천식, 당뇨병, 비만 및 측두엽 간질과 같은 신체적 진단에 대한 설명은 여러분이 이 환자의 모든 의학적 문제를 이해하는 데 도움이 됩니다.
- 지난 1년 동안 환자의 정신 상태를 유발하거나 영향을 미쳤을 수 있거나 치료에 실질적으로 영향을 미칠 수 있는 심리·사회적 스트레스 요인은 다음과 같습니다. 이 책 제5장의 〈표 5-1〉에는 주목할 수 있는 스트레스 요인 유형이 나열되어 있습니다. 범주가 아닌 정확한 스트레스 요인을 기록하시길 바랍니다.
- 전반적 기능평가(DSM-IV-TR까지 DSM에 포함되었지만 DSM-5에서 누락되었음에도 불구하고 여전히 이것을 사용하기를 권장합니다)는 환자의 전반적인 기능을 평가합니다. 두 가지 수준으로 지정할 수 있습니다. 하나는 현재 수준의 기능을 설명하고, 다른 하나는 지난 1년 동안 가장 높은 수준의 기능을 설명합니다. 이 기능평가는 1(가장 낮음)에서 100(우수)까지입니다. 여러분은 이것을 제가 작성한 저의 책 『쉽게 배우는 DSM-5(DSM-5 Made Easy)』또는 인터넷 검색을 통해 찾을 수 있습니다.

## 사례 개념화

사례 개념화에서는 환자의 과거에 대해 알게 된 모든 것을 종합하여 더 나은 미래로 가는 길을 제시합니다. 사례 개념화를 준비하는 몇 가지 이유는 다음과 같습니다.

- 환자에 대한 생각에 집중하기 위해
- 진단의 기저에 숨겨진 논리를 요약하기 위해
- 정보 및 치료에 대한 향후 요구를 파악하기 위해
- 환자에 대한 간략한 요약을 제시하기 위해

사례 개념화는 여러 형식으로 사용할 수 있고, 그중 일부는 방금 전까지 다루었던 모든 자료를 다시 제시할 수 있는 위험이 있습니다. 따라서 여기에 제시된 방법은 간결함, 완전성 및 단순성의 장점을 결합한 것입니다.

사례 개념화의 다양한 영역 중에서 가장 중요한 두 가지는 감별진단과 기여요인 입니다. 여기에는 여러분이 수집한 모든 자료가 포함되어 있고, 그 자료들을 종합할 수 있다면 자료가 가진 근본적인 개념이 포함되어 있을 것입니다.

단편적으로 제시된 사례 개념화의 예시는 다음과 같습니다.

## 간략한 요약

최소한의 확인된 자료에 따라 환자의 현 병력 및 정신 상태 검사에 기반하여 환자의 현 병력의 증상과 과정을 설명하시길 바랍니다. 필요에 따라 보고서의 모든 부분에서 그렇게 수행하시길 바랍니다.

> Juneau 부인은 이전에 조현병이라고 불렸던 정신병으로 두 번 입원한 27세의 기혼 여성입니다. 3주 동안 그녀는 자신의 방에 머물면서 단식하였고 '세상의 종말을 위해 준비'했음을 말하였습니다. 그녀의 남편은 그녀의 체중 감소가 걱정되어 그녀를 병원으로 데려왔습니다.

## 감별진단

감별진단 목록에서는 각각의 진단에 대한 가능성 있는 주요 주장과 반대되는 주장이 함께 제시되어야 합니다. 성격장애를 포함하여 가능한 모든 진단을 언급하시길 바랍니다.

- 정신병을 동반한 신경인지 장애(망상): 8년 전 두부 외상의 병력
- 물질 사용: 그녀는 두 번의 정신병적 에피소드를 겪는 동안 폭음을 하였지만, 일단 정신병이 해결된 후에는 술을 계속 마셔 본 적이 없습니다.
- 우울증: Juneau 부인은 결혼하기 전에 저지른 불특정한 죄에 대해 슬퍼하고 절

망하며 죄책감을 느낍니다. 그녀는 식욕을 잃고 거의 잠을 자지 않았으며 체중이 10파운드나 감소되었습니다.

- 조현병: 그녀는 현재 망상 상태에 있습니다. 이전 에피소드에서 그녀는 유대인을 구하기 위해 이 땅에 태어났다고 믿었습니다.

## 주 진단

지지하는 진단과 그 진단을 선택한 이유 및 권위 있는 근거(DSM 또는 ICD의 현재 버전)로 설명해야 합니다. 여러분의 주 진단이 진단 체계에서 가장 우선순위로 나타나지 않을 수 있습니다. 이에 대한 가장 대표적인 예로, 가급적이면 신경인지 장애가 가장 먼저 배제되어야 하지만 그것이 가장 가능성이 높은 진단이 아닌 경우가 많습니다.

Juneau 부인은 양극성 장애 I형(DSM-5)의 우울 삽화인 것으로 추정됩니다. 그녀의 이전 정신병 에피소드는 완전히 해결되었습니다. 그녀의 남편은 유지 약물 없이도 에피소드 사이에 잘 지내고 있음을 보고했습니다. 그녀의 모든 정신병적 증상은 당시 그녀의 기분과 일치하는 것으로 보입니다. 두부 외상은 8년 전이고, 이후의 문제는 없었으며 관련된 다른 징후는 없었습니다. 그녀의 알코올 남용은 그녀의 정신병적 에피소드에 대한 반응으로만 일어난 것으로 보이는데, 돌이켜 보면 그것은 아마 정신병적 조증 상태였을 것입니다.

## 기여요인

여기에서 확인된 다양한 요인이 환자의 주된 문제의 발달에 어떻게 영향을 끼쳤는지를 설명하는 것입니다. 해당되는 경우 생물학적 · 신체적 · 심리적 · 사회적 요인을 언급하십시오. 파악한 자료에 따라 이 부분의 길이는 길거나 짧을 수 있습니다.

Juneau 부인의 질병에 대한 생물학적 근거는 가족력에서 살펴볼 수 있습니다. 그녀의 어머니는 재발성 우울증에 시달렸습니다. 심리적 문제의 촉발 사건은 2개월 전 아버지의 죽음일지도 모릅니다. 이전 우울 에피소드를 경험할 당시의 의료비는 현재 우울증의 심각성에 영향을 끼칠지도 모릅니다.

## 필요한 추가 정보

진단을 확정하는 데 필요한 면담과 검사 및 기록을 간략하게 다루시길 바랍니다.

Juneau 부인은 이전 입원에서 그녀가 겪었던 증상이 조증 증상일 수 있는지를 확인하기 위해 기록을 요청해야 할 것입니다. 오래된 두부 손상의 후유증을 배제하기 위해 MRI 검사를 고려하시길 바랍니다.

## 치료 계획

치료에 대한 권장사항을 간략하게 설명하시길 바랍니다. Juneau 부인의 경우 다음과 같습니다.

- 생물학적
  - 조증 재발 방지를 위한 리튬 900mg/일
  - 우울증에 대한 플루옥세틴 20mg/일
  - 정신병 조절에 필요한 올란자핀
- 심리적
  - 죄책감과 슬픔에 초점을 맞춘 심리치료
- 사회적
  - 재정 계획 지원
  - 익명의 알코올 중독자들 소개
  - 양극성 장애 I형에 관한 Juneau 가족에 대한 교육

## 예후

이 환자는 어떤 결과가 나올까?

저 Juneau 부인이 완전히 회복될 것으로 기대합니다. 기분 안정제의 예방적 사용은 후속 에피소드를 예방할 수 있습니다.

## 구두 설명

일반적으로 면담 자료의 구두 설명은 서면 보고서와 동일한 방식으로 진행하면 됩니다. 일반적으로는 간단합니다. 사실 5~6분 이상을 말로 표현하면 지루함과 주의집중의 곤란을 유발할 수 있는 위험이 있습니다. 그러나 환자를 얼마나 잘 이해하고 있는지 보여 주는 완전하고 통합될 수 있는 초상화를 제시해야 합니다.

또한 여러분은 환자를 얼마나 잘 조직화시켜서 봤는지를 증명할 수 있게 됩니다. 공식적인 발표를 위해 작은 노트 카드에 여러분이 찾은 내용을 요약하시길 바랍니다. 이렇게 하면 설명의 속도가 빨라지고 필요할 때 기억하도록 도울 수 있으며, 정보를 찾기 위해 환자 차트를 재차 찾아보는 불편함을 줄일 수 있습니다.

구두 설명을 할 때 진단 및 감별진단을 준비하시길 바랍니다. 주 진단을 선택하는 이유를 명심해야 합니다. 일부 전임 교수는 여러분의 자료와 논리로 이를 방어해 보라고 요구할 것입니다.

제21장
----------
# 면담 상황에서의 문제 해결

어떠한 면담도 어느 정도의 결점이 있고 모든 임상가는 실수하기 마련입니다. 숙련된 면담 기술을 가진 임상가는 전자를 보충하고 후자의 영향을 최소화합니다. 이 장에서는 초보 임상가들이 흔히 직면하게 되는 문제 상황들을 살펴보도록 하겠습니다.

초기 평가는 여러 측면에서 우리가 예상했던 것과 다른 결과가 도출될 수 있는데, 예상과 다른 결과는 몇 가지 요인에 따른 문제일 것입니다. 아마도 대부분의 임상가가 좋은 라포를 형성하였기 때문에 문제가 많은 면담에서도 환자는 희생양이 되지 않을 것입니다. 좋은 관계를 형성하였음에도 불구하고 면담 과정에서 실수가 있다면 때때로 환자는 치료를 포기하게 될 것입니다.

면담 결과에 영향을 끼치는 또 다른 요인은 우리가 찾는 정보와 관련이 있습니다. 즉, 임상가는 정확한 정보를 얻지 못할지라도 때때로 우리가 파악한 정보가 정확하고 완벽하다고 생각합니다. 첫 면담은 새로운 환자에 대한 정보를 의식적으로 파악하기 위해 노력하는 시간입니다. 첫 면담에서 파악된 정보는 우리가 환자를 많이 알게 되었다고 생각하게 만듭니다. 첫 면담에서 정보를 얻은 직후에는 환자에 대한 인상이 형성되며, 한 시간 또는 여러 번의 면담을 거쳐서 환자에 대한 인상이 확장되는 경향이 있습니다. 진단적 인상을 형성한 후에는 우리가 첫인상을 바꾸는 것이 어

렵다는 것을 발견할 수 있을 것이며, 심지어는 나중에 설득력 있는 정보를 발견할지
라도 첫인상을 수정하기 어려울 수 있습니다.

# 문제가 있는 면담 인식

좋은 소식은 대부분의 면담 상황은 무엇이 잘못된 것인지를 파악하면 문제를 수
습할 수 있다는 것입니다. 나쁜 소식은 무엇이 잘못되었는지 아는 것은 어려울 수
있다는 것입니다. 다음은 여러분에게 정보를 줄 수 있는 몇 가지 신호입니다.

## 면담 동안

환자와 면담하는 동안 문제를 암시하는 환자의 행동에 주의를 기울이시길 바랍
니다.

- 환자가 조용해지거나, 비판적이게 되거나, 말다툼하게 됩니다. 대다수 환자와
  는 시작부터 상호작용이 잘 이루어질 것입니다. 그러나 때때로 첫 면담부터 환
  자와의 관계 문제가 발생되기도 합니다. 환자의 태도 변화는 문제가 있는 면담
  의 증거가 될 수 있습니다. 처음에는 협조적이었고 수다스러웠던 환자가 여러
  분이 보기에는 논란의 여지가 없는 이야기에서 논쟁을 시작합니다. 또 다른 경
  우는 처음에 말이 많았던 사람이 자신의 생각을 표현하지 않거나, 개방형 질문
  에 단답형으로 반응하거나 투덜거림으로 응답하는 경우가 있습니다.
- 방을 흘끗 보는 환자는 환각을 경험할 수도 있겠지만, 이 환자는 면담에 관심을
  잃어 다른 일을 하고 싶다고 생각할 가능성이 더 클지도 모릅니다. 심지어 저
  는 면담이 끝나지 않았는데도 갑자기 방을 나간 환자를 경험한 적도 있습니다.
  환자의 부주의를 나타내는 모든 신호는 중요합니다. 환자의 적극적인 참여 없
  이는 여러분이 얻은 정보는 정확하지도 않고 확고하지 않을 것입니다.
- 여러분은 본질적으로 동일한 질문을 반복하였지만 모순된 답변을 얻을 것입
  니다.

- 여러분은 중요한 감별진단을 분명하게 정의 내리지 못하게 되면서 질문을 생각할 수 없을지도 모릅니다.
- 환자는 지속적으로 여러분에게 질문을 반복해 줄 것을 요청합니다.
- 여러분은 의자에서 일어나 방을 떠나기를 원할지도 모릅니다.

## 면담 후

환자와의 첫 면담이 종료되면 여러 증거가 여러분에게 무엇이 잘못되었는지를 알려 줄 것입니다.

- 여러분은 중요한 자료의 요점을 파악하지 못하였음을 발견하게 될 것입니다.
- 환자는 추후의 예약을 거절합니다.
- 방금 수집한 정보가 이전 차트 또는 보조 출처의 자료와 모순되는 것을 발견하였습니다.
- 여러분이 파악한 정보는 감별진단에서 하나의 진단에만 적용되는 것을 발견하였습니다.
- 여러분은 환자와의 면담에서 야구에 대해서는 많이 알게 되었지만 환자의 병력에 대해서는 거의 알지 못하게 되었음을 발견하였습니다.
- 환자의 감정을 충분히 파악하지 못하였음을 발견하였습니다.
- 여러분은 면담에서 중요한 문제 중 하나를 질문하지 않았습니다. 성관계, 약물 사용, 자살 충동 등

## 무엇이 잘못되었는지 확인하는 방법

여러분은 다음 진단의 과정을 통해 면담의 문제점을 파악할 수 있습니다. 앞에서 언급된 문제를 발견하지 못하였을지라도 저는 두려움 없이 첫 번째 진단의 과정을 내딛는 것이 중요하다고 생각합니다. 어쨌든 가장 은밀하게 발생하는 실수는 여러분이 면담 과정에서 주의를 집중하지 않는 것입니다.

## 녹음하기

물론 환자의 허락이 있어야 면담을 녹음할 수 있고 녹음하는 것은 큰 장애물로 작용하지 않을 것입니다. 여러분은 환자에게 면담을 녹음하려고 하는 이유로 환자의 욕구와 면담의 내용을 더욱 잘 파악하고 이해하고 싶음을 설명하면 됩니다. 저 또한 여러분의 경험 수준에서 여러분이 스스로의 부족한 점을 인정하고, 문제점을 알고 싶어 하는 것이 후진적이라고 생각하지 않습니다. 제 경험상 소수의 환자만이 녹음을 거부하였습니다.

두 사람 사이에 있는 책상 위(눈에 띄지 않는 적당한 자리)에 작은 녹음기를 올려 두면 됩니다. 비교적 방이 조용한 경우(복도와 난방 기기 작동으로부터 시끄러운 소리가 없음)라면 녹음은 잘 될 것입니다. 주변 소음이 많은 경우 'Y' 커넥터로 결합된 한 쌍의 클립온 마이크를 사용하면 즉각적인 선명도를 얻을 수 있습니다.

만약 카메라를 설치할 수 있고 환자와 여러분을 모두 보이게 할 수 있다면 비디오로 녹화하는 것이 더 좋습니다(소리의 선명도를 얻기 위해서는 추가적인 마이크가 필요할 수 있습니다). 여러분은 환자의 외모뿐만 아니라 여러분의 얼굴표정과 기타 비언어적 태도에 관심이 있을 것입니다. 여러분은 눈살을 찌푸리거나, 눈을 가늘게 뜨거나, 지루해하거나, 눈동자를 굴리지는 않았습니까, 아니면 가끔 격려의 미소를 짓고 있습니까? 여러분은 환자와 시선 접촉을 하고 있습니까, 아니면 메모 작성에 모든 시간을 소비하고 있지는 않습니까? 부록 E는 면담에 대한 자체 평가와 몇 가지 구조화된 체계를 추가적으로 제공하고 있습니다.

## 면담 자문받기

여러분은 녹음(혹은 녹화)을 이용해 외부 사람에게 도움을 받으면 그 효과를 크게 향상시킬 수 있습니다. 오랜 시간 동안 관찰된 면담은, 임상가의 치료 적합성을 입증하는 표준적인 방법이었습니다. 동료에게 한 시간(또는 그 이상의 시간)을 자문해 줄 것을 부탁함으로써 여러분은 임상가로서 겪게 될 삶과 죽음의 트라우마를 직접적인 경험 없이 동일한 배움으로 얻게 될 것입니다. 물론 새로운 환자를 면담하는 동안 수련 감독자를 앉힐 수 있지만, 그렇게 하려면 세 사람의 일정을 조율해야 합니다. 그리고 면담하는 동안 다른 사람이 방에 있는 것을 환자에게 동의받아야 하는 어려움 또한 존재합니다. 일반적으로 우리가 방금 녹음한 파일 중 하나를 수련 감독자와 토론의 근거로 사용하게 되면 더욱 효과가 좋습니다(환자가 다른 임상의가 자료에 접근할 수 있다는 데 동의해야 합니다).

아무리 적절한 수련 감독자를 찾았을지라도 한두 가지 문제는 남아 있습니다. 좋은 선택은 여러분이 부탁을 할 수 있을 만큼 잘 알고 있는 사람이지만 친밀한 관계가 아닌 사람이어야 할 것입니다. 여러분은 비난받는 것을 걱정하지 않아야 하고, 여러분에게 무엇이 잘못되었는지를 정확히 말해 줄 수 있는 사람이 필요합니다(수련 감독자에게 질의해야 할 것이 많기 때문에 솔직하게 말해 줄 수 있는 사람을 찾으십시오). 여러분이 이미 졸업을 했더라도 면담 경험이 많거나 혹은 여러분의 훈련 프로그램을 지도했던 선생님에게 자문을 부탁해 보십시오. 면담 전체를 듣거나 (시청) 시간을 가지고, 30분 정도 여러분의 스타일에 대해 자문을 해 줄 사람이 정말로 필요합니다. 그 사람은 여러분과는 다른 훈련을 받은 임상가일 수도 있습니다. 여러분이 추구하는 경험, 관점과 다른 이론적 입장에 있을 수도 있습니다. 특히 여러분이 수많은 면담에서 어려움을 겪고 있다면, 그러한 사람은 여러분에게 더욱더 큰 가치가 있을 것입니다.

## 무엇을 배울 것인지(그리고 무엇을 할 것인지)

앞에서 설명한 방법들은 여러분의 언어적 습관과 성향에 직면하도록 촉진하는 것(이것은 고통스럽지만 저를 믿으십시오) 외에도, 우리가 논의한 전반적인 면담 과정에서 발생하는 문제사항들을 파악할 수 있게 해 줍니다. 다음은 여러분을 당황하게 만들 수 있는 몇 가지 예시입니다. 페이지 번호는 이 책에서 여러분이 연습해야 할 행동들을 안내해 줄 것입니다.

• 너무 한정된 면담 범위: 심도의 기분 장애와 정신증 같은 경우, 한두 가지의 문제를 파악하기 위해 핵심적인 질문에만 초점을 두는 것은 쉽습니다. 그러나 이 방법은 매우 지엽적이기 때문에 미개척된 문제, 즉 중요한 문제를 파악하지 못

합니다. 두 가지 예를 들어 보면, 약물 사용으로 발생한 부부/결혼 생활 문제와 주 진단을 파악하는 데 혼란을 끼칠 수 있는 환자의 성격 문제가 있습니다. 이 럴 경우, 자유롭게 말하는 것을 통해 광범위한 정보를 획득하는 것이 중요합니 다. (제16장 287~288쪽 참조)

- 불충분한 단서 보충: 면담하는 도중 누락된 단서를 탐색하지 않으면 오류가 발생할 위험이 있습니다. 환자가 여러분에게 "아빠는 가족을 떠나고, 저는 제멋대로 자랐습니다."라고 말하였다고 가정해 봅시다. '제멋대로 자랐다'의 의미가 무엇인지를 파악함으로써 환자의 어린 시절 품행장애와 학습 곤란에 대한 적절한 정보를 얻을 수 있을 것입니다. 하지만 여러분은 아버지가 왜 가족을 떠났는지에 대한 질문을 했습니까? 이혼, 징역, 정신병원 입원, 보모와의 도피 등을 파악하는 것이 진단에 중요할 수 있습니다. (제6장 88~89쪽 참조)

- 개방형 질문의 부적절한 사용: 여러분이 추가적으로 탐색되어야 할 영역을 확인하였다면, 사용하는 질문에 따라 획득되는 정보의 양과 질에서 상당한 차이가 존재할 수 있습니다. 만약 여러분이 '어렸을 때 학대당하는 것'에 대해 듣게 되면 환자의 부모 중 누가, 언제, 어떤 상황에서 환자를 때렸는지에 대해 십여 가지의 질문을 할 수 있지만, 절대로 환자가 성적 학대로 고통받았다는 사실을 알지 못하였을 것입니다. 여러분의 선임 전문가가 여러분에게 말하듯 "그것에 대해 더 자세히 알려 주세요."라고 말한 후 순서에 따라 몇 가지 개방형 질문을 하는 것이 더 좋은 접근법이 될 수 있을 것입니다. 그렇게 하면 중요한 영역을 조급하게 마무리하는 것을 예방할 수 있습니다. 번외로, 개방형 질문은 경험에 따른 정서와 관련된 결과를 드러낼 가능성이 더 많습니다. 임상가들은 특정 정보 파악에 몰두하게 되면 환자에게 중요한 관심사를 자유롭게 이야기할 수 있는 시간을 주지 않게 됩니다. 특히 자유롭게 이야기하기 위한 충분한 시간이 없는 첫 면담에서는 이러한 문제가 자주 발견됩니다. (제6장 90쪽 및 제7장 102~103쪽 참조)

- 부적절한 탐색: 그러나 환자의 마음에서 가장 중요한 것이 무언지를 알게 되면 우려되는 부분에 대한 구체적인 정보가 필요할 것입니다. 잘못 선택한 탐색(너무 길거나, 너무 모호하거나, 부정적으로 표현한 질문)을 하면 사소한 일에 빠져들거나 수사학적으로 질문하여 막다른 골목에서 길을 잃어버리게 되는 상황을

경험하게 됩니다. "왜……?"라는 질문은 여러분에게 아무런 도움이 되지 않는 추측을 불러일으킵니다. 따라서 정확성, 간결성 및 정밀성을 촉진하는 탐색적 질문에 집중하시길 바랍니다. (제6장 93쪽 참조)

- **면담의 부적절한 통제:** 말이 많거나 적대적인 환자는 여러분이 파악해야 하는 정보의 양을 감소시킬 수 있고, 라포를 형성하지 못하게 합니다. 물론 대부분의 환자는 협조적이기 때문에 종종 문제가 되지 않을 것입니다. 반면, 녹음된 면담은 특정 성격이나 행동 문제가 있는 일부 환자가 면담의 주도권을 차지하기 위해 여러분과 어떻게 싸우는지를 이해할 수 있도록 도와줍니다. 만약 여러분이 면담에서의 주도권이라는 전투에 패하게 되면, 환자에게 무례한 태도를 보이는 사위에 대한 이야기나 배우자의 음주 사건을 알게 될 뿐입니다. 환자의 증상과 성격에 대해서는 너무 조금 알게 되어 여러분이 파악할 필요성이 있는 정보와는 멀어지게 될 것입니다. (제10장 173~174쪽 참조)

- **라포 형성의 문제:** 녹음된 면담을 통해 환자와의 라포 형성이 얼마나 잘 되었는지를 파악할 수 있을 것입니다. 여러분의 목소리가 따뜻하게 들리는지, 여러분이 이야기에 관심을 가지고 반응하는지, 특히 환자를 괴롭히는 문제를 들었을 때 우려를 표현하는지의 여부를 알게 될 것입니다. 만약 여러분이 자신의 반응에 대해 의심스러운 점이 있다면, 이와 같은 문제를 객관적으로 여러분에게 설명해 줄 수 있는 수련 감독자에게 문의하시길 바랍니다. (제3장 49~50쪽 및 제10장 178쪽 참조)

- **환자 무시:** 어쩌면 무시란 용어는 너무 강한 표현일지도 모릅니다. 그러나 필요한 정보를 얻는 데 여념이 없는 임상가는 환자의 요구에 대해 적은 관심을 기울이는 등 환자를 무시하고 있어 첫 면담은 그리 성공적이지 못할 것입니다. 그 결과는 다음과 같습니다. 시간이 흐를수록 환자는 점점 더 거부감을 느끼게 되고, 마침내 면담이 끝나기도 전에 방을 나갈지도 모릅니다. 그렇게 되면 다른 임상가에게는 더 이상의 면담 기회가 없을지도 모릅니다. 여러분의 우려를 증가시키는 환자의 미세한 징후를 관찰하는 것은 매우 중요한 일입니다. 징후에는 환자가 다리를 떨거나, 손가락을 비틀거나, 시선을 접촉하는 횟수가 줄어들거나, 대답하기 전에 망설이는 횟수가 늘어나는 것이 있습니다. 이럴 경우 여러분은 시기적절하게 "제가 보기엔 당신이 불편해하는 것 같아요. 어떻게 진행

하고 싶나요?"라고 말하면서 면담을 유지할 수 있고, 그렇게 반응할 경우 아마 이 환자와의 관계는 유지될 것입니다. (제16장 285~286쪽 참조)

- **면담을 수행하는 방법을 알지 못함:** 저의 경력이 얼마 되지 않았을 때 막 시험에 떨어진 임상가가 저에게 도움을 요청했습니다. 저는 이 임상가와의 연습 면담에서 이 임상가가 진단을 뒷받침하는 자료를 탐색하는 방법을 배우지 않았다는 것을 알게 되었습니다. 이 임상가는 부록 D와 같은 반구조화된 면담을 충분히 익숙해질 때까지 사용해야 했습니다(저는 심지어 지금까지도 진단의 요점이나 사회력의 세부 사항을 탐색하기 위해 반구조화된 면담 일부를 사용하는 경우가 있습니다). (부록 D 참조)

- **여러분이 과도하게 이야기하는 것:** 만약 여러분이 많은 이야기를 하고 복잡한 질문을 하면서 오랜 시간 동안 질문의 의미를 설명하고 있음을 녹음으로 확인하면, 이 면담에서는 많은 정보를 얻을 수 없을 것입니다. 이럴 경우 비언어적인 격려가 도움이 됩니다. 그러므로 여러분은 질문을 조심스럽고 명확하게 표현해야 합니다. (제4장 66쪽 및 제6장 92쪽 참조)

- **부정적인 역전이:** 때로는 여러분이 특정 환자(또는 환자 유형)를 좋아하지 않을 수도 있습니다. 녹음된 면담에서는 여러분의 말과 비언어적 행동이 환자를 얼마나 거부했는지를 보여 줄 것입니다(아마도 여러분보다 선임 전문가에게). 환자에 대한 개인적인 선호도는 어떤 임상가에게 영향을 미칠 수 있고, 심지어 경력이 풍부한 사람들에게도 영향을 미칠 수 있습니다. 그러나 대부분의 숙련된 임상가는 필요한 진단 정보를 얻을 때까지 자신의 감정을 오랫동안 제쳐 두는 법을 알고 있습니다. 나중에 필요한 경우에 따라 환자를 지속적으로 치료할 수 있는 곳으로 의뢰할 수도 있습니다. 만약 이런 종류의 환자와 면담하는 것을 가정하고 동료와 연습한다면, 여러분의 감정적 문제를 극복하는 데 도움이 될 것입니다. 어떤 감정들은 아마도 완전히 정상적이고 이해 가능한 것들이지만 면담 상황에서는 용인되지 못하기도 합니다. 그러나 여러분은 여러분의 태도를 인식하는 것만으로도 이런 부정적인 감정들을 숨기는 것에 큰 도움을 받을 수 있습니다. (제3장 52쪽 참조)

- **오해의 문제:** 아마도 환자가 주의를 기울이지 않는 것일지도 모르지만 임상 용어를 사용하는 것이 혼란을 유발하지 않았습니까? 아니면 여러분과 환자가 다

른 문화에서 왔거나 다른 억양으로 말한 문제로 오해가 발생하였을지도 모릅니다. 대부분의 임상가가 가끔 접하게 되는 문화적 차이 문제는 환자에게 솔직하게 이야기하여 해결해야 할 것입니다. 여러분 중 한 사람이 상대방의 언어를 비교적 잘 구사하더라도 때때로 통역사가 더 유용할 수 있습니다. (제3장 56쪽 및 제17장 324쪽 참조)

- **시간 부족**: 저는 '시간을 잘 관리하지 못한다'고 쓸 뻔했지만, 사실은 그렇지 않을 수도 있습니다. 때로는 이야기가 너무 복잡하거나, 환자가 늦게 도착하거나, 할당된 시간이 너무 짧아 복잡한 정신건강 병력의 모든 주요 영역을 완전히 다룰 수 없을지도 모릅니다. 그렇게 된다면 추가 평가를 위해 다음번에 면담할 수 있도록 예약하면 됩니다. 가능한 한 완전한 자료 없이 치료를 시행하는 것은 권장되지 않습니다. (제1장 23~26쪽 참조)

- **선호하는 진단**: 다음은 임상 장면에서 빈번하게 나타나는 전형적인 예입니다. 한 환자의 내과 의사는 정신건강 임상의에게 어떤 정보를 제공하였습니다. 정신건강 임상의는 주요 우울 장애를 진단하기로 결정한 후 항우울제로 치료를 시작하였습니다. 약물치료는 이 임상의의 전문 분야입니다. 나중에 내과 의사는 환자가 신체화 장애(신체 증상 장애)가 발병될지도 모른다고 이야기하였지만 정신건강 임상의는 치료법을 바꾸지 않았습니다. 진단은 환자에게 예상되는 진단이 아닌 실제 증상을 기반으로 결정해야 합니다. (제8장 132쪽 및 제18장 339쪽 참조)

- **성급한 결론**: 성급한 결론은 많은 문제를 만들 수 있습니다. 이에 대한 한 가지 구체적인 예는 가족력으로 진단하는 것입니다. 여러분이 질문을 하였거나 하지 않을지도 모르지만 친척 중 조현병을 진단받은 사람이 있다면 몇 살 때 받았습니까? 그 증상은 무엇입니까? 그것이 얼마나 오래 지속되었습니까? 친척이 회복한 적이 있습니까? 이러한 질문 후에는 환자에 대한 생각이 잘못된 방향으로 바뀔 수 있습니다. 만약 여러분이 새로운 환자에 대한 이전 임상가의 진단을 아무 생각 없이 받아들인다면, 여러분은 미끄러운 비탈길로 넘어지게 될 것입니다. 여러분은 녹음된 면담을 통해 환자, 친척 또는 오래된 기록에서 전달된 결론을 객관적으로 검증하지 않았음을 알게 될 것입니다. (제8장 134쪽 참조)

- **무시된 감별진단**: 여러분은 감별진단의 모든 가능성을 고려하지 않았습니다. 그

결과 내분비 장애가 원인이 될 가능성을 고려하지 않게 되어 기존 방식으로 환자의 우울증을 치료할 위험에 빠지게 되었습니다. (제18장 340쪽 참조)

- **진단 기준에 익숙하지 않음**: 진단을 내리기 위해 가장 먼저 필요한 것은 분석입니다. 정신건강 진단의 경우, 다양한 정신병, 불안 장애, 기분 장애, 물질 사용 장애 및 기타 주요 정신장애의 본질적인 특징에 대해 고개를 끄덕일 수 있을 만큼 방대한 지식을 가지고 있어야 합니다. 그런 상태여야 여러분이 견고하고 정확한 진단을 내리기 위한 질문을 잊지 않고 사용할 수 있게 될 것입니다. (부록 B 참조)

- **개인력 및 사회력 경시**: 일반의와 외과의가 환자 개인에 대한 관련 정보를 얻지 못하는 것은 실수에 해당하지만, 정신건강 전문가는 그러한 실수를 할 경우 재난을 경험할 가능성이 있습니다. 물론 조증이나 불안 장애의 증상을 탐색하는 과정에서 어린 시절의 관계나 학교에서의 성취와 같은 조용한 문제를 파악하는 것을 잊어버리기가 쉽습니다. 그럼에도 불구하고 이 자료는 진단과 치료에 영향을 미칠 수 있고, 환자를 한 사람으로서 알아 가는 데 필요한 부분이기에 중요합니다. (제8장 122쪽 참조)

- **위험 신호 무시**: 진단으로 귀결될 수 있는 다양한 징후와 증상에는 다음과 같은 문제가 포함될 수 있습니다. 아동 학대의 조짐, 조증을 가진 부모, 또는 마약 소지 혐의로 체포. 물론 이러한 적신호 내용은 때때로 진단에 중요한 자료를 제공하지 않아 여러분의 관심을 다른 곳에 돌릴지도 모릅니다. 하지만 여러분은 결정적인 것을 간과하는 임상가가 되고 싶지 않을 것입니다. (제13장 235쪽 참조)

- **감정 미탐색**: 감정을 미탐색하는 일이 일어나서는 안 되겠지만 때때로 그런 일이 일어나기도 합니다. 환자의 모든 정보를 얻기 위해 서두르게 되면 그 상황에서 환자가 어떻게 느꼈는지와 현재는 어떤 감정 상태인지를 묻는 것을 잊어버릴 수 있습니다. 특히 환자가 감정에 대해 이야기하는 것을 좋아하지 않거나 그 사건들과 접촉하고 싶지 않을 때는 더욱 그럴 것입니다. (제7장 99쪽 참조)

- **애매함 묵인**: 저는 오랜 경험을 통해 모호하게 표현하는 환자는 저에게 많은 좌절감을 준다는 것을 알게 되었습니다. 모호하게 표현하는 환자와 면담하게 되면 환자의 말을 중단시키고 싶은 유혹이 들 것입니다. 만약 그것이 일부 모호한 환자에 대한 여러분의 반응이었다면, 정확한 진단을 위한 필수 정보들을 파

악하지 못한 채 면담을 마무리하게 되었을 것입니다. 이때는 폐쇄형 질문과 정확한 질문을 반복하면 도움을 받을 수 있습니다. (제10장 176쪽 및 제17장 301쪽 참조)

- **이차 출처 무시**: 면담의 10%에 해당하는 시간 동안 저는 "내가 형성한 환자의 인상이 과연 맞는가?"라는 질문을 하면서 저의 생각을 점검하기 위해 시간을 보냅니다. 하지만 시간이 촉박하다고 생각되면 간단한 부수 정보를 이용하거나 정보를 확인하지 않은 채 있는 그대로 받아들이고 싶은 유혹을 받게 됩니다. 솔직히 말해, 이러한 점에서는 부부 및 가족 치료사가 저희보다 유리합니다. 왜냐하면 그들은 항상 하나 이상의 출처에서 정보를 얻으며, 이는 다른 임상가들이 부러워할 수밖에 없는 자기교정의 과정을 가질 수 있기 때문입니다. (제15장 275쪽 참조)

여러분은 여러 환자와 면담하는 만큼 여러 문제 상황을 경험하게 될 것입니다. 여러분은 이때 앞서 설명한 방법 중 하나로 문제의 근원을 파악하고, 이 책의 자료를 활용해 적절한 해결책을 찾아낼 수 있어야 합니다.

부록 A

# 첫 면담 요약

| 정보 | 과정 |
|---|---|
| **시작 및 소개** ||
| 자기소개 | 초기 목표 |
|   면담 과정에서 임상가의 역할 설명하기 |   환자에게 응답자 역할 가르치기 |
|   면담 시간과 목표의 개요 설명하기 |   환자가 편안함을 느끼도록 돕기 |
| **주 호소 문제** ||
| 환자가 치료를 받으러 온 이유 묻기 | 주 호소 문제를 직접적이면서 개방형으로 질문하기 |
| **자유롭게 이야기** ||
| 환자에게 방문한 이유를 더 자세히 말할 수 있도록 몇 분 기다리기 | 비지시적인 면담의 초기 부분 |
|   임상적 관심 영역에 귀를 기울이기 | 라포 형성하기 |
|     난해한 사고(인지적 문제) |   환자의 욕구에 따라 임상가의 태도 조정하기 |
|     물질 사용에 의한 정신증 |   임상가의 감정 관찰하기 |
|     기분 장애(우울증 및 조증) |   임상가의 긍정적인 영향을 명확하게 보여 주기 |
|     불안 및 회피 행동과 각성 |   환자가 이해할 수 있는 언어 사용하기 |
|     신체적 고통 |   환자나 다른 사람들을 비판하지 않기 |
|     사회 및 성격 문제 | 적절한 거리 유지하기 |
| 다음으로 넘어가기 전에 제시된 문제를 요약하기 |   임상가의 개인정보 노출 금지 |
| |   환자를 직함과 성으로 부르기 |

무언의 격려로 면담 진행을 장려하기
   시선 접촉 유지하기
   적절한 시기에 고개를 끄덕이거나 웃기
언어적 격려
   "예." 또는 "음."
   환자 자신의 단어 또는 말을 반복하기
   자세한 정보를 요청하기
   환자가 처음에 응답하지 않으면 정보를 다시 요청하기
   간략히 요약하기
징후가 관찰될 때 환자를 안심시키기
   사실에 기반하여 말하고 믿을 수 있게 하기
   보디랭귀지 사용하기
신체적 및 정신적 증상에 대한 오해 수정하기

## 현 병력의 내력

증상 파악하기
   유형
   발병 시기
   심각도
   빈도
   지속시간
   내용
   스트레스 요인
자율신경계 증상
   수면
   식욕 및 체중
   일중 변동
이전 에피소드
   언제 발생했습니까?
   어떤 증상이 있었습니까?
   완전히 회복되었습니까?
이전 치료
   유형
   규정 준수
   기대했던 효과
   부작용

솔직하게 말할 필요성이 있음을 확립하기
   솔직함은 환자와 임상가를 위한 것이다.
   환자에게 비밀 유지에 대해 안심시키기: "만약 어떤 것에 대해 이야기하고 싶지 않다면, 대답을 지어내지 말고 저에게 다른 이야기를 하자고 요청해 주세요."
일반적 원칙
   환자가 말한 것을 임상가가 이해하였는지 확인하기 위해 다시 말하기
   부정적인 질문 삼가기
   이중 질문 피하기
   정확성을 격려하기
   간략한 질문을 사용하기
   새로운 단서를 포착하기
   환자가 이해할 수 있는 용어 사용하기
세부 정보 탐색
   직접적인 질문 사용하기
   원칙적으로, '왜'라는 질문을 피하기
면담 후반에 대립은 한두 번으로 제한하여 사용하기: "내가 이해할 수 있게 도와주세요."
개방형 질문과 폐쇄형 질문 혼합
   타당성을 증가시키는 개방형 질문

입원

질병의 결과

    **결혼과 성생활**

    **사회생활**

    **법률적 문제**

    **직업(장애수당 지급 여부?)**

    **관심사**

    **불편감**

증상, 행동에 대한 느낌

    **증상의 유무**

    **환자는 감정에 어떻게 대처했습니까?**

방어기제

    **행동화**

    **부인**

    **평가 절하**

    **전이**

    **해리**

    **공상**

    **주지화**

    **투사**

    **억압**

    **분열**

    **반동형성**

    **신체화**

임상적 관심 영역 탐색하기

정보를 증가시키는 폐쇄형 질문

감정을 가장 잘 이끌어 내기

    대화를 촉진하기

    개방형 질문: "그것에 대해 이야기해 주세요."

    감정에 대한 직접적인 질문: "저에게 당신의 우울증에 대해 말해 주세요."

다음과 같이 감정 파악하기

    우려 또는 공감 표현하기: "당신은 미칠 것 같았군요."

    목소리, 보디랭귀지를 통해 감정적인 단서 살피기: "당신은 방금 슬퍼 보였어요."

    해석하기: "어렸을 때 느꼈던 감정처럼 느껴지네요."

    유추하기: "어머니가 돌아가셨을 때 이런 기분이 들었나요?"

과도한 감정표현 줄이기

    부드럽게 말하기

    폐쇄형 질문을 사용하기

    주제 변경을 위해 방향 수정할 것을 언급하기

    여러분이 필요한 정보를 다시 설명하기

    여러분이 알고 싶은 것을 환자가 이해하고 있는지 질문하기

마지막 수단으로 면담 중단하기

## 개인력과 사회력

유년기와 성장기

환자는 어디에서 태어났습니까?

형제자매 수 및 형제 순위

두 부모의 양육하에 성장하였습니까?

부모님의 관계는 어땠습니까?

부모님에게 원하는 아이라고 느끼셨습니까?

입양된 경우라면

    **어떤 상황이었습니까?**

    **가족의 통제 밖에서 일어난 일입니까?**

어렸을 때 건강은 어땠습니까?

면담 관리

    고개 끄덕임과 미소를 이용하여 더 짧은 반응으로 격려하기

    다른 것들을 파악해야 할 경우 직접적으로 물어보기

    먼저 공감을 표현하기

    중단시키려면 손가락 올리기

    메모를 중단하기

앞의 단계가 실시되지 않는 경우라면

    직설적으로 말하기: "우리는 계속 진행해야 합니다."

    폐쇄형 질문 더 사용하기

교육
  **최종 학력은?**
  **학교생활 문제는?**
  **활동 수준은?**
  **등교 거부는?**
  **학교에서의 행동 문제는?**
  **정학 또는 퇴학을 당한 적은?**
어렸을 때 사교적이었습니까?
언제 교제했습니까?
성적 발달
취미, 관심사

**성인으로서의 삶**
생활 상황
  **현재 누구와 거주하고 있습니까?**
  **어디서 살고 있습니까?**
  **경제력**
  **노숙한 적이 있습니까?**
  **지지 자원**
가족 간의 유대
어떤 기관에서 도와주고 있습니까?
결혼
  **결혼 횟수**
  **각각의 결혼 시 연령**
  **배우자와 문제가 있습니까?**
  **자녀 수, 나이, 성별**
  **의붓자식이 있습니까?**
근무 이력
  **현 직업**
  **일생 동안 직업의 수**
  **직업 변경의 이유**
  **해고 이력, 이유**
군대
  **근무 장소, 근속 연수**
  **최종 계급**
  **징계 문제?**
  **전투 경험?**

  **복수 선택형 질문 사용하기**
새로운 주제로의 전환
  **환자가 사용한 단어를 사용하기**
  갑작스러운 전환을 알리기: "이제 화제를 바꾸겠습니다."
왜곡 주의하기
중요한 부정을 기록하기

**저항 다루기**
화 내지 말기
사실을 다루지 말고 감정에 대한 논의로 전환하기
저항을 거부하고 그 사람을 받아들이기
언어 및 비언어적 격려를 사용하기
환자의 관심사에 집중하기
동정심을 표현하기
환자 안심시키기: 당신의 감정은 정상입니다.
모든 자료가 필요함을 강조하기
환자의 의심되는 감정 이름을 명명하기
환자가 침묵한다면, 먼저 비언어적 반응 얻기
환자의 행동에 영향을 덜 주는 모델에 집중하기
직면을 사용한다면 무비판적이고 위협적이지 않은 방식으로 사용하기
마지막 수단: 질문 미루기

**위험 요소 기술**
불리한 정보에 대한 구실을 제공하기: "아마 모든 스트레스는 술을 마시고 싶게 만듭니다."
발생하지 않은 부정적인 결과를 과장하기: "아무도 죽지 않았습니다. 그렇지요?"
"당신이 체포되었을 수도 있었지만 그렇지 않았죠?" 라고 자랑하도록 환자를 유도하기

이전까지 법적 문제가 있었습니까?
 민사상
 폭력 행동의 이력
 체포
종교: 무엇인지, 어린 시절과 지금이 다른지?
 현재 신앙심은 얼마나 되는지?
여가 활동
 동아리, 단체
 취미, 관심사
성적 취향 및 적응
 성관계에 대한 탐색: 세부 사항
 첫 번째 성 경험
  성적 취향
  나이
  환자의 반응
 현재 성적 취향
 현재 실천: 세부 사항
  쾌락
  문제
  피임 방법
  혼외 파트너?
성도착 장애?
성병 유무?
학대?
 아동 성추행
 성폭행
 배우자 학대
물질 오남용
 물질 종류
 사용 기간
 사용량
 결과들
  의료 문제
  통제력 상실
  개인 및 대인관계
  직업
  법적

"당신의 성생활에 대해 말해 주세요."

주의 깊게 학대의 질문으로 이끌기: "누군가 당신과 성관계를 하기 위해 시도한 적이 있습니까?"
학대 및 추행이라는 용어를 피하기

모든 성인이 어느 정도의 술을 마신다고 가정하기
현재 및 과거 사용에 대해 질문하기

|  |  |
|---|---|
| 　　　경제적 | |
| 　**처방약 오남용?** | |
| 자살 시도 | 여러분은 이것을 점진적으로 수행할 수 있다: "당신은 |
| 　**방법들** | 어떤 절망적인 생각을 해 본 적이 있나요? 자신을 해 |
| 　**결과들** | 칠 생각이 있나요?" |
| 　**마약과 알코올 관련?** | |
| 　**심리적 심각성** | |
| 　**신체적 심각성** | |
| 성격 특성 | 다음을 이용하여 성격을 평가하기 |
| 　**일생 동안 행동 패턴의 증거** | 　**환자의 자기보고** |
| | 　**정보 제공자** |
| | 　**타인과 상호작용한 역사** |
| | 　**여러분의 직접적인 관찰** |

<table>
<tr><td colspan="2" align="center">가족력</td></tr>
</table>

|  |  |
|---|---|
| 가까운 친척의 정신장애 | "부모, 형제, 자매, 조부모, 자녀, 이모부, 사촌, 조카 |
| 부모, 형제자매 그리고 환자와 그들 간의 관계를 기술하기 | 딸 또는 조카 등 친척이 우울증, 조증, 정신증, 정신병원, 심각한 신경증, 약물 사용, 자살 시도, 범죄를 포함해 정신 질환을 앓은 적이 있습니까?" |
| 유년기 시절 가정에서 다른 어른 및 아이들과의 관계 | |

<table>
<tr><td colspan="2" align="center">병력</td></tr>
</table>

|  |  |
|---|---|
| 주요 질병 | 모든 임상가가 획득해야 하는 중요한 사항이다. |
| 수술 | |
| 비정신적 문제에 대한 약물 | |
| 　**복용량** | |
| 　**빈도** | |
| 　**부작용** | |
| 알레르기 | |
| 　**환경과 관련된 알레르기** | |
| 　**약과 관련된 알레르기** | |
| 정신병이 아닌 문제로 병원 입원 여부 | |
| 아동기 신체적 · 성적 학대? | |
| HIV/AIDS 위험 요인? | |
| 신체 장애 | |

| 체계적 문진 | |
|---|---|
| 섭식 장애 | 이러한 영역에서 증상이 있는 것은 정신건강 진단과 |
| 두부 손상 | 특별한 관련성이 있다. |
| 경련 | |
| 무의식 | |
| 월경 전 증후군 | |
| 신체화 장애에 대한 구체화된 검토 | 제13장 참조 |

| MSE | |
|---|---|
| 외관 | |
|   외관상 나이 | |
|   인종 | |
|   체격, 자세 | |
|   영양 상태 | |
|   의복 착용 상태: 깔끔한가? 깨끗한가? 스타일리시한가? | |
|   위생상태 | |
|   머리 스타일 | |
|   액세서리? | |
| 각성 수준: 충분? 졸림? 혼미? 혼수상태? | |
| 일반적인 행동 | |
|   활동 수준 | |
|   떨림? | |
|   버릇 및 상동증 | 과거력을 말하는 동안 관찰되었다. |
|   얼굴표정 | |
|   시선 접촉 | |
|   목소리 | |
| 평가자에 대한 태도 | |
| 기분 | |
|   유형 | |
|   불안정성 | |
|   적절성 | |
|   강도 | |
| 사고 흐름 | |
|   말의 연상 | |
|   말의 속도와 리듬 | |

사고 내용
    망상
    환각
    불안
    공포증
    강박 사고와 충동
    자살과 폭력

} 과거력을 말하는 동안 관찰되었다.

지남력: 사람? 장소? 시간?
언어: 이해력, 유창성, 명명, 반복, 읽기, 쓰기
기억: 즉각? 단기? 장기?
주의력과 집중력
    연속으로 7 빼기
    거꾸로 세기
문화 정보
    현재 사건
    5명의 대통령(총리)
추상적 사고
    속담
    공통점과 차이점
통찰력
판단력

"이제 몇 가지의 일상적인 질문을 하고 싶습니다."

"당신의 기억력은 어떻습니까? 검사를 해도 될까요?"

면담의 마무리
    결과를 요약한다.
    다음 약속을 설정한다.
    "저에게 추가적으로 이야기할 내용이 있습니까?"

## 부록 B

# 각각의 장애에 대한 설명

이 부록에서는 비교적 흔히 발병되고 과학적으로 잘 연구된 정신장애에 대한 전형적인 증상과 과정을 간략히 설명합니다. 약물 사용과 일반적인 의학적 상태를 원인에서 배제하고, 환자가 직장이나 학교 혹은 다른 사람들과 지내는 것에서 기능장애로 고통받는지를 확인하는 것이 항상 중요합니다.

이어지는 내용은 다양한 장애를 진단하기 위함이 아니라 설명하기 위한 것임을 기억하십시오. 만약 여러분에게 진단의 기준이 필요한 경우에는 적절한 자료를 참조하시길 바랍니다(Dr. Google에 문의).

## 기분 장애

우울증을 겪는 환자는 비정상적으로 기운이 없고 때로는 멜랑콜리하게 변화된 기분을 느낍니다. 환자는 큰 고통을 겪고 있으며 전반적인 기분에 대한 통제력을 상실하여 때로는 자살 사고를 가지게 됩니다. 우울증은 여러 가지 형태로 구성되고 각 형태는 각각의 이름으로 불립니다(때로는 여러 가지의 다른 이름으로 지칭됩니다). 이러한 형태의 우울증은 종종 증상들이 중복되어 특정 환자가 실제로는 하나 이상의 범주에 속하는 것으로 분류될 수 있습니다. 여기에서는 우울증의 가장 중요한 특징들을 설명할 것입니다.

## 주요 우울 장애

- 주요 우울 장애는 일반적으로 환자가 각각의 에피소드에서 자신의 우울한 기분을 묘사하지만, 때로는 환자들이 파악할 수 있는 것이 짜증나는 기분과 평소 좋아했던 활동에 대한 즐거움 혹은 관심의 상실이 전부일 수 있습니다. 어떤 경우에든 환자의 이전 기능 수준과는 분명한 차이가 있습니다.
- 또한 식욕의 증가나 감소를 포함한 많은 관련 증상이 나타나고, 결과적으로는 체중의 증가나 감소가 동반됩니다. 수면의 증가 또는 감소, 정신운동 속도의 증가 또는 감소, 피로 또는 에너지 감소, 무가치 또는 죄책감, 집중력 곤란 그리고 죽음에 대한 사고, 죽음에 대한 소망, 자살 사고와 관련된 여러 증상을 가지고 있습니다.
- 이러한 증상은 경미할 수 있으며, 아마도 작은 불편함만을 느낄 수도 있습니다. 그렇지만 여전히 환자는 괴로워하거나 기능장애를 경험할 수 있습니다. 우울증이 심한 경우에는 심각한 정신 질환을 수반할 수도 있습니다.
- 중요시되는 배제사항은 의학적 질병이나 약물 사용으로 인한 우울증입니다.

우울증 환자의 약 25%는 조증 또는 경조증의 에피소드를 가지고 있으며, 이 경우의 진단은 양극성 장애 I형 또는 양극성 장애 II형입니다(다음의 '양극성 장애' 참조). 기분전환의 과거력이 없다면 주요 우울 에피소드는 단극성 우울증(주요 우울 장애, 단일 에피소드 또는 재발성)으로 진단됩니다.

여기에 또 다른 문제가 있는데, 진단 매뉴얼은 명확한 설명을 하지 못한다는 것입니다. 사실 많은 우울증 환자는 치료 장면에서 우울증보다 먼저 다루어져야 하는 다른 주요 장애를 동반하고 있지만, 실제 치료 장면에서는 이런 점이 반영되지 않습니다. 이에 대한 예시는 다음과 같습니다. 제가 여전히 신체화 장애(다음의 '신체화 장애' 참조)라고 명명하기를 선호하는 것을 가진 환자들은 매우 우울할지도 모르며, 그때 환자는 이차성 우울을 진단받을 것입니다. 이런 종류의 우울증은 장기적으로 약물 및 전기 충격 요법과 같은 물리적인 방법에 효과가 저조한 경향이 있으므로 이러한 종류의 우울증에 대해 알아 두는 것이 좋습니다. 또 다른 우울증의 예에는 약물 사용이 발목을 잡는 경우입니다.

## 멜랑콜리아

공식적으로 멜랑콜리아 양상을 동반한 주요 우울 에피소드라고 명명하는 우울증의 형태는 전통적으로 '멜랑콜리아'라고 알려져 있으며, 스트레스 요인을 식별할 수 없다는 이유로 때로는 내인성 우울증으로 불리기도 했습니다. 이 환자들은 지금은 완전히 회복된 우울증의 여러 에피소드를 경험하였을 수도 있습니다. 그들은 또한 우울증의 병력을 가진 친척들이 있을 가능성이 높습니다.

- 발병되면 환자는 일상적인 활동에서 거의 즐거움을 느끼지 못하고, 평소 좋아하는 사람들과 있을 때도 기분이 좋아지지 않습니다. 전형적으로 환자들은 매우 이른 새벽에 일어나며, 이때가 하루 중 기분이 가장 최악이라고 느낄 때입니다. 흔히 그들은 거의 먹지 않습니다. 체중 감소는 매우 심각할 수 있습니다. 정신운동 속도의 저하 또는 증가가 발생할 수 있습니다.
- 환자들은 배우자나 다른 친척의 사망에서 느낀 기분보다 더 나빠졌음을 인식할 것입니다. 그들은 자신이 병이 들었다는 사실에 대한 통찰력이 거의 없을 수 있습니다. 설사 이전 에피소드에서 완전히 회복되었다 할지라도, 회복이 가능한 결과라는 것을 격렬하게 부인할 수 있습니다.
- 부분적으로는 심각한 죄책감 때문에 자살 시도의 위험이 매우 큽니다. 치료를 받지 않으면 아마도 15%는 최종적으로 자살합니다.

## 비정형 우울증

비정형 우울증을 앓고 있는 환자들도 주요 우울 에피소드를 가집니다. 그들의 증상은 전형적으로 심각한 우울증에서 예상되는 것과는 오히려 반대의 모습을 보입니다.

- 불면증보다는 너무 많이 자는 경향이 있습니다(수면과다중).
- 거식증이 발병하기보다는 평소보다 더 많이 먹고 체중이 증가할 수 있습니다.
- 하루 동안 그들의 기분이 변한다면, 아침에는 기분이 좋아지고 밤에 기분이 나빠집니다.
- 우울하든 그렇지 않든 이 사람들은 비판에 특히 민감한 경향이 있습니다.

## 지속성 우울 장애(기분부전 장애)

- 주요 우울 에피소드에 비해 지속성 우울 장애는 심각성이 덜 하지만 오랜 시간(최소 2년) 증상이 지속됩니다. 일부 지속성 우울 장애 환자들은 거의 평생 동안 우울해 보입니다.
- 그들은 '기본적인' 주요 우울증과 멜랑콜리아에서 발견되는 증상 중 일부를 가지고 있지만, 증상은 더 적고 덜 심각합니다(정신병적 증상이나 자살 생각과 행동은 없습니다). 비록 그들은 일반적으로 일할 수 있고 자신과 가족을 돌볼 수 있지만 삶은 그다지 즐겁지 않습니다. 주요 우울 장애가 발생하지 않는 한 입원이 필요한 경우는 거의 없습니다.
- 늘 그렇듯 일반적인 의학적 장애나 약물 사용에 관련된 인과관계에 대한 의심의 여지는 없어야 합니다.

## 양극성 장애

- 양극성 장애 I형의 조증은 일반적으로 갑자기 시작되며, 행복하거나 짜증나는 기분으로 인해 과잉행동과 과도한 말들이 동반됩니다.
- 조증 환자는 쉽게 주의가 산만해지고 거의 수면이 필요하지 않으며 거창한 계획과 불가능한 계획에 몰두합니다.
- 병이 악화될수록 통찰력과 판단력은 저하됩니다. 그들은 성적으로 난잡해지거나, 그들이 가지고 있지 않은 돈을 무분별하게 사용하여 문제 상황에서 부적절한 결정을 내리는 등 나중에 후회하는 말과 행동을 합니다.
- 비정상적으로 힘이 넘친다고 느끼기도 합니다. 어떤 사람들은 자신이 특별한

힘을 가지고 있거나 특별한 종교적 목적성을 가지고 있다고 착각합니다.
- 많은 환자는 과음합니다. 아마도 그들은 자신의 행동을 화학적으로 제어하기 위한 시도를 하는 것 같습니다.

대부분의 조증 환자는 심각한 우울증 증상을 가지고 있으며, 양극성 장애 I형으로 알려진 고조된 기분의 패턴이 번갈아 가며 나타납니다. 일부 양극성 장애 환자는 심한 조증이 없습니다. 그들은 '다소 최고치인 상태일 때에도' 정신병을 일으키지 않거나 입원을 필요로 하지 않는 다소 약화된 증상을 보일 뿐입니다. 이와 같이 심각도가 덜한 상태를 양극성 장애 II형이라고 합니다. 치료 없이도 두 유형의 환자는 모두 일반적으로 완전히 회복됩니다.

# 정신병적 장애

## 조현병

일반적으로 조현병은 단일 질병으로 언급되지만, 실제로 조현병 범주에는 여러 가지 다른 장애가 포함됩니다. 일부 환자는 실제 조현병 증상이 나타나기 전에는 완전히 정상으로 보이지만, 대다수 환자는 내향적이며 외로운 어린 시절을 보냅니다. 일부 환자는 조현형 성격 장애란 진단을 받을 만합니다.

- 한 개인은 보통 철학, 종교 또는 주술에 관심을 가지게 될지도 모르는 전구 기간이 있습니다. 불안이나 혼란스러운 일이 지배적인 영향을 끼쳤을지도 모릅니다. 고립된 생활이 증가할 수 있고 친척이나 친구는 정신병을 정확하게 파악하지는 못하지만 특이하고 다양한 행동은 알아차릴 수 있습니다.
- 내면의 감정과 경험에 몰두하는 것이 증가함에 따라 환자는 직장이나 학교에서 기능 저하를 경험하게 됩니다. 이 단계에서 친척들은 변화를 알아차릴 수 있습니다. 보통 지남력은 유지되지만, 전형적으로 통찰력이 상실되고 판단력은 심각하게 손상됩니다. 환자는 충동 조절을 하지 못하고, 현저하게 불안해지

며, 때때로 자신이나 타인에게 폭력적인 행동을 보일 수 있습니다.

- 활성기 증상은 대개 10대 후반 또는 20대 초반에서 시작되고, 여러 달에 걸쳐 천천히 증가합니다. 환각(대부분 청각)은 점진적으로 시작되고, 점점 더 강력해지게 됩니다. 일반적으로 망상(특히 피해망상)이 발생하게 됩니다. 음성 증상(예: 무관심 또는 둔마된 정서, 바보 같은 미소, 비논리적)이 나타날 수 있습니다. 언어에서는 사고 연상이 종종 느슨해집니다. 오직 소수의 환자만이 강직증과 같은 병적 행동을 보입니다. 진단하기 위해서는 이 다섯 가지 종류의 증상 중에서 두 가지 이상의 증상이 필요합니다(그리고 이들 중 적어도 하나는 망상, 환각 또는 와해된 사고/언어이어야 합니다).
- 장애가 만성적입니다. 처음 조현병 진단을 받기 위해서는 환자가 최소 6개월 동안 증상이 존재해야 합니다. 그런 다음에 항정신병 약물치료로 정신병적 증상을 줄이거나 없앨 수 있지만, 소수의 환자만이 병전 기능 수준으로 회복됩니다.

이전에 조현병 환자는 아형 진단을 받았습니다. 그것에는 편집성, 긴장형, 미분화, 감별불능형 또는 잔류형이 있습니다. DSM-5에서는 부분적으로 개인 내에서 증상이 일정하게 유지되지 않았기 때문에 이러한 아형들은 사라져 버렸습니다. 그러나 과거에 편집성 조현병이라고 불렸던 환자들의 증상은 피해망상과 환청에 국한되어 있고, 종종 잘 보존된 정동을 가지고 있으며, 30대 또는 그 이후까지 증상이 나타나지 않을 수도 있다는 점에 주목해야 한다는 점은 여전히 유효합니다.

경고: 오늘날 조현병은 세밀하게 묘사된 증상이 있으므로 과잉 진단을 하지 않도록 주의하십시오. 몇 년 전까지만 해도 심도의 우울증, 조증, 성격 장애 또는 신경인지 장애 환자를 조현병으로 오진하는 경우가 흔히 있었습니다. 오늘날에도 여전히 가끔 발생합니다. 수년 동안 조현병 진단을 받은 환자들은 주기적으로 재평가를 받아야 합니다. 특히 정신증 증상이 오직 우울 또는 조증 에피소드일 때만 나타나는 경우 주의하셔야 합니다. 이러한 환자는 조현병을 진단받지 않아야 합니다.

## 조현정동 장애

조현정동 장애라는 혼란스러운 진단은 1933년 Jacob Kasanin에 의해 소개되었습니다. Jacob Kasanin은 정신증과 기분 증상 모두를 가지고 있는 9명의 환자를 묘사하기 위해 이 용어를 사용하였습니다. 이 설명은 많은 환자에게 적합할 수 있기 때문에(조현병 환자는 종종 우울함을 느끼는 경우가 많습니다) 이 용어가 시작되었습니다. 그 사이 80년이 넘는 기간 동안 이 용어의 사용은 더 인기를 끌었습니다. 이제 일부 임상가와 다른 임상가들은 이 용어를 매우 막연하게 사용합니다. 몇 년 전에 한 정신건강의학과 의사는 자신의 환자 대부분에게 이 진단을 내렸다는 유명한 글을 썼습니다! 그러나 역사적으로 이 개념은 모든 정신병이 조현병이 아니라는 것을 이해하는 데 도움이 되었다는 점에서 중요한 시사점을 남겼습니다.

- 조현정동 장애 환자는 조현병의 다섯 가지 주요 정신병적 특징(앞에서 제시한 바와 같이 망상, 환각, 와해된 사고/언어, 와해된 행동 및 음성 증상) 중 두 가지를 동시에 가지고 있으며, 또한 대부분의 경우 주요 우울 또는 조증 에피소드(또는 혼합된 특징이 있는 기분 에피소드)를 가지고 있습니다.
- 최소 2주 동안 개인은 뚜렷한 기분 증상 없이 망상이나 환각을 경험해야 합니다. 여러분은 하위 유형으로 양극성 또는 우울로 진단할 수 있습니다.

최근 몇 년 동안 수많은 연구에서 조현정동 장애가 별개의 진단이라는 것을 입증하지 못했습니다(실제로 Kasanin의 원래 환자 중 오늘날의 기준에 부합하는 환자는 거의 없습니다). 조현정동 장애에 대한 평가자 간의 신뢰도와 진단의 안정성은 모두 낮은 것으로 보입니다.

### 조현양상 장애

조현양상 장애 자체로는 진단하는 것이 어렵지 않습니다. 왜냐하면 이 용어는 임상가가 최종적으로 진단을 내릴 만큼 확신하지 못한다는 것을 인정하는 경우이기 때문입니다.

- 조현양상 장애는 전체 기간이 6개월 미만이어야 한다는 점을 제외하고는 조현병과 똑같이 정의됩니다. 이 기간 중 짧은 기간 동안 정신병적 증상이 있었던

환자는 완전히 회복될 수 있다는 여러 연구 결과가 있습니다.

- 6개월이 지나면 환자를 재진단해야 합니다. 증상이 지속되면 실제로 조현병을 진단할 수 있습니다. 만약 환자의 증상이 경감되었을 경우에는 정신증이 포함된 기분 장애 또는 의학적 질병 또는 약물 사용으로 인한 정신병과 같은 다른 요인으로 진단이 바뀔 수도 있습니다.

우리는 조현양상 장애를 진단할 때 여러 요인을 고려하여 예후를 살펴보는 것이 중요합니다. 다음의 특징 중 두 가지가 있는 경우 비교적 회복(즉, 만성 질환으로 진행되지 않을 가능성이 높음)될 가능성이 높습니다. ① 실제로 정신병적 증상은 환자의 기능 또는 행동의 변화가 처음으로 관찰된 지 4주 이내 발견되어야 합니다. ② 가장 정신병적 증상이 심각할 때에도 당황해하거나 혼란스러워하는 정도를 보여야 합니다. ③ 질병 이전에는 직업과 사회적 기능에서 좋은 능력을 보였습니다. ④ 정서는 위축되지 않아야 합니다.

## 망상 장애

- 망상 장애 환자는 기괴하지 않은 망상을 가지고 있습니다(즉, 외계인에 의해 납치되는 것과 같은 망상은 불가능하지 않습니다). 그러나 망상은 망상 장애 환자들에게 전형적으로 나타나는 유일한 증상이므로 조현병과 같은 다른 정신병적 진단을 받지 못합니다(환미나 환후가 망상의 주제와 관련될 수가 있다는 점은 예외 사항입니다).
- 이 질병이 발병하면 만성화되는 경향이 있습니다.
- 기분과 의사소통 능력이 잘 유지됩니다. 만약 고용되었다면, 망상장애 환자들은 업무를 계속 수행할 수 있습니다. 그러나 그들은 사회적 영역에서 문제가 있으며 가족 구성원들이 종종 치료를 위해 의뢰를 하기도 합니다.

망상은 그 자체의 본질에 따라 여러 유형의 망상 장애로 구분됩니다.

- **색정망상**: 누군가(종종 유명하거나 사회적 지위가 높은 사람)가 환자를 사랑한다고

말합니다. 이 환자들은 때로 유명 인사를 따라다니거나 괴롭히는 뉴스거리를 만듭니다.

- **과대망상**: 이 사람들은 특별한 능력이나 통찰력이 있다고 믿습니다. 어떤 사람들은 매우 가치 있는 것을 발명했다고 주장하며, 그들의 계획을 추구하기 위해 정부 기관(특허청, 경찰)을 괴롭힐 수 있습니다.
- **피해망상**: 환자(또는 가까운 동료)가 의도적으로 자신을 속이고, 약물을 주입하며, 미행하고, 비방하며 게다가 학대까지 당하고 있다고 말합니다.
- **질투망상**: 대부분의 경우 이 개인들은 배우자가 외도하고 있다고 믿습니다. 환자는 배우자를 미행하거나 연인으로 추정되는 사람과 맞설 수 있습니다.
- **신체망상**: 이 환자들은 종종 의학적 도움을 구하며, 자신의 몸에서 악취가 난다고 생각하고, 기생충이 있다고 말하며, 피부 위나 아래에 곤충이 있다고 말하거나, 신체 일부가 기형이라고 확신합니다.
- **혼합망상**: 환자는 앞의 망상들 중 2개 이상의 내용을 거의 동일하게 가지고 있습니다.
- **상세불명의 망상**

## 물질/약물 사용 또는 다른 의학적 상태로 인한 정신질환

물질/약물에 의한 정신질환의 범주에는 처방약을 포함한 물질에 의한 모든 정신질환이 포함됩니다. 주요 증상(환각 또는 망상)은 물질에 따라 금단 또는 급성 중독 중에 발생할 수 있습니다. 증상의 진행은 일반적으로 짧고 일시적입니다.

이 장애의 전형적인 예는 알코올에 의한 환청과 때때로 만성 암페타민 사용에 수반되는 망상 상태입니다. 이러한 정신병적 증상은 편집성 조현병 증상과 구별할 수 없습니다. 마리화나, 코카인, 흡입제, 유사 아편제, 펜시클리딘 및 기타 환각제, 진정제/최면제도 이러한 정신증의 원인이기도 합니다. 환자가 급성 섬망이 있는 경우 이 진단을 내리지 않도록 주의하시길 바랍니다.

의학적 조건에서도 절차는 대부분 동일합니다. 매우 다양한 의학적 질병은 광범위한 망상과 환각뿐만 아니라 움직임의 이상(긴장중과 같은 증상)과 음성 증상을 포함하여 상당히 다양한 정신병적 증상을 일으킬 수 있습니다.

그런데 비슷한 범주(그리고 논쟁)들이 기분 및 불안 장애에도 적용됩니다.

## 물질 관련 장애

진단명은 계속 변화하고 있지만 장애 그 자체는 동일하게 유지됩니다. 알코올 및 약물 남용. 현재 21세기는 물질의 다양성이 점점 커지고 있으며 의존의 형태로 발전하고 있고, DSM-5에서는 이것을 물질 사용 장애라고 합니다.

이 의존성은 다음 행동 중 일부가 존재할 경우 이를 기반으로 식별합니다. 약물에 대한 내성(약물을 계속 사용하면 효과가 적거나 동일한 효과를 얻기 위해 더 많이 사용해야 합니다). 복용량 감소 시 금단 증상이 나타납니다. 그 결과 의도한 것보다 더 많이 사용합니다. 사용을 통제하는 시도가 실패합니다. 물질을 얻거나 사용하는 데 많은 시간을 소비합니다. 물질 사용으로 중요한 활동을 적절하게 하지 못합니다. 직장/학교 또는 집에서 중요한 의무를 이행하지 않는 경우가 있습니다(예: 반복적인 결석, 자녀 또는 집안일 방치, 저조한 업무 성과). 물질이 신체 또는 정신-논리 문제를 일으켰음을 알면서도 지속적으로 사용합니다. 물질 사용 후 신체적으로 위험해진 경우에도 물질을 사용합니다(예: 자동차 운전 중에도). 사회적 또는 관계 문제(다툼, 논쟁)가 발생했거나 악화되었음을 알면서도 물질을 계속 사용합니다. 그리고 마지막으로 하나의 비행동적 기준(그 사람은 물질을 갈망하거나 강하게 사용하고 싶어 합니다)이 존재합니다.

## 신경인지 장애

신경인지 장애는 일시적 또는 영구적인 뇌 기능 장애 및 관련된 행동 또는 심리적 이상 상태를 말합니다. 원인은 뇌 구조, 화학 또는 생리학의 이상일 수 있지만 정확한 원인이 항상 알려진 것은 아닙니다. 손상은 지적 기능, 판단력, 기억력 및 지남력의 네 가지 주요 영역 중 하나에서 발생할 수 있습니다. 일부 환자는 또한 충동 조절이나 기분 이상의 문제가 있을 수 있습니다. 신경인지 장애는 전통적으로 섬망 또는 치매로 광범위하게 분류되어 왔습니다. 치매는 현재 DSM-5에서 주요 신경인지 장애로 분류됩니다.

## 섬망

섬망은 대개 뇌의 문제가 아닌 외부 요인으로 인해 급성으로 시작됩니다. 강도가 변동하는 경향이 있으며 일반적으로 증상의 발생 기간은 짧고 기저 상태가 완화되면 해결됩니다.

- 환자는 집중하거나 주의를 유지할 수 없으며 종종 쉽게 산만해집니다. 그들의 사고 과정은 느려집니다. 그들은 문제를 해결하고 추론하는 데 어려움을 겪습니다.
- 또한 언어사용, 집행 기능, 기억력, 학습 또는 지각(환각), 지남력 문제와 같은 사고의 변화가 있습니다. 환각은 환자가 꿈인지 깨어있는지를 알 수 없도록 혼란스럽게 만듭니다. 그들은 환각을 현실로 받아들여 불안이나 두려움을 경험할 수 있습니다. 때때로 그들은 도망치려고 합니다.
- 섬망의 원인에는 내분비 장애, 감염, 뇌종양, 알코올 섭취 중단, 약물 독성, 비타민 결핍, 발열, 발작, 간 또는 신장 질환, 독극물, 수술 영향 등이 있습니다. 여러 원인이 단일 에피소드의 원인이 될 수 있습니다.
- 증상은 빠르게 발전하고 밤에 악화되는 경향이 있습니다. 이 현상을 **일몰증후군**이라고 합니다. 나중에 증상에 대한 회상을 부분적으로 할 수 있거나 전혀 회상하지 못할 수도 있습니다.

## 치매

DSM-5에서 주요 신경인지 장애(또는 간결함을 위해 일반적으로 계속 부르는 치매)가 있는 환자는 일과 사회생활을 방해받을 만큼 심각한 사고 및 기억 능력의 저하가 시사됩니다. 치매의 증상은 변하기 쉬운 것인데, 대다수는 점진적으로 진행되어 판단력의 손상과 추상적 사고 문제가 자주 관찰될 것입니다. 중증 치매 환자는 가족 구성원을 알아보지 못할 수 있습니다. 자신의 집에서 길을 잃을 수도 있습니다. 판단력과 충동 통제의 실패는 조잡한 농담으로 이어지게 되거나 청결하지 않은 개인 위생을 보임으로써 사회적 규범을 잃을 수 있습니다. 언어 사용 능력은 일반적으로 질병의 후기까지 보존됩니다.

치매의 주요 특징은 다음과 같습니다.

- 임상가, 정보 제공자 또는 환자가 환자의 인지 능력이 이전 기능 수준과 비교하여 저하되었다고 걱정합니다.
- 표준화된 신경인지 검사(또는 이에 상응하는 임상 평가)는 환자의 기능이 표준보다 2표준편차 이상 낮거나(주요 신경인지 장애의 경우), 1~2표준편차 이상 낮습니다(현재 DSM-5가 경미한 신경인지 장애라고 부르는 경우).
- 증상은 환자의 독립성을 약화시키거나(주요 신경인지 장애의 경우) 또는 그렇지 않을 수 있습니다(경미한 신경인지 장애의 경우 환자의 노력으로 독립적인 생활을 할 수 있습니다).
- 증상은 다른 주요 정신장애에 의해 더 잘 설명되지 않으며 섬망에서만 발생하지 않습니다.

치매의 발병은 일반적으로 점진적이며, 섬망에서 흔히 볼 수 있는 증상(환각 또는 착각)은 특히 초기에는 종종 나타나지 않습니다. 일반적으로 기질적 원인을 확인할 수 있습니다. 원인에는 알츠하이머병, 헌팅턴병, 다발성 경화증 및 파킨슨병과 같은 중추신경계의 중요 질환; 신경 매독 및 HIV/AIDS와 같은 전염병; 비타민 결핍; 종양; 외상; 그리고 간, 폐, 내분비 및 심혈관 시스템의 다양한 질병이 포함됩니다. 몇 가지 원인(경막하혈종, 정상 압력 수두증, 갑상선 기능저하증)을 성공적으로 치료하여 치매 증상을 완전히 회복할 수 있습니다. 일반적으로 치매는 주로 노인 환자에서 발병되고 만성으로 악화되는 질환 중 하나입니다.

이전 DSM에서는 치매의 한 유형으로 기억장애인 환자가 몇 분 전에 일어난 일을 기억하지 못할 정도로 갑자기 단기 기억 능력의 저하가 발생하는 경우가 있었습니다. 최근 기억은 일반적으로 관련성이 덜합니다. 대다수 환자는 정보를 자의적으로 조작하거나, 암시해야 반응할 수 있습니다("어젯밤 술집에서 당신을 보지 못했나요?").

비록 만성화되는 것이 일반적이지만 회복될 수도 있습니다.

# 불안 장애

경고: 많은 정신장애 환자는 전반적인 호소 문제의 일부로 불안 증상을 보입니다. 많은 환자가 호소하는 불안 증상으로, 다른 진단의 가능성을 고려하지 못하여 정확한 진단과 치료를 하지 못하는 것을 주의해야 합니다. 이와 관련하여 특히 우울 장애 및 물질 관련 장애에 주의를 기울여야 합니다.

## 범불안 장애

- 범불안 장애 환자는 돈, 가족, 건강, 학교나 직장에서의 문제와 같은 다양한 삶의 상황을 과도하게 걱정합니다.
- 결과적으로 안절부절못한 느낌의 불안 또는 초조, 쉽게 피로해짐, 집중력 저하가 발생하여 과민함과 근육 긴장의 증가 및 수면 장애와 같은 증상이 나타납니다.
- 대부분의 경우 이런 감정을 느끼기 때문에 이러한 감정을 가질 수 있는 상황을 미루거나 피할 것입니다.

일반적으로 범불안 장애는 성인 초기에 시작됩니다. 여자는 남자보다 2:1 정도로 더 많습니다. 특히 내과 의사와 일반 전문의가 진료하는 환자에게서 자주 관찰됩니다. 일부 관계자는 인구의 5%에 영향을 미칠 수 있다고 생각합니다. 다른 사람들은 그것이 다른 불안이나 다른 장애 대신에 종종 오진된다고 생각합니다.

## 공황 발작 및 공황장애

- 환자는 갑자기 시작되어 몇 분 내에 가장 높은 수준에 도달하는 불안 또는 두려움과 같은 에피소드를 경험합니다(이러한 에피소드 직전에 그 사람은 침착하거나 불안할 수 있습니다).

- 공황 발작이 일어나는 동안 여러 가지의 전형적인 흉통, 열감 혹은 오한, 질식감, 비현실감 또는 자신과 분리되는 느낌, 어지럼증, 죽음에 이를 것 같다는 두려움, 자신의 마음을 상실할 것 같다는 두려움, 심장의 두근거림 또는 과도하게 뜀, 메스꺼움, 따끔거림/무감각(대개 손가락), 식은땀, 호흡 곤란, 떨림 등과 같은 증상을 경험합니다.
- 예기치 못한 공황 발작이 반복적으로 발생하고 환자가 앞으로의 공황 발작을 두려워하거나 이를 미연에 방지하려고 할 때, 우리는 환자에게 공황장애가 있다고 말합니다.

전체 성인 인구의 약 2%가 진단됩니다. 공황장애는 강한 유전력이 있으며 남성보다 여성에서 더 흔하게 나타납니다. 모든 연령에서 발병할 수 있지만 일반적으로 젊은 성인에서 발생합니다. 종종 광장 공포증과 관련이 있습니다.

공황 증상은 대부분의 불안 장애뿐만 아니라 물질 중독, 외상 후 스트레스 장애, 강박 장애 등 다른 장애의 과정에서도 발생할 수 있습니다.

## 광장 공포증

광장 공포증은 원래 '시장에서의 공포'를 의미하였지만, 이제는 탈출하거나 도움을 받기가 어려울 수 있는 장소나 상황에 대한 두려움으로 설명됩니다.

- 환자는 집, 시장, 상점, 열린 장소, 대중교통, 극장으로 이동하는 것을 피합니다.
- 환자는 6개월 이상 두려운 상황을 피하거나 동료의 도움이 필요하거나 동료들과 마주할 때 불편함을 경험하기도 합니다.

광장 공포증은 상대적으로 소수(성인 200명 중 1명)에게 발병하며, 남성보다는 여성에게 더 자주 발병합니다. 일반적으로 생애 초기, 공황 발작이나 충격적인 사건 후에 발병됩니다. 광장 공포증이 있는 대부분의 환자는 또한 공황 발작이 있습니다. 그러나 두 가지 진단은 독립적으로 진단될 수 있습니다.

## 강박 장애

강박 장애는 잘 연구된 질병으로 10대 또는 20대에 발병하여 평생 지속됩니다.

- 이 환자들은 불안이나 공포가 동반된 자각할 수 없는 강박관념이나 강박사고(또는 둘 다)를 가지고 있습니다.
- 환자는 이러한 괴로운 생각이나 행동에 많은 시간과 노력을 투자합니다. 그것들은 이질적이거나(자아 이질), 어리석거나 비합리적으로 보입니다.

일반적으로 이러한 사고에 대해 환자는 마음의 산물이라는 통찰력 있는 태도를 보일 수도 있지만 때로는 그런 통찰이 전혀 없을 수도 있습니다. 주요 강박 패턴에는 손 씻기, 청소와 어떤 행동이 실제로 이루어졌는지 확인하기 위해 강박적으로 점검하는 것(예: 난로 끄기)이 포함됩니다. 환자는 이러한 행동을 완수해야 한다고 느끼며, 이는 불안감을 감소시키기 위한 것입니다. 우울증의 증상이 동반되는 것은 흔합니다. 일부 환자의 경우 평생 틱과 관련된 문제를 경험할 수도 있습니다.

## 외상 후 스트레스 장애

외상 후 스트레스 장애는 한때 군인의 **전쟁신경증** 또는 **전투 피로**로 불렸던 것을 포함한 현대의 진단입니다. 이것은 흔히 강간, 전투 또는 다른 주요한 자연재해 또는 인간이 만들어 낸 재난(지진, 비행기 사고)과 실제 혹은 죽음에 대한 위협 또는 부상과 관련된 내용을 포함합니다(친한 친구나 친척에게 발생하면 그 경험이 대리될 수 있습니다)

환자는 다음의 증상들을 적어도 한 달 동안 경험해야 합니다.

- 꿈이나 깨어 있는 동안 외상 사건들이 재현됩니다.
- 사건을 상기시키는 것을 회피합니다.

- 부정적인 감정('미래 없음', 자기비난) 및 변화된 인지(예: 기억 상실) 상태를 경험합니다.
- 과도한 각성 증상(과민, 놀라는 반응 증가)이 지속됩니다.

증상이 나타나기까지 몇 주 또는 몇 년이 걸릴 수 있으며 시간이 지남에 따라 변동하는 경우가 많습니다. 심각도는 일반적으로 외상성 사건의 강도에 비례합니다. 이 상태는 아이, 노인 및 사회적으로 고립된 사람들에게서 발생할 가능성이 더 큽니다.

## 신경성 식욕 부진증

- 신경성 식욕 부진 환자는 과체중이 아닐지라도 스스로를 과체중이라고 생각합니다. 쇠약해지더라도 그들은 스스로를 과체중으로 인식하고 뚱뚱해지는 것을 두려워합니다.
- 그들은 음식 섭취를 심각하게 제한하고, 때로는 영양실조와 정상적인 월경의 중단(여성의 경우)이 발생하기도 합니다.

환자들은 이뇨제와 설사제를 남용할 수 있습니다. 저체중을 유지하기 위해 일부는 구토를 하기도 합니다. 심각한 증상으로 이어질 경우 사망할 수 있습니다. 이 장애는 젊은 여성에서 비교적 흔하지만(최대 0.5 %) 남성에게서는 약 1/10 정도만 발생합니다.

## 신체화 장애

성인 여성의 1%에 영향을 미치는(남성에게는 드문) 신체화 장애는 여러 신체적 통증으로 특징지어집니다. 복잡하거나 모호한 개인력을 가진 사람은 의심하시길 바랍니다. 이들은 치료에 제대로 반응하지 않습니다. 극적이고, 까다롭거나, 매혹적이며 성격장애의 가족력이 있습니다. 어린 시절 성적 학대를 당했습니다. 물질 오남용 문제가 있거나 비전형적인 특징을 가진 우울증을 가지고 있었습니다. 이 환자 중 다수가 자살을 시도합니다. 종종 이 진단은 임상가들 사이에서도 간과됩니다.

이 장애에 대한 정확한 이름과 진단 기준은 지난 50~60년 동안 현저하게 변화했습니다. 20세기 중반에는 브리켓 증후군이라고 불린 것을 명확하게 식별하고, 기본적으로 단 하나의 기준에 의존하는 히스테리의 진단과 감별하기 위한 기준으로 고안되었습니다. 환자가 가지고 있는 분명한 증상은 어떠한 기질적 장애 상태에 의해 유발되는 것이 아닙니다. DSM-III에서 시작하여 DSM-III-R, DSM-IV 및 DSM-IV-TR을 통해 신체화 장애에 대한 기준은 일련의 신체적 증상으로 구성되고 있음이 명시되었고, 진단을 위해서는 진단 기준에 부합하는 특정한 증상의 수와 진단군이 필요합니다. 이 증상 목록은 너무 많았고 사용하기에는 다소 어려움이 있었습니다. 임상가들이 이 목록을 경시하게 되면서 진단에 필요한 증상의 개수를 최소한으로 줄이게 되었습니다.

현재 DSM-5에서는 환자가 기본적으로 단일 신체 증상과 가장 최근에 반복된 증상만 있어도 진단할 수 있게 되었습니다(현재는 신체 증상 장애로 불림). 증상은 최소 6개월 이상 지속되어야 하고, 과도하면서 지속적인 건강 문제의 증거가 뒷받침되어야 합니다. 한편, 저는 DSM-5에서 하나의 증상이 있다는 이유로 진단이 가능하게 된 이 역행적인 조치가 의료 역사를 통틀어 오진의 가능성을 높이고, 부정확한 치료를 받게 할까 봐 매우 깊이 우려하고 있습니다. 그럼에도 불구하고 DSM-5 신체 증상 장애의 주요 특징은 다음과 같습니다.

- 6개월 이상 동안 적어도 하나의 신체 증상이 일상생활에 고통을 주거나 혼란을 일으켰습니다.
- 그 결과, 환자는 건강 문제에 대해 계속해서 높은 불안감을 느낍니다.
- 환자의 현재 문제가 주로 통증에 대한 고통이라면 우세한 **통증**을 가진 특정인으로 추가할 수 있습니다(DSM-IV는 이를 별도의 진단으로 간주하고 통증 장애라고 했습니다).

이에 대한 대책으로, 저는 브리켓 증후군을 원래 기준 다음에 덧붙였습니다. 이것은 신체적 증상뿐만 아니라 정신적/정서적 증상이 있는 환자를 진단하고, 약물치료나 전기 충격 요법의 효과를 볼 수 있는 사람들과 치료에 덜 반응하는 우울증 환자를 구별하는 데 도움이 되기 때문입니다. 또한 부록 D '반구조화 면담'의 '신체적 통증' 절(477쪽 참조)에서는 DSM–IV 기준인 신체화 장애라는 이름을 사용하였는데, 일반적으로 저는 이 책에서 이 장애 이름을 신체화 장애로 사용하기로 선택하였습니다. 지난 수년 동안 일관성은 정신건강 진단의 특징이 아니었으므로, 어쨌든 '결정은 자신이 하고, 책임도 자신이 지는 것입니다.'

## 브리켓 증후군

• 30세부터 환자는 극적이거나 모호하거나, 복잡한 병력으로 만성적 또는 재발성 질환을 앓고 있습니다.
• 환자는 다음의 범주 중 9개 또는 10개에서 의학적으로 설명할 수 없는 증상을 최소 25개('가능성이 있는' 진단의 경우 20~24개) 보고해야 합니다.
　– 두통; 대부분의 인생에서 고통을 호소함
　– 실명, 마비, 마취, 실성증, 발작 또는 경련, 무의식, 기억 상실, 청각 장애, 환각, 요폐, 보행장애, 기타 설명할 수 없는 '신경학적' 증상
　– 피로, 목구멍에 혹, 실신, 시각적 흐림, 허약, 배뇨 장애
　– 호흡 곤란, 심계항진, 불안 발작, 흉통, 현기증
　– 거식증, 체중 감소, 체중의 현저한 변동, 메스꺼움, 복부 팽만감, 음식 과민증, 설사, 변비
　– 복통, 구토
　– 월경통, 월경 불순, 무월경, 과도한 월경 출혈
　– 성적 무관심, 냉담함, 성교 동통, 기타 성적 장애; 임신 9개월 동안 최소 한 번 구토하거나, 과다 구토로 인한 병원 입원
　– 허리 통증, 관절통, 말단통증; 성기, 구강 또는 직장의 타는 듯한 통증; 다른 신체적 고통
　– 신경과민, 두려움, 우울한 감정; 아픈 느낌 때문에 일을 그만두거나 일상적인 업무를 수행할 수 없음; 쉽게 울고, 인생이 절망적이라고 느끼며, 죽기를 희망하고, 자살과 자살 시도를 생각함

# 성격 장애

DSM-5는 공식적인 인정을 받을 수 있을 만큼 충분히 잘 정의된 10가지 성격 장애를 나열하고 있습니다. 그중 여섯 가지의 연구는 적절한 수준의 타당성을 가질 정도로 견고합니다. 다음에서는 여섯 가지 장애에 대한 특징을 설명하였습니다. 성격 장애는 초기 성인기(때로는 훨씬 더 일찍) 생활에서 이러한 태도와 행동이 나타나며 다양한 상황에서도 보입니다.

## 조현형 성격 장애

마술적 사고, 관계사고, 환상 또는 독특한 지각, 때로는 특이한 버릇 또는 의복으로 조현형 성격장애 환자는 매우 이상하게 보일 수 있습니다. 그들은 다른 사람들의 의도를 불신하고, 사람들로부터 고립되며, 불안해하거나 다른 사회적 관계에서 불편감을 느낍니다. 비록 결혼하는 사람도 있지만, 일반적으로 다른 사람들의 신의를 의심하고 친한 친구가 거의 없습니다. 그들의 생각은 의심과 미신에 의해 지배될 수 있으며, 이는 막연하고, 편향적이거나 지나치게 추상적인 제한된 감정과 언어로 표현됩니다.

조현형 성격장애를 가진 대다수 환자는 처음 임상적 관심을 받을 때 우울증을 앓고 있습니다. 스트레스를 받으면 환자는 잠시 정신병 증상이 나타날 수도 있습니다. 일부는 결국 조현병으로 발병하고, 이 진단은 일반인보다는 병을 가진 이의 친척들에게서 더 많이 발생합니다.

이 장애는 일반 인구의 최대 3%에서 발생합니다.

## 반사회적 성격 장애

반사회적 성격 장애가 있는 환자는 종종 매력적으로 보이지만, 어린 시절(일반적으로 15세 이전에 시작)부터 그들은 사회적 규칙을 따르지 않습니다. 다른 사람들과의 관계에서는 상호 친밀감보다는 착취적인 특징을 보입니다. 이 사람들은 죄책감을 느낀다고 교활하게 주장할 수 있지만, 공감과 진정한 양심의 가책에 대한 증거는 없습니다.

그들의 자아 감각은 다른 사람들에게 힘을 발휘하거나 개인적 쾌락이나 물질적 이득에서 비롯되는 것으로 보입니다. 그 결과로, 거의 모든 삶의 영역에서 무책임하고 냉담한 행동을 보입니다. 이에 상상할 수 있는 모든 종류의 물질 사용, 싸움, 거짓말, 부정직한 행동(종종 범죄적)을 할 수도 있습니다. 절도, 폭력, 사기 계획 및 자녀/배우자 학대 등이 있습니다. 그들의 비정상적인 행동의 대부분은 충동적이며, 종종 그들은 발생 가능한 결과에 대한 충분한 고려 없이 위협적인 행동을 하고, 실제적인 필요가 없음에도 충동적으로 행동합니다. 그들은 여러 가지 신체적 문제에 대해 불평할 수 있으며 때때로 자살 시도를 할 것이지만, 모든 상호작용에서 그들은 다른 사람을 조정하려고 하기 때문에 그들의 고통이 진짜인지 아닌지를 결정하는 것을 어렵게 만듭니다.

이에 대한 두 가지 경고: 비록 반사회적 성격 장애 환자가 어린 시절의 경우, 종종 구제불능적이며 비행 그리고 무단결석과 같은 학교 문제에 대한 특징을 가지고 있지만, 이런 종류의 배경을 가진 절반 미만의 아이들만이 결국 완전한 성인 반사회적 성격 장애를 진단받게 됩니다. 따라서 이 성격 장애는 18세 이전에 진단해서는 안 됩니다. 반사회적 행동이 물질 사용의 맥락에서만 발생하는 경우에도 진단하지 않는 것이 중요합니다.

## 경계선 성격 장애

경계선 성격 장애를 지닌 환자는 종종 기분(우울증, 불안 또는 두려움), 행동 또는 대인관계에서 위기에 처한 것처럼 보입니다. 그들은 일상생활에서 공허함과 지루함을 느끼면서 다른 사람에게는 강한 애착을 보일 것입니다. 이 행동은 좋은 결과를 이끌어 내지 못합니다. 예상한 대로 그들은 그들이 의존한다고 느끼는 사람들에게 무시되거나 학대당하고 있다고 생각하여 두려워하고(또는 유기를 두려워함), 이에 격렬하게 화를 내거나 적대적인 모습을 보일 수 있습니다. 그들은 충동적으로 자살을 시도하거나 자해를 시도할 수 있습니다. 다른 성급한 행동은 위험을 감수하는 행동 패턴을 형성하거나 한 삶의 목표에서 다른 삶의 목표로 너무 빈번하고 극단적인 변화를 도모할 수 있습니다.

자신에 대한 모욕 가능성에 비정상적으로 민감하게 반응하지만, 이 환자는 다른 사람의 감정과 요구들을 인식하지 못합니다. 실제로 그들은 다른 사람들의 잘못을 강조할 가능성이 높습니다. 다른 사람을 어떤 상황에서는 이상화하며, 다른 때에는 평가 절하하여 결과적으로 얽히고 설키게 되는 관계 문제가 발생합니다.

경계선 성격장애를 가진 환자는 현저하게 자기비판적인 경향이 있으며 때로는 극심한 압력하에서 해리가 발생할 때가 있습니다. 해리 또는 정신병적 에피소드가 너무 빨리 해결되기 때문에 내인성 정신병과는 거의 혼동되지 않습니다. 강렬하고 빠른 기분 변화, 불쾌감, 불안정한 대인관계의 문제로 이러한 사람들은 사회적으로나 직장, 학교에서 잠재력을 최대한 발휘하기가 어렵습니다.

남성보다 여성에게 더 흔하며(아마도 3:1 비율), 이 성격장애는 일반 인구의 2%와 정신건강 환자의 10~20%에서 확인됩니다.

경고: 제 생각에 임상가들은 환자에게 더 긴급한 치료가 필요한 다른 질환이 있을 때에도 경계선 성격장애의 진단을 자주 사용합니다. 21세기에는 여전히 우리가 가장 자주 오진단하는 영역일 수도 있습니다.

## 강박성 성격 장애

강박성 성격 장애 환자는 평생 동안 경직되고 완벽주의적인 경향이 있습니다. 결함 없는 제품을 생산하려고 고집하면 결코 완벽한 제품을 생산할 수 없다고 Voltaire가 말한 것처럼, '완벽한 것은 좋은 것에 적이 됩니다.' 세부 사항, 질서, 규칙 준수와 일들을 자신의 방식으로 수행해야 한다고 고집스럽게 주장하는 것은 직장이나 사회적 상황에서 그들의 효과적인 수행에 방해물로 작용합니다. 그들은 대부분의 사람이 헛된 노력이라고 생각할지라도 오랜 시간이 지나도록 과거의 실패를 만회하려고 노력할 것입니다. 종종 높고 불합리한 기준(면밀함)은 목표를 달성하거나 작업을 완료하는 데 어려움을 겪게 합니다. 그들의 정체성은 여가 활동이나 사회 활동보다 선호하는 일에 존재하는 경향이 있으므로 일을 관계보다 우선시합니다. 완고한 경직성은 타인의 감정과 생각을 이해하지 못하게 만들어 다른 사람들과의 관계를 손상시킵니다.

강박성 성격 장애가 있는 환자는 애정을 표현하는 데 어려움을 겪을 수 있습니다. 종종 우울한 것처럼 보입니다. 이와 같이 기분이 경미하게 쇠약해지고 약해질 수 있지만 때로는 환자가 치료를 받아야 할 만큼 충분히 심각해질 수 있습니다. 남성은 여성보다 두 배 더 자주 영향을 받습니다. 아마도 일반 인구에서 100명 중 1명이 영향을 받는 것 같습니다.

## 자기애적 성격 장애

자기애적 성격 장애를 지닌 사람들은 평생 동안 웅대함(행동과 환상에서), 찬사에 대한 갈망, 다른 사람들의 관심을 끌기 위한 노력을 하는 패턴을 가지고 있습니다. 일반적으로 그들은 자신이 특별하고 심지어 다른 사람들보다 우월하다는 확신을 가지고 있으며, 보통 자신의 업적을 과장하는 자기중심적인 사람입니다.

때로는 잘난 체하는 특권적 태도에도 불구하고, 이 성격 장애를 가진 사람들은 취약한 자존감을 가지고 있고 종종 자신은 가치가 없는 사람이라고 느낍니다. 개인적으로 큰 성공을 했을 때에도(재능이 많음) 사기를 친다고 느끼거나, 자신은 이러한 성공을 이룰 자격이 없다고 느낄 수 있습니다. 그들은 인정 욕구에 따라 동기 부여를 받기 때문에 다른 사람들의 생각에 지나치게 민감한 반응을 보이며, 타인의 칭찬을 이끌어 내야만 한다고 느낄 수 있습니다. 비판을 받을 때에는 그들이 받은 고통에 무관심한 태도로 방어합니다. 그들은 자신의 감정에 대해 민감하지만 다른 사람들의 감정과 요구를 거의 이해하지 못합니다. 그리고 마치 자신의 잘못을 덮기 위해 거짓말을 하는 것처럼 공감을 가장할 수 있습니다.

자기애적 성격장애를 가진 사람들은 종종 성취하기 힘든 상황에 대한 성공에 환상을 가지고 있고 그것을 성취한 사람을 부러워합니다. 대인관계는 누가 자신의 목표를 달성하도록 도울 수 있고, 누가 그들의 자아를 자극할 것인가에 따라 형성되기도 합니다. 그들의 직업 성과는 (대인관계 문제로) 어려움을 겪거나 (성공을 위한 영원한 갈망 때문에) 향상될 수 있습니다.

이 성격 장애는 여성보다 남성에서 더 흔합니다. 일반 인구의 1% 미만으로 확인됩니다(자기애적 특성은 일반적으로 자기중심적인 아동과 청소년들이 궁극적으로 성격 장애까지 이어진다는 것을 반드시 암시하는 것은 아닙니다).

## 회피성 성격 장애

회피성 성격 장애를 가진 사람들은 스스로를 부적절하다고 생각하고 매력적인 사람이 아니라고 생각하거나, 사회적 상황에서 감정을 표현하는 것을 꺼립니다. 그들은 자신이 열등하다고 판단하고, 종종 비판과 거절에 대해 과민하게 반응합니다.

인정받지 못함 또는 몇 개의 다른 불행에 대한 불안과 걱정은 이 사람들이 자신을 내세우지 못하게 만들고, 다른 사람을 기쁘게 만들고 싶어 하지만, 이러한 태도는 사회적 고립으로 이어지기도 합니다. 그들은 아무런 의미가 없는 이야기를 비판적으로 받아들여 오해석할 수도 있습니다. 종종 그들은 자신이 수용될 것이라고 확신하지 않는 한 관계 맺기를 거부합니다. 그들은 자신이 바보처럼 말할까 봐 사회적 상황에서 망설이는 모습을 보이고, 개인적 위험이나 사회적 요구가 포함된 목표(심지어 직업) 상황을 회피합니다. 가까운 친인척 이외에는 친밀한 친구가 거의 없는 경향이 있습니다. 일상적으로 안정되고, 틀에 박힌 생활을 유지하기 위해 많은 시간을 사용할지도 모릅니다. 면담에서도, 사회적 상황에서도 그들은 긴장과 불안감을 느낄 수 있습니다. 그들은 상냥한 말조차도 비판받고 있다고 오해석할 수 있습니다.

그들은 활동을 할 때 별로 흥미나 즐거움을 느끼지 않는 것처럼 보입니다. 그러나 환자들은 일도 하고 결혼도 하지만 지지 체계를 잃어버리면 우울하거나 불안해할 수 있습니다.

회피성 성격장애는 아마도 인구의 1% 미만에서 발생하며, 때로는 외모를 손상시키는 질병이나 상태가 존재할 경우와 관련이 있는 것 같습니다. 회피성 성격장애는 여성과 마찬가지로 남성에게서도 자주 발견됩니다. 이 성격장애는 임상적으로 종종 볼 수 없습니다. 이 환자들은 다른 질병이 나타날 때만 평가를 받기 위해 오는 경향이 있습니다(회피적 특성은 아동들에게 흔하지만, 이것이 나중에 성격 장애가 된다는 것을 암시하지는 않습니다).

부록 C

# 면담 예시, 서면 보고서 및 사례 개념화

## 환자와의 면담

20대 후반으로 보이는 남성 환자는 치노 바지와 흰색 셔츠 위에 환의를 입고 윗부분까지 단추가 채워져 있었습니다. 그는 등받이가 곧은 의자에 앉아 있었고 좀처럼 임상가를 응시하지 않습니다. 코와 입술이 붓고 멍이 들었으며, 오른쪽 눈 밑에는 큰 상처가 나 있었습니다. 그의 얼굴표정은 움직임이 없습니다. 그는 면담 내내 한 번도 웃지 않았습니다. 그는 가끔 말을 할 때 약간 중얼거립니다. 임상가의 목소리는 따뜻하고 조용합니다.

> **임상가:** (환자와 악수한다.) 안녕하세요. 제 이름은 _____ 박사입니다.
>
> **환　자:** 안녕하세요.
>
> **임상가:** 오늘 이 시연 면담을 도와주서서 감사합니다.
>
> **환　자:** 별말씀을요.
>
> **임상가:** 저는 가끔 필기할 거예요. 제가 하고 싶은 질문들을 기억하기 위해서요.
> 자, 어떤 종류의 어려움이 당신을 여기로 오게 했는지 말해 줄 수 있나요?
>
> **환　자:** 음, 희망 없고 절망적이고 천국밖에는 갈 곳이 없어요.
>
> **임상가:** 천국밖에는 없군요. 그럼 죽을 생각을 하고 있었다는 말인가요?

환　자: 생각이요? 원하고 있어요!

임상가: 그것에 대해 좀 더 말씀해 주시겠어요?

물론 "그것에 대해 좀 더 말씀해 주시겠어요?"라는 질문은 환자가 방금 말한 내용을 더 자세히 설명해 달라는 전형적인 개방형 질문입니다.

환　자: 글쎄요. 다른 사람을 해치거나 나 자신을 해치는 것이 하나의 선택이라고 생각합니다. 그리고 나는 누군가를 해치는 것을 좋아하지 않기 때문에 차라리 나 자신을 해치고 싶어요.

임상가: 그렇군요.

환　자: 그리고 저는 살고 싶지 않아요. 만약 당신이 암에 걸리면 죽을 수라도 있겠지만, 이렇게 머리가 엉망진창이 되면 죽을 수도 없어요. 그러니까 당신은 그걸 감수하고 살아야 되는 거예요.

임상가: 네.

환　자: 자살을 종착지라고 부르지 않고, "어쩔 수 없지!"라고 합니다.

임상가: 그래서 실제로 자살 시도를 한 건가요?

환　자: 네, 맞아요! 그 목소리들은 "지금이 그때야. 뛰어."라고 말했어요. 저는 제 옷을 모두 벗었어요. 저는 이것들은 필요 없다고 생각했어요. 그리고 그들은 모두 멈췄고, 모든 차가 정지된 상태였어요. 그래서 저는 길을 가로질러 달려갔죠. 이후 저의 마지막 기억은 먼 곳에서 다른 사람들보다 더 빨리 달리는 트럭을 본 거예요. 그리고 저는 그것을 선택했죠.

임상가: 그래서 당신은 트럭으로 바로 향했군요.

지금까지 몇 가지 응답을 통해 말할 수 있는 것은 임상가의 기여로 대체로 환자 쪽에서 더 많은 말을 쉽게 할 수 있도록 만들었다는 것입니다. 자유롭게 이야기하기 원칙은 대부분 잘 지켜졌습니다.

환　자: 빨리 달린 트럭. 이후 저는 구급차에 있었고 누군가가 나를 흔들면서 일어나라고 말했던 것을 기억해요.

임상가: 그래서 실제로 트럭에 치였다고 생각하십니까?

환　자: 네, 그런 것 같아요. 겉보기에도 그랬어요.

임상가: 네, 약간 충돌이 있었던 것처럼 보이는군요. 그러고 나서 당신은 구급차
　　　　에 있었던 것을 기억한다는 거네요.

　마지막 이야기에서 "예."라고 말한 것을 주목하십시오. 이 임상가는 일반적인 스타일이 아
닙니다. 임상가는 무의식적으로 환자가 사용하는 비슷한 말을 이용함으로써 관계를 맺으려고
할 수도 있습니다. 면담 동안 이 임상가는 환자가 이해할 수 있는 단어를 사용합니다. 혼동을
줄 수 있거나 라포를 형성하는 것을 방해할 수 있는 의학 전문 용어는 거의 없습니다.

환　자: 짧은 시간 동안 그들은 잠시 절 흔들다 가요.

임상가: 자, 이제 당신은 이것을 어떻게 생각하세요? 제 말은, 당신은 자살을 시도
　　　　했지만 죽지 않고 여기 있어요.

환　자: 그런 것 같아요. 병원에서는 죽은 줄 알았었는데, 저는 이 하얀 방에 있
　　　　었어요. 마치 천국을 가기 전 대기 장소 같았어요. 저는 대기실에 있었어
　　　　요. 이곳은 그냥 방이었어요.

임상가: 오-흠.

환　자: 그리고 이제 저는 여전히 대기실에 있을지도 모른다고 생각해요.

임상가: 그렇군요.

환　자: 당신들은 제가 자살을 할 수 있도록 도와줄 건가요?

임상가: 음, 여기에 있는 어떤 누구도 당신이 죽는 것을 도와주지 않을 것 같다고
　　　　생각합니다.

　회피보다는 직접적인 대답이 낫습니다. 그러나 "나는 할 수 없지만 이런 것은 할 수 있습니
다."라고 말하는 전형적인 응답 방식이 더 좋은 응답입니다. 예를 들어, "우리는 당신이 살고
싶은 것을 돕기 위해 최선을 다할 것입니다."

환　자: 오…….

임상가: 아직도 죽고 싶은가요?

환　자: (고개를 끄덕인다.)

임상가: 당신은 당신이 절망감을 느끼고 있었다고 말했어요. 그게 얼마나 오래
됐죠?

임상가는 종종 환자의 말을 알아듣고 대화를 다른 방향으로 전환합니다.

환　자: 몇 해 전부터요.

임상가: 최근에 더 안 좋아졌나요?

환　자: 네, 그래요. 저는 가끔 절망적이었어요. 매일은 아니었어요. 작년 여름부
터는 심했어요.

임상가: 작년 여름부터군요. 이제 몇 달이나 됐나요?

환　자: 7개월이요.

환자의 시간 지남력과 계산 능력을 대략적으로 평가하려는 명백한 시도를 하였습니다.

임상가: 다른 기분은 없었나요? 그 당시 가치가 없다고 느꼈나요?

환　자: 네.

임상가: 무엇이 원인인지 생각나는 것이 있나요?

환　자: 글쎄요, 일자리를 구하려고 노력했어요. 그게 효과가 있을 거라 생각했
어요.

임상가: 네.

환　자: 1개의 일자리도 구하지 못했어요.

지금까지 임상가는 탐색할 임상적 관심 분야가 정신병(환청), 기분 장애 및 사회적 어려움의
3개 영역임을 확인했습니다. 앞으로 더 많이 있을지도 모릅니다.

임상가: 당신은 하루 종일 거의 똑같이 느끼나요, 아니면 하루 중 어떤 시간이 다
른 시간보다 더 괜찮은가요?

환　자: 가장 좋은 시간은 밤이고, 잠을 잘 때입니다.

임상가: 그래서 밤에 잠자리에 들 때가 좋다는 거군요. 잠은 꽤 잘 잤나요?

환　자: 여기[병원]에 있을 때는 그랬어요.

임상가: 보통은 어떻습니까? …… 수면에 무슨 문제가 있나요?


　덜 신중한 임상가는 입원 전 환자의 수면 문제에 집중하는 대신 다른 주제를 다룰 수 있습니다. 하지만 저는 '보통'이라는 용어를 사용하는 것에 궁금한 점이 있습니다. 그게 무슨 뜻인가요? 이 용어를 사용하는 것보다는 '입학 직전'과 같은 구체적인 기간을 지정하여 질문하는 것이 더 좋습니다.


환　자: 저는 이를 갈며 매 시간마다 일어나곤 했습니다.

임상가: 음-흠. 당신이 일어났을 때마다, 당신은 이 상황에 대해 생각하나요?

환　자: 네.

임상가: 어떤 것들이죠?

환　자: 나는 이제 어떻게 해야 하지?

임상가: 음-흠, 그럼 당신은 아침에는 푹 자고 있나요?

환　자: 최근까지는 아니었습니다.

임상가: 음-흠, 당신은 일어날 시간이 되기 전 일찍 일어났기 때문에 다시 잠들지 못하는 가요?


　차라리 개방형 질문으로 "어떤 종류의 문제가 있었습니까?"가 더 좋습니다.


환　자: 네. '내가 왜 이렇게 일찍 일어났지?'라고 저는 생각했어요.

임상가: 당신은 잘 때 휴식을 취했다고 느끼나요?

환　자: 네.

임상가: 당신이 정말 휴식을 취했다고 느껴지네요.

환　자: 하지만 저는 잠을 자지 않을 때는 꽤 휴식을 취하는 것 같아요. 이것이 이상해요. 저는 잠을 잘 필요가 없는 것 같아요.

임상가: 식욕은 어떠신가요?

환　자: 여기 있으면서 좋아졌어요.

임상가: 들어오기 전에는 어땠나요?

환　자: 좋지 않았죠.

임상가: 몸무게가 좀 바뀌었나요?

환　자: 네, 10파운드가 빠졌어요. 지금은 모르겠어요. 살이 쪘을지도 몰라요.

임상가: 얼마 동안 10파운드가 줄었나요?

　

이 면담을 통해 임상가는 환자에게 자신의 이야기가 잘 전달될 수 있도록 하고 있으며, 정보 흐름이 계속 진행될 수 있도록 명확하지만 최소한의 방해가 되는 방법인 '음–흠' 및 그 변형과 같은 많은 표현을 통해 격려를 제공하고 있습니다. 어떤 식으로든 그 흐름을 지시하지 않으며, 서면 기록에서는 보여 줄 수 없는 고개 끄덕이기, 미소 짓기, 눈 깜빡임과 같이 전혀 방해되지 않는 격려인 기타 비언어적 방법을 사용하고 있습니다. 여기에서는 가독성을 높이기 위해 실제 임상가가 사용한 비언어적인 격려의 표현을 절반 정도는 삭제하였습니다.

　

환　자: 아마도 일주일 정도 될 것 같아요.

임상가: 짧은 시간에 체중이 감소하였군요. 음식에 대한 관심이 없어졌나요?

환　자: 별로 없었어요.

임상가: 다른 것에는 관심이 있었나요?

환　자: 아뇨, 음, 제겐 아이가 있는 여자 친구가 있었어요. 저는 그 아이에게는 관심이 있었어요.

임상가: 당신은 여자 친구의 아이에게 관심이 있었군요.

환　자: 그 아이는 착해요. 제가 그 아이를 돌봤어요.

임상가: 자살 시도를 했던 당시에도 그 아이에 대한 관심은 거의 유지되고 있었나요?

환　자: 네, 하지만 여자 친구는 제가 곁에 있는 것을 원하지 않았어요.

임상가: 여자 친구는 당신을 원하지 않았군요. 책을 읽거나 TV를 보는 것과 같은 활동에서는 관심이 어땠나요?

환　자: 없었어요.

임상가: 그 활동들에서도 집중할 수 있었나요??

환　자: 예, 만약 제가 TV를 봤다면요. 그게 다예요. (잠시 멈춤) 하지만 오랜 기간 동안은 아니었던 것 같아요.

만약 임상가가 너무 빨리 다음 주제로 넘어갔다면, 이 환자의 전반적인 능력에 대한 전반적인 인상이 다소 달라졌을 것입니다.

> 임상가: 잠깐 동안인가요? 얼마나 오래 유지할 수 있었나요?
>
> 환　자: 30분입니다.
>
> 임상가: 그래서 당신은 한 시간 내내 TV쇼를 보거나 주의를 유지할 수 없었군요.
>
> 환　자: 아무 생각 없이 말이죠.
>
> 임상가: 당신이 좋아하는 사람들이 주변에 있을 때는 당신의 기분이 편해졌나요?
>
> 환　자: 네.
>
> 임상가: 그게 도움이 되었군요. 그게 얼마나 도움이 되었나요?
>
> 환　자: 제가 무슨 일이 일어나고 있는지 깨닫기 전까지는요.
>
> 임상가: 그래서였군요, 그러면 몇 분간 집중할 수 없었다는 말이군요.

재판장님 이의를 제기합니다. 증인을 이끌어 주세요! 훨씬 더 좋은 방법은 "보통 얼마나 오래 집중을 하지 못합니까?"입니다.

> 환　자: 네.
>
> 임상가: 좋아요. 당신은 일에 대해 죄책감을 느꼈나요?
>
> 환　자: 네.
>
> 임상가: 어떤 종류의 것들인가요?
>
> 환　자: 그래서 제가 이 자리에 있다고 생각합니다. 저는 제가 과거에 내린 어떤 결정을 피할 수 있었습니다. 하지만 지금은 너무 늦었습니다.
>
> 임상가: 음-흠. 당신은 당신이 죽어야 마땅하다고 느끼나요?
>
> 환　자: 네.
>
> 임상가: 당신은 벌을 받아야 마땅하다고 생각하나요?
>
> 환　자: 네, 어떻게 보면요.
>
> 임상가: 음-흠.

환　자: 저도 많은 사람이 그렇게 하는 건 알고 있지만, 그러나 저는 더 잘 알고
　　　　있어요.

임상가: 당신은 더 잘 알고 있군요. 많은 사람이…… 무엇을 한다는 이야기죠?

이번에도 임상가는 환자의 이전 대화를 정교하게 다루고 있습니다. 이것은 지나치게 통제하는 것처럼 보이지 않고 대화를 유도할 수 있는 언어적 격려 방법입니다.

환　자: 제가 하는 것과 비슷한 일이에요.

임상가: 음-흠. 죄책감을 느끼는 것들, 그중 일부가 무엇인지 말해 줄 수 있나요?

환　자: 약에 돈을 쓰는 것과 같은 거요. 아파트나 음식을 사는 데 돈을 쓰지 않고
　　　　호텔 방에서 지내는 것이에요.

임상가: 음-흠.

환　자: 청구서요.

임상가: 그렇군요. 그리고 어떤 종류의 약물 문제가 있나요?

환　자: 헤로인과 코카인이에요.

임상가: 꽤 오래됐나요?

환　자: 2년 정도요.

임상가: 헤로인 사용은 어느 정도 했나요?

환　자: 하루에 반 그램 정도요.

임상가: 그러면 비용이 얼마나 들까요?

환　자: 20달러예요. 그리고 코카인은 20달러입니다.

임상가: 그리고 코카인도 20달러이군요. 자, 습관이 그렇듯이 당신의 습관은 얼
　　　　마나 강하다고 생각하나요?

환　자: 제가 지금 그것을 원하냐고요?

임상가: 네.

환　자: 강렬하죠.

이 임상가는 0.5g의 습관이 얼마나 강한지 확신하지 못하거나, 환자에게 자신의 전문성을 보여 줄 기회를 주고 싶어 합니다. 어쨌든 환자에게 설명을 요청하는 것은 올바른 정보를 가

지고 있는지 확인하는 좋은 방법입니다. 또한 친밀감을 높이는 데 도움이 됩니다.

> 임상가: 그래서 당신은 지금 상당히 강한 갈망을 느끼고 있군요.
> 환　자: 그리 심한 갈망은 아닙니다. 단지 제가 돈이 많고 갈 곳이 있다면 아마 그
> 렇게 할 거예요.
> 임상가: 당신은 나가게 되면 다시 마약을 사용할 것이군요.
> 환　자: 왜냐하면 그것들은 저를 안전하게 느끼도록 해 주니까요.
> 임상가: 마약을 하기 전, 그때는 기분이 어땠나요?

여기에서는 두 가지의 심각한 문제를 고려해야 하는데, 임상가는 어떤 문제가 먼저 시작되었는지를 파악하기 위해 노력하고 있습니다. 중요한 이유는 다음과 같습니다. 치료의 방법이 달라지게 되는 일차성 기분 장애와 약물 사용에 따른 이차성 기분 장애를 구분하기 위함입니다.

> 환　자: 제가 어디에 있냐에 따라 다르겠지만…… 항상 뭔가 부족한 게 있었어요.
> 임상가: 약을 하기 전부터 항상 뭔가 부족함을 느꼈군요.
> 환　자: 네, 그리고 예전에 학교 다닐 때는 전 절대 어울리지 않았어요. 제 말은,
> 친구들이 있었지만 저는 어울리지 않았다는 거예요.

임상적 관심의 또 다른 영역은 성격 장애의 가능성입니다.

> 임상가: 음—흠.
> 환　자: 불편했어요.
> 임상가: 당신은 심지어 친구들과 함께 있어도 불편함을 느꼈군요. 그 불편함에
> 대해 좀 더 말씀해 주시겠어요?

면담이 여기까지 진행되었지만, 임상가는 환자에게 환자의 기분을 확장시키기 위한 초대장을 보냅니다. 개방형 질문은 감정에 대한 정보를 파악하는 데 탁월한 방법입니다.

> 환　자: 예를 들어 보면, 당신 또한 잘못된 말을 하거나 놀림을 받고 싶지 않을 거

예요. 그러니까 저는 그냥 조용히 혼자만 지냈던 거예요. 그리고 아무 일
도 일어나지 않았어요. 그러니 더 이상 친구가 없었던 거고요.

**임상가:** 그래서 당신은 항상 실수를 할까 봐 두려웠고, 어울리지 않는 것처럼 보
였군요. 그리고 그것은 적어도 부분적으로는 당신이 어울리지 않는다고
느꼈기 때문이고요. 그것은 당신이 성인이 된 이후에도 지속되었나요?

일반적으로 저는 임상가가 길게 이야기하는 것을 추천하지 않습니다. 결국 임상가가 더 많
은 이야기를 할수록 환자가 이야기해야 하는 시간은 줄어듭니다. 그러나 바로 앞의 예시와 같
이 간헐적인 요약적 표현은 임상가가 환자에게 자신이 이해했는지 확인하고, 환자와 친밀하
게 만드는 데 도움이 될 수 있습니다.

**환　자:** (고개를 끄덕인다.)

**임상가:** 어렸을 때는 어땠어요?

**환　자:** 부모님이 이혼하기 전, 그때가 유일하게 두렵지 않았던 때였어요. 우리
가 이곳에 처음 살았던 날을 기억해요. 우리 부모님은 "저기에 너랑 비슷
한 또래 아이가 밖에 있어. 가서 그 애와 같이 놀아."라고 말씀하셨어요.
저는 그곳으로 나갔고, 그의 세발자전거를 밀어 줬어요. 그리고 우리는
가장 친한 친구가 되었어요.

**임상가:** 그때 당신은 몇 살 때였나요?

**환　자:** 다섯 살이요.

**임상가:** 그리고 그 우정은 부모님이 이혼할 때까지 유지되었나요?

**환　자:** (고개를 끄덕인다.)

**임상가:** 그 당시 몇 살이었나요?

**환　자:** 제가 6~7세경, 아니 7세 때 부모님이 이혼을 하셨어요.

**임상가:** 그때 어머니랑 살았나요, 아니면 아버지랑 살았나요?

**환　자:** 저는 캘리포니아에서 어머니랑 살았어요. 그래서 학교를 조금 못 갔어
요. 다른 형제들은 아버지와 함께 살았어요. 학교에 가고 있었거든요.

**임상가:** 그리고 당신이 7세쯤 되었을 때 어색해지기 시작했나요?

**환　자:** 그런 것 같아요. 제 말은, 처음부터, 저는 어떤 상황에서 어색함을 느꼈어

요. 저는 차츰 괜찮아졌지만, 그러더니 모든 것이 엉망이 되었어요. 그리고 학교를 전학 간 후 다시 괜찮아졌어요. 그리고 중학교에 가서 모든 것을 잃었습니다. 그리고 다시 어색해졌어요.

임상가: 다 잃어버렸다는 것이 무슨 뜻인가요?

환　자: 그것은 모든 친구가 저와 다른 지역에 있었다는 것을 의미하는 것이고, 제가 새로운 친구들을 사귀어야 했는데 결코 사귀지 않았다는 것을 말하는 거예요.

임상가: 그래서 당신은 당신이 과거에 어색하지 않았던 때로 결코 다시 돌아가지 못했던 것이군요.

환　자: 네, 그리고 저는 그냥 거기 머물러 있었어요.

임상가: 말하자면, 그 당시 10대였을 때 우울한 기분이 들었나요?

환　자: 네.

임상가: 지금 기분처럼 우울했나요?

환　자 : 아니요, 당시 자살을 생각했지만 절대로 시도하지 않았어요.

임상가: 그러면 언제 처음으로 자살 시도를 했나요?

환　자: 2년 전에요.

임상가: 음―흠. 마약을 사용하기 시작한 이후였나요?

이 임상가는 증상의 순서를 결정하기 위해 많은 노력을 기울이고 있습니다. 어떤 일이 먼저 발생하였고 그다음에 무슨 일이 일어났습니까? 이러한 정보는 진단 및 어떤 치료가 도움이 될 수 있는지 결정하는 데 중요한 역할을 합니다.

환　자: (고개를 끄덕인다.)

임상가: 그리고 당신은 당신에게 무엇을 하였나요?

환　자: 저는 그동안 사용해 봤던 헤로인 양보다 가장 많은 헤로인을 사용하려고 했어요.

임상가: 헤로인을 과다 복용하려는 시도를 했군요.

환　자: 네. 그리고 저는 몇 개의 처방된 마약성 진통제를 복용했어요.

임상가: 그리고 분명히 그것은 효과가 없었군요.

환　자: 맞아요.

임상가: 그때 입원했나요?

환　자: 네, 3일 후에 정신을 차렸어요.

임상가: 꽤 긴 시간이었네요.

환　자: 아마 그때쯤이 가장 근접했던 시기였던 것 같아요.

임상가: 그리고 그때와 이번 사건 사이에 자살 시도를 한 적이 있었나요?

임상가는 '그리고'라는 단어로 많은 질문을 시작한다는 사실을 눈치채셨습니까? 우리 모두는 어느 정도 도움이 되거나 도움이 되지 않는 언어 틱을 가지고 있습니다. 어느 것을 없애야 하는지를 알아보기 위해서는 직접 분석하는 것이 좋습니다. 그러나 이 경우 반복되는 접속사는 실제로 면담을 진행하면서 앞의 내용을 연결하는 데 도움이 될 수 있습니다.

환　자: 네, 처방전 없이 살 수 있는 수면제를 많이 복용했어요. 그 약들이 제 마음을 미치게 해서 저는 응급실에 이송되었어요.

임상가: 음-흠.

환　자: 그리고 그곳에 도착했을 때 저는 제가 기절하는 것을 느꼈어요. 그 목소리는 저를 괴롭혔어요, 그건……. (오랫동안 멈춤)

임상가: 음, 이제, 당신은 목소리를 들었다고 말했어요. 그것에 대해 말해 줄 수 있나요?

환　자: 제 머리가 한 가지를 생각하고 있는데, 이 목소리는 마치 밖에서 제 머리 안으로 들어오는 것 같아요. 저는 잘 모르겠어요. "괜찮아. 그냥 해."라고 말해요.

임상가: 그 뜻은…….

환　자: 제가 무슨 생각을 하고 있든지 간에요.

임상가: 당신이 어떤 생각을 하든지 그 목소리는 당신을 격려해 주고 있군요.

환　자: (고개를 끄덕인다.)

임상가: 그 목소리가 그것과는 다른 말을 한 적이 있나요?

환　자: 그 목소리는 나에게 일을 하지 말라고 말해요.

임상가: 예를 들면요?

환　자 : "지금 당장은 안 좋은 생각이야. 하지 마."라고 말해요.

임상가: 음-흠.

환　자: 저는 항상 목소리를 듣고 있어요.

임상가: 당신은 항상 이런 목소리를 듣고 있었군요. 언제부터 이런 일이 발생했
　　　　나요?

환　자: 제가 어렸을 때. 그게 저를 곤경에서 많이 벗어나게 해 줬어요.

임상가: 그렇군요. 이 목소리가 실제 사람의 목소리일까요, 아니면 다른 곳에서
　　　　나는 소리일까요? 혹은 이것은 당신 양심의 목소리이거나 생각의 소리일
　　　　까요?

강제로 선택하는 반응에 주목하십시오. 개방형 질문은 여기에서는 더 효과적으로 사용될
수 있습니다. 예를 들어, "혹시 다르게 설명할 수 있을까요?"라고 물어볼 수도 있습니다.

환　자: 얼마 전까지만 해도 저는 저 양심의 소리라고 생각했는데, 이것이 너무
　　　　강해져서 이제는 그렇게 생각을 할 수 없는 정도였어요. 그리고 그때부
　　　　터 저는 그것이 다른 무엇인가라고 생각하기 시작했어요.

임상가: 음-흠.

환　자: 저의 형제가 죽었어요. 저는 맹세코 이 죽음은 그 목소리와 관련이 있다
　　　　고 생각합니다.

임상가: 지금 말씀하시는 것을 잘 이해하지 못하겠어요.

환　자: 제 형제는 살해당했다고요. 그리고 그건 제가 죽지 않는 것과 관련이 있
　　　　는 것 같아요.

임상가: 그래서 그렇게 생각하는군요.

환　자: 제가 퇴원한 그날, 헤로인 과다 복용을 하려고 할 때 제 할아버지가 돌아
　　　　가셨어요.

임상가: 와우!

"한 사람에게는 정말 무거운 짐입니다."는 축약된 표현입니다. 이런 종류의 반응은 환자에
게 임상가가 이해하고 관심을 가지고 있음을 알려 줍니다. 이러한 표현은 한마디로 라포를 형

성하는 가장 좋은 예이기도 합니다.

> **환  자:** 그 상황은 마치 그들이 저 대신 할아버지로 바꾼 것 같아요. 이제 이 상황은 충분히 안전해졌어요.
>
> **임상가:** 그럼 어떻게 보면 당신의 할아버지가 죽어서 당신이 살 수 있다고 생각하시는 건가요?
>
> **환  자:** (고개를 끄덕인다.)
>
> **임상가:** 그것은 꽤 큰 책임이었던 같네요. 이것은 당신의 기분을 어떻게 만들었나요?
>
> **환  자:** 음, 할아버지는 정말 아팠어요. 그리고 그가 그런 사람이었기 때문에 저는 놀라지도 않았어요.
>
> **임상가:** 그는 무엇으로 죽었나요?
>
> **환  자:** 노화로요…….
>
> **임상가:** 그리고 당신은 형이 살해당했다고 말했잖아요.

살해된 형제에 대해 기억하여 물어본 것은 이 임상가가 잘한 것입니다! 이는 면담의 초반에서 언급된 메모에 의해 촉진되었습니다.

> **환  자:** 형은 칼에 찔렸어요. 그리고 가해자는 겨우 2년 정도밖에 징역형을 받지 않았어요.
>
> **임상가:** 형을 찌른 사람은 징역 2년형밖에 선고를 받지 않았군요. 어떤 상황이었나요?
>
> **환  자:** 제 형은 감옥에서 막 나왔는데, 어디로 가야 할지 몰랐고 공원에서 부랑자들이랑 함께 자고 있었어요. 그리고 그들은 요리를 하고 있었고, 형은 맥주를 사기 위해 다른 사람의 자전거를 빌리러 갔어요. 그리고 그 녀석은 흥분하면서 "내 자전거에서 내려."라고 말했어요. 이후 칼을 꺼낸 뒤 형에게 다가갔어요.
>
> **임상가:** 그렇군요. 그럼 당신 형은 이전에 감옥에 있었군요. 뭐 때문에 감옥에 가게 되었나요?

환　자: 강도로요.

임상가: 그리고 형은 평생 동안 많은 문제가 있었나요?

환　자: 별로요, 단지 형은 술 문제뿐이었어요.

임상가: 오, 형은 술을 마셨군요. 그리고 그것이 그가 도둑질을 한 이유였나 보군
　　　　요. 그 당시 그는 술에 취해 있었나요?

환　자: 네.

임상가: 그리고 가족 중에 약물이나 알코올에 문제가 있는 사람이 또 있나요?

환　자: 네, 제 형이요.

임상가: 다른 형제인가요?

환　자: 네, 그리고 이모랑 삼촌들도요.

임상가: 그래서 이모와 삼촌이 몇 분 계셨군요. 아버지 쪽이나 또는……．

환　자: 어머니 쪽도요, 그리고 새아버지 쪽도요.

임상가: 당신의 어머니는 음주 문제가 있었나요, 약물을 사용하는 사람이었나요?

환　자: 네.

임상가: 어머니에 대해 말해 주세요.

환　자: 어머니는 술을 마시고 대마초를 피우곤 했어요.

임상가: 그리고 어머니는 지금 살아 계시나요?

환　자: (고개를 끄덕인다.)

임상가: 어머니는 아직도 술을 마시고 있나요?

환　자: 아니요.

임상가: 어머니는 좋은 결정을 하였네요. 어떻게 해서 그렇게 될 수 있었을까요?

환　자: 어머니는 금주하고 있어요.

임상가: 그게 당신에게 어떤 희망이 있다는 걸 느끼게 하나요?

환　자: 저는 전에 그만뒀어요. 저는 7개월 동안 하지 않았어요.

임상가: 그래요? 정말 멋지네요! 그게 언제부터였죠?

칭찬은 꼭 필요하지는 않지만, 맥락상 이 칭찬은 진심 어린 것 같습니다. 그리고 아마도 환자가 임상가에 대해 어떤 감정을 형성하든 간에 관계를 강화시키는 데 도움을 줄 것입니다.

환  자: 작년이요.

임상가: 그러고 나서 당신은 다시 그 속으로 빠져들었군요.

환  자: 저는 아직도 기분이 안 좋아요.

임상가: 비록 당신이 명료하고 냉철해졌지만 여전히 매우 우울함을 느꼈다는 것을 의미하는군요.

환  자: 음-흠. 절망적이에요. 그리고 저는 돈이 있었어요.

임상가: 당신은 그 당시에 일하고 있었나요?

환  자: 아니요, 하지만 은행에 6천 달러가 있었어요.

임상가: 정말요! 와. 그렇다고 기분이 나아지는 것도 아니었군요.

환  자: 네.

임상가: 비록 당신은 돈을 사용하지 않고, 술을 마시지 않았지만, 여전히 심하게 우울함을 느꼈군요.

환  자: (고개를 끄덕인다.)

임상가: 그때 자살할 생각이었어요?

환  자: (고개를 끄덕인다.)

임상가: 그때도 지금처럼 기분이 나빴다고 생각하세요?

환  자: (고개를 끄덕인다.) 넵.

임상가: 자, 저는 당신 친척에 대해 물어봤어요. 당신 형제와 당신 어머니에 대해서도 이야기를 들었고요. 당신 아버지는 음주 문제가 있었나요, 마약에 중독되었나요?

환  자: 새아버지가 그랬어요.

임상가: 친아버지는요?

환  자: 친아버지는 그런 짓을 했지만 그만뒀어요. 하지만 제가 자랄 때까지 술꾼이었어요.

임상가: 그렇군요. 친아버지는 어떤 일을 했나요?

환  자: 친아버지는 회사원이었어요.

임상가: 그리고 당신은 지금 친아버지와 어떤 관계를 맺고 있나요?

환  자: 지금은 이전보다는 많이 만났어요. 그러나 한동안은 만나지 않았어요.

임상가: 음-흠. 그리고 당신 어머니와는 만나고 있나요?

환　자: (고개를 끄덕인다.)

임상가: 당신과 어머니는 어떻게 지내나요?

환　자: 대체로 잘 지내고 있어요.

임상가: 당신의 형제는 어느 날 갑자기 죽었고, 할아버지 또한 돌아가셨고, 그 사건들이 일어났을 때 기분이 나빴을 거라고 확신해요. 지금 당신이 느끼는 감정과 우울증을 그들이 죽었을 때의 감정과 비교할 수 있나요?

환　자: 형이 죽었을 때 저는 안도감을 느꼈어요. 그는 운이 좋았어요. 그는 더 이상 그런 쓰레기 같은 일들을 겪지 않아도 되니까요. 할아버지도 마찬가지예요. 고통스러워하셨으니까요. 그래서 제 우울증은 그것들과 비교가 안 돼요. 그런데 저는 그들과 이제는 함께하기를 희망해요.

임상가: 지금 당신의 기분은 그들이 죽었을 때 느꼈던 감정과는 상당히 다르다는 것이군요. 제가 이해한 게 맞나요?

중요한 요약 설명―사랑하는 사람이 죽을 때 사람들이 느끼는 감정과 비교해서 지금 우울증의 종류와 정도를 구체화하려고 노력하였습니다. 이러한 종류의 정보는 임상가가 감별진단을 고려할 때 기분 장애의 유형을 분류하는 데 사용될 수 있습니다.

환　자: 네.

임상가: 그리고 당신은 아직도 당신이 죽기를 바란다고 느끼나요?

환　자: 네.

임상가: 여기 있는 누군가가 당신을 죽도록 도와주길 바란다고 했잖아요. 그것이 당신에게 현실적으로 이루어질 수 있는 희망처럼 보이나요?

환　자: 왜 안 되는지 모르겠네요. 암에 걸린 사람들을 위해서는 그들이 그렇게 할 수 있잖아요. 제 뇌는 암에 걸렸다고요.

임상가: 당신의 뇌가 암에 걸렸다는 말은 무슨 뜻인가요?

환　자: 암적인 생각들이 있다는 것이에요.

임상가: 암적인 생각들이군요. 글쎄요, 약이나 다른 치료를 통해 당신의 뇌가 이러한 암적인 생각들을 극복할 수 있다고 가정해 볼 수도 있지 않을까요?

환　자: 네, 뭐, 그건 다른 문제일 거예요.

임상가: 그건 좀 다르다는 이야기군요.

환　자: 헤로인은 그런 종류의 작용을 하는 것 같아요. 헤로인을 사용하면 암적인 생각을 잠재울 수 있어요. 하지만 기분은 나아지지 않아요. 저는 누구와도 어울리고 싶지 않아요. 저는 그냥 방에 앉아서 TV를 보는 것을 좋아하고, TV를 보면 암적인 생각이 멈춰요. 그래서 제가 그렇게 하는 거예요.

임상가: 당신이 헤로인을 사용할 때 당신이 가지고 있는 정말 나쁜, 부정적인 생각 중 일부를 멈추게 하는 것 같나요?

환　자: 정확해요.

임상가: 아까 당신은 이런 목소리를 들었다고 말씀하셨잖아요. 당신은 대부분의 사람이 경험하지 못한 다른 경험을 해 본 적이 있나요?

전환을 잘 활용하고 있습니다. 환자 자신의 말을 다시 재이용하여 환자의 정신 현상을 다른 질문에 대한 가교로 사용하고 있습니다.

환　자: 어, 아니요.

임상가: 예를 들어 어떤 모습을 본 적이 있나요?

환　자: 네.

임상가: 그것에 대해 말해 주세요.

환　자: 제가 매달려 있는 모습을 봐요.

임상가: 교수형, 밧줄로 매달리듯이요?

환　자: 제가 차를 운전해서 벽돌로 된 벽에 부딪치는 모습을 봐요. 그리고 제가 기차 승강장에서 바로 기차로 뛰어내리는 모습이 보이기도 하고요.

임상가: 그 환상은 실제로 볼 수 있는 것인가요, 지금 저를 보는 방식과 같은 것인가요? 아니면 당신의 심상에서 재생되는 것에 더 가깝나요?

환　자: 아니요, 보여요.

임상가: 실제로 볼 수 있군요. 당신이 저를 보는 것처럼 똑똑히 보이나요?

환　자: 네.

임상가: 그리고 당신은 사람들이 어떤 식으로든 당신에게 해를 끼치려고 음모를 꾸미고 있다는 느낌이나 생각을 한 적이 있나요?

환　자: 아니요.

임상가: 감시하는 사람은요?

환　자: 네, 저를 감시해요.

임상가: 그것에 대해 말해 주세요.

환　자: 경찰이 그런 짓을 해요. 나를 멈추게 하기 위해서요.

임상가: 음-흠. 그래서 당신은 경찰이 당신을 자해하지 못하도록 막으려고 할지
　　　　도 모른다는 생각을 했겠군요.

환　자: 네, 사방에 카메라가 있잖아요.

임상가: 이 병동에 카메라가 있는 것은 사실이에요. 바깥은 어떤가요? 당신은 카
　　　　메라가 어디에나 있다고 느끼나요?

환　자: 거의 그런 것 같아요. 쇼핑몰에 가면 그곳에도 카메라가 있어요. 신호등
　　　　과 정지등에도 카메라가 있고요.

임상가: 당신 가족 중에 마약이나 술 말고 다른 정신 질환을 앓은 사람이 있나요?

이런. 카메라가 그에게만 초점을 맞추고 있는지, 아니면 모든 사람에게 사용되기 위함인지
를 물어보는 것은 아주 좋은 요소가 될 것입니다. 물론 후자의 반응은 훨씬 덜 걱정스러운 반
응일 것입니다.

환　자: (머리를 흔든다.)

임상가: 우울증은요?

환　자: 네, 새아버지가 그랬어요.

임상가: 당신의 새아버지가 그랬군요.

환　자: 마약을 하다가 그만뒀고, 6년이나 7년 동안 사용하지 않았어요. 며칠 전
　　　　그는 너무 우울해서 집을 나가야만 했어요.

임상가: 새아버지 말고 다른 사람은 없나요?

환　자: 없었어요.

임상가: 가족 중 누구라도 조현병을 앓은 분은 없나요? …… 어떤 종류의 정신증
　　　　이나 미친 것처럼 보이는 사람은 있었나요? …… 또 자살 시도를 한 사람
　　　　은 있나요?

임상가는 환자가 자신의 대답에 대해 생각할 시간을 주기 위해 각각의 질문 후에 잠시 멈춥니다.

> 환　자: (앞의 각각에서 '아니요'라고 고개를 흔든다.)
> 임상가: 어디 봅시다. 형제가 둘이었군요. 다른 형제나 자매는 없나요?
> 환　자: 없어요.
> 임상가: 당신은 형인가요, 아니면.
> 환　자: 막내예요.
> 임상가: 막내군요. 당신은 몇 살인가요?
> 환　자: 31세예요.
> 임상가: 음-흠. 그리고 당신은 당신이 자라면서 겪은 경험에 대해 이야기해 주셨어요. 당신의 최종 학력은 어떻게 되나요?
> 환　자: 고등학교를 졸업했어요. 대학을 잠깐 다녔고요.
> 임상가: 그리고 당신은 어떤 종류의 일을 했나요?
> 환　자: 카펫 가게에서 일했고 세차도 하고 피자 배달도 했어요. 창고에서도 일했어요.
> 임상가: 당신은 일하는 것을 좋아했나요?
> 환　자: 네.
> 임상가: 당신은 그것으로부터 좋은 느낌을 얻었군요.
> 환　자: 네.
> 임상가: 당신이 가장 오래 일해 본 직업은 무엇인가요?
> 환　자: 5년 일했어요.
> 임상가: 꽤 잘됐네요. 그런데 그 직업은 뭐였나요?

칭찬 하나 더 하겠습니다. 좋은 규칙은 다음과 같습니다. 진심이 아니라면 절대 칭찬을 하지 마십시오. 이 임상가는 그렇게 하는 것처럼 보입니다.

> 환　자: 피자 배달입니다.
> 임상가: 그리고 일단 이곳을 떠나면 다른 직장을 구할 수 있을 것 같습니까?

환　자: 노력해 보았지만 그들은 제게 다시 전화를 하지 않았어요. 그래서 희망 이 없는 것 같아요.

임상가: 네, 한때 형님은 감옥에 있었는데, 당신은 그런 문제를 겪어 본 적이 있 나요?

임상가는 이전 정보의 중요한 주제를 가교로 사용합니다.

환　자: 전혀요.

임상가: 그리고 당신은 여자 친구를 언급했어요. 이전에 결혼해 본 적은 있나요?

환　자: 아니요.

임상가: 여자 친구가 꽤 있었나요?

환　자: 네.

임상가: 그리고 평소에는 여자들과의 관계가 꽤 만족스러웠나요?

환　자: 네.

임상가: 성생활은 만족스러웠나요?

환　자: 괜찮았어요.

임상가: 정말로 우울할 때는 어땠나요? 정말 우울할 때도 성에 대한 관심이 달라 졌나요?

이 임상가는 성욕의 변화를 질문하기 위해 우울을 활용하여 자연스럽게 질문하였습니다. 그리고 환자가 면담 과정에 최대한 익숙해질 때까지 오랫동안 질문을 지연해 왔다는 점에 유 의하시길 바랍니다.

환　자: 하지 않는 것뿐입니다.

임상가: 그냥 안 하는 것이네요. 관심이 없어졌나요? 건강은 좀 어떠셨나요?

환　자: 좋았어요.

임상가: 어떤 문제로 수술을 한 적이 있나요?

환　자: 허리가 아파서요.

하지만 그는 수술을 받은 적이 있나요? 맥락상에는 수술을 받지 않았다고 생각하는 것이 타당해 보이지만, 면담의 한 가지 목표는 정확성입니다.

임상가: 트럭에 치였을 때 말고도 의식을 잃은 적이 있나요?

환 자: (머리를 흔든다.)

임상가: 정신건강의학과 말고 다른 입원치료를 받은 적이 있나요?

환 자: 제가 어렸을 때요. 저는 약 8피트 높이에서 떨어져 머리를 부딪친 적이 있어요.

임상가: 와우!

환 자: 숨바꼭질을 하다가 머리를 땅에 부딪혔어요. 양쪽 손목에 금이 갔어요. 뇌진탕에 걸렸어요.

임상가: 그리고 당신은 얼마나 증상이 유지되었나요?

환 자: 잠깐 동안만요. 하지만 하루 종일 어지러웠어요.

임상가: 그렇군요. 그럼 꽤 빨리 회복됐나요?

환 자: 네, 저는 그날 밤 병원에 갔고 하루 입원했어요.

임상가: 자, 저는 당신이 꽤 오랫동안 우울증으로 어려움을 겪었다는 것을 알게 되었어요. 어떤 종류의 항우울제 치료를 받아 본 적이 있나요?

환 자: 그냥 약이에요.

임상가: 어떤 종류의 약을 드신 적이 있나요?

환 자: 렉사프로, 웰부트린, 디파코테예요.

임상가: 그리고 그것들이 어떤 차이를 만들어 낸 것 같나요?

환 자: 음-흠.

임상가: 각각의 약들을 얼마 동안 복용했나요?

환 자: 렉사프로는 4개월, 웰부트린과 디파코테는 한 달이에요.

임상가: 그리고 왜 그것들을 복용하는 것을 멈췄나요?

환 자: 렉사프로는 제게 피로감과 복통을 일으켰어요. 디파코테와 웰부트린도 마찬가지예요.

임상가: 당신은 각각의 약을 얼마만큼 복용하고 있었는지 알고 있나요?

환 자: 아니요.

임상가: 하루에 몇 알씩 먹었나요?

환　자: 네, 디파코테 4개와 웰부트린 1~2개요.

임상가: 그리고 렉사프로는요?

환　자: 2개였던 것 같아요.


이전 치료의 적절성을 명확하게 파악하기 위해 임상가는 쥐를 사냥하는 테리어처럼 이 정보를 탐색했습니다.


임상가: 심리치료를 받은 적이 있나요? …… 집단치료를 한 적이 있나요? …… 인지행동치료를 한 적이 있나요?

환　자: (각 질문에 차례로) 아니요.

임상가: 그런 일은 없었군요. 자, 우울증을 앓는 몇몇 사람은 때때로 정반대되는 기분을 경험해요. 너무 황홀하거나 행복하다고 느끼고, 세상 위에 서 있다는 느낌을 받기도 합니다. 그런 일이 당신에게 일어난 적이 있나요?

환　자: 네.

임상가: 그것에 대해 말해 줄 수 있나요?

환　자: 이전의 경우, 안전 벨트를 안 매서 딱지를 떼였어요. 저는 20달러짜리 수업료를 냈지요. 200달러짜리 티켓이었는데, 그들이 그 티켓을 무효로 만들어 줬어요.

임상가: 기분이 아주 좋았겠어요.

환　자: 네, 비록 지갑에 아무것도 없어 밥을 먹을 수가 없었고 기름도 거의 없었지만요.

임상가: 그렇군요. 그 기분이 얼마나 오래 지속됐나요?

환　자: 허! 5분요.

임상가: 한 번에 며칠 동안 지속되는 감정을 느낀 적이 있나요?

환　자: 아니요.

임상가: 자, 지금까지 이야기하지 않았던 다른 중요한 경험들이 있나요?


이것은 환자의 마음에 걸리는 다른 어떤 것을 탐색할 수 있는 기회를 만들기 위해 일종의 신문(訊問)을 하는 방법입니다. 이번에는 부정적인 것으로 나왔지만, 첫 면담 때마다 한 번이라도 그런 대사를 던지는 것이 좋습니다.

환　자: 아니요.

임상가: 당신은 당신에게 무의미하거나 어리석게 보이는 생각들을 계속 반복해서 해 본 적이 있나요?

환　자: 아니요.

임상가: 당신은 두려움 또는 공포증이 있나요?

환　자: 네.

임상가: 예를 들면…….

환　자: 대중 앞에서 말하는 것에 대한 두려움, 익사하는 것에 대한 두려움, 불에 타 죽는 것에 대한 두려움, 실패에 대한 두려움, 비웃음을 당하는 것에 대한 두려움이에요.

임상가: 이러한 두려움은 당신 삶의 방식을 어떤 식으로든 바꾸게 했나요?

환　자: 네, 저는 그것들을 피하고 있어요.

임상가: 그럼 어떤 종류의 것들을 피하나요?

환　자: 저는 새로운 사람을 만나는 것을 피해요. 저를 다치게 할 수 있는 어떤 것이든 모두 피해요.

임상가: 만약 공개석상에서 이야기를 해야 한다면 당신이 할 수는 있지만 단순히 불편할 뿐인가요, 아니면 아예 하지 않는 것인가요?

환　자: 음, 대학에 다녔을 때는 전혀 할 필요가 없었죠. 하지만 그런 상황이 있었다면 그냥 했을 거예요.

임상가: 그래서 당신은 발표를 했을 것이라는 이야기군요. 하지만 당신은 그것을 기뻐하지 않았을 것 같네요.

환　자: 아니면 제가 잘 못했을 수도 있어요.

임상가: 혹시 예를 들면, 당신에게 끔찍한 일이 일어날 것 같은 기분이 들고, 당신의 심장이 매우 빨리 뛰게 되는 것과 같은 공황 발작을 경험한 적이 있나요?

환　자: 저는 항상 그런 느낌을 받아요.

임상가: 지금도 그런 느낌을 받나요?

환　자: 불쾌해요. 저는 그것이 싫어요.

임상가: 어떤 종류의 것들이 그것들을 촉발시키나요?

환　자: 아무거나요. 저는 농구를 할 수 있어요. 그다음에 알게 된 것은 저에게 어
떤 한 가지가 다가온다는 기분이 든다는 것이에요. 제가 공을 잡으면 차
갑고 이상한 기분이 들어요. 나는 그것이 무엇인지 알아요. 그냥 내버려
두려고 노력해요. 그것은 절 어지럽게 하고 토하게 할 것 같은 기분이 들
게 해요.

임상가: 그러한 경험은 얼마나 자주 일어나나요?

환　자: 경우에 따라 달라요. 가끔 그런 일이 일어나면 하루에 네 번, 다섯 번 정
도 돼요. 때로는 한 달 동안 일어나지 않을 때도 있어요.

임상가: 의사와 그것에 대해 얘기해 본 적이 있나요?

환　자: 그는 제가 불안 증세를 보였다고 말했어요. 자낙스를 줬어요.

임상가: 그게 도움이 되는 것 같았나요?

환　자: 네.

임상가: 물론 자낙스에서도 문제가 있어요. 사람들은 그것을 복용하는 것에 익숙
해질 수 있고, 계속해서 복용하기를 원할 수도 있어요.

이 응답은 개입과 관련이 있습니다. 임상가는 특정 약물의 위험성에 대해 (약간 잠정적으로) 의견을 내고 있습니다. 그러나 약물 오남용을 상당히 경험하였고 이미 여러 번의 자살 시도를 한 환자의 맥락에서는 아마 아무런 해가 없을 것입니다.

환　자: 하지만 그것은 저를 피곤하게 만들었어요. 그들은 저에게 약을 주었고,
저는 그것을 4등분으로 나눴습니다.

임상가: 당신은 걱정이 많았나요?

실제로 임상가가 환자가 자낙스를 남용하지 않았고 그 사실의 중요성을 이해하고 있음을 언급한 후 내용을 연결시켜 이야기한 것은 환영받을 일입니다(그 문제에 대해 환자가 자낙스를 잘못 사용하지 않았다는 것을 확인하기 위한 질문을 한 것은 잘못된 일이 아닙니다). 어쨌든 간에 임상가는 "자낙스에 대해 이해한 것 같아요. 다른 것으로 넘어가죠."라고 말한 후 걱정거리를

물어봅니다.

　　**환　자**: 네, 걱정돼요.

　　**임상가**: 당신은 무엇을 걱정하나요?

　　**환　자**: 아무거나…… 다음에 무슨 일이 일어날지…… 여기서부터 어디로 갈
　　　　　　지…… 이걸 어떻게 통제할 수 있을지…… 제가 통제력을 잃을지도 모른
　　　　　　다는 생각에 걱정이 되네요.

　　**임상가**: (앞에서 언급된 각각의 우려에 대해 "음–흠"으로) 당신은 AA나 NA와 같은 기
　　　　　　관으로부터 약물 사용에 대한 도움을 구한 적이 있나요?

　　**환　자**: 네.

　　**임상가**: 어떤 종류의 약이 도움이 되었나요?

　　**환　자**: AA는 제가 7개월 동안 치료받았던 곳이에요. 새로 온 사람들이 많아서
　　　　　　가지 않았어요. 그들은 그들이 얼마나 많은 마약을 했는지에 대해 이야
　　　　　　기하고 있었고, 저는 '그런 말은 듣고 싶지 않아'와 같았죠.

　　**임상가**: 이것이 당신을 우울하게 만들었나요?

　　**환　자**: 네, 그냥 마약을 하고 싶게 만들었어요.

　　**임상가**: 하지만 그 후 다시 마약을 하게 되었군요.

　　**환　자**: 네.

　　**임상가**: 아까 당신이 한 말이 궁금했어요. 당신은 일하지 않았지만, 은행에 6천
　　　　　　달러가 있다고 말했어요. 어떻게 그럴 수 있는지 궁금해요.

　　**환　자**: 교통사고를 당했고 합의금이 6천 달러였어요.

　　**임상가**: 그렇군요. 그럼 돈을 얼마나 빨리 썼나요?

　　**환　자**: 두어 달이요.

　　**임상가**: 마약 사용 때문인가요?

　　**환　자**: 마약과 호텔 방 때문이었어요. 살 곳이 없었거든요.

　　**임상가**: 음, 좋습니다. 당신에게 무슨 일이 일어났는지 꽤 잘 잘 알게 된 것 같아
　　　　　　요. 이제 방향을 바꿔서, 당신에게 몇 가지 퀴즈를 내고 싶습니다. 오늘
　　　　　　이 며칠이죠?

이러한 전환은 임상가가 필요한 정보를 가지고 있고, 계속 진행하기를 원한다는 명백하게 표현된 통지입니다.

> 환　자: (날짜, 월, 연도를 올바르게 표시한다.)
> 임상가: 지금 여기가 어디죠?
> 환　자: (올바르게 대답한다.)
> 임상가: 어디 보자, 제가 제 이름을 말했나요?
> 환　자: _____ 박사입니다.

모든 면담에서 기억력 검사는 근사치의 정보만 줄 뿐이고, 이렇게 단순히 임상가의 이름을 묻는 방식으로 기억력을 검사하는 것은 상당히 개략적입니다. 그러나 임상가는 이전 40여 분의 면담을 통해 환자가 명확한 사고를 하고 있다는 것을 밝혀냈고, 임상가가 더 세부적으로 기억력의 문제를 탐색하는 것은 적절하지 않다고 느끼는 것 같습니다.

> 임상가: 좋습니다. 현재 대통령이 누구인지 말씀해 주시겠어요?
> 환　자: (환자의 반응을 좀 더 요청하여, 전직 대통령 몇 명의 이름을 정확한 순서대로 말하게 한다.)
> 임상가: 저는 당신이 이전에 100에서 7을 빼 보라는 것을 요구받았다는 것을 알고 있습니다. 지금 그렇게 해도 될까요?
> 환　자: 93입니다.
> 임상가: 좋아요, 60 미만이 될 때까지 7를 계속 빼세요.
> 환　자: 좋아요, 93, 86, 79, 72, 67……. 벌써 망쳤어요.
> 임상가: (환자가 고군분투하는 동안 한참을 멈춘 후) 음, 사실 잘했어요.
> 환　자: 그랬나요?
> 임상가: 당신은 대부분의 사람보다 더 많이 했어요.
> 환　자: 그렇죠?

환자는 자신이 잘 수행하였음을 확인받고 싶어 합니다. 이것은 환자의 의존 정도를 암시하는 것입니다. 그것이 인정될 수 있는 상황에서는 안심시키는 것이 공정한 일이지만, 명백한 사실과 반대될 경우에는 그렇지 않을 것입니다.

> **임상가**: 마지막 하나를 제외하고 전부를 수행하였어요. 이것으로 오늘 제가 당신에게 하고 싶은 질문을 끝내도록 할게요. 시간을 내주셔서 정말로 감사해요.

이 임상가는 좋은 수준의 라포를 형성하고 유지하면서 이 환자의 진단 및 치료와 관련된 많은 자료를 얻었습니다. 45분 만에 8개의 임상 관심 영역에 대한 각각의 정보를 얻었습니다. 또한 이 환자의 개인력 및 사회력에 대해 상당한 양(거의는 아니지만)을 파악하였습니다.

그러나 모든 면담에는 부족함이 있고 이 면담 또한 예외는 아닙니다. 저는 부적절하게 다루었거나 전혀 다루지 않은 6개의 영역에 대해 말할 수 있습니다. 여러분은 얼마나 찾을 수 있습니까?

# 보고서 작성

- **개인정보**: 30세의 미혼 백인 남성인 Marco Carlin으로, 정신건강의학과에 재입원한 상태입니다.
- **주 호소 문제**: "희망도 없고, 절망적이며, 천국 외에는 갈 곳이 없다."
- **정보 제공자**: 환자 본인.
- **현 병력의 역사**: Carlin 씨는 극심한 교통 체증을 뚫고 달리는 중인 트럭에 뛰어들어 자살을 시도한 끝에 병원에 입원했습니다. 그는 수년 전부터 발생한 만성 우울증의 내력이 있고, 절망과 무가치함의 감정으로 특징지어지는 심한 우울증을 약 7개월 동안 경험하고 있습니다. 입원 전 그는 불면증(간헐적인 각성)과 식욕 부진으로 1주일 만에 4kg이 감량되었습니다. 하지만 입원 후 그의 수면과 식욕은 좋아졌습니다. 7개월의 심각한 우울증 기간 동안 그는 성욕이 눈에 띄게 감소하였지만 TV와 여자 친구의 아이에 대한 관심을 유지했습니다. 그의 집중력이 다소 떨어졌습니다. 그가 좋아하는 사람들은 단지 잠시 그의 주의를 다른 곳으로 분산시킬 뿐이었습니다. 그는 죄책감을 경험하며 자신은 벌을 받

고 죽을 자격이 있다고 믿고 있습니다. 그는 형과 할아버지의 죽음을 경험했을 때보다 지금 기분이 더 나쁜 것 같다고 말합니다. 후자의 경우 죽음으로부터의 해방이었습니다. 그는 운이 좋았던 사건을 경험한 몇 분간의 반응 외에는 의기양양한 시기가 없다고 합니다.

과거 우울증 치료제로는 렉사프로(2정/일 4개월), 웰부트린(1정 또는 2정 1개월), 디파코테(4정 1개월) 등이 있었습니다. 그는 인지행동치료, 집단치료 또는 다른 심리치료를 받은 적이 없습니다.

Carlin 씨의 죄책감 중 일부는 적어도 지난 2년 동안 지속되어 온 그의 약물 사용에 매몰되어 있습니다. 매일 하루 헤로인에 20달러, 코카인에 20달러를 쓰는 그는 자신이 심각한 약물 사용 문제를 겪고 있다고 느낍니다. 그는 지금도 마약에 대한 갈망이 있으며 또한 앞으로도 마약을 사용할 것 같은 기분이 든다고 말합니다. 헤로인은 그가 용납할 수 없는 생각을 잠재운다고 믿습니다. 그는 마약을 하거나 술을 마시지 않을 때도 심한 우울증을 느꼈다고 말합니다.

또 다른 임상적 관심 영역은 환청입니다. 그는 수년 동안('항상 그래 왔다') "그냥 해." "지금은 안 좋은 생각이야. 하지 마."와 같은 환청을 들었다고 주장합니다. 그는 이 목소리가 어렸을 때 자주 도움이 되었다고 말합니다. 그는 예전에는 그것을 양심의 목소리로 여겼지만, 최근에는 그것이 강해져 '거의 눈에 보일 정도'라고 말합니다.

- 개인력 및 사회력: 어렸을 때 Carlin 씨는 자신이 적응을 잘 하지 못한다고 느꼈습니다. 그는 반복적인 전학 때문에 새로운 친구들을 사귀어야 한다는 것에 어색함을 느꼈습니다. 10대였을 때에 그는 자살하지 않았지만 우울감을 느꼈습니다. 그의 부모는 그가 7세쯤 되었을 때 이혼했고, 그 후 그는 캘리포니아에서 어머니와 함께 살았습니다. 그의 두 형제는 그의 아버지와 함께 살았습니다. 그는 자신의 친부와 친모와는 상당히 좋은 관계를 맺고 있다고 생각합니다. 그는 고등학교를 졸업하고 잠시 대학에 다녔습니다. 카펫 가게, 세차장 일, 피자 배달(5년) 등 다양한 직업을 가지고 있었습니다. 하지만 그는 최근 실직하였고 다른 직장을 구하는 데 실패했습니다. 그는 결혼한 적은 없지만 여자 친구는 사귀었습니다. 우울하지 않을 때는 성관계에서 문제가 없었습니다.

그의 가족력에는 생전에 술을 많이 마신 회사원 친부를 비롯하여 많은 가족이 물질 남용을 하였습니다.

Carlin 씨의 신체 건강은 전반적으로 양호했습니다. 8세 때 환자는 넘어져서 머리를 부딪쳤고 뇌진탕으로 밤새 입원했습니다. 그는 요통을 호소하지만 수술을 받은 적은 없습니다. 그는 정신 질환 외에는 어떠한 약도 복용하지 않았습니다.

- MSE: Carlin 씨는 여전히 자신이 죽기를 소망하며, 병원에 있는 누군가가 그를 도와 '암적인 생각'에서 벗어나게 해 주길 바라고 있습니다. 그는 이것이 합리적인 기대라고 믿습니다. 그는 자신이 밧줄에 매달려 있거나, 차를 벽돌담에 부딪치거나, 기차 승강장에서 뛰어내리는 것을 똑똑히 본 적이 있다고 말합니다. 그는 비록 피해적인 생각을 부인하지만, 경찰이 자신을 감시하고 있을지도 모른다는 일부 생각은 인정하고 있습니다. 그 증거는 어디에나 카메라가 있다는 것입니다. 사람, 장소, 시간에 대한 그의 지남력은 양호하고, 최근 기억과 보유/회상은 손상되지 않은 상태입니다. 그의 집중력은 상당히 좋습니다. 그는 연속해서 7을 빼는 과제에서 한 번만 실수를 하였습니다.

비록 그는 이러한 문제들을 자발적으로 꺼내지는 않았지만, 약간의 두려움(죽음, 실패, 불타서 죽는 것, 대중 앞에서 말하는 것, 비웃음을 당하는 것)을 인정하고 있습니다. 결과적으로, 그는 자신에게 상처를 줄 수 있는 사람들과 만나는 상황을 피한다고 말하지만, 만약 그가 많은 사람 앞에서 이야기하도록 요청받았다면 아마도 그것을 할 것이라고 인정합니다. 그는 강박사고에 대해 부인하지만 공황 발작이 있음을 이야기합니다.

## 인상

**감별진단**

① 기분 장애

　두부 손상에 따른 이차성 우울증

　우울 양상이 동반된 물질에 의한 기분 장애

　주요 우울증, 재발, 지속성 우울 장애일 수 있음

　양극성 장애 I형

　양극성 장애 II형

② 물질 남용

　　코카인 사용 장애, 중등도 수준

　　헤로인 사용 장애, 중등도 수준

③ 불안 장애 가능성

　　사회불안 장애

　　범불안 장애

　　공황장애

　　광장공포증

④ 가능한 정신 질환

　　물질에 의한 정신 질환

　　정신증적 증상이 동반된 고도의 주요 우울 장애

　　조현병

⑤ 회피성 및 조현성 특징이 동반된 불특정 성격장애 가능성

　　신체적 진단: 최근 트럭에 치였음

　　정신사회학적 문제: 현재 실업자 및 노숙자

　　전반적 기능 평가:

　　　15(현재)

　　　70(지난해 최고치)

# 사례 개념화

## 요약

　이 30세의 독신 백인 남성은 고속도로에서 달리는 트럭에 치여 자살을 시도한 후 병원에 입원했습니다. 그는 약 7세 때부터 다양한 정도의 우울증을 겪어 왔습니다. 최근 그의 우울증은 코카인과 헤로인의 사용으로 심해졌습니다. 그는 여러 가지 약물로 치료를 받았지만 거의 소용이 없었습니다. 그는 최근에 실직했고 현재 노숙 상태입니다.

## 감별진단

- 우울증: 주요 우울증은 수많은 진단 기준의 존재와 반복되는 자살 시도 이력으로 지지받습니다. Carlin 씨는 자신의 우울증이 마약 사용보다 앞서며, 마약을 사용하지 않을 때에도 지속된다고 말합니다. 장기간 지속되는 우울 증상은 공존할 수 있는 기분저하증으로 주장될 수 있습니다.

- 정신병: Carlin 씨는 DSM-5에서 조현병의 진단 기준 A에 충분히 해당되는 증상을 가지지 않으며, 그의 환청은 다소 설득력이 떨어지는 요소가 있습니다. 그의 증상은 정신병을 동반한 주요 우울증으로 보기에는 불충분한 것으로 보입니다. 최근 약물 사용의 양은 약물 유발성 정신증이라고 말하기에는 충분하지 않은 것 같습니다. 그럼에도 불구하고 그의 새로운 정신병 증상은 주의 깊게 관찰할 필요가 있습니다.

- 물질 오남용: 이 면담에서 그의 물질 사용의 정도가 명확하지 않지만, 이것은 거의 문제가 되지 않습니다. 코카인과 헤로인의 사용이 그의 삶에 지장을 주었고 그의 현재 우울증의 기초가 될 수 있다는 것은 분명합니다.

- 불안 장애: 환자는 여러 가지 불안 장애의 증상들을 인정했습니다. 그러나 확고한 진단을 뒷받침할 정보가 충분하지 않습니다. 실제로 질문에 대한 그의 답변은 그가 면담 과정에서 지나치게 순응했을 수도 있음을 시사하는 것입니다.

- 성격장애: 어떤 종류의 성격장애 진단은 이 환자가 면담의 질문에 대해 과잉 순응하였을 가능성과 오랜 약물 사용 이력에 의해 지지받고 있습니다. 그러나 앞의 주요 진단 가능성에 비추어 볼 때는 불충분하기 때문에 일단 진단은 보류되었습니다.

## 주 진단

현재 해결해야 할 가장 시급한 진단은 코카인과 헤로인의 오용에 동반된 주요 우울 장애입니다.

## 기여요인

Carlin 씨의 약물 남용에는 가족력(아버지, 형)이 강하게 관련되어 있습니다. 환자가 어렸을 때 부모의 이혼이 정서장애의 원인이 되었을 수도 있습니다. 약물 사용과 우울증은 서로를 악화시킬 수 있습니다.

## 필요한 추가 정보

이전 병력 및 다른 임상가의 인상 외에도, 부모와의 면담은 Carlin 씨의 우울증과 약물 사용의 실마리를 풀 수 있고 가능성이 존재하는 불안 장애 및 정신병에 관한 의문을 해결하는 데 도움이 될 수 있습니다. 후속 면담에서는 그의 현재 지지 자원, 종교 및 군 복무를 포함하여 아직 다루지 않은 추가 세부 사항을 탐색해야 합니다.

## 치료 계획

- 항우울제 투여에 대한 추가 시행
- 우울증에 대한 심리치료(아마도 인지행동치료)
- 물질 남용을 위한 12단계 프로그램
- 주택 및 고용 지원 요청

## 예후

만약 주요 우울증 진단이 정확하고 환자가 약물치료 및 인지행동치료에 반응한다면 약물 사용 관리에 성공할 수 있는 발판을 제공할 것입니다. 반면에 약물 사용을 통제할 수 없다면 우울증 관리가 매우 어려울 수 있습니다. 성격 장애의 가능성으로 인해 예후가 복잡할 수도 있습니다.

461

부록 D

# 반구조화 면담

십 년 동안 임상가들은 구조화 및 반구조화된 면담을 이
용하여 의료 정보들을 수집하였습니다. 이러한 도구는
정확한 주 진단을 할 수 있도록 도우며, 이차 진단을 발견하는 데 있어 기존의 비구
조화된 면담보다 더 효과적입니다. 예를 들어, 한 연구에 따르면 SCID(Structured
Clinical Interview for DSM)는 환자 차트에 기록된 것보다 5배 더 많은 임상 진단을 파
악할 수 있었습니다. 또한 훌륭하게 구조화된 도구는 타당하지 않은 임상적 진단을
배제할 수 있습니다. 노숙인 환자를 대상으로 한 연구에 따르면 구조화된 면담은 전
통적인 임상 방법보다 반사회적 성격 장애로 진단되는 사례가 더 적었음을 발견하
였습니다.

저는 이 부록을 성인의 임상면담을 보충하기 위한 것이 아니라 가장 완벽한 진단
에 필요한 근거를 파악하기 위해 작성했습니다. 질문은 진단을 위한 자료를 제공하
지만, 질문의 반응을 스스로 점수 매기지 못합니다. 예를 들어, 우울한 환자를 평가
할 때는 주요 우울 장애, 양극성 장애의 우울증 에피소드 또는 지속성 우울 장애가
있는지를 파악해야 합니다. 그리고 처음 두 가지 중 하나인 경우 특정 요인(예: 불안에
동반된 멜랑콜리아 특징 또는 계절성 패턴 포함)이 있는지를 적절하게 평가해야 합니다. 대
다수의 경우, 여러분은 세부 사항을 도출해야 하므로, 구조화된 임상적 면담(SCID)

에서는 해당 작업이 수행됩니다. 이 지침은 이미 정신장애에 대한 기초 교육을 받은 정신건강 전문가를 대상으로 합니다.

선별 질문(**볼드체**)은 두 번 제시됩니다. 바로 아래 그리고 각 진단 세트의 시작 부분에서 다시 제시됩니다(모든 핵심 질문을 먼저 하는 것이 "아니요."라고 말하는 경향을 감소시키는데 영향을 줍니다. "예."라고 긍정적으로 답하게 되면 하위 질문들을 진행할 수 있습니다). 선별 질문 세트에서 부정적인 답변을 받는다면, 다음 단계로 건너뛸 수 있습니다.

마지막 두 영역에는 선별 질문들이 없지만 지나치지 마시길 바랍니다. 그것들은 환자의 배경, 성격, 감정 및 일반적인 행동에 대해 필요한 방대한 정보를 알려 줍니다.

그런데 일부 질문은 최근 진단편람 개정(DSM-5)과 정확히 일치하지 않는 진단의 영역이 있습니다. 예를 들어, 저는 도박을 약물 사용이 아닌 다른 충동 조절 장애와 그룹화했습니다. 그 이유는 진단편람은 우리가 임상적으로 보는 증상을 항상 따르지 않고 과학적으로 관련된 그룹에 장애를 배치하려고 하기 때문입니다. 저는 관리의 용이성을 위해 전통적인 그룹화를 고수했습니다.

# 제반 선별 검사[1]

**A1. 당신은 하루 종일 기분이 처지거나, 우울하거나 최고로 슬프던 때가 있었습니까?**

**A2. 당신은 평소에 하던 활동에 대한 흥미가 감소하거나 즐거움을 느끼지 못했던 시기가 있었습니까?**

**B1. 당신은 우울한 것과는 정반대의 기분을 느낀 적이 있습니까? 터무니없이 행복하고, 들뜨며, '너무 행복하다'고 느낀 적이 있습니까?**

**B2. 당신은 평소와 달리 짜증을 내고, 예민하거나 화가 난다는 것을 스스로가(혹은 다른 사람이) 눈치챈 적이 있습니까?**

---

1 출처: James Morrison의 『The First Interview (4th ed.)』. 저작권은 2014년부터 The Guilford Press에 있습니다. 이 자료를 복사할 수 있는 권한은 개인적인 용도로만 이 책의 구매자에게 부여됩니다(자세한 내용은 저작권 페이지 참조). 구매자는 www.guilford.com/morrison-forms에서 이 내용의 더 많은 자료를 다운로드할 수 있습니다.

B3. 당신은 평소보다 활동량이 훨씬 많은 시기를 보낸 적이 있습니까?

C1. 당신은 한동안 갑자기 불안, 두려움 또는 극도의 불안정을 느끼거나, 발작을 일으킨 적이 있습니까?

C2. 당신은 기절하거나, 숨을 쉴 수 없다고 느꼈거나, 심장이 심하게 두근거릴 때 갑작스러운 발작과 그것이 한동안 지속되는 경험을 해 본 적이 있습니까?

D1. 당신은 어떤 것과 관련된 무서움 혹은 공포증이 있었습니까? 예: 동물(거미, 개, 뱀 등); 피, 바늘 또는 주사; 높이; 비행기 여행; 폐쇄; 뇌우; 얼굴이 붉어지는 것; 공공장소에서의 식사; 사람들 앞에서 말하기, 청중 앞에서 악기를 연주하는 것 또는 노래하는 것

D2. 당신은 탈출하기 어려운 장소 혹은 상황(예: 상점이나 영화)에 있거나 공황 발작이 있을 경우 도움을 받을 수 없는 곳에 있는 것에 대한 불안감을 느낀 적이 있습니까?

E1. 당신은 저항하려고 노력하지만 저항할 수 없는 사고나 생각이 계속해서 떠오른 적이 있습니까?

E2. 당신은 손 씻기, 난로 점검, 물건 세는 것과 같이 반복해서 수행해야 한다고 느끼는 신체적인 행동을 경험해 본 적이 있습니까?

F1. 당신은 계속 경험하고 있거나 피해야 하는 정신적 충격과 스트레스를 받아 본 경험이 있습니까?

G1. 당신은 많은 시간을 걱정합니까?

G2. 당신의 걱정은 무엇입니까?

H1. 당신은 남들이 보거나 들을 수 없는 환영이나 목소리와 같은 특이한 경험을 해 본 적이 있습니까?

H2. 당신은 남들이 맛보거나 냄새를 맡아 볼 수 없는 것을 느끼거나, 남들이 느끼지 못하는 것을 피부나 몸에서 느껴 본 적이 있습니까?

J1. 당신은 사람들이 당신을 염탐하고, 뒤에서 이야기하거나, 당신에게 다른 방법으로 해를 끼치기 위해 반응한다고 느낀 적이 있습니까?

J2. 당신은 인생에서 어떠한 종류의 특별하고 신성한 목적이나 소명이 있다고 느낀 적이 있습니까?

J3. 당신은 설명할 수 없거나 해명할 수 없을 것 같은 이상한 경험을 한 적이 있습니까?

K1. 당신은 술이나 마약을 해 본 적이 있습니까?

K2. 당신은 처방전과 다른 방식으로 처방된 약 혹은 처방전 없이 살 수 있는 약을 복용한 적이 있습니까?

K3. 당신은 술을 마시거나 마약을 과도하게 사용한 적이 있습니까?

K4. 다른 사람들이 당신의 음주나 약물 사용에 대해 우려를 표한 적이 있습니까?

L1. 당신의 기억력은 어떤가요? 당신이 괜찮다면 검사해 보고 싶습니다.

L2. 당신은 나중에 기억할 수 없었던 경험이나 기간이 있었던 적이 있습니까?

L3. 당신은 낯선 곳에 있는 자신을 발견하고, 어떻게 그곳에 도착했는지 기억하지 못한 적이 있습니까?

M1. 당신의 전반적인 건강 상태는 항상 좋은 편이었습니까?

M2. 당신은 여러 가지 질환에 대해 많은 의학적 치료를 받은 적이 있습니까?

N1. 당신은 사람들이 당신을 너무 말랐다고 했을 때에도 뚱뚱하다고 느낀 적이 있습니까?

N2. 당신은 너무 배가 불러서 토한 적 있습니까?

N3. 당신은 평소보다 훨씬 더 빨리 먹으며, 폭식을 경험해 본 적이 있습니까?

P1. 당신은 의사가 확인할 수 없는 심각한 신체적 문제가 당신에게 있다고 느끼거나 두려워한 적이 있습니까?

Q1. 당신은 당신의 몸이나 외모에서 다른 사람들이 인식하지 못하는 무언가가 있다고 느낀 적이 있습니까?

R1. 당신은 쉽게 화가 납니까?

S1. 당신은 충동적으로 행동한 적이 있습니까?

S2. 당신은 머리카락을 뽑거나, 아니면 파괴적으로 공격적이게 되거나, 가게에서 물건을 훔치거나, 불을 지르는 등의 일을 해 본 적이 있습니까? [증상 사이의 반응을 파악하기 위해 일시중지합니다.]

T1. 당신은 도박을 하고 있습니까?

U1. 당신의 혈연관계(혈연관계란 부모, 형제, 자매, 조부모, 자녀, 고모부, 삼촌, 사촌, 조카, 같은 구성원들) 중에서 당신과 같은 증상을 가진 사람이 있습니까?

U2. 당신은 이 친척들 중에 우울증, 조증, 정신증, 조현병, 신경증, 심한 불안, 정신건강의학과 병원 입원, 자살 또는 자살 시도, 알코올 중독이나 다른 약물 오용

또는 범죄 행위의 이력을 포함한 정신 질환이 있습니까? [증상 사이의 반응을 파악하기 위해 일시중지합니다.]

## 기분 장애

A1. 당신은 하루 종일 기분이 쳐지거나, 우울하거나, 최고로 슬프던 때가 있었습니까?

A2. 당신은 평소에 하던 활동에 대한 흥미가 감소하거나 즐거움을 느끼지 못했던 시기가 있었습니까?

질문에 대한 대답 중 '예'에 해당하는 경우:

대부분의 날이 그렇다고 느꼈습니까?

이 기간은 얼마나 오래 지속되었습니까?

그런 시기를 몇 번이나 겪었습니까?

지금도 그렇게 느끼십니까?

그런 슬픔의 시기에서 완전히 회복된 적이 있습니까?

그 경험은 얼마나 심했습니까? 그것이 당신의 직장, 가정생활 혹은 사회생활에 영향을 주었습니까?

우울증 치료를 받아 본 적이 있습니까? 그렇다면 구체적으로 어떤 치료를 받았습니까?

입원하신 적은 있습니까?

일반적인 우울증 기간 동안:

식욕이 감소하였습니까?

체중이 감소하였습니까? 만약 그렇다면, 얼마나 줄었습니까?

수면이 바뀐 적이 있습니까? 만약 그렇다면, 더 많이 증가하였습니까, 아니면 더 줄어들었습니까? 그 변화가 대부분 당신의 날에 영향을 끼치고 있습니까?

아침에 매우 일찍 일어나서 다시 잠을 잘 수 없는 경향이 있습니까?

보통 아침이나 저녁에는 기분이 좋아집니까, 아니면 차이가 없습니까?

당신이 느끼기에 말과 행동의 속도가 느려졌습니까 또는 빨라졌습니까? 만약 그렇다면, 다른 사람들이 알아차릴 수 있을 정도입니까?

유난히 피곤하거나 에너지가 부족하다고 느끼십니까? 만약 그렇다면, 대부분의 날에도 그렇습니까?

당신은 단지 아프다고 느끼는 것뿐만 아니라, 무언가에 대해서는 타당성 없이 더 가치 없다고 느끼거나, 아니면 더 죄책감을 느낍니까? 만약 그렇다면, 이것이 대부분의 날에 해당합니까?

우유부단해졌거나 집중력이 감소하였습니까? 둘 중 하나라면, 이것이 대부분의 날에도 그렇습니까?

죽고 싶은 생각이 듭니까?

그렇다면 이런 생각이 얼마나 자주 떠오르십니까?

자살에 대해 생각하십니까?

만약 그렇다면, 그것에 대해 말해 주세요.

자살 시도를 한 적이 있습니까?

만약 그렇다면, 언제, 어떻게 하였습니까?

신체적인/의학적인 문제가 심각합니까?

심리적으로는 심각합니까?

우울할 때 팔이나 다리가 납처럼 무겁습니까?

당신이 우울할 때 다른 사람들이 보거나 들을 수 없는 것들을 듣거나 볼 정도로 기분이 나쁜 적이 있었습니까? 만약 그렇다면, 그것에 대해 구체적으로 이야기해 줄 수 있겠습니까?

우울할 때 당신이 이렇게 기분이 나쁠 만한 이유가 있다고 생각하십니까, 아니면 다른 사람들이 당신에게 해를 입히거나 다른 방법으로 당신에게 불리하게 만들려고 한다고 생각하십니까? 만약 그렇다면, 그것에 대해 구체적으로 이야기해 줄 수 있습니까?

우울할 때 당신은 상황이 절망적이거나 아무런 소용이 없다고 느낀 적이 있습니까?

우울할 때 좋은 일이 생기면 기분이 나아집니까?(예: 친구들과 있을 때, 혹은 봉급이 인상될 때)

우울할 때는 친한 사람이 사망하였을 때와는 다르게 느끼십니까?

우울할 때는 대부분의 것에서 기쁨을 잃습니까?

1년 중 특정한 계절에 우울해지는 경향이 있습니까? 만약 그렇다면, 구체적으로
　　이야기해 줄 수 있습니까?

보통(우울할 때뿐만 아니라) 당신은 거절을 매우 민감하게 느끼는 사람입니까?

**B1. 당신은 우울한 것과는 정반대의 기분을 느낀 적이 있습니까? 터무니없이 행복
　　하고, 들뜨며, '너무 행복하다'고 느낀 적이 있습니까?**

**B2. 당신은 평소와 달리 짜증을 내고, 예민하거나 화가 난다는 것을 스스로가(혹은
　　다른 사람이) 눈치챈 적이 있습니까?**

**B3. 당신은 평소보다 활동량이 훨씬 많은 시기를 보낸 적이 있습니까?**

다음 세 가지 중 하나에 '예'가 있는 경우:

　　이 기간은 얼마나 지속되었습니까?

　　그런 시기를 몇 번이나 겪었습니까?

　　지금도 그렇게 느끼십니까?

　　과도하게 행복감을 느꼈던 시기로부터 완전히 회복한 적이 있습니까?

　　그 경험은 얼마나 심했습니까? 그것이 당신의 직장, 가정생활 혹은 사회생활에 영
　　　향을 주었습니까?

　　그런 기간 동안 어떤 식으로든 치료를 받았습니까? 만약 그렇다면, 구체적으로 이
　　　야기해 줄 수 있습니까?

입원하셨습니까?

이러한 기간 동안:

　　당신은 남들이 갖지 못한 특별한 강점이나 힘(예: 텔레파시를 가지고 있거나 마음을 읽
　　　는 것 등)을 가지고 있다고 느끼십니까? 아니면 당신이 특별하거나 훌륭한 사람
　　　(예: 예수나 영화배우)이라고 느끼십니까? 만약 그렇다면, 그것에 대해 구체적으
　　　로 이야기해 줄 수 있습니까?

　　잠은 잘 자고 있습니까? 구체적으로 이야기해 줄 수 있습니까?

　　이 기간 동안 수면이 정상보다 적은 경우: 평소보다 잠이 덜 필요할 것 같다고 느껴
　　　집니까?

　　평소보다 말을 많이 합니까, 아니면 남들이 그렇게 한다고 이야기합니까?

　　당신의 생각이 하나에서 다른 것으로 빠르게 이동하는 것 같다는 생각이 듭니까?

　　평소보다 더 쉽게 주의가 산만해진다는 것을 스스로가(혹은 다른 사람들이) 의식하십

니까?

활동 수준의 속도가 빨라졌다고 느끼십니까, 아니면 다른 사람들이 그렇다고 말합
니까?

평소보다 계획을 많이 세웁니까?

성욕은 어떻습니까?

어떤 식으로든 당신의 판단력이 손상되었다고 생각하십니까? 제 말은 다음과 같습
니다.

나중에는 쓰지 않으면 좋았을 텐데라고 생각될 만한 돈을 쓴 적이 없었습니까?

법적 분쟁에 휘말린 적은 없습니까?

정상적이지 않은 방식으로 성관계를 추구하십니까?

남들이 보거나 들을 수 없는 것을 듣거나 본 적이 있습니까? 만약 그렇다면. 그
것에 대해 구체적으로 이야기해 줄 수 있습니까?

감시당하거나. 괴롭힘을 당하거나. 다른 사람들이 당신에게 해를 입히거나. 다른
방법으로 당신에게 불리하게 만들려고 한다고 느끼십니까? 만약 그렇다면.
그것에 대해 구체적으로 이야기해 줄 수 있습니까?

## 불안 및 관련 장애[2]

**C1. 당신은 한동안 갑자기 불안, 두려움 또는 극도의 불안정을 느끼거나, 발작을 일
으킨 적이 있습니까?**

**C2. 당신은 기절하거나, 숨을 쉴 수 없다고 느꼈거나, 심장이 심하게 두근거릴 때 갑
작스러운 발작과 한동안 지속되는 경험을 해 본 적이 있습니까?**

'예'가 다음 중 하나에 해당하는 경우:

그런 발작이 얼마나 많이 있었습니까?

평균적으로 얼마나 자주 발생합니까?

---

2 불안 및 관련 장애 부분은 강박 및 관련 장애, 외상 및 스트레스 관련 장애의 DSM-5 범주를 통합합니다.

이 발작들은 얼마나 오래 지속됩니까?

그 경험은 얼마나 심했습니까? 그것이 당신의 직장, 가정생활 혹은 사회생활에 영향을 주었습니까?

그런 에피소드로 치료를 받아 본 적이 있습니까? 만약 그렇다면, 그것에 대해 구체적으로 이야기해 줄 수 있습니까?

입원을 한 적이 있습니까?

이러한 발작 중 다음과 같은 느낌을 받아 본 적이 있으십니까:

가슴 통증이나 이 외의 가슴 불편함을 느낀 적이 있습니까?

오한이나 뜨거운 느낌을 받은 적이 있습니까?

질식할 것 같다는 느낌을 받은 적이 있습니까?

상황이 비현실적이라고 느껴지거나 당신 자신으로부터 분리되어 있다는 느낌을 받은 적이 있습니까?

현기증이 나거나, 머리가 어지럽거나, 기절하거나, 불안정한 보행을 한다고 느껴진 적은 있습니까?

당신이 죽을지도 모른다는 두려움을 경험한 적이 있습니까?

스스로가 통제할 수 없을 것 같다는 생각을 하거나 미쳐 버릴까 봐 두렵다는 느낌을 받은 적이 있습니까?

심장이 두근거리거나, 질주하는 것처럼 느껴지거나, 불규칙적으로 뛰는 느낌을 받은 적이 있습니까?

메스꺼움이나 다른 복부 불편함을 느낀 적이 있습니까?

마비나 따끔따끔한 느낌을 받은 적이 있습니까?

땀에 흠뻑 젖은 적이 있습니까?

숨이 가쁘거나 질식할 것 같다는 느낌을 받은 적이 있습니까?

떨림을 경험한 적이 있습니까?

**D1. 당신은 어떤 것과 관련된 무서움 혹은 공포증이 있었습니까? 예: 동물(거미, 개, 뱀 등); 피, 바늘 또는 주사; 높이; 비행기 여행; 폐쇄; 뇌우; 얼굴을 붉어지는 것; 공공장소에서의 식사; 사람들 앞에서 말하기, 청중 앞에서 악기를 연주하는 것 또는 노래하는 것**

만약 '예'라고 한 경우, 각각의 두려운 상황을 파악해 보십시오:

이런 두려움이 얼마나 자주 일어납니까?

얼마나 많은 에피소드를 겪으셨습니까?

이런 종류의 두려움이 불합리한 것처럼 보이거나 아니면 당신의 상황과 걸맞지 않다고 느껴지십니까?

이 두려움은 당신이 상황을 회피하게 만듭니까?

그것은 당신의 일상적인 일이나 직업, 사회 혹은 개인적인 기능을 방해합니까?

치료를 받아 본 적이 있습니까?

**D2. 당신은 탈출하기 어려운 장소 혹은 상황(예: 상점이나 영화)에 있거나 공황 발작이 있을 경우 도움을 받을 수 없는 곳에 있는 것에 대한 불안감을 느낀 적이 있습니까?**

만약 '예'인 경우:

때때로 가게나 영화관을 가는 것을 피하십니까(다른 장소들을 피하십니까)?

만약 당신이 이러한 상황들 중 한 곳에 들어간다면, 당신은 그곳에 있을 때 불안감을 느끼십니까?

외출을 하는 동안 공황 발작이 발생할 경우를 대비하여 당신을 도와줄 수 있는 보호자를 데리고 간 적이 있습니까?

**E1. 당신은 저항하려고 노력하지만 저항할 수 없는 사고나 생각이 계속해서 떠오른 적이 있습니까?**

만약 '예'인 경우:

이런 생각들은 얼마나 자주 일어납니까?

이러한 생각/사고를 거부하거나 억제하려고 노력하고 있습니까?

그것들은 당신의 마음에서 나오는 것입니까, 아니면 외부의 어딘가로부터 당신에게 강요된 것처럼 느껴집니까?

**E2. 당신은 손 씻기, 난로 점검, 물건 세는 것과 같이 반복해서 수행해야 한다고 느끼는 신체적인 행동을 경험해 본 적이 있습니까?**

만약 '예'인 경우:

이러한 행동들이 방금 전 우리가 논의한 것처럼 거부할 수 없는 생각이나 사고에 반응하여 발생합니까?

그것들을 수행할 때 엄격한 규칙을 따르도록 합니까?

그것들은 나쁜 일이 일어나는 것을 막아 줍니까?

그것들은 고통을 줄여 줄 수 있습니까?

그것들은 심각한 고통을 야기합니까?

그것들은 얼마나 많은 시간을 소비합니까?

그것들은 당신의 일상적인 일이나 직업, 사회 혹은 개인적인 기능을 방해합니까?

만약 그렇다면, 구체적으로 이야기해 줄 수 있습니까?

**F1. 당신은 계속 경험하고 있거나 피해야 하는 정신적 충격과 스트레스를 받아 본 경험이 있습니까?**

만약 '예'인 경우:

어떤 사건이었습니까?

언제 그런 일이 일어났습니까?

그것은 심한 두려움, 공포, 무력감을 불러일으켰습니까?

그 사건을 다시 경험하게 된 어떤 작은 경험이라도 있으십니까?

거슬리는 생각이나 이미지를 경험한 적이 있습니까?

플래시백, 환각, 착각 혹은 사건이 재경험되는 것처럼 느끼는 것을 경험해 본 적이 있습니까?

그 사건을 상징하거나 유사한 단서들이 당신에게 많은 고통을 유발합니까?

이러한 단서에 대한 반응으로 신체적 변화(급속 심장 박동, 혈압 상승 등)가 일어납니까?

트라우마를 떠올리게 하는 것들을 반복해서 피하려고 노력했습니까? 만약 그렇다면, 다음 중 어떤 방법으로 노력하였습니까?:

그 사건을 상기시키는 감정이나 생각, 대화를 피하려고 노력하였습니까?

그 사건을 상기시키는 활동이나 사람들 또는 장소를 피하려고 노력했습니까?

그 사건의 중요한 어떤 특징도 기억하지 못하십니까?

만약 그렇다면, 어떤 것을 기억하지 못하십니까?

중요한 활동에서 흥미를 잃었습니까?

만약 그렇다면, 어떤 것입니까?

어느 정도까지입니까?

다른 사람들과의 고립감을 느껴 본 적이 있습니까?

사랑이나 다른 강한 감정을 느낄 수 있는 능력을 잃었다고 느낀 적이 있습니까?

당신은 결혼, 직업, 자녀가 없는 것과 같은 문제로 당신의 삶이 짧거나 보람이 없을 것이라고 느껴 본 적이 있습니까?

사건 이전에는 없었던 다음과 같은 증상 중 하나가 나타난 적이 있습니까?

불면증이 있었습니까?

과민하게 바뀌었습니까?

집중 곤란을 경험하였습니까?

과도한 경계(위험 징후가 있는지 수시로 주변을 살피는 등)를 경험하였습니까?

놀라는 반응이 증가하였습니까?

**G1. 당신은 많은 시간을 걱정하십니까?**

**G2. 당신의 걱정은 무엇입니까?**

환자가 세 가지 또는 그 이상의 걱정을 나열하는 경우:

이 걱정거리들을 조절하는 데 어려움이 있습니까?

한 달에 며칠이나 이런 문제들을 걱정한다고 생각하십니까?

**몇 달 동안 이런 걱정을 했습니까?**

그것이 당신의 직업, 가정생활 또는 사생활에 문제를 일으켰습니까?

걱정할 때:

안절부절못하고, 초조하고, 또는 긴장된 감정을 가지고 있습니까?

쉽게 지치십니까?

집중하는 데 어려움이 있으십니까?

짜증이 나십니까?

근육의 긴장도가 증가하였습니까?

잠을 잘 못 주무십니까?

## 정신병적 장애

H1. 당신은 남들이 보거나 들을 수 없는 환영이나 목소리와 같은 특이한 경험을 해 본 적이 있습니까?

H2. 당신은 남들이 맛보거나 냄새를 맡아 볼 수 없는 것을 느끼거나, 남들이 느끼지 못하는 것을 피부나 몸에서 느껴 본 적이 있습니까?

만약 '예'라고 반응하는 경우:

　　그들은 얼마나 실제와 같습니까? 그들의 소리는 지금 저의 목소리처럼 진짜처럼 들립니까?

　　그것들은 당신의 머릿속에서 나는 소리인 것 같습니까, 아니면 바깥 어딘가에서 발생하는 소리인 것 같습니까?

　　언제부터 들으셨습니까?

　　그들은 남성입니까 혹은 여성입니까?

　　누구 목소리입니까?

　　얼마나 많은 목소리가 들립니까?

　　　　만약 한 목소리 이상이라면, 그들은 서로 대화를 나눈 적이 있습니까?

　　　　그들이 당신에 대해 함께 이야기한 적이 있습니까?

　　목소리는 얼마나 자주 나타납니까?

　　　　매일 경험한다면, 하루에 얼마나 자주 경험하십니까?

　　그들이 당신에게 어떻게 하라고 합니까?

　　당신은 그들의 명령을 따른 적이 있습니까?

시각적 내용에서 '예'인 경우:

　　지금 당신이 저를 보는 것처럼 그들을 똑똑히 볼 수 있습니까?

　　당신은 그들을 언제 볼 수 있습니까?

　　　　만약 매일 경험한다면, 하루에 얼마나 자주 경험합니까?

　　언제부터 그들을 보기 시작하였습니까?

만약 미각, 후각 또는 촉각과 관련한 내용에서 '예'인 경우:

이러한 느낌에 대해 설명해 주십시오.

당신은 얼마나 자주 그것들을 경험합니까?

만약 매일 경험한다면, 하루에 얼마나 자주 경험합니까?

당신은 그것들을 경험할 때 무엇을 하고 있습니까?

언제부터 그것들을 경험하기 시작하셨습니까?

모든 환각의 경우:

무엇이 이러한 경험을 하게 만든다고 생각하십니까?

이러한 경험은 마약이나 알코올 사용 또는 약물 사용 사이에 어떤 연관성이 있을 수 있습니까?

이러한 경험들을 설명하는 데 도움이 될 만한 신체적인 질병이 있습니까?

**J1. 당신은 사람들이 당신을 염탐하고, 뒤에서 이야기하거나, 당신에게 다른 방법으로 해를 끼치기 위해 반응한다고 느낀 적이 있습니까?**

**J2. 당신은 인생에서 어떠한 종류의 특별하고 신성한 목적이나 소명이 있다고 느낀 적이 있습니까?**

**J3. 당신은 설명할 수 없거나 해명할 수 없을 것 같은 이상한 경험을 한 적이 있습니까?**

[환자에게 추가 정보가 필요한 경우: 여기에는 제가 의미하는 몇 가지 종류의 예가 있습니다:]

당신은 사람들이 당신의 어떤 생각을 듣거나, 당신의 마음을 읽을 수 있다고 느낀 적이 있습니까?

당신은 TV나 라디오에서 누군가가 당신만을 위한 메시지를 보낸다고 느낀 적이 있습니까?

당신은 외부의 누군가가 당신의 생각을 당신의 마음에 주입하거나 뺄 수 있다고 생각한 적이 있습니까?

너무 끔찍한 일을 저질렀기 때문에 그것에 대한 처벌을 받아야 한다고 느껴 본 적이 있습니까?

자신이 유명하다고 느낀 적이 있습니까? 혹은 다른 사람이 갖지 못한 능력이나 힘이 있다고 느낀 적이 있습니까?

세 가지 J의 영역의 질문 중 '예'가 있는 경우:

구체적으로 무엇을 알아차리셨습니까?

이런 경험을 한 지 얼마나 되었습니까?

당신은 이 사건들이 누구 또는 무엇에 책임이 있다고 생각하십니까?

그들과 싸우기 위해 어떠한 노력을 했습니까?

당신과 비슷한 경험을 한 사람이 있습니까?

이러한 경험과 약물이나 알코올 사용 사이에 어떤 연관성이 있을 수 있겠습니까?

## 물질 오남용

**K1.** 당신은 술이나 약물을 사용해 본 적이 있습니까?

**K2.** 당신은 처방전과 다른 방식으로 처방된 약 혹은 처방전 없이 살 수 있는 약을 복용한 적이 있습니까?

**K3.** 당신은 술을 마시거나 약물을 과도하게 사용한 적이 있습니까?

**K4.** 다른 사람들이 당신의 음주나 약물 사용에 대해 우려를 표한 적이 있습니까?

다음 중 하나라도 '예'인 경우:

어떤 물질을 사용하였습니까?

얼마나 오랫동안 그것들을 사용하였습니까?

지금도 사용하고 있습니까?

특정 물질을 중단하였을 때 금단 증상을 경험한 적이 있습니까?

알코올/진정제/수면제/불안제: 발한, 빠른 심장 박동, 떨림, 불면증, 메스꺼움, 구토, 잠깐 동안의 환각이나 착각, 활동성 향상, 심한 발작, 불안?

코카인/암페타민: 슬프거나 우울한 기분, 피로, 생생한 악몽, 수면 증가 또는 감소, 식욕 증가, 활동성 증가 또는 감소?

아편: 슬프거나 우울한 기분, 메스꺼움, 구토, 근육통, 눈물, 콧물, 확장된 동공, 머리털이 서는, 땀, 설사, 졸림, 발열, 불면증?

같은 효과를 얻기 위해 점점 더 많은 양의 물질을 사용해야 한다고 생각하십니까?

의도한 것보다 더 많이 그 물질을 사용했다고 생각한 적이 있습니까?

당신은 그 물질의 사용을 통제하려고 노력했지만, 그럴 수 없다고 생각하십니까?

당신은 물질의 구매, 사용 또는 물질 사용의 여파로부터 회복에 이르기까지 많은
시간을 소비하였습니까?

당신의 물질 사용이 가정생활이나 친구들과의 만남과 같은 중요한 일, 사회, 여가
활동을 포기하게 만들었다고 생각하십니까?

당신의 물질 사용이 당신을 괴롭히거나 당신의 기능을 손상시켰습니까?

만약 그렇다면, 어떻게 되었다는 겁니까?

그 물질이 아마도 신체적 또는 심리적으로 문제를 일으키고 있다는 것을 알면서
도 그 물질을 계속 사용해 왔습니까?

물질 사용으로 학교 및 직장 생활, 양육과 같은 주요 의무를 이행하지 않은 적이
있습니까?

차량을 운전하는 등 신체적으로 위험할 수 있을 때도 물질을 사용한 적이 있습
니까?

물질 사용이 당신에게 법적인 문제를 야기했습니까?

만약 그렇다면, 언제 발생했고 얼마나 많이 일어났습니까?

물질 사용이 당신에게 사회적 또는 대인 관계상의 문제를 야기한 적이 있습니까?

만약 그렇다면, 그럼에도 그 물질을 계속 사용하셨습니까?

당신이 그 물질을 갈망하고 있다는 것을 발견하였습니까?

## 난해한 생각(인지적 문제)

**L1. 당신의 기억력은 어떤가요? 당신이 괜찮다면 검사해 보고 싶습니다.**

저에게 [이름, 색상, 주소]를 말해 주십시오.

오늘이 며칠입니까?

현 대통령[총리]은 누구입니까? 이 사람 전의 대통령 이름을 말해 주십시오. 그
리고 이제 그 사람 이전에 있었던 3명의 대통령 이름을 말해 주십시오.

100에서 7을 빼십시오. 자, 이제…… 7을 뺀 숫자에서 다시 7을…… 좋습니다,
그리고 60 아래로 떨어질 때까지 계속 해 주십시오…….

**L2. 당신은 나중에 기억할 수 없었던 경험이나 기간이 있었던 적이 있습니까?**

만약 그렇다면, 저에게 그것에 대해 말해 주십시오.

얼마나 자주 이런 일이 일어났습니까?

**L3. 당신은 낯선 곳에 있는 자신을 발견하고 어떻게 그곳에 도착했는지 기억하지 못한 적이 있습니까?**

만약 그렇다면, 저에게 그것에 대해 말해 주십시오.

얼마나 자주 이런 일이 일어났습니까?

몇 분 전에 제가 당신에게 반복해 달라고 부탁했던 그 세 가지 항목은 무엇이었습니까?

### 신체적 고통

**M1. 당신의 전반적인 건강 상태는 항상 좋은 편이었습니까?**

**M2. 당신은 여러 가지 질환에 대해 많은 의학적 치료를 받은 적이 있습니까?**

[선별에 대한 답변에 관계없이:]

무슨 병을 앓으셨습니까? 구체적으로 어떤 질환입니까?

다른 질환은 없으셨습니까?

어떤 약을 사용하셨습니까?

그런 다음, M1에 '아니요' 또는 M2에 '예'인 경우:

이제 저는 사람들이 가끔 경험하는 몇 가지 증상에 대해 묻고 싶습니다. 다음을 경험해 보셨습니까?

다음과 같은 통증 증상:[3]

머리 통증(두통 이외의)이 있었습니까?

---

3 증상이 있는 것으로 간주되려면 각 증상이 ① 일반적인 의학적 상태 또는 약물 사용으로 완전히 설명되지 않았어야 합니다. ② 장애를 일으키거나 환자가 치료를 받도록 한 경우, ③ 관련된 것으로 보이는 모든 의학적 상태에서 예상될 수 있는 불편함이나 손상의 정도를 넘어야 할 것입니다.

복통이 있었습니까?

요통이 있었습니까?

관절이 아프십니까?

팔이나 다리에 통증이 있었습니까?

흉통이 있었습니까?

직장에 통증이 있습니까?

생리통은 있습니까?

성관계 시 고통이 있습니까?

배뇨 시 통증이 있습니까?

다음과 같은 위장 증상:*

메스꺼움이 있습니까?

복부 팽창이 있습니까?

구토 문제(임신 중 이외의)가 있습니까?

설사가 있습니까?

여러 음식에 대한 편식이 있습니까?

다음과 같은 성적 및 비뇨생식기의 증상:*

성에 대한 관심이 저하되었습니까?

발기 또는 사정 장애가 있습니까?

불규칙한 월경 문제가 있습니까?

월경 시 과다 출혈이 있습니까?

임신 9개월 내내 구토한 적이 있습니까?

다음과 같은 신경학적 증상:*

균형이나 조정 능력의 손상이 있습니까?

쇠약해졌거나 근육 마비가 있습니까?

목이 메이는 듯한 느낌(감정이 복받치는 느낌)이 있습니까?

삼키는 데 문제가 있습니까?

목소리가 나오지 않은 적이 있습니까?

요폐가 있습니까?

환각은 있습니까?

무감각(감촉 또는 통증)은 있습니까?

복시는 있습니까?

실명이 있습니까?

청력 손상이 있습니까?

기절한 적이 있습니까?

기억 상실이 있습니까?

다른 해리 증상이 있습니까?

의식 상실(실신하는 것 이외의)이 있습니까?

**N1. 당신은 사람들이 당신을 너무 말랐다고 했을 때에도 뚱뚱하다고 느낀 적이 있습니까?**

**N2. 당신은 너무 배가 불러서 토한 적 있습니까?**

만약 '예'가 다음 중 하나라도 해당하는 경우:

언제였습니까?

아직도 그렇습니까?

그때 몸무게가 얼마였습니까?

그때 키가 얼마나 되셨습니까?

살찌는 게 두려웠습니까?

살을 빼려고 운동을 많이 하였습니까?

살을 빼기 위해 설사약을 사용한 적이 있습니까?

그때 당신의 몸은 어떻게 보였습니까? 날씬하거나, 뚱뚱하거나, 아니면 거의 보통이었습니까?

그때 당신의 몸무게나 몸매가 당신에게 얼마나 중요했습니까?

**N3. 당신은 평소보다 훨씬 더 빨리 먹으며, 폭식을 경험해 본 적이 있습니까?**

만약 '예'인 경우:

얼마나 자주 이런 일이 일어났습니까?

이 시기, 당신은 먹는 것에 대한 통제력을 잃었다고 느꼈습니까?

살이 찌지 않기 위해 설사약을 쓴 적이 있습니까? 이뇨제를 사용하십니까? 토한 적이 있습니까? 단식을 한 적이 있습니까? 운동을 많이 하였습니까?

**P1. 당신은 의사가 확인할 수 없는 심각한 신체적 문제가 당신에게 있다고 느끼거나**

**두려워한 적이 있습니까?**

    만약 '예'인 경우:

        당신의 증상을 설명해 주십시오.

        얼마나 오래 지속되었습니까?

        어떤 병이나 상태가 두렵습니까?

**Q1. 당신은 당신의 몸이나 외모에 다른 사람들이 인식하지 못하는 무언가가 있다고 느낀 적이 있습니까?**

    만약 '예'인 경우:

        이 문제를 생각하는 데 많은 시간을 사용하고 있습니까, 아니면 그것을 다루려고 애쓰는 데 많은 시간을 사용하고 있습니까?

        그것을 해결하기 위해 어떤 조치를 취하셨습니까?

---

## 충동 조절 장애

**R1. 당신은 쉽게 화가 납니까?**

    만약 '예'인 경우:

        당신은 어떤 상황에서 그렇게 화가 납니까?

        당신은 너무 화가 나서 자제력을 잃은 적이 있습니까?

        결과적으로, 당신은 물건을 부순 적이 있습니까? 만약 그렇다면, 얼마나 자주 그랬습니까?

        결과적으로 다른 사람을 폭행한 적이 있습니까? 만약 그렇다면, 얼마나 자주 그랬습니까?

**S1. 당신은 충동적으로 행동한 적이 있습니까?**

**S2. 당신은 머리카락을 뽑거나, 파괴적으로 공격적이게 되거나, 가게에서 물건을 훔치거나, 불을 지르는 등의 일을 해 본 적이 있습니까? [증상 사이의 반응을 파악하기 위해 일시중지합니다.]**

    만약 '예'인 경우:

이러한 활동을 수행하기 직전에 긴장감을 느끼십니까?

행동 중 또는 행동 후에 만족, 즐거움 또는 안도감을 느끼십니까?

**T1. 당신은 도박을 하고 있습니까?**

만약 '예'인 경우:

얼마나 자주 도박을 하십니까?

도박을 멈출 수 없고, 도박하는 것을 멈추는 것이 불가능하다고 느낀 적이 있습니까?

당신이 도박에 몰두하고 있다는 것을 알게 되었습니까? 다시 말해, 도박 자금을 벌기 위해 많은 시간을 보내거나, 예전에 도박했던 경험을 다시 떠올리거나, 다시 도박을 하기 위해 계획하고 있습니까?

같은 흥분을 얻기 위해 더 많은 돈을 투자해야 했던 적이 있습니까?

도박을 통제하려고 노력했지만 할 수 없었던 적이 있었습니까?

만약 그렇다면, 어떻게 되었습니까?

이런 일이 몇 번이나 일어났습니까?

도박을 통제하려고 할 때 안절부절못하거나 짜증이 난 적이 있습니까?

당신은 당신의 문제로부터 탈출하기 위해 도박을 하거나 우울하거나 불안한 분위기에 대처하기 위해 도박을 한 적이 있습니까?

손실을 만회하기 위해 도박을 해 본 적이 있습니까?

도박에서 얼마나 졌는지 감추기 위해 거짓말을 한 적이 있습니까?

도박 빚을 갚기 위해 다른 사람에게 돈을 빌린 적이 있습니까?

도박을 위한 돈이 아니지만 그 돈을 도박에 써 본 적 있습니까?

도박이 직업, 중요한 관계 또는 당신의 진로나 교육에 대한 기회를 위태롭게 만든 적이 있습니까?

### 가족력

**U1. 당신의 혈연관계(혈연관계란 부모, 형제, 자매, 조부모, 자녀, 고모부, 삼촌, 사촌, 조카, 같은 구성원들) 중에서 당신과 같은 증상을 가진 사람이 있습니까?**

**U2. 당신은 이 친척들 중에 우울증, 조증, 정신증, 조현병, 신경증, 심한 불안, 정신건강의학과 병원 입원, 자살 또는 자살 시도, 알코올 중독이나 다른 약물 오용 또는 범죄 행위의 이력을 포함한 정신 질환이 있습니까? [증상 사이의 반응을 파악하기 위해 일시중지합니다.]**

만약 '예'인 경우:

　　이 사람의 증상은 무엇이었습니까?

　　그 당시 그 사람은 몇 살이었습니까?

　　어떤 치료를 받았는지 아십니까?

　　이 사람에게 무슨 일이 일어났습니까? [회복에 대한 가능성, 지속적인 질병유지, 사회에서 기능할 수 있음, 일할 수 없음, 반복적이거나 만성적인 입원을 포함할 수 있습니다.]

## 아동기 및 성인기 생활

### 유년기

어디서 태어났습니까?

형제자매가 몇 명 있었습니까?

당신은 형제 중 몇남 몇녀의 몇째입니까?

양친에게 양육되었습니까?

당신의 부모님은 어떻게 지내셨습니까?

만약 그들이 싸웠다면, 어떤 이유로 싸웠습니까?

만약 그들이 이혼하거나 별거하였다면, 그때 당신은 몇 살이었습니까?

당신은 누구와 함께 살았습니까?

만약 당신이 입양되었다면, 그 당시 당신은 몇 살이었습니까?

입양된 배경은 어떤 상황이었는지 알고 계십니까?

어렸을 때 건강은 어땠습니까?

당신은 얼마나 먼 거리에 있는 학교를 다녔습니까?

학교에서 제지당한 적이 있습니까?

학교에서 어떤 행동이나 징계 문제가 있었습니까?

무단결석은 없었습니까?

정학이나 퇴학을 당한 적이 있습니까?

어렸을 때 친구가 많았습니까?

어렸을 때 어떤 흥미와 취미를 가지고 있습니까?

학교 밖에서 당신은 법적 또는 징계상의 문제가 있었습니까?

만약 그렇다면, 물건을 훔친 적이 있습니까?

방화를 해 본 적이 있습니까?

고의로 다른 사람의 재산을 파괴하였습니까?

사람이나 동물에게 잔인하게 행동한 적이 있습니까?

밤새 집에 들어가지 않은 적이 있습니까?

## 성인으로서의 삶

결혼을 했습니까?

만약 그렇다면, 결혼의 횟수는 몇 번이고, 매번(그때마다) 결혼했을 당시 당신의
나이는 어떻게 되었습니까?

결혼 생활은 어떤 이유로 일찍 끝났습니까? 이혼, 배우자의 죽음?

당신은 지금 누구와 함께 살고 있습니까?

아이들은 몇 명이고, 몇 살입니까?

의붓자식이 있습니까?

그렇다면 몇 명입니까?

그들과 당신의 관계는 어떻게 됩니까?

현재 직업은 무엇입니까?

평생 일자리 수는 어떻게 됩니까?

직업을 바꾼 이유는 무엇입니까?

해고당한 적이 있습니까? 그 이유는 무엇입니까?

지금 일하지 않는다면 현재 어떤 지원 수단이 있습니까?

군 복무를 하신 적이 있습니까?

만약 그렇다면, 어떤 부대였습니까?

몇 년 동안 근무하였습니까?

최고 높은 계급은 무엇이었습니까?

전투 경험은 있습니까?

군대에서 징계 문제가 있었습니까?

지금 당신에게 종교가 얼마나 중요합니까?

당신은 현재 어떤 종교에 소속되어 있습니까?

어린 시절의 종교와 다릅니까?

만약 그렇다면, 무엇이 당신을 변화시켰습니까?

당신의 현재 여가 활동은 무엇입니까?

클럽이나 단체는 무엇입니까?

취미, 관심사는 무엇입니까?

당신이 처음으로 성에 관심을 가지게 되었던 적은 언제입니까?

어떤 상황이었습니까?

사귀기 시작했을 때 몇 살이었습니까?

첫 번째 성 경험은 몇 살이었습니까?

그것의 종류는 무엇이었습니까?

그것에 대해 어떻게 느꼈습니까?

당신의 현재 성적 취향에 대해 말해 줄 수 있습니까?

당신을 괴롭히는 성행위나 경험은 없었습니까?

어렸을 때 학대를 당한 적이 있습니까?

성적으로?

신체적으로?

성인이 되었을 때, 성폭행이나 성적 학대를 당한 적이 있습니까? 만약 그렇다면, 구체적으로 이야기해 주세요.

## 사회 및 성격 문제

   다음 질문들은 환자들이 그들을 어떻게 보고 다른 사람들과 상호작용하는지에 대한 정보를 이끌어 낼 것입니다. 대부분의 경우 답변을 통해 확실한 진단을 내릴 수 없습니다. 다른 자료로부터 추가 정보를 얻어야 합니다.

   당신이 어떤 사람이라고 생각하십니까?

   당신은 자신의 어떤 점을 가장 좋아합니까?

   당신 자신의 어떤 점을 가장 싫어합니까?

   당신은 친구가 많습니까, 아니면 적은 편입니까?

   [남편/아내/파트너]와 얼마나 잘 지내고 있습니까?

   가족들과 어울리는 데 문제가 있습니까?

   당신은 친척들 중 사이가 안 좋아서 피하는 사람이 있습니까?

   친구들하고 무슨 문제라도 있습니까?

   직장에서 대인관계 문제가 있습니까?

   당신은 사람들의 동기를 의심하는 경향이 있습니까, 아니면 사람들을 신뢰하는 편입니까?

   당신은 사람들의 관심을 받는 것이 좋으십니까, 아니면 관심을 받지 않는 것이 더 편하십니까?

   당신은 보통 혼자 있는 것이 편합니까, 아니면 다른 사람이 함께 있는 것이 필요하십니까?

   당신은 판단을 잘못한 적이 있습니까? 만약 그렇다면, 그것은 무엇입니까?

   법적인 문제가 있었던 적이 있습니까? 만약 그렇다면 자세한 내용을 알려 주십시오.

체포된 적이 있습니까? 감옥에서 시간을 보냈습니까? 만약 그렇다면 자세한 내용을 알려 주십시오.

당신은 법적 문제에 휘말릴 수 있는 일을 했지만 들키지 않은 적이 있습니까?

[이러한 행동들]을 할 때, 나중에 후회하는 경향이 있습니까?

당신은 다른 사람들이 여러분을 속이거나, 착취하거나, 해치고 싶어 한다고 생각하십니까?

그렇다면 예를 들어 주십시오.

당신은 친구나 지인이 신뢰하지 못하다고 느끼십니까? 만약 그렇다면 예를 들어 주십시오.

당신은 원한을 품는 경향이 있습니까? 만약 그렇다면 예를 들어 주십시오.

당신은 혼자 어떤 일을 하는 것을 더 좋아하십니까? 만약 그렇다면 예를 들어 주십시오.

비판이나 칭찬이 당신에게 많은 영향을 줍니까? 만약 그렇다면 예를 들어 주십시오.

당신은 미신을 믿는 사람입니까? 만약 그렇다면 예를 들어 주십시오.

당신은 텔레파시, 흑마술, 독심술과 같은 초자연적인 것을 믿습니까? 만약 그렇다면 예를 들어 주십시오.

당신은 보통 다른 사람들과의 관계가 오래 지속됩니까? 만약 그렇다면 예를 들어 주십시오.

당신의 기분은 꽤 안정되어 있는 편입니까, 아니면 좀 더 기복이 심한 편입니까? 만약 그렇다면 예를 들어 주십시오.

당신은 공허하다는 느낌을 받는 경향이 있습니까? 만약 그렇다면 예를 들어 주십시오.

당신은 얼마나 많은 시간 동안 화가 나거나, 자주 성질을 내거나 싸웁니까? 만약 그렇다면 예를 들어 주십시오.

당신은 관심의 대상이 되는 것을 좋아하십니까? 만약 그렇다면 예를 들어 주십시오.

당신은 다른 사람들의 의견에 쉽게 영향을 받는다고 느끼십니까? 만약 그렇다면 예를 들어 주십시오.

당신은 종종 엄청난 성공, 이상적인 사랑, 권력, 훌륭함을 성취하는 것에 대한 환상을 가지고 있습니까? 만약 그렇다면 예를 들어 주십시오.

당신은 종종 특별한 대우나 배려를 받을 자격이 있다고 느끼십니까? 만약 그렇다면 예를 들어 주십시오.

당신은 다른 사람의 감정을 공감하는 것이 어렵습니까? 만약 그렇다면 예를 들어 주십시오.

당신은 당혹감이나 인정을 받지 못할까 봐 두려워 새로운 활동이나 다른 사람들과의 교류를 피합니까? 만약 그렇다면 예를 들어 주십시오.

새로운 관계에서 당신은 종종 부적절하다고 느끼십니까? 만약 그렇다면 예를 들어 주십시오.

당신은 매일 결정을 할 때 많은 조언과 확신이 필요하다고 생각하십니까? 만약 그렇다면 예를 들어 주십시오.

당신은 지지를 잃게 될 것이라는 두려움 때문에 다른 사람들과 의견이 일치하지 않는 것에 대한 어려움은 없으십니까? 만약 그렇다면 예를 들어 주십시오.

당신은 세부 사항에 너무 몰두해서 가끔 당신이 하고 있는 일의 목적을 놓치는 경우가 있습니까? 만약 그렇다면 예를 들어 주십시오.

당신은 자신이 특히 고집이 센 사람이라고 생각하십니까? 만약 그렇다면 예를 들어 주십시오.

당신은 완벽주의자라고 말할 수 있습니까? 만약 그렇다면 예를 들어 주십시오.

부록 E

# 여러분의 면담에 대한 평가[1]

환자들은 각기 다르기 때문에 면담 방식은 다양할 수밖에 없고, 임상가들마다 첫 면담에서 중점을 두는 영역들도 각각 다릅니다. 그러나 대부분의 임상가는 공통적으로 면담에서 중요하다고 생각하는 영역이 있습니다. 여기에는 정확한 정보를 파악하는 것뿐만 아니라 정보를 얻는 과정에 기여하는 항목이 포함됩니다. 여러분이 진행한 면담을 평가할 때, 이 부록에 제시된 수치를 활용하여 평가하면 됩니다.

여러분은 오디오 녹음을 듣거나 비디오 녹화를 보며 자신의 면담을 직접 채점할 수도 있고, 여러분이 면담하는 동안 동료가 면담을 채점할 수도 있습니다. 이것은 전체 점수와 하위 영역 점수를 통해 추가적으로 어떤 영역에서 더 많은 노력이 필요한지를 파악하는 데 도움이 될 것입니다. 사용된 채점 방법은 Maguire와 동료들의 논문을 기반으로 확장하여 만들었습니다(부록 F 참조).

각 영역을 평가하는 방법은 다음과 같습니다. 표준적인 언행을 하지 않거나 전혀

1  출처: James Morrison의 『The First Interview (4th ed.)』. 저작권은 2014년부터 The Guilford Press에 있습니다. 이 자료를 복사할 수 있는 권한은 개인적인 용도로만 이 책의 구매자에게 부여됩니다(자세한 내용은 저작권 페이지 참조). 구매자는 www.guilford.com/morrison-forms에서 이 내용의 더 많은 자료를 다운로드할 수 있습니다.

다루지 않았을 경우 0점을 받게 됩니다. 항목에 내용을 완벽하게 실시한 경우(차트에 있는 환자의 사례 노트로 판단) 또는 지속적으로 바람직한 행동을 한 경우에는 최대 점수를 매깁니다. 부분적인 답변이나 행동에 대해서는 비례적으로 채점합니다.

최대 점수는 200점입니다. 초보자의 경우 140점 이상의 점수는 수용 가능한 범위에 해당하는 것으로 생각될 수 있지만, 경력이 풍부한 임상가는 평균이 훨씬 더 높아야 합니다.

이 자가평가는 초기 면담의 과거력과 상호작용에 대한 부분만을 평가하기 위해 고안되었으므로 정신 상태에 대한 자료가 포함되지 않을 것입니다.

### 1.  **면담 시작**(10점)

| 임상가 | 아니요 | 예 |
|---|---|---|
| a.  환자와 인사하기 | 0 | 1 |
| b.  악수하기 | 0 | 1 |
| c.  환자 이름 확인하기 | 0 | 1 |
| d.  임상가 자신의 이름을 소개하기 | 0 | 1 |
| e.  임상가의 현 훈련(교육) 및 직함을 설명하기 | 0 | 1 |
| f.  앉을 위치 제시하기 | 0 | 1 |
| g.  면담 목적 설명하기 | 0 | 1 |
| h.  면담 시간을 언급하기 | 0 | 1 |
| i.  노트필기를 언급하기 | 0 | 1 |
| j.  환자가 편안한지 질문하기 | 0 | 1 |

### 2.  **현 병력의 이력**(58점)

| 임상가는 다음에 대해 질문한다. | 아니요 | | | | | | | | 예 |
|---|---|---|---|---|---|---|---|---|---|
| a.  주 호소 내용 | 0 | 1 | 2 | 3 | 4 | 5 | 6 | 7 | 8 |
| b.  문제의 발생 | 0 | | 1 | | 2 | | 3 | | 4 |
| c.  스트레스 요인 | 0 | | 1 | | 2 | | 3 | | 4 |
| d.  질병 발생 시 주요 사건 | 0 | | 1 | | 2 | | 3 | | 4 |
| e.  현재 복용 중인 약물 | | | | | | | | | |
|     1. 이름 또는 설명 | 0 | | | | 1 | | | | 2 |
|     2. 복용량 | 0 | | | | 1 | | | | 2 |

|  | 아니요 |  |  |  | 예 |
|---|---|---|---|---|---|
| 3. 약의 기대 효과 파악 | 0 | | 1 | | 2 |
| 4. 부작용 | 0 | | 1 | | 2 |
| 5. 효과의 지속시간 | 0 | | 1 | | 2 |
| f. 이전 에피소드의 역사 | | | | | |
| 1. 유형 | 0 | 1 | 2 | 3 | 4 |
| 2. 현재 에피소드와의 유사성 | 0 | 1 | 2 | 3 | 4 |
| 3. 이전 치료 경험 | 0 | 1 | 2 | 3 | 4 |
| 4. 치료의 결과 | 0 | 1 | 2 | 3 | 4 |
| g. 질병이 업무에 미치는 영향 | 0 | 1 | 2 | 3 | 4 |
| h. 질병이 가족에 미치는 영향 | 0 | 1 | 2 | 3 | 4 |
| i. 문제에 대한 환자의 감정 | 0 | 1 | 2 | 3 | 4 |

### 3. 병력

| 임상가는 다음에 대해 질문한다. | 아니요 | | 예 |
|---|---|---|---|
| a. 신체적 질병에 관한 정보 파악 | 0 | 1 | 2 |
| b. 약물 알레르기 | 0 | 1 | 2 |
| c. 수술 여부 | 0 | 1 | 2 |
| d. 이전 입원 내력 | 0 | 1 | 2 |
| e. 체계적 문진과 관련 | 0 | 1 | 2 |

### 4. 개인력 및 사회력(20점)

| 임상가는 다음에 대해 질문한다. | 아니요 | | 예 |
|---|---|---|---|
| a. 가족들의 출신지에 대한 세부 사항 | 0 | 1 | 2 |
| b. 교육 | 0 | 1 | 2 |
| c. 결혼 이력 | 0 | 1 | 2 |
| d. 군복무 경력 | 0 | 1 | 2 |
| e. 직업 경력 | 0 | 1 | 2 |
| f. 성적 취향 및 적응 | 0 | 1 | 2 |
| g. 법적 문제 | 0 | 1 | 2 |
| h. 현재 생활 상황 | 0 | 1 | 2 |
| i. 여가 활동 | 0 | 1 | 2 |
| j. 지지 자원 | 0 | 1 | 2 |

| 5.  정신장애의 가족력(6점) | | | | |
|---|---|---|---|---|
| 임상가는 다음에 대해 질문한다. | 아니요 | | | 예 |
| a.  진단해야 할 증상 | 0 | | 1 | 2 |
| b.  치료에 대한 반응 | 0 | | 1 | 2 |
| c.  모든 친밀한 친척 | 0 | | 1 | 2 |

| 6.  감별 질문(26점) | | | | | |
|---|---|---|---|---|---|
| 임상가는 관련된 내용을 검진한다. | 아니요 | | | | 예 |
| a.  우울증 | 0 | | | 1 | 2 |
| b.  공황 발작 | 0 | | | 1 | 2 |
| c.  공포증 | 0 | | | 1 | 2 |
| d.  강박과 충동 | 0 | | | 1 | 2 |
| e.  조증 | 0 | | | 1 | 2 |
| f.  정신병 | 0 | | | 1 | 2 |
| g.  아동 학대 | 0 | | | 1 | 2 |
| h.  물질 오남용(의약품 포함) | 0 | 1 | 2 | 3 | 4 |
| i.  자살 사고/시도 | 0 | 1 | 2 | 3 | 4 |
| j.  범죄 경력 | 0 | 1 | 2 | 3 | 4 |

| 7.  라포 형성(18점) | | | | | |
|---|---|---|---|---|---|
| 임상가는 다음의 방법으로 면담을 진행한다. | 아니요 | | | | 예 |
| a.  고개를 끄덕이며 미소 짓기 | 0 | 1 | 2 | 3 | 4 |
| b.  환자가 이해하는 언어를 사용하기 | 0 | 1 | 2 | 3 | 4 |
| c.  감정, 공감으로 반응하기 | 0 | 1 | 2 | 3 | 4 |
| d.  시선 접촉 상태 유지하기 | 0 | | | 1 | 2 |
| e.  적절한 거리 유지하기 | 0 | | | 1 | 2 |
| f.  자신만만하고 느긋해 보이기 | 0 | | | 1 | 2 |

## 8. 면담 기법의 활용(44점)

| 임상가는 다음의 방법으로 면담한다. | 매우<br>못함 | | | | 매우<br>잘함 |
|---|---|---|---|---|---|
| a. 새로운 소재를 말로 이끌어 탐색하기 | 0 | 1 | 2 | 3 | 4 |
| b. 환자의 반응 범위를 허용하면서 면담의 흐름을 제어하기 | 0 | 1 | 2 | 3 | 4 |
| c. 전체 정보를 얻기 위해 불확실성을 명확하게 하기 | 0 | 1 | 2 | 3 | 4 |
| d. 부드러운 전환을 수행하기; 만일 갑작스럽게 전환이 되<br>는 경우 지적하기 | 0 | 1 | 2 | 3 | 4 |
| e. 전문용어 사용을 금지하기 | 0 | 1 | 2 | 3 | 4 |
| f. 간단하고 단일하게 질문하기 | 0 | 1 | 2 | 3 | 4 |
| g. 이미 질문한 내용을 반복하지 않기 | 0 | 1 | 2 | 3 | 4 |
| h. 개방적이고 간접적인 질문을 사용하기 | 0 | 1 | 2 | 3 | 4 |
| i. 환자의 언어 및 비언어적 응답을 용이하게 하기 | 0 | 1 | 2 | 3 | 4 |
| j. 정밀한 답변 장려하기(자료, 적절한 경우 점수 매기기) | 0 | 1 | 2 | 3 | 4 |
| k. 감정이 담겨져 있는 자료를 찾고 민감하게 다루기 | 0 | 1 | 2 | 3 | 4 |

## 9. 면접 종료(8점)

| 임상가는 다음에 대해 이야기한다. | 아니요 | | 예 |
|---|---|---|---|
| a. 면담이 거의 끝났다고 알리기 | 0 | 1 | 2 |
| b. 간략하고 정확한 요약 제공하기 | 0 | 1 | 2 |
| c. 환자에게 추가적인 질문이 있는지 묻기 | 0 | 1 | 2 |
| d. 최종적으로 감사와 관심 표현하기 | 0 | 1 | 2 |

부록 F

# 참고문헌 및 권장 도서

## 도서

여기에 포함된 것들은 우리가 출판에 들어갔을 때 얻을 수 있는 가장 최신판의 도서입니다. 그 이후로는 일부의 내용이 수정되었을지도 모릅니다.

American Psychiatric Association. (2013). *Diagnostic and statistical manual of mental disorders* (5th ed.). Washington, DC: Author. [최신 진단적 사고의 가장 권위 있는 서적]

American Psychiatric Association. (2006). *Practice guidelines for the treatment of psychiatric disorders*. Arlington, VA: Author. [『Psychiatric evaluation of adults (2nd ed.)』 포함]

Bradburn, N. M., Sudman, S., & Wansink, B. (2004). *Asking questions: The definitive guide to questionnaire design* (rev. ed.). San Francisco: Jossey-Bass.

Cannell, C. E., & Kahn, R. L. (1968). Interviewing. In G. Lindzey & E. Aronson (Eds.), *The handbook of social psychology* (2nd ed., pp. 526-595). Reading, MA: Addison-Wesley.

Carlat, D. J. (2012). *The psychiatric interview: A practical guide* (3rd ed.). Philadelphia:

Lippincott Williams & Wilkins.

Cormier, L. S., Nurius, P. S., & Osborn, C. J. (2013). *Interviewing and change strategies for helpers* (7th ed.). Belmont, CA: Brooks/Cole. [모든 정신건강 전문가에게 도움이 되지만 특히 심리학자와 사회복지사를 목표로 한 광범위하고 상세한 책. 다양한 유형의 치료에 대한 내용 및 면담 전략]

Ekman, P. (2009). *Telling lies: Clues to deceit in the marketplace, politics, and marriage* (4th ed.). New York: Norton. [거짓말과 그 탐지에 대한 많은 정보]

Gill, M., Newman, R., & Redlich, F. C. (1954). *The initial interview in psychiatric practice*. New York: International Universities Press. [환자의 요구와 능력에 초점을 맞춘 전통적인 면담 방식]

Leon, R. L. (1989). *Psychiatric interviewing: A primer* (2nd ed.). New York: Elsevier. [이 책은 『The First Interview』와 동일한 내용을 다루고 있습니다. 저자는 정보 수집 과정에서 비지시적 접근법을 분명하게 장려합니다.]

MacKinnon, R. A., & Yudofsky, S. C. (1986). *The psychiatric evaluation in clinical practice*. Philadelphia: Lippincott. [단지 이 책의 1/3만이 임상면담과 관련 있습니다. 나머지는 임상 검사실 검사, 성격 검사 그리고 평가척도에 대한 내용이 수록되어 있습니다. 특히 이 책의 정신역동 사례 개념화에 대한 영역은 다른 책에서는 쉽게 구할 수 없는 정보들이 수록되어 있습니다.]

Morrison, J. (2014). *DSM-5 made easy: The clinician's guide to diagnosis*. New York: Guilford Press. [점점 더 복잡해지고 방대해진 『Diagnostic and statistical manual of mental disorders』에 대한 임상가 지침서]

Morrison, J. (2014). *Diagnosis made easier* (2nd ed.). New York: Guilford Press. [이 책은 독자에게 면담 자료를 이해하도록 돕습니다. 개정판은 DSM-5를 반영합니다.]

Othmer, E., & Othmer, S. C. (2002). *The clinical interview using DSM-IV-TR*. Washington, DC: American Psychiatric Press. [사전적인 내용을 담고 있는 이 책은 공식적인 DSM의 구성 방식을 엄격하게 고수합니다.]

Oyebode, F. (2008). *Sims' symptoms in the mind*. Edinburgh/New York: Saunders Elsevier. [이 영국 책은 저자가 보았던 다른 어떤 것보다 많은 최신 정신건강 전문용어들과 정의를 다룹니다.]

Shea, S. C. (1998). *Psychiatric interviewing: The art of understanding* (2nd ed.). Philadelphia: Saunders. [약간 장황하긴 하지만, 그럼에도 불구하고 많은 관련 자료

를 제공합니다.]

Sullivan, H. S. (1954). *The psychiatric interview*. New York: Norton. [첫 면담 방법에 대한 초기의 고전적인 저서]

# 논문

내용의 목적성을 구분하기 위해 다음 논문은 저자를 알파벳순으로 작성한 것이 아니라 저자를 그룹 내에서 연대순으로 나열하였습니다.

Sandifer, M. G., Hordern, A., & Green, L. (1970). The psychiatric interview: The impact of the first three minutes. *American Journal of Psychiatry, 126,* 968-973. [이 연구에서 모든 임상가의 관찰 중 절반에 해당하는 환자는 면담의 첫 3분 이내에 주호소 문제를 호소하고 있음이 밝혀졌습니다. 때때로 이런 초기 자료는 진단에 결정적인 영향을 미칠 수 있습니다.]

Maguire, C. P., & Rutter, D. R. (1976). History-taking for medical students. 1: Deficiencies in performance. *Lancet, ii,* 556-560. [3~4학년의 의대생들은 과거력을 파악할 때 부족한 부분을 발견하였습니다. 이것에는 개인적인 문제의 회피, 전문용어 사용, 신중함 부족, 단서를 알아채는 것에 대한 실패, 불필요한 반복, 부족한 설명, 통제 실패, 부적절한 촉진 그리고 부적절한 질문 방법(유도 및 복잡한 질문)을 포함합니다.]

Maguire, P., Roe, P., Goldberg, D., Jones, S., Hyde, C., & O'Dowd, T. (1978). The value of feedback in teaching interviewing skills to medical students. *Psychological Medicine, 8,* 695-704. [무작위 배정에서 피드백(비디오, 오디오 혹은 실습 면담의 평가)은 적절성이 높으며, 정확한 사실을 얻을 수 있는 능력을 향상시켰습니다. 유일하게 비디오와 오디오를 활용한 피드백을 받은 집단만이 향상된 기술을 보였습니다.]

Maguire, P., Fairbairn, S., & Fletcher, C. (1986). Consultation skills of young doctors. I: Benefits of feedback training in interviewing as students persist. *British Medical Journal, 292,* 1573-1576. [비디오로 피드백 훈련을 받거나 혹은 기존의 면담 기술 교육에 배정된 젊은 의사들을 5년 후 추적 관찰하였습니다. 2개의 집단으로 훈련을 받고, 모두 졸업 이후 향상된 능력을 보였지만 '피드백 훈련을 받은 의사들은 정확한 진

단과 관련된 기술에서 우세한 능력을 보였습니다.' 저자들은 피드백 훈련이 모든 학생들에게 실시되어야 한다고 결론을 내렸습니다.]

Platt, F. W., & McMath, J. C. (1979). Clinical hypocompetence: The interview. *Annals of Internal Medicine, 91*, 898-902. [내과 전문의들은 첫 면담에서 문제들을 보였습니다. 이러한 것에는 라포 형성의 문제, 부적절하게 탐색된 기초 정보, 가설을 사례 개념화하는 것에 대한 실패와 면담의 지나친 통제(듣지 않는다고 불평하는 환자들) 그리고 증상에 대한 일차적인 자료보다는 검사실 자료 또는 다른 의료 제공자가 언급한 환자의 보고서를 수용하는 문제가 포함되어 있습니다. 여기에는 예시가 제시되어 있습니다.]

Rutter, M., & Cox, A. (1981). Psychiatric interviewing techniques: I. Methods and measures. *British Journal of Psychiatry, 138*, 273-282. [이 시리즈 논문의 소개. 이 논문에 소개된 저자의 7개 논문은 면담 기술의 연구에 있어 획기적인 사건이었습니다. 이 연구는 아동 환자의 어머니를 면담의 기반으로 두었고, 전문가에 의해 추천되었던 4개의 면담 방식을 비교하였습니다. 비록 그들이 보고한 연구가 반복 연구되지 못하였지만, 발견된 내용은 논리적이고 방법론이 완벽하여 독자가 받아들이는데 흠 잡을 수 없는 것들이었습니다. 이런 논문들은 이 책에 대한 많은 근거를 제공합니다.]

Cox, A., Hopkinson, K., & Rutter, M. (1981). Psychiatric interviewing techniques: II. Naturalistic study: Eliciting factual material. *British Journal of Psychiatry, 138*, 283-291. [이 논문은 '구체적인 탐색과 상세한 내용을 묘사하도록 요청'하는 것이 자유로운 방식으로 하는 접근보다 더 좋은 정보를 제공함을 입증하였습니다. 정보 제공자는 임상가가 덜 말하고 개방형 질문을 더 많이 사용할 때 더 많이 말합니다. 이중 특정 질문들은 혼란을 주기도 하지만 때때로 복수 선택 질문은 도움이 됩니다.]

Hopkinson, K., Cox, A., & Rutter, M. (1981). Psychiatric interviewing techniques: III. Naturalistic study: Eliciting feelings. *British Journal of Psychiatry, 138*, 406-415. [몇몇의 기법은 정서의 표현을 용이하게 만든다는 사실을 발견하였습니다. 여기에는 '대화를 중단시키는 낮은 수준의 면담법과 폐쇄형 질문보다는, 높은 비율의 개방형 질문법, 감정에 대한 직접적인 요청, 해석 그리고 공감의 표현'이 포함됩니다.]

Rutter, M., Cox, A., Egert, S., Holbrook, D., & Everitt, B. (1981). Psychiatric interviewing techniques: IV. Experimental study: Four contrasting styles. *British Journal of Psychiatry, 138*, 456-465. [저자들은 4개의 면담 방식 중 몇 가지 방식을 사용하여 2명의 임상가를 가르칩니다. ① 최소한의 활동이 요구되는 '상담의 역할'

방식, ② 정서를 탐구하고 정서와 관련된 의미를 끌어내도록 시도하는 '정신 치료' 방식, ③ 능동적으로 자세히 묻는 것을 사용하는 '구조화된' 방식, ④ 사실 지향 기법과 정서 지향 기법이 결합된 '체계적인 탐구' 방식을 사용하였습니다.]

Cox, A., Rutter, M., & Holbrook, D. (1981). Psychiatric interviewing techniques: V. Experimental study: Eliciting factual material. *British Journal of Psychiatry, 139,* 29-37. [이 논문은 방금 앞에 기술한 연구에 대한 자료를 보고합니다. 저자들은 "상세하게 탐색하기가 약간 포함된 방식과 정보 제공자가 그들 자신의 방식으로 생각을 표현할 수 있도록 긴 시간을 허용하는 임상적 진단 면담으로 시작하는 것이 바람직하다."라고 결론을 내립니다. 양질의 사실을 파악하기 위해서는 체계적인 질문이 필수적입니다. "임상가는 사실에 기반하여 단서에 민감하게 주의를 기울이고 신중하게 탐색할 때 더 좋은 자료를 얻을 수 있다."라고 결론을 내렸습니다.]

Cox, A., Holbrook, D., & Rutter, M. (1981). Psychiatric interviewing techniques: VI. Experimental study: Eliciting feelings. *British Journal of Psychiatry, 139,* 144-152. [다양한 면담 방식은 환자로부터 감정을 끌어내는 데 사용될 수 있습니다. 훌륭한 사실적 정보에 기반하여 정보를 수집하는 것은 전적으로 감정을 이끌어 내는 것과 잘 조화될 수 있습니다.]

Cox, A., Rutter, M., & Holbrook, D. (1988). Psychiatric interviewing techniques: A second experimental study: Eliciting feelings. *British Journal of Psychiatry, 152,* 64-72. [정서의 표현은 임상가가 해석과 정서의 반영 그리고 동정심을 표현하는 것과 같은 '능동적인' 기법을 사용할 때 극대화시킬 수 있다고 말합니다. 이것은 특히 정보 제공자의 '자발적인 표현의 비율이 비교적 낮을 때' 더욱더 효과적입니다.]

## 이 책의 집필에 사용된 기타 출처

Black, A. E., & Church, M. (1998). Assessing medical student effectiveness from the psychiatric patient's perspective: The Medical Student Interviewing Performance Questionnaire. *Medical Education, 32,* 472-478.

Booth, T., & Booth, W. (1994). The use of depth interviewing with vulnerable subjects. *Social Science and Medicine, 39,* 415-423.

Bradburn, N., Sudman, S., & Wansink, B. (2004). *Asking questions: The definitive* guide to questionnaire design-for market research, political polls, and social and health questionnaires (rev. ed.). San Francisco: Jossey-Bass.

Britten, N. (2006). Psychiatry, stigma, and resistance. *British Medical Journal, 317*, 963–964.

Budd, E. C., Winer, J. L., Schoenrock, C. J., & Martin, P. W. (1982). Evaluating alternative techniques of questioning mentally retarded persons. *American Journal of Mental Deficiency, 86*, 511–518.

Eisenthal, S., Koopman, C., & Lazare, A. (1983). Process analysis of two dimensions of the negotiated approach in relation to satisfaction in the initial interview. *Journal of Nervous and Mental Disease, 171*, 49–53.

Eisenthal, S., & Lazare, A. (1977). Evaluation of the initial interview in a walk-in clinic. *Journal of Nervous and Mental Disease, 164*, 30–35.

Flores, G. (2005). The impact of medical interpreter services on the quality of health care: A systematic review. *Medical Care Research and Review, 62*, 255–299.

Folstein, M. F., Folstein, S. E., & McHugh, P. R. (1975). Mini-Mental State: A practical method for grading the cognitive state of patients for the clinician. *Journal of Psychiatric Research, 12*, 189–198.

Fowler, J. C., & Perry, J. C. (2005). Clinical tasks of the dynamic interview. *Psychiatry, 68*, 316–336.

Gardner, H. (1983). *Frames of mind: The theory of multiple intelligences.* New York: Basic Books.

Hamann, J., Leucht, S., & Kissling, W. (2003). Shared decision making in psychiatry. *Acta Psychiatrica Scandinavica, 107*, 403–409.

Harrington, R., Hill, J., Rutter, M., John, K., Fudge, H., Zoccolillo, M., et al. (1988). The assessment of lifetime psychopathology: A comparison of two interviewing styles. *Psychological Medicine, 18*, 487–493.

Jellinek, M. (1978). Referrals from a psychiatric emergency room: Relationship of compliance to demographic and interview variables. *American Journal of Psychiatry, 135*, 209–212.

Jensen, P. S., Watanabe, H. K., & Richters, J. E. (1999). Who's up first?: Testing for order effects in structured interviews using a counterbalanced experimental design. *Journal of Abnormal Child Psychology, 27,* 439-445.

Kendler, K. S., Silberg, J. L., Neale, M. C., Kessler, R. C., Heath, A. C., & Eaves, L. J. (1991). The family history method: Whose psychiatric history is measured? *American Journal of Psychiatry, 148,* 1501-1504.

Koenigs, M., Young, L., Adolphs, R., Tranel, D., Cushman, F., & Hauser, M. (2007). Damage to the prefrontal cortex increases utilitarian moral judgments. *Nature, 446,* 908-911.

Lovett, L. M., Cox, A., & Abou-Saleh, M. (1990). Teaching psychiatric interview skills to medical students. *Medical Education, 24,* 243-250.

Meyers, J., & Stein, S. (2000). The psychiatric interview in the emergency department. *Emergency Medicine Clinics of North America, 18,* 173-183.

Miller, W. R., & Rollnick, S. (2013). *Motivational interviewing: Helping people change* (3rd ed.). New York: Guilford Press.

Pollock, D. C., Shanley, D. E., & Byrne, P. N. (1985). Psychiatric interviewing and clinical skills. *Canadian Journal of Psychiatry, 30,* 64-68.

Rogers, R. (2003). Standardizing DSM-IV diagnoses: The clinical applications of structured interviews. *Journal of Personality Assessment, 81,* 220-225.

Rosenthal, M. J. (1989). Towards selective and improved performance of the mental status examination. *Acta Psychiatrica Scandinavica, 80,* 207-215.

Stewart, M. A. (1984). What is a successful doctor-patient interview?: A study of interactions and outcomes. *Social Science and Medicine, 19,* 167-175.

Torrey, E. F. (2006). Violence and schizophrenia. *Schizophrenia Research, 88,* 3-4.

Wilson, I. C. (1967). Rapid Approximate Intelligence Test. *American Journal of Psychiatry, 123,* 1289-1290.

Wissow, S. L., Roter, D. L., & Wilson, M. E. H. (1994). Pediatrician interview style and mothers' disclosure of psychosocial issues. *Pediatrics, 93,* 289-295.

찾아보기

## 인명

## 내용

# 저자 소개

## James Morrison

의학 박사인 그는 오리건주의 포틀랜드에 있는 Oregon Health and Science University 의 정신건강의학과 부교수입니다. 그는 민간 및 공공 부문에서 폭넓은 경험이 있습니다. Morrison 박사는 가장 최근 호평을 받은 그의 유명한 실용서들『한결 쉬워진 정신장애 진단 제2판(Diagnosis Made Easier, 2nd ed.)』과 『쉽게 배우는 DSM-5: 임상가를 위한 진단 지침(DSM-5 Made Easy: The Clinician's Guide to Diagnosis)』로 수많은 정신건강 전문 가와 학생들에게 임상평가와 진단의 복잡성에 대해 지도했습니다. 그의 웹사이트(www. guilford.com/jm)에서 정신건강의학과 진단 및 DSM-5와 관련된 추가 토론 및 자료를 제 공합니다.

# 역자 소개

<hr />

**성소연**(Seong, So-yeon)
현 (비영리 민간단체) 마인드풀 대표 이사
전문상담사 2급, 상담심리사 2급

**김민호**(Kim, Min-ho)
현 삼육부산병원 임상심리실 사원
정신건강 임상심리사 1급

**송영조**(Song, Young-jo)
현 헤아림 심리상담센터 센터장
정신건강 임상심리사 1급

**박민규**(Park, Min-gyu)
현 삼육부산병원 임상심리실 사원
임상심리사 2급

**정성우**(Jeong, Seong-woo)
현 부산혜성학교 전문상담교사
전문상담교사 2급

**하보원**(Ha, Bo-won)
현 법무부 범죄예방정책국 서울북부 준법지원센터 주무관
정신건강 임상심리사 2급, 청소년 상담사 2급

**천성문**(Cheon, Seong-moon)
현 부경대학교 평생교육 · 상담학과 교수(상담심리학 박사)
전문상담사 1급, 상담심리사 1급, 정신건강 임상심리사

임상 및 상담 장면에서
# 첫 면담의 실제
The First Interview (4th ed.)

2023년 1월 10일 1판 1쇄 인쇄
2023년 1월 20일 1판 1쇄 발행

지은이 • James Morrison
옮긴이 • 성소연 · 김민호 · 송영조 · 박민규 · 정성우 · 하보원 · 천성문
펴낸이 • 김진환
펴낸곳 • (주)**학지사**

　　　　　04031 서울특별시 마포구 양화로 15길 20 마인드월드빌딩
대표전화 • 02-330-5114　　팩스 • 02-324-2345
등록번호 • 제313-2006-000265호

홈페이지 • http://www.hakjisa.co.kr
페이스북 • https://www.facebook.com/hakjisabook

ISBN 978-89-997-2794-8　93180

정가 25,000원

역자와의 협약으로 인지는 생략합니다.
파본은 구입처에서 교환해 드립니다.

이 책을 무단으로 전재하거나 복제할 경우 저작권법에 따라 처벌을 받게 됩니다.

## 출판미디어기업 **학지사**

간호보건의학출판 **학지사메디컬** www.hakjisamd.co.kr
심리검사연구소 **인싸이트** www.inpsyt.co.kr
학술논문서비스 **뉴논문** www.newnonmun.com
교육연수원 **카운피아** www.counpia.com